DO MANDADO DE DETENÇÃO EUROPEU

MANUEL MONTEIRO GUEDES VALENTE

Mestre em Ciências Jurídico-Criminais
Director do Centro de Investigação e Docente do Instituto
Superior de Ciências Policiais e Segurança Interna

DO MANDADO DE DETENÇÃO EUROPEU

DO MANDADO DE DETENÇÃO EUROPEU

AUTOR
MANUEL MONTEIRO GUEDES VALENTE

EDITOR
EDIÇÕES ALMEDINA, SA
Rua da Estrela, n.º 6
3000-161 Coimbra
Tel.: 239 851 904
Fax: 239 851 901
www.almedina.net
editora@almedina.net

PRÉ-IMPRESSÃO • IMPRESSÃO • ACABAMENTO
G.C. – GRÁFICA DE COIMBRA, LDA.
Palheira – Assafarge
3001-453 Coimbra
producao@graficadecoimbra.pt

Novembro 2006

DEPÓSITO LEGAL

250196/06

Os dados e as opiniões inseridos na presente publicação
são da exclusiva responsabilidade do(s) seu(s) autor(es).

Toda a reprodução desta obra, por fotocópia ou outro qualquer processo,
sem prévia autorização escrita do Editor,
é ilícita e passível de procedimento judicial contra o infractor.

APRESENTAÇÃO

O texto que se publica corresponde à dissertação de Mestrado em Direito, na especialização em Ciências Jurídico-Criminais, da Faculdade de Direito da Universidade de Coimbra, cujas provas públicas decorreram no mês de Julho de 2006, perante o Júri constituído pela Professora Doutora ANABELA MIRANDA RODRIGUES, presidente e orientadora, pelo Professor Doutor MÁRIO FERREIRA MONTE, arguente, e pela Professora Doutora MARIA JOÃO ANTUNES.

Aos membros do Júri agradecemos as palavras amigas e sinceras na apreciação da dissertação. À Professora Doutora ANABELA MIRANDA RODRIGUES, dirigimos o nosso simples obrigado por ter aceite orientar esta dissertação em tempos de elevada dificuldade pessoal e profissional e pelas palavras amigas de incentivo e de precisão no aperfeiçoamento das dúvidas inacabáveis. Ao Professor Doutor MÁRIO FERREIRA MONTE, que nos honrou com a sua douta arguição, agradecemos a crítica assertiva e as palavras amigas de incentivo, permitindo um aprofundamento no conhecimento da ciência jurídica. À Professora Doutora MARIA JOÃO ANTUNES, agradecemos os ensinamentos jurídicos que nos tem proporcionado.

Não podíamos esquecer, neste momento, os mestres que marcaram os nossos estudos. Aos Professores Doutores JORGE DE FIGUEIREDO DIAS, GERMANO MARQUES DA SILVA, MANUEL DA COSTA ANDRADE e JOSÉ DE FARIA COSTA, queremos dirigir a nossa gratidão pelas palavras sempre amigas e de incentivo no apuramento dos nossos conhecimentos jurídico-criminais.

Cabe-nos, ainda, agradecer aos funcionários da Faculdade de Direito da Universidade de Coimbra, em especial à D.ª MARIA DO ROSÁRIO LUCAS, aos funcionários da Biblioteca da Procuradoria--Geral da República, em especial à D.ª ROSA MESQUITA, e aos funcionários que connosco trabalham, no Instituto Superior de Ciências Policiais e Segurança Interna, o apoio prestado.

Obrigado GABRIEL e GUILHERME, meus filhos, pela vossa «tolerância», pelo vosso amor e pelo vosso sorriso que herdastes de vossa Mãe, CARLA, cujo sorriso ou silêncio transbordaram sempre um apoio presente e incondicional.

Queira DEUS receber a gratidão das mãos deste ser humano, que, em muitos momentos, NELE encontrou a força suficiente para cumprir a "obra".

Cunqueiros, 17 de Agosto de 2006

*À CARLA, minha mulher,
ao GUILHERME e ao GABRIEL, meus filhos,
verdadeiros credores do meu tempo…*

ABREVIATURAS

AC	–	Autoridade Central
Ac. STJ	–	Acórdão do Supremo Tribunal de Justiça
Ac. TC	–	Acórdão do Tribunal Constitucional
AJ	–	Autoridade Judiciária
APC	–	Autoridade de Polícia Criminal
BMJ	–	Boletim do Ministério da Justiça
BFD	–	Boletim da Faculdade de Direito
CAAS	–	Convenção de Aplicação do Acordo Schengen
CDFUE	–	Carta dos Direitos Fundamentais da União Europeia
CE	–	Tratado que institui uma Constituição para a Europa
CEDH	–	Convenção Europeia dos Direitos do Homem
CP	–	Código Penal
CPP	–	Código de Processo Penal
CRP	–	Constituição da República Portuguesa
DJ	–	Direito e Justiça
DL	–	Decreto-Lei
DPR	–	Decreto do Presidente da República
DQ	–	Decisão-Quadro
DUDH	–	Declaração Universal dos Direitos do Homem
JIC	–	Juiz de Instrução Criminal
LC	–	Lei Constitucional
LCJIMP	–	Lei de Cooperação Judiciária Internacional em Matéria Penal

MDE	–	Mandado de Detenção Europeu
MP	–	Ministério Público
OPC	–	Órgão de Polícia Criminal
PCE	–	Projecto de Tratado da Constituição Europeia
PIDCP	–	Pacto Internacional de Direitos Civis e Políticos
RAR	–	Resolução da Assembleia da República
RMP	–	Revista do Ministério Público
RPCC	–	Revista Portuguesa de Ciência Criminal
STJ	–	Supremo Tribunal de Justiça
TC	–	Tribunal Constitucional
TCE	–	Tratado da Comunidade Europeia
TEDH	–	Tribunal Europeu dos Direitos do Homem
TPI	–	Tribunal Penal Internacional
TUE	–	Tratado da União Europeia
UE	–	União Europeia

"Quando algum não regressa, e por lá fica varado pela bala de uma lei que Fronteira não pode compreender, o coração da aldeia estremece, mas não hesita. Desde que o mundo é mundo que toda a gente ali governa a vida na lavoura que a terra permite. E, com luto na alma ou no casaco, mal a noite escurece, continua a faina. A vida está acima das desgraças e dos códigos. De mais, diante da fatalidade a que a povoação está condenada, a própria guarda acaba por descrer da sua missão hirta e fria na escuridão das horas.

(...)

O rapaz era do Minho, acostumado ao positivismo da sua terra (...).

(...)

Mas nem assim o Robalo entendeu Fronteira e o seu destino. No dia seguinte, pelo ribeiro fora, parecia um cão a guardar. Que o dever acima de tudo, que mais isto, que mais aquilo – sítio que rondasse era sítio excomungado. Até as ervas falavam quando qualquer as pisava de saco às costas. Mal a sua ladradela de mastim zeloso se ouvia, ou se parava logo ou nem Deus do céu valia a um cristão. Em quinze dias foram dois tiros no peito do Fagundes, um par de coronhadas no Albino, e ao Gaspar teve-o mesmo por um triz. Se não dá um torcegão no pé quando apontava, varava a cabeça do infeliz de lado a lado. A bala passou-lhe a menos de meio palmo das fontes.

Mas Fronteira tinha de vencer.

(...)

E, quando o dia rompeu, Fronteira tinha de todo ganho a partida. Demitido, o Robalo juntou-se com a rapariga. Ora como a lavoura de Fronteira não é outra, e a boca aperta, que remédio senão entrar na lei da terra! Contrabandista.

E aí começam ambos a trabalhar, ele em armas de fogo, que vai buscar a Vigo, e ela em cortes de seda, que esconde debaixo da camisa, enrolados à cinta, de tal maneira que já ninguém sabe ao certo quando atravessa o ribeiro grávida a valer ou prenha de mercadoria".

MIGUEL TORGA, "Fronteira",
in Novos Contos da Montanha, 11.ª Edição,
Coimbra, 1982, pp. 25-36.

"É entre os filhos frequentemente cansados, divididos e confundidos de Atenas e de Jerusalém que poderíamos regressar à convicção de que «a vida não reflectida» não é efectivamente digna de ser vivida".

GEORGE STEINER, *A Ideia de Europa*,
(tradução de Maria de Fátima St. Aubyn),
Gradiva, Lisboa, 2005, p. 55.

INTRODUÇÃO

I. A génese de um mercado económico comum a vários Estados-Membros adstrito a um espaço, também comum, arrasta a criação inevitável de um espaço jurídico multifacetado e complexo em que os vários ramos da árvore se interconexionam e se manifestam de acordo com o evoluir das necessidades adjacentes a cada dificuldade humana e material. Necessidades que se manifestam no puzzle do direito penal substantivo e adjectivo da edificação do espaço penal europeu, sendo este um dos vagões do *comboio* europeu[1].

Esgotada a era da assimilação, em que a soberania penal nacional se reflectia e se erigia como identidade de uma cultura jurídica, social, económica própria e unívoca, o direito penal emergente desta poliédrica realidade comunitária constitui-se, hoje, como direito penal supra-nacional que em nada melindra a soberania nacional, antes lhe dá cor na prevenção e repressão de uma (nova) criminalidade que não se exaure intra-muros nacionais, mas que prolifera e se enraíza em um espaço extenso designado por *espaço europeu* ou por *Estado fronteiras*, adequada a agredir e a destruir bens jurídicos *pessoais e transpessoais*, individuais e supra-

---

[1] Cfr. WINFRIED HASSEMER *apud* AUGUSTO SILVA DIAS, "De que Direito Penal Precisamos nós Europeus", *in Revista Portuguesa de Ciência Criminal*, Ano 14, n.º 3, Julho-Setembro de 2004, p. 306.

-individuais, cuja censurabilidade social e jurídico-criminal se estende a um grande espaço: o da União Europeia[2]. Criminalidade essa que inculca aos Estados-Membros o ideário de uma harmonização (mínima) – *aproximação* – dos vários sistemas penais europeus para que se evitem os *lugares de ninguém* ou os famigerados «santuários».

A harmonização não pode, todavia, dissecar-se unicamente no quadro do direito penal material, pois não basta aproximar os elementos constitutivos das infracções penais e as sanções, impõe que se aproximem os procedimentos de que os operadores judiciários dos vários Estados-Membros fazem uso para que se desenvolva e mantenha um espaço de liberdade, de segurança e de justiça capaz de «facultar aos cidadãos um elevado nível de protecção"[3]. Face à resistência à harmonização penal – material e adjectiva – a União ergue como pedra angular da cooperação judiciária em matéria penal o princípio do *reconhecimento mútuo* e, face às ameaças terroristas e aos riscos advindos de uma criminalidade organizada e transnacional de *especial perigosidade*, concretiza--o com a instituição do Mandado de Detenção Europeu – cujo estudo imbrica com a soberania penal nacional, com a harmonização do direito penal, com o equilíbrio entre a segurança e a liberdade como princípio e como direito.

O Mandado de Detenção Europeu, baseado no princípio do *reconhecimento mútuo* e, consequentemente, da *confiança mútua*, simplifica a cooperação judiciária europeia em matéria penal, desde logo concretiza, pela primeira vez, a livre circulação de decisões judiciais em todo o espaço da União e modifica as estruturas conceptuais da cooperação, deixando de haver a

---

[2] Sem que se olvide que, em muitos dos casos, os tentáculos dessa criminalidade se espraiem extra-muros da União Europeia.

[3] Cfr. art. 29.° do TUE.

Introdução 15

tradicional extradição, autonomizando-se a detenção e a entrega da pessoa procurada que deixa de estar sujeita ao duplo controlo – político e judiciário –, esgotando-se na *judiciarização* do processo que, por germinar uma cooperação directa entre autoridades judiciárias, justifica condições de entrega dotadas de uma maior celeridade.

II. A celeridade que orna o processo de detenção e de entrega no Mandado de Detenção Europeu, cuja intervenção da autoridade judiciária de execução se encontra *a priori* recatada aos controlos genérico e jurídico, não pode ser fundamento de restrições desnecessárias e arbitrárias de direitos, liberdades e garantias fundamentais do cidadão, cujo primado se exige como guardião de um património comum europeu.

Os direitos e as garantias em geral não podem sofrer sacrifícios desmedidos e desproporcionais, sob pena de deificarmos a segurança, cujas políticas a nível europeu intentam instrumentalizar o direito penal esvaziando-o de uma política criminal com o epicentro no ser humano, e de niilificarmos as liberdades fundamentais consagradas como princípio *jurídico-constitucional* e como princípio *jurídico-internacional* e concrecionadas no ordenamento penal adjectivo português, cuja ofensa não se afigura admissível.

Acresce que a execução do mandado não deve ser promovida ancilar e cegamente sob pena de se agorentar a extensão e o alcance de princípios basilares do direito penal nacional, que devem ter assento quando emanado supra-nacionalmente, e de direitos fundamentais que se ergueram com o «sangue» dos nossos antepassados. Neste ponto, coube-nos também o labor de estudarmos os motivos de não execução do mandado de detenção europeu de maior relevo no direito português: os princípios da dupla incriminação, *ne bis in idem*, da especialidade, do respeito dos direitos fundamentais (tais como a vida, a integridade física, a liberdade, a cláusula de não-descriminação, o princípio da proporcionalidade)[4].

Guiou-nos a ideia central de que, no epicentro da discussão jurídica, em especial da penal, encontra-se a *"imagem* do homem"[5] – recheado de virtudes e de defeitos – da qual não nos podemos alhear.

---

[4] Quanto aos perigos de afectação dos direitos fundamentais de todo o cidadão europeu por meio do mandado de detenção europeu, cfr. Relatório da Comissão com base no art. 34.º da DQ do Conselho de 13 de Junho de 2002, de 22 de Setembro de 2005, sobre o impacto do mandado.

[5] JORGE DE FIGUEIREDO DIAS, "O Direito Penal entre a «Sociedade Industrial» e a «Sociedade de Risco»", *in Estudos de Homenagem ao Prof. Doutor ROGÉRIO SOARES*, STVDIA IVRIDICA – 61, Coimbra Editora, 2001, p. 593 e ANABELA MIRANDA RODRIGUES, "Criminalidade Organizada – Que Política Criminal?", *in STVDIA IVRIDICA* – 73, COLLOQUIA – 12, Coimbra Editora, p. 208.

PARTE I

QUESTÕES DE FUNDO

CAPÍTULO I

DO PRINCÍPIO DO RECONHECIMENTO MÚTUO

§1.° Considerações gerais

I. A construção de um espaço penal europeu, que arrasta inerentemente a criação de um direito penal europeu, esbarra com a ideia de que o *aparecimento e desenvolvimento do direito penal estão ligados aos Estados em que nele participa*[6] e de que *não há direito penal sem Estado, nem Estado sem direito penal*[7]. A resistência vivida ou a "resistência defensiva"[8], de hoje, ao direito penal europeu relembra--nos a oposição que BECCARIA promoveu contra a transposição para a Lombardia Austríaca do Código Penal Austríaco de JOSEPH II, argumentando que "um soberano pode, até um certo grau, influenciar a opinião dos seus súbitos por meio das leis; mas não pode de maneira alguma influenciar os de outras nações que obedecem a

---

[6] PH. ROBERT, *La Question Pénale*, Genève, Droz, 1984, p. 172.

[7] X. ROUSSEAUX/R. LEVY, *Le Pénal dans Tous ses États, Justice et Société en Europe, (XIII-XX Siècle)*, Bruxelles, FUSL, p. 15.

[8] Expressão de JOHN A. E. VERVAELE *apud* ANABELA MIRANDA RODRIGUES, *Um Sistema Sancionatório Penal para a União Europeia – Entre a Unidade e a Diversidade ou os Caminhos da Harmonização*, Texto Policopiado, Coimbra, 2004, p. 38.

outros príncipes e governantes"9 ou não pode influenciar as opiniões dos que seguem outras correntes.

O mundo de outrora já não é, todavia, o mundo dos novos tempos, pois o novo mundo é um só, mais exíguo e interdependente, em que os homens, apesar de "mais próximos pelos acontecimentos, não se amam mais por isso" e em que a "terra apenas tem um povo e o mundo está povoado de estrangeiros"10, cuja unidade dominante Estado se encontra em constante integração sócio--económico-cultural e jurídica em um bloco regional do mundo – a União Europeia. Na relação de exiguidade e de interdependência nascem e proliferam 'fricções' humanas transfronteiriças e supranacionais que afectam bens jurídicos fundamentais ao desenvolvimento harmonioso da comunidade do Estado Fronteiras e do Estado *stricto sensu*, bens jurídicos esses que assumem natureza supra-nacional, cuja tutela do Direito Penal de teor nacional não se afigura eficaz11.

Constata-se que a realidade criminal extra-muros e transfronteiriça não se esgota na actividade de ISABEL de Fronteira, nem a prevenção e a repressão das lides criminógenas se resumem à actividade policial do soldado ROBALO, polícia de métodos antide-

---

9 CESARE BECCARIA, «Brevi Riflesssioni intorno al Codice generale sopra i delitti e le pene per Cio che riguarda i delitti politici", *in* CESARE BECCARIA, *Opere*, a cura di S. ROMAGNOLI, Firenzi, 1971, p. 713. Tradução nossa.

10 RENÉ-JEAN DUPUY, *O Direito Internacional*, (tradução de CLOTILDE CRUZ), Livraria Almedina, Coimbra, 1993, pp. 20-21.

11 Neste sentido AUGUSTO SILVA DIAS, "De que Direito Penal precisamos nós Europeus? Um olhar sobre algumas propostas recentes de constituição de um direito penal comunitário", *in Revista Portuguesa de Ciência Criminal (RPCC)*, Coimbra Editora, Ano 14, n.º 3, Julho-Setembro 2004, p. 306. De modo sucinto FRANCISCO BUENO ARÚS fala na soberania do *ius puniendi* "en la medida en que todavía en nuestro tiempo se puede hablar de *soberanía*". Cfr. FRANCISCO BUENO ARÚS, *La Ciencia del Derecho Penal: un Modelo de Inseguridad Jurídica*, Caduernos Civitas – Thomson, Madrid, 2005, p. 156.

mocráticos e ilegítimos e de uma ferocidade rafeira inimaginável[12]. Há uma evolução da natureza, da textura e da organização do crime, evolução propulsionada pela designada criminalidade transnacional: "dos territórios (extensão geográfica e topográfica) para redes (organização global e topologia) e dos criminosos amadores para os «empresários do crime» (expressão que abrange a criminalidade de negócios e a criminalidade organizada)"[13].

O(s) direito(s) penal(ais) nacional(ais) – "essencialmente ligado(s) ao território e adaptado(s) aos indivíduos isolados"[14] – não

---

[12] ISABEL e ROBALO protagonizam um romance torguiano e são, respectivamente, contrabandista e soldado da GNR, sendo que este representa o polícia que tudo faz para «caçar» a sua presa – o agente do crime –, até mesmo a sua amada, mesmo que para alcançar o seu objectivo tenha de violar gravemente os direitos, liberdades e garantias dos cidadãos – tais como a vida e a integridade física dos homens e mulheres que iam a Fuentes levantar a mercadoria do contrabando. Ironia do destino, ROBALO transforma-se no maior contrabandista de armas da região. Cfr. MIGUEL TORGA, *Novos Contos da Montanha*, 11.ª Edição, Coimbra, 1982, pp. 41-46.

[13] MIREILLE DELMAS-MARTY, "O Direito Penal como Ética da Mundialização", *in RPCC*, Coimbra Editora, Ano 14, n.º 3, Julho-Setembro 2004, p. 290.

[14] MIREILLE DELMAS-MARTY, "O Direito Penal como Ética...", *in RPCC*, Ano 14, n.º 3, p. 290. VOGEL considera o direito como um processo dinâmico de intercâmbio entre os distintos interesses da realidade estática de um determinado ordenamento local ou regional, que gera interlegalidade – essência do processo de intercâmbio e peça chave do direito actual –, sendo esta uma manifestação da europeização do direito penal. Por um lado, os direitos transnacionais, comunitário e da União influenciam o direito nacional, consequentemente o ramo do direito penal – este já com algum atraso, conforme elucida TIEDEMANN –, e geram contradições que necessitam de ser limadas; por outro, o espaço judiciário europeu e o espaço de liberdade, segurança e justiça apresentam-se como uma concepção genuína de direito penal supranacional que implica e legitima um sistema de perseguição criminal supranacional. Cfr. JOACHIM VOGEL, "Política Criminal y Dogmática penal europeas", (trad. ADÁN NIETO MARTÍN), *in Revista Penal*, n.º 11, 2002, p. 140 e KLAUS TIEDEMANN,

consegue(m) tutelar de todo os bens jurídicos afectados pelo novo mundo criminal: globalizado e transnacional[15]. Contudo, questão pertinente é saber como se articulam as medidas comunitárias de índole processual penal face a um quase vazio direito penal substantivo europeu, *i. e.*, sendo que o direito penal substantivo "constitui o objecto de referência do processo penal", na linha de A. SILVA DIAS, interroga-se se "faz sentido criar regras, entidades e competências processuais penais europeias sem um Direito Penal europeu e uma política criminal europeia que lhe sirva de suporte"[16]. Como exemplo dessas medidas avulsas se apresenta o

---

"L' Europeizzazione del diritto penale", (Trad. ANNA VALENTINA BERNARDI), *in Rivista Italiana di Diritto e Procedura Penale*, Ano XLI, Fasc. 1, Gennaio-Marzo, Milão, 1998, p. 3.

[15] Quanto à internacionalização e ao aumento da criminalidade – cujo perigo se concretiza por o crime se desenvolver por *diversos agentes* em *diversos países* – justificar a necessidade de um direito penal europeu, JEAN PRADEL e GEERT CORSTENS, *Droit Pénal Européen*, 2.ª ED., Dalloz, Paris, 2002, pp. 5-6.

[16] AUGUSTO SILVA DIAS, "De que Direito Penal Precisamos...", *in RPCC*, Ano 14, n.° 3, p. 307. Com maior aprofundamento ANABELA MIRANDA RODRIGUES, *Um Sistema Sancionatório Penal para a União Europeia – Entre a Unidade e a Diversidade ou os Caminhos da Harmonização*, texto Policopiado e cedido no Curso de Mestrado em Direito da Faculdade de Direito da Universidade de Coimbra, 2005; "A Emergência de Um «Direito Penal Europeu»: Questões Urgentes de Política Criminal", *in Revista Estratégia – Instituto de Estudos Estratégicos e Internacionais*, n.os 18-19, 1 e 2.° Semestres, 2003; "Criminalidade Organizada – Que Política Criminal?", *in Themis – Revista da Faculdade de Direito da UNL*, Ano IV, n.° 6, 2003; e JOACHIM VOGEL, "Política Criminal...", *in Revista Penal*, n.° 11, pp. 138-150. Para VOGEL, "no Conselho da Europa e no Conselho Europeu, no Conselho da União UE e na Comissão da Comunidade elabora-se já há algum tempo uma política criminal europeia", que "afecta tanto a Parte Geral como a harmonização das penas, o direito penal internacional ou a responsabilidade das pessoas colectivas", assim como "conformou vários domínios da parte especial" do direito penal nacional. Neste sentido deve-se promover um debate dedicado à europeização do

mandado de detenção europeu, que é a consequência da constatação de que à mundialização e/ou regionalização dos agentes do crime e à sua permeável e facilitada mobilidade no espaço europeu se responda com institutos jurídicos processuais que afastem a ideia de que em um determinado espaço existe um «santuário», *i. e.*, que se evitem as *off shores* de criminosos ou os lugares de ninguém[17].

II. O princípio de BECCARIA de que, em matéria penal, o Estado é senhor em casa própria, unicamente em casa própria mas enquanto casa própria – julga as infracções praticadas por nacionais ou estrangeiros dentro do seu território de acordo com o direito penal nacional – encontra-se em inflexão face à erosão do poder estatal[18] e ao mundo globalizado criminalmente: para problemas globais, não se adequám soluções «caseiras», mas sim globais, *i. e.*, um direito penal regional – europeu – ou internacional[19].

O binómio "justiça penal – território nacional"[20], de predominância do princípio da territorialidade dos iluministas e de

---

direito penal construído em uma política criminal e uma dogmática penal europeia Cfr. JOACHIM VOGEL, "Política Criminal...", *in Revista Penal*, n.º 11, pp. 138-139. Quanto à europeização do direito penal nacional, KLAUS TIEDEMANN, "L'Europeizzazione...", *in Rivista Italiana di Diritto e Procedura Penale*, Ano XLI, Fasc. 1, Gennaio-Marzo, Milão, 1998, pp. 3-21.

[17] VOGEL fala-nos de "paraísos jurídicos (*save havens*)". Cfr. JOACHIM VOGEL, "Política Criminal...", *in Revista Penal*, n.º 11, p. 145.

[18] Quanto a este assunto, YVES CARTUYVELS, "Le droit pénal et l'État: des frontières «naturelles» en question", *in L'Émergence du Droit Pénal International*, pp. 15 e ss..

[19] Neste sentido ANABELA MIRANDA RODRIGUES e JOSÉ LOPES DA MOTA, *Para uma Política Criminal Europeia*, Coimbra Editora, 2002, p. 15: "frente à internacionalização do crime, urge responder com a internacionalização da política de combate ao crime".

[20] YVES CARTUYVELS, "Le droit pénal et l'État...", in *L'Émergence du Droit Pénal International*, p. 18.

BECCARIA[21], encontra-se em dissociação[22] em detrimento de um direito penal mundializado pela vertigem da criminalidade organizada, pelo terrorismo e pelos crimes financeiros – *maxime* branqueamento de capitais – que tem proporcionado apelos a que se crie uma *justiça penal europeia* para prevenir e reprimir criminalidade que não se enquadra intra-muros nacionais – como acontece no *Corpus iuris* que tutela criminalmente determinados interesses financeiros da União.

O princípio da soberania nacional[23]/[24] – de que cada Estado é chefe em sua própria casa –, no quadro do direito penal, vê-se afec-

---

[21] Quanto a este assunto MIREILLE DELMAS-MARTY, "O Direito Penal como Ética..." *in RPCC*, Ano 14, n.º 3, p. 298.

[22] Como ensina MASSIMO DONINI, "o universo cerrado do Estado nacional, tende a desmoronar-se frente às novas ordens, frente aos novos projectos penais que se sobrepõem aos de âmbito nacional". MASSIMO DONINI, "Escenarios del Derecho penal en Europa a Principios del Siglo XXI", *in La Política Criminal en Europa*, (Directores SANTIAGO MIR PUIG e MIRENTXU CORCOY BIDASOLO), Atelier, Barcelona, 2004, p. 45. Tradução nossa.

[23] Acompanhamos FREITAS DO AMARAL quando defende que «**Quanto mais forte e eficaz for a integração, maior é, pois, a soberania dos países membros.** Estes, ao integrarem as suas economias e, depois, as suas políticas diplomáticas e militares, não perdem peso no concerto mundial: ganham cada vez maior influência. Se assim não fosse, só por uma **espécie de "suicídio colectivo"** é que praticamente todos os países europeus estariam a embarcar voluntariamente num projecto deste tipo». DIOGO FREITAS DO AMARAL, *Manual de Introdução ao Direito*, Almedina, Coimbra, 2004, Vol. I, pp. 240-241. Negrito nosso. Acompanhamos FIÃES FERNANDES quando afirma que, face ao novo quadro referencial do mundo, "caracterizado pela globalização, pelo transnacionalismo, pela interferência dos Estados e pela desterritorialização da segurança", a concepção Vestefaliana do Estado – de 1648 – que o consagra como "supremo actor internacional" está em crise. LUÍS FIÃES FERNANDES, «As "Novas" Ameaças como Instrumento do Conceito de «Segurança»", *in I Colóquio de Segurança Interna*, (Coord. MANUEL M. G. VALENTE), Almedina, Coimbra, 2005, p. 123. Já JEAN BODIN, fundador da teoria da soberania, afirmava que "a autoridade do soberano é limitada pelo direito natural que rege a comunidade

das nações", cuja evolução passou por VITÓRIA, por GROTIUS, e já com GEORG JELLINEK, HANS KELSEN e GEORGES SCELLE, se teoriza amplamente a "submissão da soberania ao direito internacional", que culmina com a ideia de protecção internacional dos indivíduos que conquistam uma dupla protecção com a «"dupla nacionalidade": nacional e internacional». Cfr. ANABELA MIRANDA RODRIGUES, "Princípio da Jurisdição Penal Universal e Tribunal Penal Internacional", *in Direito Penal Internacional,* Fim de Século, Lisboa, 2003, pp. 58-59 e 62-63.

[24] Quanto à ideia de banir do vocabulário jurídico e político, por só deter "uso histórico", a palavra soberania, que é "ambígua, cheia de carga emotiva", e de que já "não há mais estados soberanos na União Europeia", PAULO FERREIRA DA CUNHA, "A Revolução Constitucional Europeia – A Reflexão Sobre a Génese, Sentido Histórico e Contexto Jurídico de um Novo Paradigma Juspolítico", *in Colóquio Ibérico: Constituição Europeia – Homenagem ao Doutor FRANCISCO LUCAS PIRES, Boletim da Faculdade de Direito – STVDIA IVRIDICA – 84 – Ad Honorem – 2/Coloquia – 14*, Coimbra Editora, 2005, pp. 310-314. Acresce relembrar que a soberania nacional jurídica é de discussão milenar, todavia trazemos à colação a posição das escolas voluntaristas e das escolas objectivistas. Para as primeiras, o Estado submete-se ao direito por vontade própria, *i. e.*, por autolimitação – JELLINEK – ou por as normas de direito internacional derivarem de objectivos definidos e pretendidos por tratados cuja assinatura e ratificação são uma nova vontade "feita da união das vontades estaduais (*Vereinbarung*)" – TRIEPLE. Para os voluntaristas o Direito forma um bloco único, em que, no "todo absoluto", o direito interno se sobrepõe ao direito internacional, retirando-lhe a verdadeira existência. Já os objectivistas, independentemente das escolas – a do direito natural [com prevalência de um número de princípios comuns a todos os povos], a normativista [em que o ordenamento jurídico como pirâmide de normas, promovida por KELSEN] e a de supremacia da norma internacional [que considera a norma internacional superior à própria constituição, lei suprema das ordens jurídicas nacionais, pois os verdadeiros sujeitos do *ius gentium* são os indivíduos] –, consideram que o "Estado não é realmente soberano: a lógica exclui a pluralidade de soberanos; um Estado, ao delimitar as suas próprias fronteiras, deve contar com os seus vizinhos. Cfr. RENÉ-JEAN DUPUY, *Direito Internacional*, pp. 25-28.

tado com o designado *princípio da competência penal universal*[25]/[26] que promove a ruptura e promove a «mundialização do direito», que, como afirma DELMAS-MARTY, por um lado, "não respeita nem as soberanias nem os territórios" e é "vista por muitos como uma marca de um direito «pós-moderno», que se constrói quer em oposição («antimoderno») quer no prolongamento («hiper-

---

[25] O princípio da competência universal ou da universalidade ou da aplicação universal da lei penal encarna a ideia de que existem interesses que compõem o património cultural da humanidade que são dignos de tutela penal e que ultrapassam as linhas físicas do *Estado fronteira,* cuja indispensabilidade da sua salvaguarda se admite como benéfica para toda a comunidade dos povos, seja quem for o agente, seja qual for o local onde tenha ocorrido o facto que viole tais interesses. A validade do princípio, independentemente das sedes *delicti*, emerge do reconhecimento de que existem bens jurídicos de carácter supranacional e que reclamam uma protecção penal mundial. Neste sentido MANUEL CAVALEIRO DE FERREIRA, *Direito Penal Português – Parte Geral I*, Editorial Verbo, Lisboa/ /S.Paulo, 1982, p. 144-149; EDUARDO CORREIA, *Direito Criminal – I*, Reimpressão, Livraria Almedina, Coimbra, 1997, p. 178, JORGE DE FIGUEIREDO DIAS, *Direito Penal – Parte Geral* – Tomo I, Coimbra Editora, 2004, p. 213.

[26] Há Estados, como o Belga, que evocam o *princípio da competência universal* para julgar determinado tipo de crimes, em especial os que ofendam a humanidade, afastando-se o princípio da soberania dos Estados em matéria penal. Veja-se o caso PINOCHET, cuja acção do juiz GARZON de Espanha impeliu as autoridades inglesas a mantê-lo em um hospital (inglês) sob detenção para posterior julgamento no Chile. Veja-se o julgamento de quatro Ruandeses julgados pelos tribunais belgas por estarem envolvidos em genocídio no RUANDA em 1994. Quanto a estes assuntos, YVES CARTUYVELS, "Le droit pénal et l'État...", in *L'Émergence du Droit Pénal International,* pp. 18-20. O *princípio da competência universal*, que fora aplicado em várias cidades e principados europeus desde o Renascimento até à época clássica, teve como seu grande defensor HUGO GROTIUS na ideia forte do direito natural ou das gentes. GROTIUS defendia que os detentores do *ius puniendi* podem não só infligir penas aos que cometem ofensas contra os nacionais – os seus súbditos –, mas também aos que violam "excessivamente o direito natural ou das gentes", para que se tutelem *interesses da sociedade humana.* Cfr. MIREILLE DELMAS-MARTY, "O Direito Penal como Ética..." *in RPCC*, Ano 14, n.º 3, p. 298.

moderno») da filosofia das Luzes e do direito dito «moderno»"[27], mas que, por outro lado, não deve centrar-se na *unificação* e na "imposição de uma ordem jurídica unificada", mas na "harmonização e coordenação da pluralidade" que "faça face à diversidade de sistemas jurídicos e das suas referências de valores"[28]. O direito penal de razão geométrica ou nacional dá, passo a passo, lugar ao direito penal de razão "combinatória, marcada por uma lógica de harmonização da pluralidade"[29], tem de ser entendido como uma «hiper-modernidade»[30] e, consequentemente, como uma continuidade do aperfeiçoamento da humanidade. As soberanias penais nacionais deixam o dique do isolamento e do «orgulhosamente sós» e saltam para a plataforma da partilha, sob pena de não se construir "uma comunidade de valores" global, *maxime*, europeia.

As fronteiras materiais, instrumentais e geométricas não se esgotam em um espaço de um só Estado, pois não podemos, hoje, falar de Estado fronteira para o direito penal, mas de *Estado fronteiras* onde o crime se movimenta e se desenvolve[31] e onde se

---

[27] MIREILLE DELMAS-MARTY, "O Direito Penal como Ética..." *in RPCC*, Ano 14, n.º 3, p. 288.

[28] MEREILLE DELMAS-MARTY *apud* YVES CARTUYVELS, "Le droit pénal et l'État...", in *L'Émergence du Droit Pénal International*, pp. 20-21.

[29] YVES CARTUYVELS, "Le droit pénal et l'État...", in *L'Émergence du Droit Pénal International*, p. 24.

[30] YVES CARTUYVELS, "Le droit pénal et l'État...", in *L'Émergence du Droit Pénal International*, p. 25.

[31] Não se olvidando de que a integração europeia, como qualquer movimento social e político, «gera uma "nova" delinquência, contra os interesses financeiros da Comunidade e produto da corrupção dos funcionários das instituições europeias», como a edificação de um espaço sem fronteiras entre os Estados-Membros, que compreende o *Estado fronteiras,* permeável ao «desenvolvimento e expansão de uma criminalidade cujas características principais são exactamente a organização, o poder económico e a internacionalização». ANABELA MIRANDA RODRIGUES e JOSÉ LOPES DA MOTA, *Para uma Política...*, p. 15 e nota 7.

28   *Do Mandado de Detenção Europeu*

devem imprimir medidas de índole penal à escala desse *Estado fronteiras* – por este espaço[32] sem fronteiras poder ser a auto-estrada do crime –, cujo sistema penal do *Estado fronteira,* considerado individualmente, se manifesta inoperante[33]. Espaço este que carece de segurança em liberdade e dotado de justiça – construção do III Pilar.

A concepção de um espaço comum de liberdade – cuja livre circulação de mercadorias, de capitais, de serviços e de pessoas é uma realidade inalterável, "é um facto, qualquer coisa como o *sentimento europeu*"[34], na construção de uma *identidade europeia,* apesar de ser uma Europa de nações e não uma nação europeia – anexa a si própria não só a concepção, como também a concretização de uma política criminal comum e um direito penal substantivo e adjectivo comum, que respeite os princípios mestres da intervenção do *ius*

---

[32] Quanto à concepção de «espaço» no quadro do TUE *infra* §5.º.

[33] Falamos da incapacidade do sistema penal nacional face a uma criminalidade organizada que já não funciona dentro do *Estado fronteira,* mas utiliza as lógicas e as potencialidades "da globalização para a organização do crime" [ANABELA MIRANDA RODRIGUES e JOSÉ LOPES DA MOTA, *Para uma Política Criminal...*, p. 14], facilitando aos grupos criminosos homogéneos o aproveitamento "das vantagens que oferece o novo espaço mundial, com a criação de zonas de comércio livre em algumas regiões do mundo, nas quais se produz uma permeabilização económica das fronteiras nacionais e se reduzem os controles" [I. BLANCO CORDERO e I. S. GARCIA DE PAZ *apud* ANABELA MIRANDA RODRIGUES e JOSÉ LOPES DA MOTA, *Para uma Política Criminal...*, p. 14]. As actividades desses grupos organizam-se estrutural e economicamente para desenvolver e explorar áreas ilícitas diversificadas – *v. g.*, jogo, proxenetismo, prostituição, tráfico de seres humanos, de droga, de armas, de veículos, furto de obras de arte –, cujos proventos irremediavelmente se consomem no branqueamento (de capitais). Neste sentido ANABELA MIRANDA RODRIGUES e JOSÉ LOPES DA MOTA, *Para uma Política Criminal...*, pp. 13-14.

[34] EDUARDO LOURENÇO, "Uma Europa de Nações ou Os Dentes de Cadmo", *in Portugal e a Construção Europeia,* (Org. MARIA M. TAVARES RIBEIRO, A. M. BARBOSA DE MELO e M. C. LOPES PORTO), Almedina, Coimbra, 2003, p. 57.

puniendi a nível comunitário, cuja protecção dos bens jurídicos e do cidadão face ao detentor do poder de punir estejam enraizados nos espíritos europeus fundidos "estreitamente numa unidade superior" na construção da "fraternidade europeia"[35] e decididos a construir uma União "como espaço de liberdade para si mesma e para os outros"[36].

III. A construção do espaço comum europeu de liberdade, de justiça e de segurança não pode socorrer-se de institutos inspirados(res) em (de) políticas securitárias, *i. e.*, o direito penal não pode ser um instrumento ao serviço da(s) política(s) de segurança como emergia do Projecto de Tratado da Constituição Europeia (PCE)[37] e se manteve no Tratado que institui uma Constituição para a Europa (CE)[38]. Razão tem HASSEMER ao afirmar que o PCE dá prevalência à segurança e à eficácia, como prescreve a parte inicial do n.º 3 do art. III-158.º do PCE: "A União envida esforços para **manter um elevado nível de segurança**". O escopo do elevado nível de segurança prosseguirá quer por meio de medidas de prevenção e de luta contra a criminalidade quer "através do reconhecimento mútuo das decisões judiciais em matéria penal e, se necessário, da aproximação das legislações penais", sem que se estipulasse a articulação desse escopo com o da liberdade[39]/[40] – espaço comum – e sem que se explicitasse o sentido de segurança[41].

---

[35] VICTOR HUGO *apud* EDUARDO LOURENÇO, "Uma Europa de Nações...", *in Portugal e a Construção Europeia*, p. 55.

[36] EDUARDO LOURENÇO, *A Europa Desencantada – Para uma mitologia europeia*, 2.ª Edição, Gradiva, Lisboa, 2005, p. 31.

[37] Cfr. art. III-158.º e art. III-172.º do PCE.

[38] Cfr. art. III-257.º e III-271.º do CE.

[39] Nós, europeus, não podemos esquecer que a liberdade é o mais alto princípio e valor da justiça, património kantiano que está enlaçado na história jurídica e humana da Europa, cujo aniquilamento representaria a decapitação do mais alto desiderato da humanidade. Quanto à liberdade como o mais elevado

Na linha de construção do espaço de liberdade, de justiça e de segurança comum surge o mandado de detenção europeu, primeira concretização do princípio do reconhecimento mútuo, cujo perigo de securização do direito penal europeu está patente e cujo perigo de perversão da lógica penalista se instalar – *i. e.*, aprovam-se institutos processuais (direito processual penal) sem que, primeiro, se

---

valor da justiça, HANS KELSEN, *A Justiça e o Direito Natural*, (tradução de JOÃO BAPTISTA MACHADO), Almedina, Coimbra, 2001, p. 81. Quanto à liberdade como princípio e valor superior, JOHN RAWLS, *Uma Teoria para a Justiça*, (tradução de CARLOS PINTO CORREIA), Editorial Presença, Lisboa, 1993, pp. 195 e ss. e MANUEL M. G. VALENTE, *Processo Penal* – Tomo I, Almedina, Coimbra, 2004, pp. 237-242. A par da liberdade como valor supremo da justiça ancora, em uma linha kantiana, a ideia de uma liberdade fundada em uma dimensão ética quer colectiva quer individual e que esse agir livre de cada ser se manifeste como se desejasse que esse agir fosse norma universal, cujo tratamento do outro e dos outros seja um fim e nunca um meio. Quanto a este assunto e com maior desenvolvimento JOÃO PAULO II, *Memória e Identidade*, (tradução de ANTÓNIO FERREIRA DA COSTA), Bertrand Editora, 2005, pp. 41-44.

[40] Acresce na linha de JOÃO PAULO II que o exercício da liberdade – simultaneamente dom e tarefa – deve centrar-se na ideia de realização do bem na verdade, *i. e.*, permite ao homem superar os desvios que a história lhe tenta incutir como o maquiavelismo, o utilitarismo social que gerou as ditaduras marxistas e nacional-socialistas. Cfr. JOÃO PAULO II, *Memória...*, p. 47. É na liberdade que o homem pode escolher e não fora dela, pois, como ensina DELMAS-MARTY, o *utilitarismo* – prático e eficaz – em política criminal "incita ao privilégio de um modelo autoritário, podendo justificar uma guerra implacável contra o crime (modelo totalitário)", contrariamente ao *idealismo*, que integra os instrumentos de direito internacional dos Direitos do Homem e privilegia o modelo liberal. Cfr. M. DELMAS-MARTY, "O Direito Penal como Ética...", *in RPCC*, p. 289.

[41] Como ensina ALEXIS TOCQUEVILLE, o grande objectivo da justiça é substituir a violência pela ideia de justiça e não a ideia de dotar a segurança de instrumentos que a absolutizem e a pedestalizem, *i. e.*, a preservação e consolidação da liberdade. Cfr. ALEXIS TOCQUEVILLE, *Da Democracia na América*, (tradução de CARLOS CORREIA MONTEIRO DE OLIVEIRA), Principia, S. João do Estoril, 2002, p. 180.

harmonizem as legislações ou sem que para esses institutos se edifique um direito penal substantivo[42] – quando em causa está a liberdade de um cidadão.

Sendo o resultado de um caminho longo, o mandado de detenção europeu representa a consciência não só da vulnerabilidade dos Estados face ao crime transnacional e globalizado[43] e, até mesmo, ao crime local e à fácil mobilidade do agente do crime no espaço europeu – espaço comum de livre circulação –, como também a ideia de que em um espaço de livre circulação, *i. e.*, em um *Estado fronteiras* não podem, no plano jurídico-criminal, persistir as fronteiras estatais soberanamente altivas das decisões judiciais e continuar-se com o velho e pausado instituto de coope-ração da extradição, ditado, muitas vezes, por imperativos de natureza política e não de justiça material[44]. Acresce que o princípio da competência universal não é a porta para a prevenção e repressão de todos os actos humanos, ilícitos, típicos e culposos, nem a chave para que as jurisdições possam exercer a justiça que impende sobre os homens para que se reponha a paz jurídica e se tutelem bens jurídicos fundamentais do ser humano[45].

---

[42] No âmbito do direito criminal substantivo existe um esforço de harmonização de algumas áreas estipuladas nos artigos 29.º e 31.º do TUE, como denotam as Decisões Quadro sobre branqueamento de capitais – DQ 2002/500/JAI, de 26 de Junho de 2001 – e terrorismo – DQ n.º 2002/475/JAI, de 13 de Junho.

[43] Consciência que se apurou com os atentados terroristas de 11 de Setembro de 2001 de Nova Iorque, 11 de Março de 2004 de Madrid e 7 de Julho de 2005 de Londres.

[44] A extradição ao estar sujeita a um controlo político e, só depois, jurídico, despia-se do seu verdadeiro manto jurídico em prol de exercício da *potestas política*.

[45] Não obstante a acção do juiz GARZON, como é sabido AUGUSTO PINOCHET não fora julgado pela jurisdição espanhola, mas chilena, mesmo pelos crimes de homicídio contra cidadãos espanhóis. Admita-se que é um princípio dependente da interpretação e concepção de justiça material de cada ser humano

O mandado de detenção europeu, nas assisadas palavras de ANABELA M. RODRIGUES[46], representa um "salto"[47] na construção do espaço penal europeu que se acentua por inculcar uma marca mais securizante do que de uma política criminal da liberdade. A opção por iniciar a concretização do reconhecimento mútuo por meio do mandado de detenção europeu – cuja execução priva o sujeito do mesmo da sua liberdade –, relança a questão da *psicose do medo* gerir o direito penal, sendo este o antídoto para os problemas indexados à ideia de crime[48].

A um espaço físico livre deve(ria) corresponder um mesmo espaço jurídico, desiderato de alcance ainda longínquo, mas que não pode afastar a possibilidade de um aproximar das legislações penais – substantivas e processuais – para que o mesmo espaço não tenha contradições graves que gerem graves injustiças. Todavia, o sucesso do mandado de detenção europeu depende, de entre muitos aspectos de índole jurídico-criminal e operacional, do *mínimo de*

---

e de cada Estado, não tendo uma textura homogénea nos vários cantos da Europa e de todo mundo.

[46] ANABELA MIRANDA RODRIGUES, "A Emergência de Um «Direito Penal Europeu»: Questões Urgentes de Política Criminal", *in Revista Estratégia – Instituto de Estudos Estratégicos e Internacionais*, n.os 18-19, 1 e 2.º Semestres, 2003, p. 149.

[47] Para EMILIO JESÚS SÁNCHES ULLED, o mandado de detenção europeu produzirá um real «vuelco jurídico» no âmbito da extradição a nível da União. Cfr. EMILIO JESÚS SÁNCHES ULLED, "Cooperación Judicial Internacional – Especial referencia a los delitos relacionados com la corrupción", *in Cooperación Policial y Judicial en Materia de Delitos Financieros, Fraude y Corrupción*, Aquilafuente – Ediciones Universidad Salamanca, n.º 40, p. 144.

[48] Quanto à psicose do medo e do sobressalto da população gerir a política criminal substantiva e adjectiva – até por razões políticas –, deixando aquela de ser garantia de liberdade e de protecção dos direitos fundamentais, WINFRIED HASSEMER, *A Segurança Pública no Estado de Direito*, (trad. de PAULO SOUSA MENDES e de TERESA SERRA), AAFDL, Lisboa, 1995, pp. 91-97.

aproximação das legislações penais que se impõe, sob pena de ser mais uma medida «avulsa» esgotada na mera intenção por ser nefasta não só para os princípios da liberdade e do respeito pelos direitos do Homem e pelas liberdades fundamentais, como também ofensiva dos direitos fundamentais[49], que vinculam a União[50].

---

[49] Conforme denotam os motivos de não execução obrigatória e de não execução facultativa e da inexistência da cláusula de não descriminação. Quanto a este assunto *infra* §§ 8.° e 15.°.

[50] Cfr. artigos 6.° e 7.° do TUE.

§2.° Da harmonização e do reconhecimento mútuo

I. O **direito penal comunitário, supranacional**, de aplicação directa pelos Estados-Membros é, ainda, **uma aspiração** e são longos os carris a percorrer pelo comboio europeu que transporta em uma "das suas carruagens um arsenal de soluções e medidas penais cuja utilização acompanhará *pari passu* o processo de unificação política"[51]. Os processos de construção política, como acontecera com o Estado-nação e, nos dias de hoje, com a União, arrastam consigo o nascer e o contínuo reforço do *ius puniendi*[52], atitude que se reflecte nos vários documentos de matéria criminal com que as instituições comunitárias pressionam a criação e a aplicação dos direitos penais nacionais[53], *p. e.*:

---

[51] Imagem de WINFRIED HASSEMER *apud* A. SILVA DIAS, "De que Direito Penal...", *in RPCC*, Ano 14, n.° 3, p. 306.

[52] À União Europeia cabe como objectivo e função a tutela de bens jurídicos supranacionais e, atracados a estes, por imposição do estatuto de cidadania europeia de cada cidadão europeu, bens jurídicos individuais, o que nos impele a afirmar que, no futuro, não haverá União sem direito penal. No sentido de ineficácia da tutela dos interesses da construção europeia sem intervenção de instrumentos sancionatórios, nomeadamente, penais, ANABELA M. RODRIGUES, *Um Sistema Sancionatório...*, p. 37.

[53] Neste sentido e acrescentando que a par da construção desse espaço nascem bens jurídicos supranacionais cuja lesão é inevitável, o que deve impelir a um "direito penal unificado, criado por certas instituições comunitárias e aplicado, pelo menos em parte, por instâncias judiciárias europeias", A. SILVA

A Directiva n.º 91/308/CEE, de 10 de Junho de 1991 – sobre branqueamento de capitais[54], cuja influência criminalizadora está vertida no art. 23.º (*conversão, transferência ou dissimulação de bens ou produtos* provenientes do tráfico de droga) do DL n.º 15/93, de 22 de Janeiro[55], e ganha maior

---

DIAS, "De que Direito Penal...", *in RPCC*, Ano 14, n.º 3, pp. 305-306. Quanto à influência do direito comunitário de índole penal sobre o direito nacional, na linha de ANNE WEYEMBERGH, ANABELA M. RODRIGUES, *Um Sistema Sancionatório para a União Europeia...*, pp. 39-40.

[54] A criminalização da lavagem de dinheiro reflecte a designada americanização do direito penal europeu e do direito penal nacional, pois foram os EUA que criminalizaram em primeiro lugar a lavagem de dinheiro implementando a política de REAGAN de *follow the money*, cuja vertente criminalizadora americana se faz sentir na Convenção das Nações Unidas de 1988 e na Directiva n.º 91/308/CEE, de 10 de Junho. Quanto à americanização e europeização do direito penal nacional como factos que devem ser objecto de análise e de crítica capaz de nos conduzir à decisão de escolher o que se deseja e não deseja, de considerar o que é legítimo e o que não pode ser, apartando-se da ideia corrente de fenómenos de evolução que inevitavelmente vivemos ou de manifestações do paradigma económico de globalização económica ou do social tecnológico, JOACHIM VOGEL, "Política Criminal...", *in Revista Penal*, n,º 11, p. 141 e nota 14. Para BÁRBARA HUBER o fenómeno da americanização do direito penal também se reflectiu fortemente no âmbito da corrupção no sector privado, cujos postulados previstos na legislação norte-americana – *p. e.*, no *Foreign Corrupt Practices Ac*t de 1997 – internacionalizaram-se. Não obstante as normas da União Europeia não terem efeito directo nos ordenamentos jurídicos nacionais, o legislador nacional deve transpor para o ordenamento interno os instrumentos jurídicos supranacionais – europeus – para que a tutela jurídico-criminal seja a mesma em todos os Estados-Membros, verificando-se a europeização do direito interno através da harmonização da previsão e punibilidade da conduta lesiva de bens jurídicos e da respectiva sanção com a estipulação dos mínimos da punibilidade e, ainda, com a concepção de sujeitos da acção da infracção. Cfr. BÁRBARA HUBER, "La lucha contra la corrupción desde una perspectiva supranacional", (Trad. MIGUEL ONTIVEROS ALONSO), *in Revista Penal*, n.º 11, pp. 41-42, 43 e 47.

[55] Cfr. o 7.º § do Preâmbulo do DL n.º 15/93, de 20 de Janeiro. A Directiva *n.º 91/308/CEE*, de 10 de Junho de 1991 fora transposta para o direito

relevo com o alargamento da incriminação do branqueamento de capitais a outros delitos – tais como terrorismo, tráfico de armas, extorsão de fundos, rapto, lenocínio, corrupção e demais infracções criminais previstas no n.º 1 do art. 1.º da Lei n.º 36/94, de 29 de Setembro – com o DL n.º 325/95, de 2 de Dezembro[56].

Afirmada esta realidade, como ensina FIGUEIREDO DIAS, não se reconhece às instituições comunitárias "um verdadeiro *ius puniendi* positivo", *i. e.*, aquelas não detêm legitimidade para impor aos Estados-Membros a "punibilidade de uma conduta", porque a UE, sempre que quiser impor uma sanção criminal, terá de se socorrer das vias da *assimilação*[57] ou da *harmonização*, ou seja, "sempre no contexto, nos limites e no quadro de exigências do direito penal nacional"[58], ou, nas palavras de ANABELA M. RODRIGUES[59], a protecção dos interesses da Comunidade têm como meio adequado a harmonização – aproximação das legislações penais nacionais, visando a redução das diferenças mais acentuadas entre as normas

---

interno pelo DL n.º 313/93, de 15 de Setembro, tendo estipulado medidas administrativas sancionadoras do branqueamento de capitais. Diploma que fora revogado pelo art. 55.º da Lei n.º 11/2004, de 27 de Março, que transpôs para o direito interno a Directiva n.º 2001/97/CE, do Parlamento Europeu e do Conselho de 4 de Dezembro.

[56] O artigo 23.º do DL n.º 15/93, de 22 de Janeiro, e o DL n.º 325/95, de 2 de Dezembro, foram revogados pelo art. 55.º da Lei n.º 11/2004, de 27 de Março.

[57] Quanto à assimilação, art. 280.º, n.º 2 do TCE (ex-art. 209.º-A, n.º 2) e ANABELA MIRANDA RODRIGUES e LOPES DA MOTA, *Para uma Política Criminal...*, pp. 28-29.

[58] JORGE DE FIGUEIREDO DIAS, *Direito Penal – Parte Geral – Questões Fundamentais – A Doutrina Geral do Crime* – Tomo I, Coimbra Editora, 2005, p. 12. Quanto a este assunto ANABELA MIRANDA RODRIGUES, *A Nova Europa e o Velho Défice Democrático*, Texto Policopiado, Coimbra, p. 1.

[59] Cfr. ANABELA M. RODRIGUES, *Um Sistema Sancionatório Penal...*, p. 41.

38   *Do Mandado de Detenção Europeu*

nacionais, sem que se imponham regras idênticas ou unificantes[60]. Tese que assenta na al. *c*) do art. 31.º e no art. 29.º do Tratado que institui a União Europeia (União)[61].

Apesar desta constatação irrefutável, o cenário do *ius puniendi* negativo das instâncias comunitárias é outro, *i. e.*, podemos falar de legitimidade para impor aos Estados-Membros "normas que se projectam no estreitamento ou no recuo do direito penal esta-

---

[60] Neste sentido de harmonização M. DELMAS-MARTY (Dir.), *Corpus Juris*, Economica, Paris, p. 29.

[61] A par desta posição existe a ideia de que o direito penal é fruto da "identidade de uma nação e da sua cultura", ou seja, "a soberania penal é pertença exclusiva do património político de comunidades penais". A. SILVA DIAS critica esta posição com dois argumentos: em primeiro lugar, a ideia de que enquanto não existir uma nação europeia não há uma identidade nacional europeia e, sequentemente, não existe um património europeu a tutelar penalmente, olvida que "a nossa identidade de europeus não tem – e talvez nunca venha a ter – por base uma consciência nacional", é pois uma "identidade pós-nacional que se vai forjando em torno de princípios universais de um patriotismo constitucional ou, se se preferir, de uma cultura política multissecular partilhada em comum"; em segundo, a tese de identidade e cultura nacional do direito penal não tem em conta que a criminalidade transfronteiriça e globalizada já não é "adequada e eficazmente combatida ao nível local" A. SILVA DIAS, "De que Direito Penal...", *in RPCC,* Ano 14, n.º 3, pp. 307-308. Quanto à edificação de um direito penal supranacional com estatuto de cidadania supranacional, SILVA SANCHEZ, "Los principios inspiradores de las propuestas de un Derecho Penal europeo: una aproximación critica", *in Revista Penal*, n.º 13, 2004, p. 148. Quanto à questão da soberania do Estado emergente da soberania penal ANABELA M. RODRIGUES, *Um Sistema Sancionatório Penal...*, pp. 38-39. Não olvidamos, na linha de SAVIGNY, que "o direito não é uma criação autónoma: é algo de inerente ao povo, como a língua, os costumes, a organização", sendo, desta feita, uma "convicção comum do povo (...) que não é fruto do arbítrio de qualquer poder". Contudo, o direito deve ser encarado como a língua, pois está em constante evolução e qualquer tentativa de bloqueamento será sempre um erro. Cfr. NUNO ESPINOSA DA SILVA, *Lições de História do Pensamento Jurídico*, Texto Policopiado, Centro de Publicações da UCP, Lisboa, 2002, p. 286.

dual"[62]. Pois, obedecendo-se ao princípio de que o direito comunitário prevalece sobre o direito nacional – n.º 4 do art. 8.º da CRP – e ao princípio da *unidade da ordem jurídica* – art. 31.º do CP – o legislador nacional encontra-se limitado por não poder qualificar como crime condutas que o direito comunitário exige ou autoriza[63].

Adite-se que, não obstante denotar a opção pelo método intergovernamental e afastada a ideia de transferência das competências penais nacionais para a União, a pilarização accionada em Maastricht e fortalecida em Amsterdão sinaliza um ponto de mudança no azimute da "necessidade de intervenção penal ao nível da União"[64], cuja via de construção é a harmonização, sob pena de se verificar uma inaplicabilidade ou *neutralização*[65] do direito penal nacional quer por a sanção interna negar um direito de liberdade reconhecido pelo direito comunitário, quer por a norma penal interna violar o princípio da proporcionalidade ou o princípio da não descriminação[66].

A carência de competência penal da Comunidade, no primeiro pilar, reflecte-se no quadro da harmonização – que possibilita a criação de "obrigações de punição ao nível dos direitos nacionais"[67], comprometendo os Estados-Membros a uma actividade legislativa que adapta ou alarga a norma penal vigente ou que cria uma nova norma penal ou que prevê a "aplicação de penas para sancionar

---

[62] Jorge de Figueiredo Dias, *Direito Penal...* – Tomo I, *p. Cit.,* p. 13.

[63] Neste sentido Jorge de Figueiredo Dias, *Direito Penal...* – Tomo I, p. 13.

[64] Enrico Paliero *apud* Anabela M. Rodrigues, *Um Sistema Sancionatório Penal...,* p. 40.

[65] Expressão de Delmas-Marty *apud* Anabela M. Rodrigues, *Um Sistema Sancionatório Penal...,* p. 41.

[66] Cfr. Anabela M. Rodrigues, *Um Sistema Sancionatório Penal...,* p. 41. Quanto ao princípio da não descriminação *infra* §§ 8.º e 15.º.

[67] Anabela M. Rodrigues, *A Nova Europa e o Velho...,* p. 2.

40   *Do Mandado de Detenção Europeu*

certos comportamentos"[68] –, cuja acção harmonizadora em matéria penal arreiga-se ao *princípio do primado do direito comunitário*[69] –

---

[68] ANABELA M. RODRIGUES, *A Nova Europa e o Velho...*, p. 2.

[69] Quanto ao princípio do primado do direito comunitário no âmbito do direito penal e ao não cumprimento da imposição colocado sobre o Estado-Membro por uma Directiva constituir abuso de direito por parte do Estado em falta – no caso Portugal – Ac. da Relação de Coimbra de 30 de Julho de 1986, *in BMJ*, n.° 360, pp. 307-318. O caso *sub judice* refere-se à Directiva do Conselho n.° 80/1263/CEE, de 4 de Dezembro de 1980, relativa à criação de uma carta de condução comunitária, e que, segundo o art. 8.°, os Estados-Membros deveriam aceitar como válida a carta de condução emitida em outro Estado-Membro durante um prazo de um ano após adopção de residência, não podendo ser punido a título de crime de condução sem habilitação legal. Estamos no âmbito do direito penal negativo que proíbe o Estado de punir uma conduta autorizada pelo ordenamento comunitário. GOMES CANOTILHO defende que o "princípio da primazia do direito comunitário e o consequente princípio da prioridade ou apreensão de competências desbanca o direito nacional e ousa mesmo afirmar (mas aqui com séria reticências de muitos quadrantes jurídicos, políticos, doutrinários) a sua proeminência perante a constituição dos Estados-membros". Na linha do Tribunal Constitucional Alemão que, relativamente ao Tratado de Maastricht, considerou que "os Estados continuam donos do tratado", não obstante os princípios da primazia do direito comunitário, da autonomia do direito comunitário – que implica "a auto-organização e auto-reprodução de uma verdadeira ordem jurídica (...) susceptível de originar um *Estado de direito europeu* com a subsequente obrigação dos Estados-Membros respeitarem a sua autonomia" – da aplicabilidade directa do direito europeu – com "eficácia imediata nas ordens jurídicas dos Estados-membros, podendo ser invocadas e feitas valer directamente pelos particulares" –, o ilustre Professor acrescenta que, não obstante o Estado Constitucional soberano estar "morto nas suas pretensões de «absoluto político», a estadualidade constitucional é ainda um limite e um ponto de partida", defendendo que "a supranacionalidade e as amplas e sucessivas deslocações de competências deixaram incólume o Estado Constitucional clássico", que a par da sua "constituição converteram-se progressivamente numa ordem jurídica fundamental parcial inserida na ordem jurídica europeia", sem que, na linha de HESSE, se olvide que "a existência da União Europeia pressupõe a existência dos Estados-membros,

que onera os ordenamentos nacionais a conformação e a obediência ao direito comunitário – e ao *princípio da lealdade comunitária* consagrado no art. 10.º do TCE – a cujos Estados-Membros cabe o ónus de tomar «todas as medidas gerais ou especiais capazes de assegurar o cumprimento das obrigações decorrentes do (...) Tratado (que institui a Comunidade) ou resultantes dos actos das instituições comunitárias»[70].

A jurisprudência do TJCE evoluiu quanto à interpretação dos preceitos referentes ao dever de transposição de normativos penais comunitários para os direitos nacionais penais: no caso *Amsterdam Bulb*, o TJCE decidiu que os Estados-Membros tinham a **liberdade** de adoptarem as medidas – penais ou não – que **considerassem** adequadas, **consagrando-se**, desta feita, uma faculdade e não um dever; posteriormente no caso do *milho grego*, o TJCE interpretou e decidiu que o art. 10.º (*ex* art. 5.º) do TCE onerava os Estados a um **dever** – e não a uma faculdade – de promoverem as medidas legislativas internas que sancionassem "as violações ao direito comunitário em condições, materiais e processuais, análogas às previstas para as violações ao direito nacional de «natureza e importância similares»"[71] – optando-se pela técnica da assimilação –, e que as sanções deveriam obedecer aos princípios da eficácia, da proporcionalidade e da dissuasão; já no caso *Zwartveld*, o TJCE

---

autoconstituídos como Estados democráticos de direito", em que as lei fundamentais daqueles não se relacionam com a ordem jurídica comunitária em um plano de *limites*, mas que sejam elas próprias *"activamente estruturantes* da própria «constituição europeia» (princípio democrático, Estado de direito, catálogo dos direitos fundamentais, subsidiariedade)". Cfr. J. J. GOMES CANOTILHO, *Direito Constitucional e Teoria da Constituição*, 3.ª Edição, Almedina, 1999, pp. 231-232.

[70] Cfr. ANABELA M. RODRIGUES, *A Nova Europa e o Velho...*, p. 2

[71] Cfr. ANABELA M. RODRIGUES, *Um Sistema Sancionatório Penal...*, p. 42.

refere-se, pela primeira vez e de forma expressa, à ***natureza penal*** de que se podiam revestir as medidas nacionais[72].

Dada a jurisprudência do TJCE, a doutrina vem defendendo que se verifica, no primeiro pilar, «uma influência "indirecta ou reflexa" do direito comunitário sobre o direito penal interno»[73], que, no quadro da harmonização – que abriu as portas à criação de "obrigação de punição ao nível dos direitos nacionais" –, poder-se-á, na expressão de TIEDEMANN, falar de uma "competência de anexação" – *Annexkompetenz* –, *i. e.*, se a Comunidade tem, na prossecução da construção de um espaço comum económico – em que se incrementam, de forma harmoniosa, as medidas legislativas adequadas à concreção das liberdades de circulação de capitais, de mercadorias, de serviços e de pessoas –, competência ou o mandado dos Estados-Membros para adoptar regras materiais de harmonização em políticas como asilo, de vistos, de imigração e de protecção de interesses financeiros da comunidade, por anexação a Comunidade detém competência legitimada para harmonizar os direitos penais nacionais quanto a essas mesmas matérias[74]. Todavia e face à não admissão de competência penal da Comunidade no primeiro pilar, a harmonização dos direitos penais nacionais – substantivos e processuais – sente-se no quadro do terceiro pilar através das decisões-quadro nos domínios da criminalidade

---

[72] Quanto aos casos *Amsterdam Bulb, milho grego* e *Zwartveld*, ANABELA M. RODRIGUES, *A Nova Europa e o Velho...*, p. 42 e bibliografia referida nas notas 129-132. Quanto à aplicação do direito comunitário de índole penal no direito nacional e a interpretação do então art. 5.º do TCE – actual art. 10.º do TCE – JOHN VERVAELE, "L'application du droit communautaire: la séparation des biens entre le premier et le trosième pilier?", *in Revue de Droit Penal et de Criminologie*, 76.º Ano, Janeiro, 1996, pp. 5 e ss..

[73] Cfr. ANABELA M. RODRIGUES, *Um Sistema Sancionatório Penal...*, p. 42.

[74] Quanto a este assunto ANABELA M. RODRIGUES, *A Nova Europa e o Velho...*, p. 2.

organizada, do terrorismo e do tráfico de droga – art. 29.º, *in fine*, art. 31.º, n.º 1, al. *e*) e art. 34.º, n.º 2, al. *b*) do TUE[75].

O *direito penal europeu* aparece, nesta linha de pensamento, como consequência directa ou indirecta da cooperação judiciária em matéria penal e policial[76] e não emerge de uma vontade do «povo europeu» representada pelos seus eleitos, *i. e.*, não é o resultado de uma política criminal apresentada ao «povo europeu» pelos diversos partidos políticos com assento no Parlamento Europeu, represen-tantes ou presumíveis representantes do «povo»[77]/[78]. Nasce da cooperação imposta pelos novos perigos e ameaças que *desterrito-rializam* a segurança e o direito penal, sendo que a génese da União assentava inicialmente na vertente económica e na tentativa de controlo de uma Alemanha ferida e vencida.

MASSIMO DONINI fala-nos, na linha de EMANUELA FRONZA, do nascimento e da construção de "uma *«rede normativa»* realmente complexa: tanto legislativa como judicial, tanto nacional como comunitária e internacional, que coexiste e, em parte, substitui, a

---

[75] ANABELA M. RODRIGUES afirma que a pilarização é ambígua por ser um sinal claro de que os Estados-Membros não transferiram competências penais para a União Europeia e, simultaneamente, concederam-lhe o mandado de organizar a prevenção e repressão penal ao nível do III Pilar, aceitando a "necessidade de intervenção penal ao nível da União". Cfr. ANABELA M. RODRIGUES, *A Nova Europa e o Velho...*, p. 3.

[76] Cooperação prosseguida através de convenções, directivas e decisões--quadro que têm fomentado a harmonização penal substantiva e processual entre os Estados-Membros. Neste sentido A. SILVA DIAS, "De que Direito Penal...", *in RPCC*, p. 308.

[77] No que respeita à legitimidade da União em matéria penal, ANABELA M. RODRIGUES, *A Nova Europa e o Velho...*, pp. 1-11 e *Um Sistema Sancionatório...*, pp. 40-41, 44-48, A. SILVA DIAS, "De que Direito Penal...", *in RPCC*, Ano 14, n.º 3, pp. 309 e ss..

[78] Quanto à representatividade popular e à competência partilhada do Parlamento e do Conselho, ANABELA M. RODRIGUES, *A Nova Europa e o Velho...*, p. 4-5.

tradicional «pirâmide» de escalões do sistema jurídico", assistindo-se a "um *entrelaçado reticular de fontes de produção normativa* (que vai mais além das «disposições» abstractas da lei) e a *um pluralismo horizontal* e *vertical dessas mesmas fontes* e dos seus respectivos universos culturais"[79].

Um dos quadros normativos que podemos aferir do nascimento e da construção daquela *rede normativa* enquadra-se no âmbito da protecção e tutela penal dos interesses financeiros da comunidade – *p. e.*, medidas proibitivas de branqueamento de capitais. Países como Portugal, que não tipificavam como crime a «lavagem» de proventos ilícitos, por interferência da União, através de Directivas do Parlamento e de Decisões-Quadro do Conselho, passaram, por um lado, a prever no seu ordenamento jurídico interno este 'novo' tipo legal de crime e, por outro, promoveram a extensão do tipo legal a outras actividades ilícitas e elementos constitutivos do tipo legal do crime. A *Directiva n.° 91/308/CEE*, de 10 de Junho de 1991[80], que visa implementar medidas de natureza administrativa – medidas de coordenação – e proibitivas para prevenir o branqueamento (de capitais) através da utilização do sistema financeiro, estipulava que os Estados-Membros podiam estender os efeitos das medidas de branqueamento a outras actividades criminosas que não o tráfico de droga – como o terrorismo, o jogo clandestino, as redes de imigração ilegal[81].

---

[79] MASSIMO DONINI, "Escenarios del Derecho penal...", *in La Politica Criminal en Eurpa,* p. 44 e nota 5. Tradução nossa.

[80] Jornal Oficial das Comunidades Europeias, n.° L 166, de 28 de Junho de 1991, pp. 77 e ss., cuja transposição para a nossa ordem jurídica interna operou-se pelo DL n.° 313/93, de 15 de Setembro.

[81] Extensão operada pelo DL n.° 325/95, de 2 de Dezembro, que promoveu o alargamento da incriminação do branqueamento (de capitais) *a*

A *Directiva n.° 2001/97/CE*, do Parlamento Europeu e do Conselho de 4 de Dezembro, que alterou a Directiva n.° 91/308/CEE, de 10 de Junho de 1991, do Conselho – transposta para o nosso ordenamento jurídico pela Lei n.° 11/2004, de 27 de Março, que por sua vez revogou o art. 23.° do DL n.° 15/93, de 22 de Janeiro, o DL n.° 313/93, de 15 de Setembro, e o DL n.° 325/95, de 2 de Dezembro e alterou o CP, aditando um art. 368.°-A sob a epígrafe *branqueamento* – amplia, mais uma vez e em uma tentativa de *acompanhar os interesses das organizações criminosas*, cuja base de acção pode começar por tipologias criminais punidas com penas menos gravosas ou até por tipologias comportamentos que afectam bens jurídicos não tutelados criminal-

---

outras formas de criminalidade e a *outras actividades enquadrantes ou promotoras de branqueamento* para além do sistema financeiro – jogo dos casinos, comércio de bens de elevado valor: imóveis e móveis de luxo (pedras e metais preciosos, antiguidades, obras de arte, automóveis, aeronaves, barcos de passeio) –, projectando-se uma maior harmonização dos ordenamentos jurídicos dos Estados--Membros. O DL n.° 313/93, de 15 de Setembro, que operou a trans-posição da directiva para o nosso ordenamento jurídico interno, reconduziu-se às medidas preventivas – obrigação de identificação dos clientes, recusa de realização de operações suspeitas de enquadrarem o branqueamento, conservação de documentação de identificação e dos registos das operações, dever de informação de transferências suspeitas, dever de colaboração com as autoridades judiciais e policiais e de abstenção da operação – quanto à utilização do sistema financeiro para branquear dinheiro ilícito proveniente do tráfico de droga. A Lei n.° 10/2002, de 11 de Fevereiro, amplia ainda mais os crimes subjacentes ao branqueamento (lista esta já ampliada pelo DL n.° 325/95, de 2 de Dezembro) – *fraude fiscal, e demais crimes punidos por lei com pena de prisão cujo limite máximo seja superior a 5 anos* – já prescritos pelo DL n.° 325/95, de 2 de Dezembro – terrorismo, tráfico de armas, tráfico de produtos nucleares, extorsão de fundos, rapto, lenocínio, tráfico de pessoas, tráfico de órgãos ou tecidos humanos, pornografia envolvendo menores, tráfico de espécies protegidas, corrupção e demais infracções referidas no n.° 1 do artigo 1.° da Lei n.° 36/94, de 29 de Setembro.

mente[82], os crimes subjacentes ao branqueamento de capitais e actualiza as medidas tendentes a uma melhor prevenção e repressão do *branqueamento de vantagens de proveniência ilícita.* A Decisão-Quadro 2001/500/JAI do Conselho, de 26 de Junho de 2001, relativa ao branqueamento de capitais, à identificação, detecção, congelamento, apreensão e perda dos instrumentos e produtos do crime, impõe "aos Estados-Membros a adopção de sanções penais efectivas, passíveis de dar lugar à extradição"[83]. Na mesma linha de harmonização e de construção da rede normativa penal poder-se-á apontar a *Decisão--Quadro* 2002/475/JAI do Conselho de 13 de Junho de 2002[84], relativa à luta contra o terrorismo – que procura harmonizar a concepção dos crimes de participação em organização terrorista, de acto de terrorismo ou participação em uma organização terrorista[85] – e que fora transposta para o direito nacional interno pela Lei n.º 52/2003, de 22 de Agosto[86].

---

[82] Preocupação demonstrada por NUNO BRANDÃO, *Branqueamento de Capitais: O Sistema Comunitário de Prevenção,* Colecção Argumentum 11, Coimbra Editora, 2002, p. 71.

[83] CONSTANÇA URBANO DE SOUSA, "A cooperação policial e judiciária em matéria penal na União Europeia", *in Polícia e Justiça,* III Série, n.º 2, Julho--Dezembro 2003, pp. 44-45.

[84] Cfr. o Considerando 6) da Decisão-Quadro.

[85] Neste sentido GILLES DE KERCHOVE, "Améliorations institutionnelles à apporter au titre VI du Traité sur l'Union européenne afin d'accroître l'efficacité et la légitimité de l'action de l'Union européenne dans le domaine de la sécurité intérieure », *in Quelles Réformes pour L'Espace Pénal Européen?,* (Org. GILLES KERCHOVE e ANNE WEYEMBERGH), Bruxelas, 2003, pp. 31-32.

[86] Quanto ao tratamento jurídico do terrorismo dentro da DQ 2002/475/JAI do Conselho de 13 de Junho de 2002, transposta para o direito nacional interno pela Lei n.º 52/2003, de 22 de Agosto, MANUEL M. G. VALENTE, "Terrorismo – Fundamento de Restrição de Direitos?", *in Terrorismo,* (Coord. ADRIANO MOREIRA), 2.ª Edição, Almedina, Coimbra, 2004, pp. 444-449.

Questões de Fundo 47

II. A edificação de um *direito penal europeu* ou de medidas substantivas e adjectivas de índole comunitária penalística centra-se na construção de um *espaço de segurança, liberdade e justiça* para todos os cidadãos da Europa, *i. e.*, na concreção do terceiro pilar – «manutenção e o desenvolvimento da união enquanto *espaço de liberdade, de segurança e de justiça*, em que seja assegurada a *livre circulação de pessoas*, em conjugação com *medidas adequadas em matéria* de controlo na fronteira externa, asilo e imigração, bem como *de prevenção e combate à criminalidade*»[87], conforme art. 2.º (*ex* artigo B) do TUE. A construção de um direito penal substantivo e adjectivo europeu, que procure reflectir uma cultura europeia e um grupo de valores comuns[88] – pós-nacionalismo –, só será alcançável se acompanhada da construção de um espaço (penal) comum europeu.

O art. 29.º (*ex* art. K.1) do TUE estipula como objectivo da União a promoção de «um elevado nível de protecção num *espaço de liberdade, segurança e justiça*, mediante a instituição de *acções em comum* entre os Estados-Membros *no domínio da cooperação policial e judiciária em matéria penal* e a prevenção e combate do racismo e da xenofobia»[89], cuja «coerência» do conjunto das acções de segurança deve ser assegurada pela União[90]. Os objectivos instituídos e a atingir como o da prevenção e do combate à «criminalidade, organizada ou não, em especial o terrorismo, o tráfico de seres humanos e os crimes contra as crianças, o tráfico ilícito de droga e o tráfico ilícito de armas, a corrupção e a fraude»

---

[87] Itálico nosso.

[88] Quanto a este assunto tendo por base o valor liberdade, MÁRIO FERREIRA MONTE, "Da Autonomia Constitucional do Direito Penal Nacional", *in Estudos em Comemoração do Décimo Aniversário da Licenciatura em Direito da Universidade do Minho*, Almedina, Coimbra, 2004, p. 728.

[89] Itálico e negrito nossos.

[90] Cfr. art. 3.º do TUE.

48   *Do Mandado de Detenção Europeu*

dependem não só de uma *cooperação entre as forças policiais* – artigos 29.º (*ex* art. K.1) e 30.º (*ex* art. K.2) do TUE –, como também de uma *cooperação mais estreita entre as autoridades judiciárias* – art. 29.º (*ex* art. K.1) e als. *a*), *b*) e *d*) do art. 31.º (*ex* art. K.2) do TUE –, e, face à pluralidade de sistemas e de concepções jurídico-criminais, de uma aproximação[91], se necessária, das disposições de direito penal dos Estados-Membros – art. 29.º (*ex* art. K.1) e als. *c*) e *e*) do art. 31.º do TUE.

Desenvolvida, pela União, a cooperação policial e judiciária interestadual e intergovernamental adequada a compensar a ausência de fronteiras terrestres internas neste imenso Estado Fronteiras – compensando-se a extinção do Estado fronteira –, surge a "construção progressiva de um espaço penal homogéneo"[92], cujo avanço se centra em quatro eixos determinados em Tempere: "harmonização do direito substantivo, reconhecimento mútuo, coordenação das investigações e protecção dos direitos fundamentais nos processos penais"[93]. Eixos que se manifestam nas Decisões--Quadro sobre o terrorismo – DQ n.º 2002/475/JAI, do Conselho de 13 de Junho –, sobre o mandado de detenção europeu – DQ n.º 2002/584/JAI, do Conselho de 13 de Junho – e na criação de operadores europeus para funcionarem no espaço europeu – de-

---

[91] Para VOGEL a harmonização do direito penal material, na acepção do art. 29.º do TUE, apresenta-se como um dos elementos da política criminal europeia e não é o mais importante, porque é o terceiro elemento, sendo o primeiro a cooperação entre as forças policiais e o segundo a cooperação das autoridades judiciárias. Cfr. JOACHIM VOGEL, "Estado y tendencias de la armonización del Derecho penal material...", *in Revista Penal*, n.º 10, p. 114.

[92] ANABELA MIRANDA RODRIGUES, "A Emergência de Um «Direito Penal Europeu»: Questões Urgentes de Política Criminal", *in Revista Estratégia – Instituto de Estudos Estratégicos e Internacionais*, n.ᵒˢ 18-19, 1 e 2.º Semestres, 2003, p. 152.

[93] Cfr. ANABELA M. RODRIGUES, "A Emergência de Um «Direito Penal Europeu»...", *in Revista Estratégia...*, n.ᵒˢ 18-19, p. 152.

Questões de Fundo

cisão que cria a Eurojust, Decisão do Conselho de 28 de Fevereiro de 2002[94].

IV. A ideia de um direito penal europeu legítimo e democrático[95] é uma aspiração em construção[96], porque o que existe, como ensina MASSIMO DONINI, é o "produto possível, artificial, de comparação; um produto que, ademais, não é consuetudinário, senão legislativo e formal, ainda que derive de usos interpretativos e de sínteses culturais, e que poder-se-á ir assumindo como modelo dominante ou dotado de *vis attractiva*, elementos de alguns sistemas jurídicos ou soluções jurídicas predominantes"[97]. Visão realista que propende a evoluir na construção de um «direito penal europeu» legítimo e democrático através das vias da *harmonização* e, actualmente, do *reconhecimento mútuo*, inseridas em uma política

---

[94] Cfr. Jornal Oficial L 63 de 06.03.2002.

[95] Quanto à legitimidade e democraticidade do direito penal europeu, ANABELA MIRANDA RODRIGUES, *A Nova Europa e o Velho Défice...*, pp. 4-9; AUGUSTO SILVA DIAS, "De que Direito Penal...", *in RPCC*, Ano 14, n.° 3, pp. 312-315.

[96] Podemo-nos socorrer e adaptar as palavras do saudoso Mestre CAVALEIRO DE FERREIRA, que afirmara que a edificação de um direito penal supranacional – internacional – "é uma pretensão sempre firmada, que se encontra constantemente em gestação mas que sofre as vicissitudes que afligem a própria comunidade internacional e que derivam da pluralidade de culturas, da oposição de interesses e objectivos que comandam e orientam os Estados" e que "quando parece haver um acordo sobre uma incriminação, há oposição frontal no modo de a definir ou aplicar" [MANUEL CAVALEIRO DE FERREIRA, *Direito Penal...*, p. 145]. Pois, são estes obstáculos que a harmonização em uma integração democrática e baseada na defesa e na garantia dos direitos fundamentais pretende desfazer e avançar para um direito penal europeu que se encontra um pouco congelado pela opção política dos Estados-Membros da concretização do princípio do reconhecimento mútuo.

[97] MASSIMO DONINI, "Escenarios del Derecho penal...", *in La Política Criminal en Europa*, p. 46.

criminal europeia – que é, hoje, o calcanhar de Aquiles da construção de um espaço penal europeu.

Construção que se alveja(ria) com a *harmonização*[98] – designada "unificação atenuada"[99] –, uma vez que a *assimilação*, prevista no art. 280.°, n.° 2 do TCE[100] – em que a tutela criminal dos interesses nacionais 'estende-se' aos interesses comunitários por 'indicação' impositiva da norma comunitária, *i. e.*, os Estados--Membros estavam obrigados a consignar na norma interna a protecção de interesses da comunidade, exigindo-se aos Estados--Membros a introdução, nos seus sistemas jurídicos, das "disposições necessárias e adequadas para prevenir e reprimir as infracções à

---

[98] Como ensina DELMAS-MARTY, a harmonização consiste em aproximar as normas nacionais diferentes de modo a torná-las compatíveis. *Apud* ANABELA MIRANDA RODRIGUES e JOSÉ LOPES DA MOTA, *Para uma Política Criminal...*, p. 30, nota 65. Acresce que o TCE fala de uma «aproximação das disposições legislativas, regulamentares e administrativas» – cfr. art. 94.°, 95.°, n.° 1 do TCE. Quanto a este assunto JOACHIM VOGEL, "Estado y tendencias de la armonización del Derecho penal material en la Unión Europea", *in Revista Penal*, n.° 10, p. 114.

[99] ANABELA MIRANDA RODRIGUES e JOSÉ LOPES DA MOTA, *Para uma Política Criminal...*, p. 30. Designação de JEAN PRADEL, "Vias para la creación de un espacio judicial europeo único", *in Revista Penal*, n.° 3, p. 43.

[100] Entendida no sentido de que "a norma comunitária prevê que as normas penais dos Estados-Membros, protectoras de determinados interesses nacionais, se apliquem igualmente para tutela dos correspondentes interesses comunitários", os Estados-Membros, "para combater as fraudes lesivas dos interesses financeiros da Comunidade, (...) tomarão as medidas análogas às que tomarem para combater as fraudes lesivas dos seus próprios interesses financeiros" – art. 280.°, n.° 2 do TCE. Quanto ao princípio da assimilação, ANABELA MIRANDA RODRIGUES e JOSÉ LOPES DA MOTA, *Para uma Política Criminal...*, pp. 28-29, MEREILLE DELMAS-MARTY (Coord.), *Corpus Juris*, Economica, Paris, pp. 15-19, JEAN PRADEL e GEERT CORSTENS, *Droit Pénal...*, pp. 61-62, 487-490, 502-506, 517-518, JOACHIM VOGEL, "Estado y tendencias de la armonización...", *in Revista Penal*, n.° 10, p. 114.

regulamentação comunitária"[101]/[102] – acarreta vários inconvenientes – desde logo, a desigualdade entre os sistemas jurídicos promoveria uma desigualdade quer no quadro substantivo penal quer no adjectivo, pois cada Estado aplica o seu direito interno próprio e diferente do direito penal do Estado vizinho. No sentido de diminuir as diversidades penais existentes entre os Estados-Membros, fora aditado ao art. 209.º-A do TCE um n.º 2 (actual n.º 3 do art. 280.º) que prescreve que «sem prejuízo de outras disposições do presente tratado, os Estados-Membros coordenarão as respectivas acções no sentido de defender os interesses financeiros da comunidade contra a fraude. Para o efeito, organizarão, em conjunto com a Comissão, uma colaboração estreita e regular entre as autoridades competentes»[103]. Contudo, a produção dos efeitos penais verifica-se não no espaço europeu, mas no território nacional, e de forma diferente em cada Estado-Membro[104].

---

[101] DELMAS-MARTY *apud* ANABELA MIRANDA RODRIGUES e JOSÉ LOPES DA MOTA, *Para uma Política Criminal...*, pp. 28-29, nota 58. Cfr. art. 280.º, n.º 2 do TCE (ex-art. 290.º-A, n.º 1).

[102] VOGEL defende que o princípio da assimilação, que consigna que a tutela jurídico-criminal dos bens jurídicos da comunidade deve ter a mesma dignidade que iguais bens jurídicos nacionais, apresenta-se como limite à concepção de um direito penal europeu fragmentário, melhor, "com lacunas irracionais de punibilidade". Cfr. JOACHIM VOGEL, "Política Comum...", *in Revista Penal*, p. 145. Quanto à assimilação MÁRIO FERREIRA MONTE, "Da Autonomia Constitucional do Direito Penal Nacional à Necessidade de Um Direito Penal Europeu", *in Estudos em Comemoração do Décimo Aniversário da Licenciatura em Direito da Universidade do Minho*, (Coord. CÂNDIDO DE OLIVEIRA), Almedina, Coimbra, 2004, pp. 719-720.

[103] Quanto a este assunto, JEAN PRADEL e GEERT CORSTENS, *Droi Pénal...*, pp. 487-489.

[104] ANABELA MIRANDA RODRIGUES e JOSÉ LOPES DA MOTA, *Para uma Política Criminal...*, pp. 28-29 e notas 57-63.

A *harmonização* – aproximação das normas nacionais diferentes de forma a tornarem-se compatíveis[105] – não é real, mas artificial[106] – como se retira da expressão *regras mínimas* da al. *e)* do n.º 1 do art. 31.º do TUE[107]. As *regras* ou *definições mínimas* no plano das infracções penais e o sistema do limite mínimo da pena máxima no plano das sanções não só artificiam a via *harmonização*, como tolhem a sua inserção plena na construção homogénea de um espaço penal europeu cimentada em uma política criminal europeia, dando o flanco à via do princípio do *reconhecimento mútuo* – permitindo que o vazio criado pela harmonização no quadro dos processos penais e das garantias processuais, preenchido pela via do reconhecimento mútuo, fomente o receio de edificação de um espaço penal europeu repressivo e securitário[108].

---

[105] MÁRIO FERREIRA MONTE considera que a harmonização "é uma técnica que visa a aproximação de regras nacionais diversas, tendo como denominador comum os interesses da União". Cfr. MÁRIO FERREIRA MONTE, "Da Autonomia Constitucional do Direito...", *in Estudos em Comemoração do Décimo Aniversário da Licenciatura em Direito da Universidade do Minho*, p. 720. Consideramos que a harmonização não é apenas uma técnica e nem se esgota, hoje, nos interesses exclusivos da União, pois é um princípio de aproximação das disposições legislativas penais e regulamentares com vista a criar um espaço penal europeu comum fundeado na liberdade de cada cidadão da União.

[106] Como ensina ANABELA M. RODRIGUES, é uma harmonização «pouco arrojada» e «alheia a perspectivas inovadoras», *i. e.*, uma «harmonização à "superfície" e com potencial risco repressivo e securitário». Cfr. ANABELA MIRANDA RODRIGUES, *Um Sistema Sancionatório Penal...*, p. 22.

[107] Compreende-se que a construção de um direito penal europeu seja gradual e não radical, *i. e.*, que se opte por uma harmonização artificial e não real que seria a unificação, tendo em conta que a União não é um Estado Federal. Quanto ao direito comunitário e a sua inserção no ordenamento jurídico face ao estado político da União, DIOGO FREITAS DO AMARAL, *Manual de Introdução ao Direito*, Almedina, Coimbra, 2004, Vol. I, pp. 241-244.

[108] Neste sentido ANABELA MIRANDA RODRIGUES, "A Emergência de Um «Direito Penal Europeu»: Questões Urgentes de Política Criminal", *in Revista*

O campo conquistado pelo *reconhecimento mútuo*, ancorado na abolição (relativa[109]) do princípio da dupla incriminação e na ideia da confiança recíproca, deve-se "às *insuficiências* da harmonização", *i. e.*, como ensina ANABELA M. RODRIGUES, "quanto mais avançarem os trabalhos da harmonização, mais frágil se tornará a justificação para prosseguir na via do reconhecimento mútuo ligado à abolição da dupla incriminação"[110].

V. Os caminhos da *harmonização* e do *reconhecimento mútuo* – que progridem em um panorama de complementaridade[111] – são "o sinal de uma vontade política de eliminar as fronteiras nacionais em matéria penal" e "um «salto» qualitativo, de uma cooperação interestadual para a integração supra-estadual", permitindo que se ponha "em prática um espaço «único» europeu, designadamente, o princípio do *território único*"[112]. Caminhos que representam a "emergência de um novo paradigma ao nível da justiça penal europeia" e que, simultaneamente, demonstram a ausência do

---

Estratégia – Instituto de Estudos Estratégicos e Internacionais, n.os 18-19, 1 e 2.º Semestres, 2003, p. 154-155 e 152.

[109] Optamos pelo adjectivo «relativo» por a abolição da dupla incriminação não ser total como se depreende dos n.os 2 e 4 do art. 2.º da DQ n.º 2002/584/JAI. Quanto ao direito português, cfr. n.os 2 e 3 do art. 2.º da Lei n.º 65/2003, de 23 de Agosto.

[110] ANABELA MIRANDA RODRIGUES, "A Emergência de Um «Direito Penal Europeu»...", *in Revista Estratégia* ..., n.os 18-19, p. 152.

[111] Neste sentido ANABELA MIRANDA RODRIGUES, "A Emergência de m «Direito Penal Europeu»...", *in Revista Estratégia* ..., n.os 18-19, pp. 151, 152, 154.

[112] ANABELA MIRANDA RODRIGUES, "A Emergência de Um «Direito Penal Europeu»...", *in Revista Estratégia* ..., n.os 18-19, p. 149. Quanto ao princípio do *território único* DANIEL FLORE, "Une Justice Pénale Européenne après Amsterdam", *in Journal des Tribunaux: Droit Européen*, 7.eme année, n.º 60, Junho de 1999, p. 124.

"travejamento de uma política criminal europeia"[113] e que reflectem, ainda, uma construção espacial que gira em torno "de um suposto consenso e na ausência de um debate público e democrático em torno dos valores e dos meios adequados para os proteger, bem como sobre as competências e práticas de decisão"[114], fomentando--se o risco de obter "um direito penal que não se escolheu consciente e deliberadamente"[115].

A *harmonização* – que difere da unificação – ganha relevância por ser a via mais adequada à *construção progressiva de uma política criminal europeia*[116], além de que não podemos admitir a concretização do *reconhecimento mútuo* isoladamente sem que exista a diminuição de divergências das legislações penais[117] e de que as

---

[113] ANABELA MIRANDA RODRIGUES, "A Emergência de Um «Direito Penal Europeu»...", *in Revista Estratégia* ..., n.os 18-19, p. 148.

[114] ANABELA MIRANDA RODRIGUES, "A Emergência de Um «Direito Penal Europeu»...", *in Revista Estratégia* ..., n.os 18-19, p. 149.

[115] *Ibidem.*

[116] No sentido de que a harmonização penal substantiva e processual já era o caminho a não olvidar no quadro da alteração do art. 290.º-A do TCE, MEREILLE DELMAS-MARTY (Coord.), *Corpus Juris*, pp. 19 e 35-39 e JEAN PRADEL e GEERT CORSTENS, *Droit Pénal...*, pp. 488-490. Numa visão de necessidade de harmonização legislativa penal na construção de um espaço penal comum face à inexistência de fronteiras, ANABELA MIRANDA RODRIGUES, "O papel dos sistemas legais e a sua harmonização para a erradicação das redes de tráfico de pessoas", *in RMP*, n.º 84, Ano 21.º, Outubro-Dezembro, 2000, pp. 15-16. Refira-se que, para tal construção – que não deve, ainda, prender-se à unificação devido às diferenças políticas, sociais e culturais de cada Estado-Membro –, impõe-se o respeito por essas diferenças emergentes de «pressupostos históricos e sócio--culturais divergentes». Cfr. CLAUS ROXIN, "La Ciencia del Derecho Penal ante las Tareas del Futuro", *in La Ciencia del Derecho Penal ante el Nuevo Milénio*, (Coord. de Espanha FRANCISCO MUÑOZ CONDE e trad. CARMÉN GÓMEZ RIVERO), Tirant lo Blanch, Valência, 2004, p. 404.

[117] Não muito longe deste pensamento e no de que não é admissível aceitar "que uma pessoa possa ser entregue a qualquer outro país para enfrentar

infracções da lista do n.º 2 do art. 2.º da DQ, que instituiu o mandado de detenção europeu, por um lado enquadram os domínios de *harmonização prioritária* – pois, o maior número de infracções fazem parte do quadro laboral em que se insere a criminalidade organizada, o terrorismo e o tráfico ilícito de droga [al. *e*) do n.º 1 do art. 31.º em conjugação com o n.º 2 do art. 29.º do TUE] – e, por outro, o Conselho, quando aprovou a DQ relativa ao mandado de detenção europeu, adoptou a Declaração que confirma a vontade de prosseguir os trabalhos de harmonização das infracções enumeradas no n.º 2 do art. 2.º da DQ na linha do art. 31.º, n.º 1, al. *e*) do TUE[118].

A relevância da *harmonização* – das infracções, das sanções e, consequentemente, dos procedimentos penais, cuja concretização afecta direitos, liberdades e garantias fundamentais, arreigadas à natureza e estrutura dos Estados modernos e democráticos e de consagração supranacional DUDH e CEDH, e cuja agressão formal e material deve ser responsabilizada não só nas jurisdições nacionais, como também e essencialmente junto do TEDH – emerge desde logo do seu estatuto de *autonomia* que Amsterdão lhe conferiu a par da cooperação policial e judiciária penal[119] – art. 29.º do TUE. O estatuto de autonomia da harmonização metamorfoseou-a em *um fim em si mesmo da construção europeia*[120], cujo papel se destaca

---

um tipo de reacção criminal em que nunca poderia ser condenado em Portugal", Luís Silva Pereira, "Alguns aspectos da implementação do regime relativo ao Mandado de Detenção Europeu", *in Revista do Ministério Público (RMP)*, Jul--Out, 2003, pp. 43 e ss..

[118] Cfr. Anabela Miranda Rodrigues, "A Emergência de Um «Direito Penal Europeu»...", *in Revista Estratégia* ..., n.os 18-19, p. 151.

[119] *Ibidem*.

[120] Anabela Miranda Rodrigues, "A Emergência de Um «Direito Penal Europeu»...", *in Revista Estratégia* ..., n.os 18-19, p. 152. Cfr. *in fine* art. 29.º do TUE que prescreve que o elevado nível de protecção dos cidadãos num espaço de liberdade, de segurança e justiça passa pela *aproximação das disposições de direito penal dos Estados-Membros*.

como " «sinal» de concretização de uma política criminal europeia", como caminho de evitar países "«santuários» para criminosos" e como plataforma "primordial «para dar aos cidadãos um sentimento comum de justiça»"[121] num espaço comum de liberdade.

A via da *harmonização não tem vingado*, pois tem-se referenciado em cirurgias de estética e centrado inicial e preferencialmente na protecção penal dos interesses financeiros da Comunidade (I Pilar) como demonstram as directivas e, mais recentemente, as Decisões-Quadro do Conselho:

DQ n.º 2000/383/JAI, de 29 de Maio, sobre o *reforço da tutela penal contra contrafacção de moeda na perspectiva da introdução do euro*, em cujo Considerando (9) prescreve que os Estados-Membros devem garantir a protecção devida à nova moeda através de «medidas penais eficazes» de teor substantivo e adjectivo. Dos artigos 3.º, 4.º, 5.º e 6.º da DQ retira-se a obrigação de criminalizar e punir as condutas tipificadas com «sanções eficazes, adequadas e dissuasivas, incluindo as privativas da liberdade que possam dar lugar a extradição.

DQ n.º 2001/413/JAI, de 28 de Maio, referente ao combate à fraude e contrafacção de meios de pagamento que não em numerário, em cujos Considerandos (8) e (9) prescreve que a criminalização de todo o leque de actividades próprias da criminalidade organizada seja efectuada «em todos os Estados-Membros», sem olvidar «uma assistência mútua o mais lata possível»[122] entre aqueles [sentido vertido nos artigos 2.º a 12.º e da DQ].

---

[121] Este sentimento comum europeu de justiça é uma das condições, expressa no Plano de Viena, para a edificação de um espaço de liberdade, de segurança e de justiça. Cfr. JOCE, n.º C 19, de 31 de Janeiro de 1999, pp. 1 e ss..

[122] Quanto à cooperação entre os Estados-Membros, cfr. precisamente os artigos 11.º e 12.º da DQ que determinam a assistência mútua, consultas recíprocas e intercâmbio de informações.

DQ 2001/500/JAI) de 26 de Junho de 2001 relativa ao *branqueamento de capitais*, em cujo Considerando (4) se "recomenda a **aproximação do Direito Penal e Processual Penal** em matéria de luta contra o branqueamento de capitais (nomeadamente no que se refere à perda de fundos) e especifica que a "definição das actividades criminosas que constituem infracções principais no domínio do branqueamento de capitais deve ser uniforme e suficientemente amplo em todos os Estados-Membros".

DQ 2002/475/JAI, de 23 de Junho de 2002, sobre a prevenção e luta contra o *terrorismo*, em cuja primeira parte do Considerando (6) prescreve que "a **definição de infracções terroristas**, incluindo as infracções relativas aos grupos terroristas, **deveria ser** *aproximada* em todos os Estados--Membros"[123].

---

[123] Negrito e itálico nossos. Acresce que o considerando se apresenta como um processo de intenção patente no tempo verbal – condicional imperfeito. Quanto ao terrorismo e à consciência de que é um facto global, cujos efeitos nefastos sócio-económico-culturais podem ser prevenidos e minorados, o Conselho, nos termos dos artigos 30.°, 31.° e al. *c*) do n.° 2 do art. 34.° aprovou a Decisão n.° 2003/48/JAI, de 19 de Dezembro de 2002, que procura **harmonizar ou aproximar** os procedimentos policiais e judiciários em matéria penal de luta contra o terrorismo promovendo-se uma maior «cooperação entre os serviços operacionais responsáveis pela luta anti-terrorista: Europol, Eurojust, serviços de informação, polícia e autoridades judiciais», sem que se ponha em causa os direitos fundamentais e os princípios prescritos no art. 6.° do TUE, através da implementação por cada Estado-Membro de medidas específicas a cada serviço operacional das quais destacamos as que visam «garantir que os pedidos de assistência judiciária e de **reconhecimento e execução de decisões judiciais**, (...), sejam tratados com urgência e com prioridade» – cfr. Considerandos (5) e (8) e artigos 2.° a 7.°, *maxime* art. 6.°, da Decisão, publicada no JO L 16, de 22 de Janeiro de 2003, negrito nosso.

VI. A não asserção plena da harmonização, apoiada em uma política criminal europeia coesa e fruto de uma reflexão comum sobre valores comuns, como a via sensata da criação e promoção de um espaço de liberdade, de justiça e de segurança comum – território com um elevado nível de protecção – promove, desta feita, um *vazio* e dá espaço à incrementação do reconhecimento mútuo, sendo a sua primeira concretização o mandado de detenção europeu, que acompanhado pela abolição (relativa) da dupla incriminação, gera o risco da instalação de "uma orientação repressiva e securitária" no espaço penal europeu[124] que afecta os direitos fundamentais dos cidadãos.

A estrada da harmonização ganha palmos no pós--reconhecimento mútuo como se depreende das várias Decisões--Quadro que não só enquadram o direito penal substantivo, como também procuram enquadrar o direito penal processual[125].

---

[124] Cfr. ANABELA MIRANDA RODRIGUES, "A emergência de um «Direito Penal Europeu»...", *in Revista Estratégia* ..., n.ᵒˢ 18-19, p. 155. No mesmo sentido A. SILVA DIAS, "De que direito penal precisamos...", *in RPCC,* Ano 14, n.º 3, pp. 315-318.

[125] Referimo-nos à DQ n.º 2002/629/JAI do Conselho, de 19 de Julho – publicada no JO L 203, de 1 de Agosto de 2002 – relativa à luta contra o tráfico de seres humanos, à DQ n.º 2002/946/JAI do Conselho, de 28 de Novembro – publicada no JO L 328 de 5 de Dezembro de 2002 – relativa ao reforço do quadro penal para a prevenção do auxílio à entrada, ao trânsito e à residência irregulares, à DQ n.º 2003/80/JAI do Conselho, de 27 de Janeiro – publicada no JO L 29 de 5 de Fevereiro de 2003 – sobre a protecção penal do ambiente, à DQ n.º 2003/568/JAI do Conselho, de 22 de Julho – publicada no JO L 192 de 31 de Julho – referente à corrupção no sector privado, à DQ n.º 2004/68/JAI do Conselho, de 22 de Dezembro de 2003 – publicada no JO L 13 de 20 de Janeiro de 2004 – relativa à luta contra a exploração sexual de crianças e pornografia infantil. Todas as Decisões Quadro têm como escopo a harmonização da legislação penal substantiva e adjectiva dos Estados-Membros. Quanto à necessidade de harmonização do

Contudo, o veredicto da harmonização tende, perigosamente, para um maior *pendor securitário e repressivo* do direito penal no quadro do espaço europeu, gerando o consequente receio de estarmos a edificar e a fortalecer um *Estado policial europeu*. Realidade adstrita a dois grandes factores: por um lado, esta construção penal europeia, cujos alicerces se unem e entrelaçam, não emerge de uma política criminal europeia resultante de um diálogo entre a sociedade civil e o poder político – o *fosso* e o *divórcio* de que nos fala ANABELA M. RODRIGUES adensa-se sempre que em causa estão decisões que impliquem grande reflexão e sentimento de perda de soberania[126]; e, por outro, a construção tem-se pautado por respostas a momentos cujo sentimento de segurança no espaço europeu se encontra em crise, *i. e.*, não existe um rumo coerente de harmonização – criando um espaço em que princípios como os da segurança jurídica e da legalidade penal são princípios de todo o espaço penal europeu e não de alguns cantões desse espaço, de modo a afastar a ideia de que o reconhecimento mútuo, ligado à abolição da dupla incriminação, é uma alternativa àquela, mas que este não se realiza sem um mínimo de harmonização.

A harmonização das legislações penais é vista e sentida, por um lado, tão só como resposta ao receio e aos medos do aumento e da transnacionalização do crime – carece *ab initio* da ideia nuclear da tradição penal europeia de que o direito penal é um justo equilíbrio entre a "ordem de protecção de bens jurídicos perante o

---

processo penal, em especial, do regime da prova DELMAS-MARTY (Coord.), *Corpus...*, p. 35.

[126] Quanto à soberania como factor de resistência e de afirmação no quadro do direito penal, ANABELA MIRANDA RODRIGUES, "O papel dos sistemas legais...", *in RPM*, n.° 84, p. 15; A. SILVA DIAS, "De que direito penal precisamos...", *in RPCC*, Ano 14, n.° 3, pp. 305-307; RENÉ-JEAN DUPUY, *Direito Internacional*, pp. 24-30, JEAN PRADEL e GEERT CORSTENS, *Droit Pénal...*, p. 3.

crime" e a "ordem de protecção de interesses humanos perante o poder punitivo", *i. e.*, o direito penal europeu deve ser a expressão de um "justo equilíbrio entre a repressão do ilícito transfronteiriço gravemente atentatório de valores comunitários fundamentais e a protecção dos direitos, liberdades e garantias do delinquente"[127] –, em especial do fenómeno terrorista[128], cuja memória de terror do 11 de Setembro de 2001 de Nova Iorque, do 11 de Março de 2004 de Madrid e do 7 de Julho de 2005 de Londres, mantemos na nossa mente, e, por outro, como mera cirurgia plástica cognitivizando a segurança, adiando-se as verdadeiras cirurgias neurológicas.

Acrescente-se que as DQ do terrorismo e do mandado de detenção europeu devem ser vistas como o resultado "de um caminho feito no cumprimento de uma injunção contida no próprio Tratado de Amsterdão – onde pela primeira vez se fala de *espaço* europeu – e nas conclusões do Conselho Europeu de Tampere"[129]. Na construção deste espaço, na esteira de ANABELA M. RODRIGUES, o princípio da harmonização não visa exclusivamente "compensar a supressão do controlo das fronteiras internas", pois carrega a finalidade de "criar um (autêntico) espaço penal

---

[127] A. SILVA DIAS, "De que direito penal precisamos...", *in RPCC*, pp. 315.

[128] Para uma visão multidisciplinar e abrangente do terrorismo, ADRIANO MOREIRA (Coord.), *Terrorismo*, 2.ª Edição, Almedina, 2004.

[129] ANABELA MIRANDA RODRIGUES, "A Emergência de Um «Direito Penal Europeu»...", *in Revista Estratégia* ..., n.os 18-19, p. 148. O 11 de Setembro promoveu, como afirma ANNE WEYEMBERGH, o *consenso* da importância que a luta contra o terrorismo encerra no quadro do espaço da União e fez com que os Estados-membros sentissem necessidade de "modernizar (ou dever-se-á dizer «ultrapassar?) os meios tradicionais de cooperação e progredir na construção de um espaço penal europeu" [*ibidem* e nota 7].

europeu comum", sendo uma via mais saudável do que embarcarmos no "desenvolvimento «cego» do princípio do reconhecimento mútuo"[130] que transporta consigo um juízo repressivo e securitário[131].

---

[130] ANABELA MIRANDA RODRIGUES, *Um Sistema Sancionatório Penal para a União...*, pp. 46-47 e *A Nova Europa e o Velho...*, p. 9.

[131] Cujos princípios da eficácia e do pragmatismo ganham terreno na edificação de um espaço de segurança que, a par do afastamento da dupla incriminação, pode gerar um espaço cujo conteúdo e essência dos direitos, liberdades e garantias processuais penais derivem de acordo com o Estado-Membro em que os cidadãos são encontrados para serem detidos e entregues (extraditados). Nesta linha e na advertência da conquista operada pela intolerância face ao «outro» e ao «desconhecido», cujo odor e tez do outro podem simbolizar o perigo de um ataque terrorista – que legitime a ordem de «atirar a matar» –, o saudoso Juiz Conselheiro NUNES DE ALMEIDA, fala-nos dos fanáticos discursos do excesso de garantias em prol de uma política de *securitarismo* e de *justicialismo*, cuja segurança é o fim em si mesmo independentemente dos meios disponíveis para a alcançar. Cfr. LUÍS NUNES DE ALMEIDA, "Tolerância, Constituição e Direito Penal", *in RPCC*, Ano 13, n.º 2, Abril-Junho, 2003, pp. 159-175, *maxime* pp. 171-172.

§3.º Do princípio do reconhecimento mútuo (em geral)

I. O **princípio do** *reconhecimento mútuo* encontra-se no centro da discussão juspenalista europeia e encontra-se, pela primeira vez, materializado, a par da sua consagração constitucional europeia – artigos I-42.º, n.º 1, al. *b*), III-257.º, n.º 2, III-260.º do Tratado que institui uma Constituição para a Europa –, na Decisão Quadro 2002/584/JAI, do Conselho, de 13 de Junho, que institui o mandado de detenção europeu[132].

O princípio do *reconhecimento mútuo* – que consigna, *prima facie*, o reconhecimento de uma decisão judicial tomada por autoridade competente em um Estado-Membro por outra autoridade competente de outro Estado-Membro, cujos efeitos, no Estado do reconhecimento, se esperam que sejam equivalentes aos produzidos por uma autoridade competente nacional[133] – pode encabeçar o início do reconhecimento ou a consciencialização de que é necessário e de que existe um direito penal europeu em

---

[132] A Decisão Quadro n.º 2003/577/JAI do Conselho, de 22 de Julho de 2003 – JO L 196, de 2 de Agosto de 2003 – concretiza o princípio do reconhecimento mútuo das decisões de congelamento de bens ou de provas – cfr. Considerando 4 e art. 5.º da DQ.

[133] Quanto à concepção do princípio do reconhecimento mútuo, RICARDO JORGE BRAGANÇA DE MATOS, "O Princípio do Reconhecimento Mútuo e o Mandado de Detenção Europeu", *in RPCC*, Ano 14, n.º 3, Julho--Setembro 2004, pp. 327-329.

64 *Do Mandado de Detenção Europeu*

construção[134] que se deseja não securitário, mas sedimentado em uma política criminal que tem no centro o «rosto dos homens»[135].

Mas, o espectro securitário – que se sente e respira com a concretização do *reconhecimento mútuo*, independentemente da existência ou não da dupla incriminação para as infracções ornamentantes da «lista» – emerge, com agravo, da ideia de edificação do espaço penal europeu com eficácia e pragmatismo no quadro da prossecução da cooperação policial e da cooperação judiciária em prejuízo da harmonização e, consequentemente, dos direitos, liberdades e garantias fundamentais do cidadão, em especial processuais[136]. O travão à emoção investigatória deve-se registar *ab initio* – a montante –, *i. e.*, desde o quadro legiferante e não apenas no

---

[134] Constata-se que a soberania penal passa a ser partilhada com outros Estados-Membros no espaço da União. Quanto a este assunto, RICARDO JORGE BRAGANÇA DE MATOS, "O Princípio do Reconhecimento Mútuo ...", *in RPCC*, Ano 14, n.º 3, p. 326.

[135] ANABELA MIRANDA RODRIGUES, "Criminalidade Organizada – Que Política Criminal?", *in Themis* – Revista da Faculdade de Direito da UNL, Ano IV, n.º 6, 2003, p. 46. Como ensina HASSEMER, o direito penal que temos no espaço europeu – e que se vislumbra para a futura Constituição Europeia – está dotado de características de instrumento de segurança, que a par da eficácia, tem prevalência em detrimento dos valores da liberdade e da justiça [*Apud* A SILVA DIAS, "De que Direito Penal...", *in RPCC*, Ano 14, n.º 3, p. 317]. Acresce que o espírito securitário está incrementado *ab initio* no art. 29.º do TUE, desde logo por estipular que a União tem como objectivo «facultar aos cidadãos um elevado nível de protecção num espaço de liberdade, segurança e justiça», cujos instrumentos para concreção desse objectivo são a cooperação policial, seguindo--se a cooperação judiciária e, por último e "quando necessário", a aproximação das legislações penais – harmonização – com a adopção gradual de medidas que detenham regras mínimas quanto aos elementos constitutivos das infracções e quanto às sanções por parte dos Estados-Membros.

[136] Neste sentido JOACHIM VOGEL, "Estado y tendencias de la armonización...", *in Revista Penal*, n.º 10, pp. 114-115, 117-118.

quadro da interpretação – restritiva – e no da aplicação das normas que afectam direitos, liberdades e garantias.

Os britânicos – avessos à ideia de harmonização[137] – e munidos do pragmatismo de PIERCE e WILLIAM JAMES[138] – "filosofia dos resultados, da experiência e da acção"[139] – lançaram, na cimeira de CARDIFF, em 15 e 16 de Junho de 1998, na presidência britânica, a discussão sobre a opção de se avançar para o princípio do *reconhecimento mútuo*[140] das decisões dos tribunais com base no

---

[137] O euroceptismo britânico preenche as páginas da história das Comunidades Europeias – pois, a sua não adesão inicial ao Tratado de Roma é demonstrativa da dúvida insular – e teletransportou-se para a União.

[138] A doutrina do pragmatismo nasceu no Metaphysical Club, em Cambridge, nos finais do Séc. XIX – década de 1870 –, de cujos fundadores se destacam PIERCE e WILLIAM JAMES F. SOARES GOMES, "Pragmatismo", *in Logos – Enciclopédia Luso-Brasileira de Filosofia*, Verbo, Lisboa/r. Janeiro, Vol. 4, col. 395 e ss.. O pragmatismo afasta-se das abstracções, "das soluções verbais, das más razões *a priori*, de princípios fixos, de sistemas fechados, de pretensos absolutos, voltando-se para o concreto, para os factos, para a acção (...), para o poder, intentando a liberdade contra o dogmatismo, a artificialidade e a finalidade na verdade". Para WILLIAM JAMES as teorias "tornam-se instrumentos, não respostas a enigmas, à sombra das quais possamos descansar". F. SOARES GOMES, "Pragmatismo", *in Logos,* Col. 396. Quanto à doutrina do pragmatismo MANUEL M. GUEDES VALENTE, *Consumo de Drogas – Reflexões sobre o Novo Quadro Legal*, 2.ª Edição, Almedina, 2003, pp. 75-77 (3.ª Edição, pp. 78-83).

[139] MENDES DOS REMÉDIOS, *Filosofia*, p. 487, *apud* AA, *Grande Enciclopédia Portuguesa e Brasileira*, Edições Enciclopédia, Lda., Lisboa/Rio de Janeiro, Vol. XXIII, p. 31

[140] Refira-se que os **magistrados de ligação** – Acção Comum do Conselho de 29 de Abril de 1996 [JO L 105, de 27 de Abril de 1996] –, a **rede judiciária europeia** – Acção Comum de 29 de Junho de 1998 [JO L 191, de 7 de Julho, pp. 4-7] – e a **troca de boas práticas** – Acção Comum de 29 de Junho de 1998 [JO L 191, de 7 de Julho, pp. 1-3] – são medidas ou instrumentos que podiam assegurar o funcionamento do *princípio do reconhecimento mútuo das decisões dos tribunais.*

"compromisso no sentido de não se levar demasiado longe a harmonização e de se optar antes por um regime em que cada Estado-Membro reconheceria a validade das decisões judiciárias dos outros Estados-Membros, tomadas com um mínimo de formalidades"[141]/[142], admitindo, posteriormente, que, na insuficiência do reconhecimento mútuo, o mesmo «devia ser acompanhado de uma harmonização *"mínima"*»[143].

CARDIFF, não obstante ser a catapulta do «salto» ou do «vuelco» prático na sedimentação de um espaço comum de segurança e de justiça e do qual resulta(rá) liberdade, simboliza um revês da harmonização que devia ser a auto-estrada da edificação de um espaço penal europeu, simboliza um sentimento de que a União opta pela eficácia e pela segurança onerando as liberdades fundamentais do cidadão europeu[144] e, ainda, de que a construção do espaço penal comum protagonizada pela União derroga para segundo plano a protecção dos direitos, liberdades e garantias

---

[141] ANABELA MIRANDA RODRIGUES e J. LOPES DA MOTA, *Para uma Política Criminal...*, p. 54.

[142] Para GILLES DE KERCHOVE, a concepção lata de reconhecimento mútuo "supõe que as decisões judiciais sejam executadas directamente em toda a União sem procedimento algum de qualquer natureza que seja (validação, controlo de conformidade, inversão do contencioso". Cfr. GILLES DE KERCHOVE, "L'espace judiciaire pénal européen après Amsterdam et le sommet de Tampere", *in Vers un Espace Judiciaire Européen,* (Org. GILLES KERCHOVE e ANNE WEYEMBERGH), Bruxelas, Instituto de Estudos Europeus, 2000, p. 14

[143] ANABELA MIRANDA RODRIGUES e J. LOPES DA MOTA, *Para uma Política Criminal...*, p. 55.

[144] Acresce que a concretização do princípio do reconhecimento mútuo pelo mandado de detenção europeu pode relevar para um plano de inferioridade, não formal, mas materialmente, os direitos humanos – que "são faculdades permanentes a toda pessoa de defender a sua liberdade e a sua dignidade" [cfr. JEAN PRADEL e GEEL CORSTENS, *Droit Pénal...*, p. 10] –, os direitos processuais fundamentais consagrados na DUDH e na CEDH.

Questões de Fundo 67

(processuais) fundamentais, que deviam ser o paradigma e nunca um estorvo dessa construção[145].

A proposta do Reino Unido consignava que o princípio do reconhecimento mútuo não se esgotaria nas decisões finais de julgamento, mas que se estenderia às decisões que fossem tomadas nas fases preparatórias daquelas, principalmente "as que permitem às autoridades competentes agir rapidamente para obter meios de prova e apreender bens fáceis de transferir de um lugar para o outro"[146]. Como resposta ao Conselho Europeu de CARDIFF, a Presidência austríaca elaborou e apresentou um questionário ao Grupo Multidisciplinar sobre a Criminalidade Organizada com vista a "reunir a informação necessária para a avaliação das perspectivas de desenvolvimento de acordos com vista a um reconhe-

---

[145] Poder-se-á, desde logo, exemplificar que o direito continental tem, como pedra fundamental, a fiscalização e o controlo da acção das autoridades e dos órgãos de polícia criminal – APC e OPC –, bem como do Ministério Público ou Ministério Fiscal – MP –, nas mãos do juiz das liberdades sempre que em causa estejam direitos fundamentais – cfr. art. 32.°, n.° 4 da CRP e artigos 268.° e 269.° do CPP. O processo penal português determina como entidade competente originária para emitir mandado de detenção o Juiz, sendo a competência do MP subsidiária e excepcional e da APC muito excepcional – que, diga-se, não se compreende com a instituição dos Tribunais de Turno –, conforme art. 257.° do CPP. Como se sabe, a competência para emissão do mandado de detenção ou de captura em alguns Estados-Membros não reside originariamente no juiz, podendo, até mesmo, estar consignada às entidades policiais. Esta factualidade levanta a problemática da harmonização de competências em matéria de actos ou decisões judiciais sob pena de os direitos fundamentais serem, nas palavras de VOGEL, pura licença retórica [Cfr. JOACHIM VOGEL, "Política criminal...", *in Revista Penal*, n.° 11, p. 146].

[146] ANABELA MIRANDA RODRIGUES e J. LOPES DA MOTA, *Para uma Política Criminal...*, p. 54. Quanto a este assunto ANNE WEYEMBERGH, "L'avenir des mécanismes de coopération judiciaire pénale entre les Etats membres de l'Union européenne ", *in Vers un Espace Judiciaire Européen,* (Org. GILLES KERCHOVE e ANNE WEYEMBERGH), Bruxelas, Instituto de Estudos Europeus, 2000, p. 164.

cimento mútuo entre os Quinze"[147], de cujas respostas sintetizadas relevou a necessidade de se tomarem medidas efectivas para a incrementação do reconhecimento mútuo entre os Estados-Membros[148].

II. O desafio britânico ganha fôlego no **Plano de Acção do Conselho e da Comissão** de 3 de Dezembro de 1998[149] – **sobre a melhor forma de aplicar as disposições do Tratado de Amsterdão relativas à criação de um espaço de liberdade, de segurança e de justiça** –, conhecido por Plano de Acção de Viena, que estabelece um prazo de dois anos, após a entrada do Tratado de Amsterdão, para que se tomem medidas não só que *facilitem a extradição entre os Estados-Membros* – assegurando-se a efectiva implementação [em direito e na prática] das Convenções de Extradição[150] adoptadas ao abrigo do TUE, conforme al. *c*) do ponto 45 –, como também que iniciem "um processo tendo em *vista facilitar o reconhecimento mútuo* das decisões e a execução de sentenças em matéria penal", conforme al. *f*) do ponto 45.

Da sistematização, colhe-se a ideia de que o caminho para o reconhecimento mútuo seria o ponto de chegada após a implementação da rede judiciária europeia[151] – al. *a*) do ponto 45 –, após a ultimação e entrada em vigor da Convenção de Auxílio Mútuo em

---

[147] ANABELA MIRANDA RODRIGUES e J. LOPES DA MOTA, *Para uma Política Criminal...*, p. 55.

[148] Cfr. ANABELA MIRANDA RODRIGUES e J. LOPES DA MOTA, *Para uma Política Criminal...*, p. 55.

[149] JO C 19, de 23 de Janeiro de 1999, pp. 1-15. Cfr. ANNE WEYEMBERGH, "L'avenir des mécanismes de coopération judiciaire pénale...", *in Vers un Espace Judiciaire Européen*, p. 164.

[150] Convenção relativa ao Processo Simplificado de Extradição entre os Estados-Membros da União Europeia e Convenção relativa à Extradição entre os Estados-Membros da União Europeia, adoptadas ao abrigo do art. K.3 do TUE.

[151] Criada pela Acção Comum de 29 de Junho de 1998 – JO L 191, de 7 de Julho de 1998.

Matéria Penal[152] e do respectivo protocolo[153] – al. *b*) do ponto 45 –, nos quais se deveria simplificar os procedimentos e limitar os motivos de recusa de assistência, após o reforço no combate ao branqueamento de capitais[154] – al. *d*) do ponto 45 – e após facilitar e acelerar a cooperação transfronteiriça entre os ministérios competentes e as autoridades judiciárias ou autoridades competentes dos Estados-Membros – al. *e*) do ponto 45.

III. O **Conselho Europeu de Tampere** marcou, sobremaneira, o quadro da construção de um espaço penal europeu pós-Amsterdão. Este Conselho não substituiu o Plano da Acção de Viena, antes "abriu novas perspectivas, definindo uma linha política audaciosa e exigente, com a fixação de objectivos precisos e simultaneamente ambiciosos"[155]. Na linha de CHARLES ELSEN[156], Tampere pode ser apelidado como o **porto de *chegada*** [representa o caminho percorrido até Amsterdão e a assinatura do

---

[152] Elaborada pelo Conselho ao abrigo do art. 34.º do TUE e aprovada em 29 de Maio de 2000, tendo sido ratificada por Portugal pelo DPR n.º 53/2001 e aprovada para ratificação pela RAR n.º 63/2001, de 16 de Outubro de 2001.

[153] Elaborado pelo Conselho ao abrigo do art. 34.º do TUE e aprovado em 16 de Outubro de 2001 – JO C 326, de 21 de Novembro de 2001. Em Portugal, o Protocolo foi tido em conta na Lei n.º 5/2002, de 11 de Janeiro, quanto ao controlo das contas bancárias.

[154] Alcançado com a Decisão-Quadro n.º 2001/500/JAI do Conselho, de 26 de Junho de 2001 – JO L 182, de 5 de Julho de 2001.

[155] ANABELA MIRANDA RODRIGUES e JOSÉ LOPES DA MOTA, *Para uma Política...*, p. 91. Quanto ao Conselho de Tampere, ANNE WEYEMBERGH, "L'avenir des mécanismes de coopération judiciaire pénale...", *in Vers un Espace Judiciaire Européen,* p. 165.

[156] Com maior aprofundamento CHARLES ELSEN, "L'esprit et les ambitions de Tampere. Une ère nouvelle pour la coopération dans le domaine de la justice et des affaires intérieures", *in Revue du Marché Commun et de l'Union Européenne,* n.º 433, 1999, p. 659.

70 *Do Mandado de Detenção Europeu*

Tratado – que deu avanços no domínio da justiça e dos assuntos internos ao especificar como um dos objectivos "a manutenção e o desenvolvimento de um espaço de liberdade, de segurança e de justiça", ao apontar acções e prazos para cumprimento destas –, passando-se pelo calendário preciso fixado pelo Plano de Acção de Viena] e **porto de *partida*** [por ser o *compromisso político* do mais alto nível[157]], ou nas palavras adequadas de ANABELA M. RODRIGUES e J. LOPES DA MOTA, Tampere deve ser visto como "o *culminar do processo de construção* do espaço de liberdade, segurança e justiça, mas, ao mesmo tempo, a promessa de que uma *nova fase* se iniciava"[158].

Fase nova que fixa a construção do espaço de liberdade, segurança e justiça como prioridade da União, que fixa prazos para a realização de vários objectivos concretos, que faz esvanecer o receio e o sentimento de ser um encontro para reforçar uma abordagem de "Europa fortaleza" – imagem securitária, repressiva e de reforço das fronteiras físicas e jurídicas – com o equilíbrio obtido entre "os objectivos políticos gerais" e "as acções concretas, bem visíveis e realizáveis", que equilibra a mensagem política e a mensagem clara para o cidadão europeu – que, até então, não tinha sentido quaisquer avanços prometidos por Amsterdão – e que o interesse do cidadão passa a ser preocupação, por o espaço de liberdade, de segurança e de justiça serem conceitos concretos que afectam e influem na vida do dia a dia do cidadão europeu[159].

---

[157] O Conselho Europeu é composto pelos Chefes de Estado e de Governo dos Estados-Membros da União Europeia e pelo Presidente da Comissão Europeia.

[158] ANABELA MIRANDA RODRIGUES e JOSÉ LOPES DA MOTA, *Para uma Política Criminal...*, p. 91. Itálico nosso.

[159] Sobre estes assuntos ANABELA MIRANDA RODRIGUES e JOSÉ LOPES DA MOTA, *Para uma Política Criminal...*, pp. 92-94.

Fase esta que tem uma *nova concepção de espaço europeu* e, por conseguinte, se consciencializa de que, na sua construção, as formas tradicionais de cooperação judiciária – em que a desconfiança mútua impera quanto ao direito penal dos diferentes Estados--Membros[160] – têm de ser ultrapassadas e entrar em um novo rumo: o do *reconhecimento mútuo* – declarado como **pedra angular** da cooperação em matéria penal – sem que se descure a necessidade de *harmonização* das legislações penais substantivas e processuais.

O Conselho concluiu que a cooperação entre as autoridades e a protecção judicial dos direitos dos cidadãos ganha com "um maior *reconhecimento mútuo* das sentenças e decisões judiciais" e com a "necessária *aproximação* da legislação"[161]. Refira-se, desde já, que o Conselho não vê no reconhecimento mútuo uma alternativa à harmonização. Não basta um maior reconhecimento mútuo, é imperioso que se proceda à necessária harmonização da legislação. Reforça-se a ideia de complementaridade e de que, sem um mínimo de harmonização, o reconhecimento mútuo não será a solução desejável para o aprofundamento e o estreitamento da cooperação europeia em matéria penal[162].

---

[160] Para RICARDO J. BRAGANÇA MATOS o nível avançado da integração económica e política gerou a ideia de confiança mútua e a consolidação de valores sociais comuns e, consequentemente, tendeu a afastar a tradicional desconfiança mútua que se converteu em injustificada, não obstante as marcas de soberania nacional da prossecução da acção penal e da repressão do crime. Cfr. RICARDO J. BRAGANÇA MATOS, " O Princípio do Reconhecimento…", *in RPCC*, Ano 14, n.º 3, p. 329.

[161] Conclusão 33 do Conselho de Tampere, consultado em *http:/europa.eu.int/council/off/conclu/*. Itálico nosso.

[162] ANABELA MIRANDA RODRIGUES e JOSÉ LOPES DA MOTA, assim como GILLES DE KERCHOVE, consideram que a referência à harmonização surge como "precaução" com vista a "evitar o descontentamento dos países essencialmente latinos, mais inclinados a privilegiar a harmonização". Cfr. ANABELA M. RODRIGUES e J. LOPES DA MOTA, *Para uma Política Criminal…*, pp. 55-56 e nota 164.

Adite-se que o Conselho decidiu que, no respeito dos princípios jurídicos fundamentais dos Estados-Membros, se devem desenvolver trabalhos "sobre aspectos do *direito processual* relativamente aos quais se consideram necessárias *normas mínimas comuns* para facilitar a aplicação do reconhecimento mútuo"[163]. Adiante-se que a *harmonização do direito penal substantivo* não fora olvidada, pois a lista de domínios, em que se devia adoptar regras mínimas quanto aos elementos constitutivos das infracções penais e sanções aplicáveis prevista na al. *e)* do art. 31.º do TUE, fora *enriquecida*.

O Conselho considerou que se deviam envidar esforços no sentido da legislação nacional em matéria penal aprovar definições, incriminações e sanções comuns, devendo inicialmente incidir em um "número limitado de sectores de particular importância, tais como a criminalidade financeira (branqueamento de capitais, corrupção, contrafacção do euro), o tráfico de droga, o tráfico de seres humanos, nomeadamente a exploração de mulheres, a exploração sexual de crianças, os crimes de alta tecnologia e os crimes contra o ambiente"[164].

Adicione-se que o Conselho consagra o reconhecimento mútuo como a **pedra angular** *da cooperação judiciária na União* – civil[165] e penal – e que a sua aplicação não se deve reter às sentenças, mas, na linha da proposta britânica, deve enganchar outras decisões das

---

[163] Conclusão 37 do Conselho de Tampere, consultado em *http:/europa.eu.int/council/off/conclu/*. Itálico nosso.

[164] Conclusão 48 do Conselho de Tampere, consultado em *http:/europa.eu.int/council/off/conclu/*.

[165] Quanto à cooperação em matéria civil, Conclusão 34 do Conselho de Tampere.

autoridades judiciais[166] –, *i. e.*, a sua aplicação não se deve ficar pelos julgamentos, mas a quaisquer decisões judiciais precedentes, *maxime* as que se prendem com a obtenção de meios de prova e com a apreensão de bens de fácil transferência[167]. O Conselho preconiza, a medo, que, no plano das provas, aquelas que tenham sido legalmente obtidas pelas autoridades de um Estado-Membro devem ser admitidas pelos tribunais dos outros Estados-Membros, mas sujeita este princípio de aceitação de provas lícitas às "normas aplicáveis" naqueles Estados-Membros, o que denota o receio de beliscar com o quadro jurídico de cada Estado, *i. e.*, com a soberania nacional da acção penal de cada Estado-Membro. Situação só ultrapassável com um mínimo de harmonização.

O Conselho Europeu de Tampere, que afirmou estar "empenhado no desenvolvimento da União enquanto espaço de liberdade, de segurança e de justiça, utilizando plenamente as possibilidades oferecidas pelo Tratado de Amsterdão", enviando "uma forte mensagem política para reafirmar a importância deste objectivo"[168], onerou o Conselho e a Comissão a adoptarem, até

---

[166] Conclusão 33 do Conselho de Tampere. A DQ n.º 2002/584/JAI do Conselho, de 13 de Junho de 2002, relativa ao mandado de detenção europeu e aos processos de entrega entre os Estados-Membros, concretiza esta ideia chave das conclusões de Tampere – cfr. art. 1.º, n.º 1, «para efeitos de procedimento penal ou de cumprimento de uma pena ou medida privativa da liberdade». No mesmo sentido a DQ n.º 2003/577/JAI do Conselho, de 22 de Julho de 2003, sobre a execução na União Europeia das decisões de congelamento de bens ou de provas, ao prescrever no art. 1.º que a decisão de congelamento se insere no «âmbito de um processo penal». Quanto ao congelamento de bens e de provas e o reconhecimento mútuo, ANNE WEYEMBERGH, "L'avenir des mécanismes de coopération judiciaire pénale...", *in Vers un Espace Judiciaire Européen,* pp. 165-167.

[167] Cfr. Conclusão 36 do Conselho de Tampere.

[168] Cfr. preâmbulo das conclusões do Conselho Europeu de Tampere, consultado em *http:/europa.eu.int/council/off/conclu/.*

Dezembro de 2000, um programa legislativo com vista à *implementação do princípio do reconhecimento mútuo* – Programa Conjunto adoptado a 30 de Novembro de 2000[169].

IV. Do **Programa Conjunto**[170] destacam-se três desideratos a concretizar com o princípio do *reconhecimento mútuo*: reforçar *a cooperação* entre Estados-Membros; proteger *os direitos das pessoas*; e, igualmente, favorecer uma *melhor reinserção social* dos delinquentes. Desideratos que devem direccionar o reconhecimento mútuo das decisões no sentido de ser *um factor de segurança jurídica no seio da União*, "na medida em que garante que uma sentença proferida num Estado-Membro não será posta em causa noutro"[171] e que "essa sentença deve ser tomada em consideração pelos outros Estados", *i. e.*, que um cidadão julgado não o volte a ser

---

[169] JO C 12, de 15 de Janeiro de 2001, pp. 10-22.

[170] Refira-se que o programa avança com instrumentos de cooperação judiciária que já tinham sido adoptados, antes do Tratado de Maastricht, em diversas instâncias e, posteriormente, no âmbito da União Europeia, que já previam algumas formas de reconhecimento mútuo. No que se refere ao reconhecimento das decisões transitadas em julgado, foram elaborados vários instrumentos: a Convenção Europeia sobre o Valor Internacional das Sentenças Penais, de 28 de Maio de 1970, a Convenção entre os Estados-Membros das Comunidades Europeias relativa à Execução de Condenações Penais Estrangeiras, de 13 de Novembro de 1991, aprovada no âmbito da cooperação política; a Convenção da União Europeia, de 17 de Junho de 1998, relativa às Decisões de Inibição de Conduzir. Por outro lado, a transferência de pessoas condenadas prevista pela Convenção do Conselho da Europa de 21 de Março de 1983 tem por objectivo principal favorecer a reinserção social das pessoas condenadas, baseia-se em considerações humanitárias e implica necessariamente o reconhecimento, pelo Estado de execução, da decisão pronunciada no Estado de condenação.

[171] Cfr. Introdução do Programa Conjunto, JO C 12, de 15 de Janeiro de 2001, p. 10.

Questões de Fundo

pelos mesmos factos e "que as decisões definitivas não serão postas em causa"[172] – princípio *ne bis in idem*[173].

A aplicação do reconhecimento mútuo das decisões penais pressupõe a *confiança recíproca* ou *mútua*[174] dos Estados-Membros nos respectivos sistemas de justiça penal quer quanto à "pertinência das disposições legais" quer quanto à "correcta aplicação dessas disposições"[175] – que assenta, especialmente, "na plataforma comum constituída pelo empenho dos Estados-Membros nos princípios da liberdade, da democracia, do respeito dos direitos humanos e das liberdades fundamentais, e do Estado de direito"[176], conforme art. 6.º do TUE.

O programa regista que o *reconhecimento mútuo* pode assumir *formas diver*sas e deve ser procurado em *todas as fases do processo penal*

---

[172] Cfr. Introdução do Programa Conjunto, JO C 12, de 15 de Janeiro de 2001, p. 11. O princípio *ne bis in idem* é um dos motivos de não execução obrigatória e de não execução facultativa do mandado de detenção europeu – al. *2*) do art. 3.º e al. *5*) do art. 4.º respectivamente da DQ n.º 2002/584/JAI do Conselho.

[173] Este princípio está consagrado na Convenção Europeia de Extradição de 1957, nos artigos 8.º e 9.º, na Convenção entre os Estados-Membros das Comunidades Europeias Relativa à Aplicação do Princípio *ne bis in idem*, assinada em Bruxelas no âmbito da cooperação política europeia, em 25 de Maio de 1987. A Convenção do Conselho da Europa, de 15 de Maio de 1972, sobre a Transmissão de Processos Penais contém igualmente regras de *ne bis in idem*. A Convenção de Aplicação do Acordo de Schengen, de 14 de Junho de 1985, assinada em 19 de Junho de 1990, contém igualmente disposições relativas a este princípio. Quanto ao princípio *ne bis in idem infra* § 13.º.

[174] O princípio da confiança mútua reside na experiência dos países nórdicos, cujas relações de cooperação regem-se pela ideia de confiança. Quanto a este assunto, ANNE WEYEMBERGH, "L'avenir des mécanismes de coopération judiciaire pénale...", *in Vers un Espace Judiciaire Européen,* p. 169.

[175] Cfr. RICARDO J. BRAGANÇA MATOS, "O Princípio do Reconhecimento Mútuo...", *in RPCC*, Ano 14, n.º 3, p. 328.

[176] Cfr. Introdução do Programa Conjunto, JO C 12, de 15 de Janeiro de 2001, p. 10.

– antes ou após a sentença – com regras diferentes consoante a natureza da decisão ou da pena infligida. Em cada domínio, a dimensão do reconhecimento mútuo depende em grande medida da existência e do conteúdo de determinados parâmetros que condicionam a eficácia do exercício, parâmetros identificados ao longo dos trabalhos desenvolvidos no Conselho, em especial pela delegação do Reino Unido, a saber[177]:

- o alcance geral, ou limitado a determinadas infracções, da medida prevista, pois um determinado número de *medidas de aplicação do reconhecimento mútuo podem ser limitadas às infracções graves*;
- a **manutenção ou a supressão da exigência da dupla criminalização** como condição do reconhecimento;
- os mecanismos de *protecção dos direitos de terceiros*, das vítimas e dos suspeitos;
- a definição de *normas mínimas*[178] *comuns necessárias para facilitar a aplicação do princípio do reconhecimento mútuo*, nomeadamente em matéria de competência das jurisdições;
- a *execução directa ou indirecta da decisão* e a definição e âmbito do eventual processo de validação;
- a *determinação e o âmbito dos motivos de recusa do reconhecimento* com base na soberania ou noutros interesses essenciais do Estado requerido ou relacionados com a legalidade;
- o regime de responsabilidade dos Estados no caso de arquivamento do processo, ilibação ou absolvição.

Conforme se opte pela vigência ou não de um ou de outro parâmetro e de acordo com o objectivo a atingir, poder-se-á ter uma

---

[177] Cfr. Introdução do Programa Conjunto, JO C 12, de 15 de Janeiro de 2001, pp. 11-12.

[178] Que se deve entender por "harmonização mínima".

Questões de Fundo

implementação mais ou menos ambiciosa do princípio do reconhecimento mútuo das decisões penais, a não ser que seja necessário adoptar uma medida autónoma que permita aplicar estes parâmetros a todas as medidas[179].

Como programa global, o Programa Conjunto prevê os diferentes domínios em que os Estados-Membros devem desenvolver esforços nos próximos anos para chegar a um *reconhecimento mútuo progressivo* das decisões penais na União Europeia[180] e apresenta várias medidas[181] a tomar no âmbito do reconhecimento mútuo.

A revisão dos artigos 54.° a 57.° da Convenção de Aplicação do Acordo de Schengen, retomados da Convenção entre os Estados-Membros das Comunidades Europeias relativa à aplicação do princípio *ne bis in idem*, assinada em Bruxelas em 25 de Maio de 1987, na perspectiva da *plena aplicação do princípio do reconhecimento mútuo* – Medida 1.

A aprovação do princípio segundo o qual o juiz de um Estado-Membro deve estar em condições para tomar em conta as decisões penais transitadas em julgado proferidas em outros Estados-Membros para apreciar os antecedentes criminais do delinquente, de modo a ter em conta a reincidência e a determinar a natureza das penas e as regras de execução susceptíveis de serem aplicadas – Medida 2.

A instauração de um modelo-tipo de pedido de antecedentes judiciários – Medida 3.

---

[179] Cfr. Introdução do Programa Conjunto, JO C 12, de 15 de Janeiro de 2001, p. 12.

[180] Cfr. Introdução do Programa Conjunto, JO C 12, de 15 de Janeiro de 2001, p. 12.

[181] Cfr. Programa de Medidas do Programa Conjunto, JO C 12, de 15 de Janeiro de 2001, pp. 12-19. Cfr. Quadro por ordem das medidas JO C 12, de 15 de Janeiro de 2001, pp. 21-22.

A realização de um *estudo de viabilidade* que, respeitando-se as liberdades individuais e a protecção de dados, possa indicar a melhor forma de se chegar à informação das autoridades competentes da União Europeia sobre as decisões penais condenatórias proferidas contra uma pessoa, facilitando o intercâmbio bilateral de informações, colocando os ficheiros nacionais em rede e constituindo um verdadeiro ficheiro central europeu – Medida 4.

Procurar os progressos realizáveis no sentido de tornar inoponíveis entre os Estados-Membros as reservas e declarações previstas para o artigo 5.º da Convenção Europeia de Auxílio Judiciário Mútuo de 1959 no que se refere às medidas coercivas – Medida 5.

A elaboração de um instrumento sobre *o reconhecimento das decisões relativas ao congelamento de provas* para que se impeça a perda de provas que se encontrem no território de outro Estado-Membro – Medida 6.

Elaborar um instrumento sobre o *reconhecimento mútuo das decisões de congelamento de bens*[182], que pode ser um congelamento provisório dos bens em caso de urgência sem recorrer aos procedimentos de auxílio judiciário mútuo, por execução dos despachos judiciais proferidos por uma jurisdição de outro Estado-Membro – Medida 7.

---

[182] Esta medida fora, curiosamente e de forma incoerente, adoptada em data posterior à do mandado de detenção europeu – treze meses e nove dias depois –, o que gera a interrogação: será que os responsáveis europeus valorizam mais a liberdade ou o património? Lógico seria começarem pelo congelamento de bens e de provas e não pela privação da liberdade e execução de uma decisão cujos efeitos nefastos são incalculáveis – não é e nem será a primeira vez que seres humanos se suicidam com a vergonha de terem sido detidos (quantas vezes inocentes) e não será uma nem duas vezes que direitos fundamentais pessoais serão gravemente lesados *p. e.* com detenções em erro sobre a pessoa.

A par destas medidas destaca-se a Medida 8 – procurar a forma de estabelecer, pelo menos para as *infracções mais graves* que constam do art. 29.º do TUE, **um regime de entrega que se baseie no reconhecimento e na execução imediata do *mandado de detenção* emitido pela autoridade judiciária requerente**, cujo regime deverá, nomeadamente, prever as condições em que o mandado de detenção poderá constituir base suficiente para a entrega da pessoa por parte das autoridades competentes requeridas, a fim de se criar um espaço jurídico único em matéria de extradição[183] – que originou a QD n.º 2002/584/JAI do Conselho, de 13 de Junho de 2002, relativa ao mandado de detenção europeu e aos processos de entrega entre os Estados-Membros, produzindo-se, assim, um verdadeiro "vuelco jurídico"[184] no âmbito da extradição a nível do espaço da União.

V. Na **Comunicação da Comissão** ao Conselho e ao Parlamento Europeu de 2004, relativamente ao balanço do programa de Tampere e a futuras orientações, a Comissão reconheceu que, em matéria penal, existem quatro prioridades[185]:

  i. *prossecução do reconhecimento mútuo*;
 ii. *reforço da confiança mútua* que garanta aos cidadãos europeus uma justiça de qualidade e fundada em valores comuns – com a adopção de medidas como a definição de garantias fundamentais, as condições de admissibilidade das provas e medidas de protecção das vítimas;

---

[183] Cfr. JO C 12, de 23 de Janeiro de 2001, p. 15.

[184] Cfr. EMILIO JESÚS SÁNCHEZ ULLED, "Cooperación Judicial...", *in Cooperación Policial y Judicial en Materia de Delitos Financieros, Fraude y Corrupción*, Ediciones Universidad Salamanca, n.º 40, p. 144.

[185] Comunicação da Comissão ao Conselho e ao Parlamento Europeu, *Espaço de Liberdade, de Segurança e de Justiça: Balanço do programa de Tampere e futuras orientações*, Com (2004) 401, *in fine*, de 2 de Junho de 2004, pp. 12 e ss., consultado em *http:/europa.eu.int.*

80   *Do Mandado de Detenção Europeu*

iii. *criação de uma política penal coerente* para a União e capaz de "lutar eficazmente contra todas as formas de criminalidade grave";

iv. e *sentar* o EUROJUST *no centro da política penal europeia.*

Há a registar que a *não produção de efeito directo* das decisões--quadro e das decisões e as dificuldades das *barreiras materiais* na efectiva concretização do princípio do reconhecimento *mútuo*, levou o Grupo X – Grupo de Trabalho sobre o Espaço de Liberdade, Segurança e Justiça – a recomendar a substituição das decisões--quadro, das decisões e das posições comuns por regulamentos, directivas e decisões[186].

As dificuldades que o princípio do *reconhecimento mútuo* sentiu em matérias comunitárias na edificação do mercado comum – *p. e.*, na livre circulação de mercadorias, que têm de ser aceites em qualquer Estado-Membro, mesmo que em outros Estados as normas e os padrões de produção sejam diferentes[187] –, em que teve de andar ao lado da harmonização, em matérias como o direito penal material e das garantias processuais, aquelas não só repousam no princípio da confiança recíproca como supõem um 'mínimo de harmonização.

VI. A consciência plena de que a construção de espaço europeu de liberdade, segurança e justiça pela via do reconhecimento mútuo pressupõe a vivência dos princípios da confiança mútua e da aproximação (harmonização) das legislações encontra-se plasmada no **Tratado que estabelece uma Constituição para a Europa:** als. *a)*

---

[186] Convenção Europeia, *Relatório Final do Grupo de Trabalho sobre o Espaço de Liberdade, Segurança e Justiça (Grupo X)*, CONV 426/02, Bruxelas, de 2 de Dezembro de 2002, p. 7, consultado em *http://europa.eu.int.*

[187] Quanto a este assunto RICARDO J. BRAGANÇA MATOS, "O Princípio do Reconhecimento Mútuo...", *in RPCC*, Ano 14, n.º 3, pp. 330-331.

e *b*) do n.º 1 do art. I-42.º, n.º 3 do art. III-257.º, art. III-260.º, art. III-270.º, art. III-271.º.

Preocupante é que a assunção de que o reconhecimento mútuo é essencial para a construção do espaço europeu de liberdade e de segurança não tem igual sentido quanto à harmonização – que é, a nosso ver, a via possível de construção de um espaço penal europeu homogéneo[188] e coerente com a tradição penal europeia[189].

A colocação da expressão condicionante «se necessário»[190] recorre-se à «aproximação das legislações penais» para «garantir um elevado nível de segurança» na União, na parte final do n.º 3 do

---

[188] Quanto a este assunto ANABELA MIRANDA RODRIGUES, *Um Sistema Sancionatório Penal para a União...*, pp. 46-48 e *A Nova Europa e o Velho...*, p. 9.

[189] A construção de um espaço penal comum a todos os Estados-Membros implica que os princípios da *ultima ratio*, da indispensabilidade e da necessidade, da subsidiariedade, da proporcionalidade, da eficácia e do humanismo sejam os barómetros das decisões de tutela de bens jurídicos por meio do direito criminal. Desde logo, questiona-se quanto à DQ do terrorismo – que procurou harmonizar dentro do espaço europeu o crime de organização terrorista, de acto terrorista, de participação em organização terrorista [Cfr. GILLES DE KERCHOVE, "Améliorations institutionnelles...", *in Quelles Réformes pour L'Espace Pénal Européen?*, pp. 31-32] – se a via penal é a única via adequada à perseguição dos agentes de actos terroristas quando eles se imolam em honra de ALÁ ou em honra de uma causa. Dúvidas existem e parece-nos que o caminho da criminalização e do agravamento das penas, assim como da dotação de meios nacionais e supranacionais aos operadores judiciários competentes para prevenir e reprimir o terrorismo, apresentou-se como o único possível e mais fácil de pôr em execução. Parece-nos que existe uma alienação de outros meios sociais e políticos que seriam fundamentais na prevenção do terrorismo, evitando-se a exclusividade do direito criminal, que deve intervir sempre que em causa estejam bens jurídicos como a vida, a integridade física, (etc.). Quanto aos princípios da intervenção do direito penal ANABELA MIRANDA RODRIGUES, *A Determinação da Medida da Pena Privativa da Liberdade*, Coimbra Editora, 1995, pp. 235-313.

[190] A expressão utilizada no art. 29.º do TUE é uma condicionante temporal: «quando necessário».

art. III-257.º, vivifica a desconfiança sentida hoje de que se constrói uma "Europa fortaleza". Acresce que, e no mesmo sentido, a expressão condicionante «se necessário» para a harmonização amalgamada na al. *a*) do n.º 1 do art. I-42.º do Tratado que institui a Constituição Europeia, não tem igual paralelo na al. *b*) do mesmo número, no qual se consagra que o reconhecimento mútuo das decisões judiciais e extrajudiciais é a base da confiança mútua.

Já o art. III-270.º do Tratado, que estabelece uma Constituição para a Europa, consagra que a "cooperação judiciária em matéria penal na União assenta no princípio do reconhecimento mútuo das sentenças e decisões judiciais e *inclui* a aproximação das legislações" nos domínios prescritos no n.º 2 – a admissibilidade mútua dos meios de prova entre os Estados-Membros; os direitos individuais em processo penal; os direitos das vítimas da criminalidade; e outros elementos específicos do processo penal, identificados previamente pelo Conselho – e no art. III-271.º – «em domínios de criminalidade particularmente grave com dimensão transfronteiriça que resulte da natureza ou das incidências dessas infracções, ou ainda da especial necessidade de as combater, assente em bases comuns», *i. e.*, «terrorismo, tráfico de seres humanos e exploração sexual de mulheres e crianças, tráfico de droga e de armas, branqueamento de capitais, corrupção, contrafacção de meios de pagamento, criminalidade informática e criminalidade organizada». A adopção de regras mínimas – harmonização –, que devem respeitar as diferenças entre as tradições e os sistemas jurídicos dos Estados-Membros, não afasta «os Estados-Membros de manterem ou introduzirem um nível mais elevado de protecção das pessoas», conforme n.º 2 do art. III-270.º.

A forma verbal «inclui» precedida de uma copulativa «e» pode originar duas interpretações antagónicas: a complementaridade da harmonização e do reconhecimento mútuo, por este se concretizar com um mínimo daquela, da qual nos afastamos; e, a outra, que nos parece mais adequada, tendo em conta a copulativa «e», que **a cooperação judiciária em matéria penal na União inclui a harmonização** das legislações e não apenas em acto de necessidade do princípio do reconhecimento mútuo, como se retira do n.º 3 do art. III-257.º, ou como instrumento de concretização do reconhecimento mútuo, como se pode retirar da 1.ª parte do n.º 2 do art. 270.º do Tratado.

VII. O princípio do *reconhecimento mútuo* impõe às autoridades de um Estado que aceitem "reconhecer os mesmos efeitos às decisões estrangeiras que às decisões nacionais, apesar das diferenças que oponham as ordens jurídicas em causa"[191], *i. e.*, busca-se a *unidade na diversidade* das ordens jurídicas. O princípio assenta na *confiança mútua* que pressupõe *compreensão*, ou seguindo a construção de ANABELA M. RODRIGUES e LOPES DA MOTA, «vale aqui a ideia, devidamente adaptada, de que a "law in the books" deve converter-se em "law in action"»[192].

A Comissão, nesta linha, entende que o princípio do reconhecimento mútuo "se baseia na ideia de que, ainda que outro Estado não possa tratar uma determinada questão de forma igual ou análoga à forma como seria tratada no Estado do interessado, os resultados serão considerados equivalentes às decisões do seu próprio Estado", *i. e.*, "é razoável supor que, na medida do possível, o objectivo geral do reconhecimento mútuo seria dar a uma decisão (final) um efeito pleno e directo em toda a União"[193]. Para DANIEL

---

[191] INÊS FERNANDES GODINHO, *O Mandado de Detenção Europeu e a «Nova Criminalidade»: A Definição da Definição ou o Pleonasmo do Sentido*, Trabalho de Mestrado em Direito – Ciências Jurídico-Criminais –, da Faculdade de Direito da Universidade de Coimbra, apresentado na cadeira de Processo Penal, no ano lectivo de 2003/04, sob a regência da Professora Doutora ANABELA MIRANDA RODRIGUES, p. 14.

[192] ANABELA MIRANDA RODRIGUES e JOSÉ LOPES DA MOTA, *Para uma Política Criminal...*, p. 54.

[193] Comunicação da Comissão ao Conselho e ao Parlamento Europeu, *Reconhecimento mútuo de decisões finais em matéria penal*, COM (2000) 495, ponto 3.1, consultado em *http:/europa.eu.int*.

FLORE o núcleo do reconhecimento mútuo centra-se na ideia de que, desde que uma decisão seja "tomada por uma autoridade judiciária competente, em virtude do direito do Estado-Membro de onde ela procede, em conformidade com o direito desse Estado, essa decisão deve ter um efeito pleno e directo sobre o conjunto do território da União", implicando que "as autoridades competentes do Estado-Membro no território do qual a decisão pode ser executada devem prestar a sua colaboração à execução dessa decisão como se se tratasse de uma decisão tomada por uma autoridade competente desse Estado"[194]. Já ANNE WEYEMBERGH considera que o princípio do reconhecimento mútuo tem como finalidade «assegurar a execução "o mais automática e o mais directa possível" das decisões judiciárias estrangeiras, o que significa "acabar com o processo tradicional de extradição, o "exequator"»[195].

Como já se referiu o reconhecimento mútuo assenta na *confiança mútua* – "tanto na pertinência das disposições do outro Estado como na correcta aplicação dessas disposições"[196] –, que a par da equivalência pode-se permitir que "os resultados atingidos noutro Estado produzam efeitos na esfera jurídica do estado interessado"[197], pois "uma decisão adoptada por uma autoridade de um Estado-Membro *poderá* ser aceite como tal noutro Estado-Membro, mesmo que neste nem sequer existisse uma autoridade comparável ou, caso existisse, que tal autoridade não fosse

---

[194] DANIEL FLORE, "Reconnaissance Mutuelle, Double Incrimination et Territorialité", *in La Reconnaissance Mutuelle des Décisions Judiciaires Pénales dans l'Union Européenne*, Éditions de l'Université de Bruxelles, 2001, p. 75.

[195] ANNE WEYEMBERGH *apud* ANABELA MIRANDA RODRIGUES, "O Mandado de Detenção Europeu", *in Revista Portuguesa de Ciência Criminal* (RPCC), Ano 13, Fasc. 1.°, 2003, p. 33, nota 22.

[196] Comunicação da Comissão ao Conselho e ao Parlamento Europeu, *Reconhecimento mútuo de decisões finais em matéria penal*, COM (2000) 495, ponto 3.1, consultado em *http:/europa.eu.int*.

[197] COM (2000) 495, ponto 3.1, consultado em *http:/europa.eu.int*.

competente para adoptar decisões do mesmo tipo ou adoptasse uma decisão inteiramente distinta num caso semelhante"[198]. Todavia, cuidamos, como GILLES DE KERCHOVE, que a confiança mútua entre os Estados só aumenta se aqueles promoverem uma aproximação – harmonização – progressiva do direito penal material e processual[199].

O princípio do *reconhecimento mútuo* acarreta, também, a vantagem de acabar com a diferença entre *cooperação primária* – quando o Estado requerido executa, por si mesmo, a decisão de uma autoridade estrangeira – e a *cooperação secundária* – quando o Estado requerido decide sobre o pedido de uma autoridade estrangeira – e, na linha de DANIEL FLORE, pode-se afirmar que o reconhecimento mútuo enquadra "uma *alternativa* ao auxílio penal secundário"[200].

VIII. O princípio do *reconhecimento mútuo* gera «desconfiança» não só aos apelidados de nacionalistas – que, como ensina ANABELA M. RODRIGUES, não são mais do que "defensores de um direito penal europeu que, por referência aos direitos nacionais, signifique uma protecção acrescida dos direitos fundamentais"[201] –, mas a todos os defensores de uma política criminal homogénea no espaço da União, desde logo por não se concretizar "em todas as suas implicações, designadamente quanto ao reconhecimento de decisões ligadas à execução de penas"[202], por receio de encobrir uma *orientação*

---

[198] COM (2000) 495, ponto 3.1, consultado em *http:/europa.eu.int*.

[199] Cfr. GILLES DE KERCHOVE, "Améliorations institutionnelles...", *in Quelles Réformes pour L'Espace Pénal Européen?*, p. 32.

[200] DANIEL FLORE *apud* ANABELA MIRANDA RODRIGUES, "A Emergência de Um «Direito Penal Europeu»...", *in Revista de Estratégia*, n.os 18-19, p. 152 e nota 14.

[201] ANABELA MIRANDA RODRIGUES, "A Emergência de Um «Direito Penal Europeu»...", *in Revista de Estratégia*, n.os 18-19, p. 153.

[202] ANABELA MIRANDA RODRIGUES, "A Emergência de Um «Direito Penal Europeu»...", *in Revista de Estratégia*, n.os 18-19, p. 153.

repressiva e fortemente *securitária,* cuja eficácia e segurança prevalecem sobre as liberdades fundamentais do cidadão[203] ou de metamorfosear o direito penal em instrumento de segurança[204].

Este sentimento de desconfiança de construção de um espaço penal europeu *repressivo* nasce, desde logo, com a abolição do princípio da dupla incriminação e leva-nos a perguntar se a ideia é não saber que crime está em causa, mas que é crime e que, quanto a este quadro, existe o perigo de um Estado deter e entregar uma pessoa a outro Estado, cuja protecção dos direitos fundamentais do detido se preveja que possa ser ignorada[205]. Abolição que representa não um «passo» reflectido e discutido coerente, global e democraticamente, na construção de um direito penal de raiz europeia, mas um «salto» que assusta os que desde há muito se esgrimem na defesa e promoção dos direitos fundamentais – património comum europeu[206].

A desconfiança do cidadão firma-se na ausência de um «"pensamento" sobre o penal», melhor, sobre "o travejamento de uma política criminal europeia"[207], que por sua vez gera "diversas iniciativas (...) isoladas, sem enquadramento em um qualquer modelo de justiça penal europeia racionalmente concebido"[208].

---

[203] Neste sentido WINFRIED HASSEMER *apud* A. SILVA DIAS, "De que Direito Penal…", *in RPCC,* Ano 14, n.º 3, pp. 317-318.

[204] Cfr. A. SILVA DIAS, "De que Direito Penal…", *in RPCC,* Ano 14, n.º 3, p. 318.

[205] Neste sentido ANABELA MIRANDA RODRIGUES, "A Emergência de Um «Direito Penal Europeu»…", *in Revista de Estratégia,* n.os 18-19, p. 151 e 150.

[206] Cfr. ANABELA MIRANDA RODRIGUES, "A Emergência de Um «Direito Penal Europeu»…", *in Revista de Estratégia,* n.os 18-19, pp. 150-151.

[207] ANABELA MIRANDA RODRIGUES, "O Mandado de Detenção…", *in RPCC,* Ano 13, n.º 1, Ano 14, n.º 3, p. 29, e "A Emergência de Um «Direito Penal Europeu»…", *in Revista de Estratégia,* n.os 18-19, p. 148.

[208] ANABELA MIRANDA RODRIGUES, "O Mandado de Detenção…", *in RPCC,* Ano 13, n.º 1, p. 29.

§4.º Do mandado de detenção europeu – concretização do princípio do *reconhecimento mútuo*

I. O mandado de detenção europeu[209] é, no domínio do direito penal, a primeira concretização do princípio do *reconhecimento mútuo*[210], o que "não deixa de ser paradoxal", quer no plano material quer no plano formal. Quanto a este, refira-se que as decisões-quadro encontram-se consagradas como instrumento normativo do Conselho para «efeitos de aproximação das disposições legislativas e regulamentares» – al. *b*) do n.º 2 do art. 34.º do TUE –,

---

[209] Quanto ao **mandado de detenção europeu** de forma muito concisa e clara, BÁRBARA HUBER, "La lucha conta la corrupción desde una perspectiva supranacional", *in Cuestiones del Derecho Penal Europeo*, (Tradução do alemão por MIGUEL ONTIVEROS ALONSO), DyKinson, 2005, pp. 69-70; EMILIO JESÚS SÁNCHEZ ULLED, "Cooperación Judicial…", *in Cooperación Policial y Judicial en Materia de Delitos Financieros, Fraude Y Corrupción*, Ediciones Universidad Salamanca, n.º 40, pp. 144-145; JOSE M.ª VÁZQUES HONRUBIA, "Sistemas de sustitución: el mandamiento europeo de detención y entrega", *in Cooperación Policial y Judicial en Materia de Delitos Financieros, Fraude Y Corrupción*, Ediciones Universidad Salamanca, n.º 40, pp. 243-252; ROBERTO ALFONSO, "Il mandato d'arresto europeo e la rete giudiziaria europea", *in Cooperación Policial y Judicial en Materia de Delitos Financieros, Fraude Y Corrupción*, Ediciones Universidad Salamanca, n.º 40, pp. 153-164.

[210] Neste sentido claro e preciso o Considerando n.º 6 da DQ 2002/584/JAI do Conselho, de 13 de Junho, relativa ao mandado de detenção europeu e aos processos de entrega entre os Estados-Membros. Cfr. JO L 190, de 18 de Julho de 2002.

88 · *Do Mandado de Detenção Europeu*

desiderato não consignado na essência do princípio do reconhecimento mútuo que, malgrado o caminho da harmonização, é promover uma cooperação mais célere e fluida[211]. Não olvidamos que a DQ que adopta o mandado de detenção europeu procurou harmonizar as legislações de nível processual e de organização judiciária relativa à extradição dentro do espaço da União, não obstante o esforço de harmonização se dever cingir às matérias enunciadas e articuladas nos artigos 29.º, 31.º, al. *e)* e art. 34.º, n.º 2, al. *b)* do TUE.

Quanto ao plano material o paradoxo não se prende com a aná-lise das "vantagens-benefícios que representa em relação ao direito de extradição"[212], nem "quanto ao simbolismo que encerra, ao tornar tangível o espaço comum de justiça penal"[213], mas com a constatação de que a primeira concretização do princípio do reconhecimento mútuo estava inicialmente dirigida para as decisões sobre *congelamento de bens e de provas*[214]/[215] e sobre *sanções pecuniárias*. Iniciativas estas congeladas no pós 11 de Setembro,

---

[211] Neste sentido RICARDO J. BRAGANÇA DE MATOS, "O Princípio do Reconhecimento…", *in RPCC*, Ano 14, n.º 3, p. 344. A celeridade e a fluidez do processo do mandado de detenção europeu estão bem inscritas no n.º 1 do art. 9.º da DQ n.º 2002/ 584/JAI, ao prescrever que a autoridade judiciária do estado de emissão pode transmitir directamente o mandado à autoridade judiciária do Estado de Execução, sempre que aquela saiba onde se encontra a pessoa procurada.

[212] ANABELA MIRANDA RODRIGUES, "A Emergência de Um «Direito Penal Europeu»…", *in Revista de Estratégia*, n.os 18-19, p. 153.

[213] *Ibidem.*

[214] A Decisão-Quadro sobre o congelamento de bens e de provas – Doc. 6980/02, COPEN 20, 13 de Março de 2002 – foi objecto de acordo político no Conselho JAI de 28 de Fevereiro de 2002 – 6533/02 –, tendo sido adoptada em 22 de Julho de 2003 – DQ n.º 2003/577/JAI – JO L 196, de 2 de Agosto de 2003.

[215] Cfr. a medida 7 do Programa Conjunto da Comissão e do Conselho publicado em JO C 12, de 15 de Janeiro de 2001.

sendo que com a aplicação do reconhecimento mútuo às decisões sobre o congelamento de bens e de provas estar-se-ia a promover "a luta antiterrorista"[216], tendo-se optado iniciar por um "domínio «bem mais delicado em termos de liberdades individuais» do que os outros dois que dizem respeito a «bens» e não directamente a «pessoas» "[217].

O paradoxo aumenta, como ensina ANABELA M. RODRIGUES, se meditarmos "na facilidade com que, relativamente ao mandado de detenção, se abriu mão"[218] do princípio da *dupla incriminação*, exigido no âmbito da extradição[219]. Pois, esperava-se que o grau de confiança recíproca entre os Estados-Membros "fosse (mais) elevado em domínios como o do congelamento de bens e de provas"[220], do

---

[216] ANABELA MIRANDA RODRIGUES, "A Emergência de Um «Direito Penal Europeu»...", *in Revista de Estratégia*, n.ºs 18-19, p. 154. As organizações terroristas criam, conservam e fazem circular riqueza afortunada e deixam um rasto probatório de curial importância para a perseguição criminal, como demonstrou a ordem política de congelamento de todos os bens e capitais da Al-Qaeda em território americano ou em bancos com sede em solo americano.

[217] ANABELA MIRANDA RODRIGUES, "A Emergência de Um «Direito Penal Europeu»...", *in Revista de Estratégia*, n.ºs 18-19, p. 154.

[218] *Ibidem.*

[219] Quanto ao princípio da dupla incriminação (abolição), ANABELA MIRANDA RODRIGUES, "A Emergência de Um «Direito Penal Europeu»...", *in Revista de Estratégia*, n.ºs 18-19, p. 154 e "Mandado de Detenção Europeu...", *in RPCC,* Ano 13, n.º 1, pp. 39-46; ANTÓNIO PIRES HENRIQUES DA GRAÇA, "O Regime Jurídico do Mandado de Detenção Europeu", *in Boletim da Associação Sindical dos Juízes Portugueses*, pp. 90 e ss., consultado em *www.asjp.pt/boletim;* INÊS F. GODINHO, *O Mandado de Detenção Europeu...*, pp. 21 e ss.; JEAN PRADEL e GEERT CORSTENS, *Droit Pénal Européen*, Éditions Dalloz, Paris, 1999, pp. 60--61, 94, 116, 199, 226; MÁRIO MENDES SERRANO, « Extradição – Regime e Praxis », *in Cooperação Internacional Penal*, Centro de Estudos Judiciários, 2000, Vol. I, pp. 47-50, notas 81 e 82; e *infra* § 12.º Do princípio da dupla incriminação.

[220] ANABELA MIRANDA RODRIGUES, "A Emergência de Um «Direito Penal Europeu»...", *in Revista de Estratégia*, n.ºs 18-19, p. 154. Acresce que o Conselho

que no campo da liberdade das pessoas. Contudo, o Conselho aceitou estender a abolição do princípio da dupla incriminação[221] em relação às decisões de congelamento de provas[222], mas já não às decisões de congelamento de bens, e consagrou "o método da «lista» de infracções[223], completado com o limite dos três anos de punição"[224] – limite que não se afigura coerente e proporcional com o grau de lesividade que é natural e patente no mandado de detenção, cuja liberdade pessoal [física e psicológica] fica coarctada. Ressalvando-se os casos de meios de obtenção de prova que afectem gravemente direitos fundamentais pessoais[225], parece-nos que o regime da prova deveria, lógica e coerentemente, ser mais facilmente aceite.

A detenção e posterior entrega de uma pessoa suspeita da prática de uma das infracções descritas na «lista» – n.º 2 do art. 2.º da DQ n.º 2002/584/JAI e n.º 2 do art. 2.º da Lei n.º 65/2003, de 23 de Agosto – não só é mais fácil, como releva no campo do sentimento de segurança real e cognitiva para a União, cujo fulgor e impacto social se esfumariam se estivéssemos na área do

---

aceitou estender a abolição da dupla incriminação em relação às decisões de congelamento de provas, mas já não às decisões de congelamento de bens.

[221] A abolição da dupla incriminação na DQ n.º 2003/577/JAI é, também, relativa e não absoluta, conforme se retira dos n.os 2 e 4 do art. 3.º da DQ.

[222] Cfr. art. 3.º, n.os 1 e 2 da DQ n.º 2003/577/JAI, dos quais se retira que não há controlo da dupla incriminação para a decisão de congelamento para efeitos de recolha de provas ou subsequente perda de bens.

[223] Utilizado no mandado de detenção europeu, conforme n.º 2 do art. 2.º da Decisão-Quadro n.º 2002/584/JAI do Conselho, de 13 de Junho de 2002 e n.º 2 do art. 2.º da Lei n.º 65/2003, de 23 de Agosto.

[224] ANABELA MIRANDA RODRIGUES, "A Emergência de Um «Direito Penal Europeu»...", *in Revista de Estratégia*, n.os 18-19, p. 154.

[225] Como a apreensão de correspondência, o recurso a escutas telefónicas e à técnica do agente infiltrado.

congelamento de bens e de provas[226], cujo efeito mediático não se sentiria[227].

II. O **mandado de detenção europeu**, *decisão judiciária* emitida por uma AJ de um Estado-Membro – Estado de emissão – com vista à *detenção* e *entrega* por outra AJ de outro Estado-Membro – Estado de execução – de uma *pessoa* procurada quer para efeitos de *cumprimento* de pena ou medida de segurança privativa da liberdade quer para *procedimento penal* – n.º 1 do art. 1.º da DQ n.º 2002/584/JAI[228] –, que se executa com base *no princípio do reconhecimento mútuo* e sem controlo da dupla incriminação quanto às infracções descritas na lista do n.º 2 do art. 2.º da DQ, desde que a situação fáctico-jurídica não se enquadre no âmbito do n.º 7 do art. 4.º do DQ, e com possível controlo da dupla incriminação no quadro do n.º 4 do art. 2.º da DQ [infracções não previstas no n.º 2 do art. 2.º da DQ], substitui o velho processo de extradição entre os Estados-Membros da União Europeia – conforme art. 31.º, n.º 1 da DQ n.º 2002/584/JAI[229]. O intuito inicial de se acabar com o

---

[226] Neste sentido ANABELA MIRANDA RODRIGUES, "A Emergência de Um «Direito Penal Europeu»...", *in Revista de Estratégia*, n.ºs 18-19, p. 154.

[227] Nem se sentiria o impacto causado com as detenções seguidas em directo pela imprensa nacional, europeia e internacional – como acontecera com a detenção, no sul de Espanha, do cidadão português suspeito de ter morto a sua namorada inglesa ou, em Roma, do cidadão árabe suspeito de ter participado nos atentados do metro de Londres, de 7 de Julho de 2005. As detenções daqueles cidadãos e a sua posterior entrega originaram a ideia de eficácia na luta contra o crime grave e geraram uma sensação de segurança e de restabelecimento da ordem jurídica e alcance da paz pública.

[228] Cfr. n.º 1 do art. 1.º da Lei n.º 65/2003, de 23 de Agosto, quanto a Portugal.

[229] A aplicação do mandado de detenção europeu não afasta nem acaba com os acordos bilaterais ou multilaterais entre os Estados-Membros antes da entrada em vigor desta DQ, nem os que se celebrem após a sua entrada em vigor,

processo formal (e político) da extradição para pessoas condenadas com sentença transitada em julgado, estende-se, e bem, a decisões judiciárias relativas ao procedimento penal.

O elemento chave da extradição – o «pedido» – é substituído pelo mandado de detenção emitido por autoridade judiciária competente. Desde logo, o processo **deixa os trâmites governamentais (políticos)** – pois, tinha de passar pelo Ministério dos Negócios Estrangeiros para "controlo de natureza política"[230] – e **passa a ser judiciarizado**, *i. e.*, a detenção e a entrega da pessoa procurada passa a decorrer com um **controlo simplificado** – *judiciário* – e com um **aligeiramento das condições de entrega**[231].

De relevar é a DQ n.º 2002/584/JAI não sujeitar a aplicação do mandado de detenção europeu à verificação *cumulativa* dos requisitos, mas tão só à verificação *alternativa* daqueles, *i. e.*, afasta-se de uma burocracia jurídica prevista na Convenção relativa à Extradição

---

desde que possam permitir um aprofundamento deste instituto e possam contribuir para simplificar ou facilitar ainda mais os processos de entrega das pessoas procuradas – art. 31.º, n.º 2 da DQ. Acresce que a substituição do processo de extradição em vigor pelo mandado de detenção europeu não prejudica a relação entre os Estados-Membros e terceiros que se baseiem nos instrumentos jurídicos substituídos – art. 31.º, n.º 1 da DQ.

[230] LUIS SILVA PEREIRA, "Alguns aspectos da implementação do regime relativo ao Mandado de Detenção Europeu", *in RMP*, JUL-OUT, 2003, p. 40. Veja-se o caso de recusa de entrega de AUGUSTO PINOCHET proferido pelo Ministério do Interior da Grã-Bretanha por razões de saúde do reclamado, após a decisão da Câmara dos Lordes ter entendido haver dupla incriminação quanto a factos de tortura praticados depois de 29 de Setembro de 1988, data em que a lei britânica previu a extraterritorialidade – *Criminal Justice Act* de 1988 – consequência de adesão da Grã-Bretanha à Convenção contra a Tortura e Outras Penas ou Tratamentos Cruéis, Desumanos ou Degradantes das Nações Unidas, de 17 de Dezembro de 1984. MÁRIO M. SERRANO, "Extradição", *in Cooperação Internacional ...*, p. 49, nota 82.

[231] ANABELA MIRANDA RODRIGUES, "Mandado de Detenção...", *in RPCC*, p. 35.

entre os Estados Membros da União Europeia (de 1996): nesta, impunha-se que o facto criminal em causa fosse punido no Estado- -Membro requerente com pena ou medida de segurança privativa da liberdade de duração máxima não inferior a 12 meses e, no Estado requerido, não inferior a 6 meses – conforme n.º 1 do art. 2.º –, enquanto que, na DQ n.º 2002/584/JAI, o Estado de emissão pode pedir a entrega de uma pessoa não só quando o facto criminal for punido com pena ou medida privativa da liberdade de duração máxima não inferior a 12 meses, mas também se a pessoa procurada tiver sido condenada e lhe tiver sido aplicada pena ou medida de segurança privativa da liberdade de duração máxima não inferior a 4 meses – conforme n.º 1 do art. 2.º[232] – independentemente da conduta motivadora do mandado ser ou não crime no Estado- -Membro de execução, caso conste da lista de infracções do n.º 2 do art. 2.º da DQ.

Registe-se que, na *concepção do reconhecimento mútuo que se concretiza no mandado de detenção europeu* – em que o Estado de execução aceita os efeitos jurídicos da decisão nos termos em que se processa no Estado de emissão, com a abolição da dupla incri- minação –, o quadro da *confiança mútua* ganha "pleno relevo" e surge como "um pressuposto indispensável da realização daquele princípio"[233], que só pode funcionar se os Estados-Membros con- fiarem "que os seus sistemas jurídicos e respectivos processos garan- tem a qualidade suficiente às decisões"[234] de autoridades com-

---

[232] Quanto a este assunto ANABELA MIRANDA RODRIGUES, "Mandado de Detenção...", *in RPCC*, Ano 13, n.º 1, p. 35, nota 33; JUAN DE MIGUEL ZARAGOZA, "Algunas consideraciones sobre la Decisión Marco relativa a la orden de detención europea y a los procedimientos de entrega en la perspectiva de la extradición", *in Actualidad Penal*, n.º 4, 2003, p. 147.

[233] Cfr. ANABELA MIRANDA RODRIGUES, "Mandado de Detenção...", *in RPCC*, Ano 13, n.º 1, p. 35, nota 35.

[234] ANABELA MIRANDA RODRIGUES, "Mandado de Detenção...", *in RPCC*, Ano 13, n.º 1, pp. 35-36.

petentes de outro Estado-Membro e executadas nos seus territórios nacionais.

III. O princípio do reconhecimento mútuo resigna-se às decisões – não só finais, mas também do decurso do processo – emitidas por autoridades judiciárias competentes, que devem ser reconhecidas e executadas pelas autoridades judiciárias competentes do Estado--Membro de execução na base da confiança mútua e na abolição (relativa) do princípio da dupla incriminação. Cumpre-nos, de forma escapulária, elencar as concretizações dos pressupostos do princípio do reconhecimento mútuo no mandado de detenção europeu.

O mandado de detenção europeu concretiza o desiderato da decisão judiciária – o mandado é uma **decisão judiciária** de autoridade competente, ou seja, reveste *natureza judiciária*[235] – e essa decisão direcciona-se quer ao cumprimento da decisão final do processo crime – «cumprimento de uma pena ou medida de segurança privativa da liberdade» – quer ao cumprimento de um procedimento processual no decurso do processo crime – «efeitos de procedimento penal»[236]. O processo de detenção e entrega da pessoa procurada é prosseguido fora do quadro político das relações estatais, pois deixa de ser uma decisão executiva (administrativa) e política e passa a ser judiciária. O processamento do mandado de detenção europeu, que se processa em um espaço comum da União e que se anicha na ideia de materialização do "sistema de livre circulação de decisões judiciais em matéria penal"[237], como já se referiu, consigna um **processo de detenção e posterior entrega judiciarizado** por se verificar, não obstante

---

[235] Cfr. art. 1.º, n.º 1 e art. 6.º, n.ºs 1 e 2 da DQ n.º 2002/584/JAI.

[236] Cfr. art. 1.º, n.º 1 da DQ n.º 2002/584/JAI.

[237] Cfr. Considerando 5 da DQ n.º 2002/584/JAI.

lentamente, uma *aproximação dos sistemas jurídicos* e, consequentemente, uma incrementação da *confiança mútua*. O reconhecimento mútuo implica a **abolição do princípio da dupla incriminação**[238] para que aquele reconhecimento se concretizasse independentemente da punibilidade da conduta motivadora do processo crime no Estado de emissão no Estado de execução. O mandado de detenção europeu concrecionou este desiderato de forma relativa – pois, a autoridade judiciária terá de se cingir a controlar se o facto de que é suspeita a pessoa procurada é crime e se é punível no Estado-Membro de emissão com pena ou medida de segurança privativa da liberdade não inferior a 12 meses e se aquela se enquadra no âmbito de alguma das infracções da «lista» do n.º 2 do art. 2.º da DQ –, porque o princípio da dupla incriminação vigora caso o facto não seja subsumível a alguma das infracções previstas na lista do n.º 2 do art. 2.º da DQ, conforme n.º 4 do mesmo preceito, ou caso se verifique a *dupla cláusula da territorialidade,* conforme n.º 7 do art. 4.º da DQ.

A abolição do princípio da dupla incriminação insere-se em dois campos cruciais: o campo da criminalidade que não belisca os interesses fundamentais do Estados-Membros adstritos às tradições jurídico-criminais nacionais e o campo da criminalidade cuja perseguição penal é consensual no seio da União por lesarem de forma grave os interesses fundamentais de cada Estado-Membro considerado individual e comunitariamente[239]. A possível ameaça comum à União – afectação da ordem jurídica no espaço da União, cujos limites terrestres se

---

[238] Quanto à abolição do princípio da dupla incriminação *infra* § 12.º e ANNE WEYEMBERGH, "L'avenir des mécanismes de coopération…", *in Vers un Espace Judiciaire Penal Européen*, p. 160.

[239] Neste sentido RICARDO J. BRAGANÇA DE MATOS, "O Princípio do Reconhecimento…", *in RPCC*, Ano 14, n.º 3, p. 350.

96 *Do Mandado de Detenção Europeu*

esgotam nas fronteiras de todos os Estados-Membros – conduziu ao compromisso político de abdicação (em parte) do controlo da dupla incriminação – de um exercício de soberania penal nacional – para que a repressão do crime fosse facilitada e para que um certo modelo de integração política da Europa fosse desenvolvida[240].

Outra nota da concretização do reconhecimento mútuo é a não inserção absoluta como motivo de não execução obrigatória a **nacionalidade (e residência) da pessoa procurada** ser do Estado-Membro de execução, mas a sua incorporação nos motivos de não execução facultativa sob condição do Estado-Membro de execução se comprometer a executar a pena ou a medida privativa da liberdade – n.º 6 do art. 4.º da DQ – e nas situações de solicitação de fornecimento de garantias pelo Estado-Membro de emissão quando o mandado de detenção europeu tem como sujeito um nacional ou residente no Estado de execução e se destina a procedimento penal – cuja execução do mandado pode ficar sujeita à condição de devolução da pessoa entregue após a sua audição para cumprir a pena ou medida de segurança privativa da liberdade no Estado-Membro de execução – n.º 3 do art. 5.º da DQ[241]. Por último há a

---

[240] Neste sentido DANIEL FLORE *apud* RICARDO J. BRAGANÇA DE MATOS, "O Princípio do Reconhecimento...", *in RPCC*, Ano 14, n.º 3, p. 351.

[241] Refira-se, desde já, que a Convenção Europeia de Extradição já prescrevia um limite ao princípio de não extradição de nacionais – no sentido de que, havendo recusa da Parte requerida, esta procedesse criminalmente contra a pessoa a extraditar a requerimento da parte requerente para que se evitassem «santuários», conforme n.º 2 do art. 6.º da Convenção – e a Convenção de Extradição entre os Estados-Membros da União Europeia de 1996 prescrevia a inadmissibilidade de recusa de extradição com fundamento na nacionalidade da pessoa a extraditar, podendo contudo os Estados-Membros fazer uma declaração de não autorização de extradição dos seus nacionais ou de que autorizará em determinadas condições – conforme art. 7.º da Convenção. Quanto à declaração

assinalar como marco de concretização do reconhecimento mútuo e da assunção elevada do princípio da confiança mútua, a **não contemplação expressa** por parte da DQ do mandado de detenção europeu **da cláusula humanitária** – que fundamentaria a recusa de execução do mandado de detenção para procedimento penal ou cumprimento de pena ou medida de segurança privativa da liberdade por razões políticas, de religião, de etnia, de língua, de nacionalidade, de sexo ou orientação sexual[242].

Contudo, a confiança e o respeito dos direitos e liberdades fundamentais não se decretam, releva saber como se pôde avançar para um processo tão simplificado e célere e em uma cooperação horizontal entre as autoridades judiciárias sem que primeiro se procedesse a um mínimo de harmonização, quer no direito penal material, quer no direito processual penal[243] – *p. e.*, o que se deve entender por decisão judiciária e autoridade judiciária no quadro espaço da União Europeia.

---

de Portugal, cfr. ANABELA MIRANDA RODRIGUES e JOSÉ LOPES DA MOTA, *Para uma Política Criminal...*, p. 272.

[242] Não obstante o Considerando 12 da DQ aludir à cláusula humanitária.

[243] Cfr. semelhante crítica de RICARDO J. BRAGANÇA DE MATOS, "O Princípio do Reconhecimento...", *in RPCC*, Ano 14, n.º 3, pp. 350-351.

§5.° Do equilíbrio dos princípios Liberdade-Segurança

α. Do «espaço» (europeu) comum de liberdade, segurança e justiça

I. O princípio do reconhecimento mútuo, como ensina ANABELA M. RODRIGUES, "está intimamente ligado à noção de *espaço*[244] *comum* de justiça, onde se visaria realizar a ambição de livre circulação de decisões judiciárias"[245] – espaço que começa a ganhar textura e incrementação com a celebração do acordo Schengen quanto à *supressão gradual das fronteiras comuns*[246], construindo-se o espaço desenhado pelas fronteiras externas. O mandado de detenção europeu, como o próprio nome indica, circunscreve-se ao *espaço europeu* da União, que preconiza como

---

[244] Realce-se que se fala em espaço e não em território, pois este conceito é mais restritivo e menos capaz de ser subjectivado pelo cidadão europeu.

[245] ANABELA MIRANDA RODRIGUES, "O Mandado de Detenção...", *in RPCC*, Ano 13, n.° 1, p. 32. Itálico nosso.

[246] Acordo celebrado em 14 de Junho de 1985, em Schengen. Neste mesmo sentido RICARDO J. BRAGANÇA DE MATOS, "o Princípio do Reconhecimento...", *in RPCC*, Ano 14, n.° 3, pp. 332-333. A Convenção de Aplicação do Acordo de Schengen – assinada a 19 de Junho de 1990 – estabelecera medidas compensatórias à abolição de fronteiras e à livre circulação de pessoas e normas que completassem e facilitassem a aplicação da Convenção Europeia de Extradição (CEE).

100 *Do Mandado de Detenção Europeu*

objectivo construir um espaço penal homogéneo na base de um espaço de liberdade, de segurança e de justiça[247].

A criação, a manutenção e o desenvolvimento de um espaço europeu livre, seguro e justo é um dos objectivo da União, consagrado no TUE – art. 2.º, inciso 4.º –, cujo valor comum europeu releva ao se consagrar a liberdade, a segurança e a justiça como direitos fundamentais da União – art. 6.º e 47.º e ss. da Carta dos Direitos Fundamentais da União Europeia –, objectivo constitucionalizado no art. I-3.º, n.º 2 do Tratado que estabelece uma Constituição para a Europa.

À luz do Tratado de Amsterdão o *espaço* é já um «espaço comum», o que, por si só, altera a concepção de auxílio judiciário mútuo em matéria penal, cuja soberania ditava as fronteiras terrestres como limite. A metamorfose do espaço europeu começa com o Tratado de Roma e ganha vida, no âmbito penal, em Maastricht, cuja ruptura com a cooperação intergovernamental se sente com maior afinco em Amsterdão. Não podíamos falar de **espaço económico e monetário** sem falar de **espaço penal**[248] nem que este se reduzisse à simples protecção de interesses e bens jurídicos de quadrante financeiro da Comunidade Europeia – pois, foi este, não sejamos ingénuos, o motivo crucial de se falar de um espaço penal europeu[249].

---

[247] Para JEAN PRADEL pode-se falar em dois espaços judiciários europeus: o do Conselho da Europa e o da União Europeia. A estes pode-se acrescentar um terceiro que é o da Europa de Schengen. JEAN PRADEL *apud* ANABELA MIRANDA RODRIGUES e JOSÉ LOPES DA MOTA, *Para uma Política Criminal...*, p. 15, nota 5.

[248] Relembramos a imagem do *mosaico* de direitos nacionais que compõem o espaço penal europeu, cuja política criminal nacional encontra-se limitada pelas opções de política criminal europeia de JOSÉ LOPES DA MOTA, "A Eurojust e a emergência de um sistema penal europeu", *in RPCC*, Ano 13, n.º 2, Abril-Junho 2003, pp. 185-186.

[249] Pois, «a integração europeia gera uma "nova" delinquência, contra os interesses financeiros da comunidade e produto da corrupção dos funcionários

Basta prendermo-nos com a al. *e*) do art. 31.º do TUE para verificarmos que as categorias criminógenas avançadas para a harmonização afectam directa ou indirectamente aqueles interesses – **criminalidade organizada** (veja-se a história do crime organizado, todo ele ligado ao sector económico, *p. e.*, a organização de AL CAPONE tinha como actividade principal a inserção no território dos EUA de álcool, cujo consumo era proibido), **terrorismo** (veja-se o descalabro financeiro-económico que se deu nas bolsas de todo o mundo no pós 11 de Setembro), e **tráfico ilícito de droga** (pois, movimenta milhões de euros diariamente e afecta a saúde financeira dos mercados lícitos, *maxime* do mercado europeu). Do mesmo modo, podemos falar do art. 29.º do TUE – criminalidade organizada ou não, em especial o terrorismo, o tráfico de seres humanos e os crimes contra as crianças, tráfico ilícito de droga e de armas, corrupção e fraude –, tipologias criminais que afectam a saúde financeira do mercado único (da União).

II. O reconhecimento mútuo – e a harmonização –, concretizado no mandado de detenção europeu, põe em prática «um espaço "único" europeu, designadamente, o princípio do *território único*»[250] de DANIEL FLORE ou o princípio do *Estado Fronteiras*[251] – *i. e.*, as fronteiras de um Estado-Membro são as de todos os Estados-Membros e todas elas em conjunto criam ou cristalizam uma

---

das instituições europeias». Cfr. ANABELA MIRANDA RODRIGUES e JOSÉ LOPES DA MOTA, *Para uma Política Criminal...*, p. 15, nota 7.

[250] ANABELA MIRANDA RODRIGUES, "O Mandado de Detenção...", *in RPCC*, Ano 13, n.º 1, p. 29, e "A Emergência de Um «Direito Penal Europeu»...", *in Revista de Estratégia*, n.os 18-19, p. 149.

[251] Quanto a este assunto, MANUEL M.G. VALENTE, "Contributos para uma Tipologia de Segurança Interna", *in I Colóquio de Segurança Interna*, Almedina, 2005, p. 88.

soberania territorial partilhada[252]. Não se fala de território nacional ou território de Estado-Membro, mas fala-se de espaço europeu e de Estados-Membros sem qualquer referência a fronteiras. Fala-se de espaço e de cidadãos da União, cuja liberdade se deve viver em segurança e assente de forma sólida em um sistema de justiça construído na base da confiança recíproca[253]. Pois, este espaço é, como afirmam ANABELA M. RODRIGUES e LOPES DA MOTA, "o eco do espaço sem fronteiras internas constituído pelo mercado comum"[254].

A nova concepção ou tipologia de espaço consagrada em Amsterdão influiu na própria terminologia a utilizar nos instrumentos[255]. Ora vejamos: deixou de se falar em «Estado- -requerente» para se falar em «Estado interceptor» ou «Estado de emissão» – sendo este «o Estado-Membro no qual uma autoridade judiciária, tal como definida no direito nacional do Estado de emissão, tenha tomado, validado ou confirmado de alguma forma uma decisão»[256] –, e de «Estado-requerido» para se falar «Estado

---

[252] Quanto à contradição da expressão «soberania partilhada», PAULO FERREIRA DA CUNHA, "A Revolução Constitucional...", *in Colóquio Ibérico...*, p. 314.

[253] Quanto a este assunto, Plano de Acção do Conselho e da Comissão sobre a Melhor Forma de Aplicar as disposições do Tratado de Amsterdão Relativas à Criação de Um espaço de Liberdade, de Segurança e de Justiça, aprovado no Conselho JAI de 3 de Dezembro de 1998. JO C 19, de 23 de Janeiro de 1999, p. 2.

[254] ANABELA MIRANDA RODRIGUES e JOSÉ LOPES DA MOTA, *Para uma Política Criminal...*, p. 36.

[255] Quanto a este assunto, ANABELA MIRANDA RODRIGUES, "O Mandado de Detenção...", *in RPCC*, Ano 13, n.º 1, p. 33, e "A Emergência de Um «Direito Penal Europeu»...", *in Revista de Estratégia*, n.os 18-19, p. 148.

[256] Conceito apropriado das definições do art. 2.º al. *a)* da DQ n.º 2003/577/JAI do Conselho, de 22 de Julho de 2003, JO L 196, de 2 de Agosto de 2003, relativa ao congelamento de bens e de provas.

notificado»[257] ou «Estado de execução» – sendo este o Estado-
-Membro em cujo território as autoridades judiciárias vão executar
a decisão da autoridade judiciária competente do Estado de emissão,
podendo aquela ser um mandado de detenção, congelamento de
bens ou elementos de prova[258]; deixou de se falar em recusa de
execução [que implicava a exigência de uma decisão de agir] e passou
a falar-se de *motivos de não execução*[259] – apesar, contudo, de no
articulado se falar em *recusa a execução*[260] –, conduzindo à extinção
do *exequatur* – processo tradicional de validação da extradição –
entre os Estados-Membros[261].

III. A construção deste espaço penal europeu só se pode
vislumbrar em um quadro de política criminal europeia coerente e
integrada, necessitando para tal que se viva um **equilíbrio entre os
princípios liberdade-segurança-justiça**, sob pena de se sacrificarem
direitos e liberdades fundamentais individuais em prol de uma
segurança aparente e totalitária e em nome de uma justiça enraizada,
por um lado, em um direito penal edificado e retalhado em

---

[257] O n.º 2 do art. 20.º – intercepção de telecomunicações – da
Convenção relativa ao Auxílio Judiciário Mútuo em Matéria Penal entre os
Estados-Membros da União Europeia fala em *Estado-Membro interceptor* e em
Estado-Membro notificado. Esta Convenção fora ratificada por DPR n.º 53/2001
e aprovada pela RAR n.º 63/2001, de 16 de Outubro de 2001.

[258] Quanto a este assunto al. *b*) do art. 2.º da DQ n.º 2003/577/JAI do
Conselho, de 22 de Julho de 2003, JO L 196, de 2 de Agosto de 2003 e art. 2.º,
n.os 2 e 3, da DQ n.º 2002/584/JAI do Conselho, de 13 de Junho de 2002,
JO L 190, de 18 de Julho de 2002.

[259] Conforme epígrafes dos artigos 3.º e 4.º da DQ n.º 2002/584/JAI
do Conselho, JO L 190, de 18 de julho de 2002, pp. 3-4.

[260] Art. 3.º da DQ (2002/584/JAI), JO L 190, de 18 de Julho de
2002, p. 3.

[261] Neste sentido ANNE WEYEMBERGH *apud* ANABELA MIRANDA
RODRIGUES, "O Mandado de Detenção...", *in RPCC*, Ano 13, n.º 1, p. 33,
nota 22.

iniciativas, por outro, fortemente securitário e, ainda, como consequência dos anteriores, em "um direito penal que não se escolheu consciente e deliberadamente"[262].

A União tem de saber se quer criar uma *identidade de valores comuns*[263] esgrimida entre os direitos e deveres da pessoa humana e entre a ideia de um Estado de direito e democrático – através da harmonização progressiva – ou se prefere a via mais fácil que é impor (criar) uma identidade de valores comuns[264]. Na esteira de GISELE VERNIMMEN, o espaço de liberdade, segurança e justiça a desenvolver na União – art. 29.º do TUE –, com Amsterdão, tem a *mais valia* de estar dotado de "um projecto comum" com vista a "realizar em comum um espaço onde os mesmos valores são defendidos, onde os nossos concidadãos usufruem em conjunto da mesma liberdade, da mesma segurança e da mesma justiça"[265].

A demanda de *uma identidade de valores comuns* em um espaço europeu penal comum é o fruto da evolução da Comunidade que

---

[262] ANABELA MIRANDA RODRIGUES, "A Emergência de Um «Direito Penal Europeu»...", *in Revista de Estratégia*, n.os 18-19, p. 149. Nesta mesma linha ANABELA M. RODRIGUES elucida que existe uma primazia da segurança sobre a liberdade e que «falta uma "ideia" que dê coerência às diversas iniciativas, articuladas na perspectiva da harmonização e ainda na da realização do reconhecimento mútuo». Cf. ANABELA MIRANDA RODRIGUES, *Um Sistema Sancionatório Penal para a União...*, p. 13.

[263] Quanto a este assunto MÁRIO FERREIRA MONTE, "Da autonomia Constitucional Do Direito...", *in Estudos em Comemoração da Décimo Aniversário...*, p. 728.

[264] Quanto à identificação e determinação de um núcleo de bens e valores europeus dignos de tutela penal e a respectiva harmonização, ANABELA MIRANDA RODRIGUES, *Um Sistema Sancionatório Penal para a União...*, pp. 45-46.

[265] Pois, deixa-se para trás a ideia de cooperação judiciária penal que permitisse a cada Estado, individualmente, prosseguir a sua própria política criminal, cuja mobilidade de pessoas e bens comprometeria. GISELE VERNIMMEN *apud* ANABELA MIRANDA RODRIGUES e JOSÉ LOPES DA MOTA, *Para uma Política Criminal...*, p. 36, nota 88.

nascera com o projecto de criar um mercado interno – espaço sem fronteiras, com livre circulação de pessoas, de serviços e de capitais, [art. 14.º, n.º 2 do TCE] – e que permitiu que se deixasse de ver a cooperação judiciária penal como mero interesse comum – significando "o desejo de melhorar os mecanismos e os instrumentos já existentes e uma preocupação em fazer progredir a cooperação entre os Estados-Membros da União, mas em que não era definida a finalidade dessa cooperação"[266] – ou como mero instituto compensatório para a queda das fronteiras internas e para assegurar o grande mercado – como se aferia do Acordo de Schengen e da respectiva Convenção de Aplicação – para passar a ser não só um objectivo da União, mas também uma faculdade detida pelo cidadão comunitário – «será objectivo da União facultar aos cidadãos um elevado nível de protecção num espaço de liberdade, segurança e justiça», art. 29.º do TUE [através da cooperação judiciária e policial e, *quando necessário*, da harmonização].

Os Estados, face à sociedade de redes e de fluxos e de risco[267], não detêm capacidade para "assegurar aos cidadãos um nível suficiente de segurança face à amplitude e à sofisticação tecnológica e financeira que mostram as organizações criminosas"[268] em um mundo em que a globalização económica arrastou a globalização da criminalidade. A soberania dos Estados é beliscada a cada segundo com a criminalidade organizada global, cuja perda se pode minorar com a partilha de competências soberanas na prevenção

---

[266] ANABELA MIRANDA RODRIGUES e JOSÉ LOPES DA MOTA, *Para uma Política Criminal...*, p. 37.

[267] Quanto à sociedade de risco e o direito penal, JORGE DE FIGUEIREDO DIAS, "O direito penal entre a «sociedade industrial» e a «sociedade de risco»", *in Estudos de Homenagem ao Prof. Doutor Rogério Soares, Boletim da Faculdade de Direito* – Universidade de Coimbra, *STVDIA IVRIDICA*, n.º 61, *Ad Honorem* – 1, Coimbra Editora, Coimbra, 2001, pp. 583-613.

[268] ANABELA MIRANDA RODRIGUES e JOSÉ LOPES DA MOTA, *Para uma Política Criminal...*, p. 37.

criminal[269]. Como ensina René Remond, "a soberania da lei não pode ser restaurada senão a um nível superior ao dos Estados"[270], mantendo e desenvolvendo um "espaço jurídico-judiciário com o espaço do mercado e fazer com que o dispositivo judiciário, especialmente penal, corte o passo a certas formas de criminalidade, também ela sem fronteiras"[271].

IV. Como enuncia o Plano de Acção do Conselho e da Comissão de 3 de Dezembro de 1998[272], no ponto 5 da Introdução, a "*liberdade* perde muito do seu sentido se não puder ser vivida num ambiente de *segurança*, solidamente assente num sistema de *justiça* no qual todos os **cidadãos e residentes** da União possam ter **confiança**". Três Conceitos – *liberdade-segurança-justiça* – que têm o *epicentro na confiança* e o *denominador comum as pessoas*[273] e um *espaço único* – a União. Conceitos que são três traves mestras do espaço europeu comum, em especial do âmbito penal, para cuja construção contribui o reconhecimento mútuo e a harmonização das legislações.

Do Plano de Acção do Conselho e da Comissão de 3 de Dezembro de 1998[274], poder-se-á falar de três espaços que compõem um só espaço (penal) europeu comum:

---

[269] Quanto a este assunto Anabela Miranda Rodrigues e José Lopes da Mota, *Para uma Política Criminal...*, p. 37 e José Lopes da Mota, "A Eurojust e a emergência...", *in RPCC,* Ano 13, n.º 2, p. 186.

[270] René Remond *apud* Anabela Miranda Rodrigues e José Lopes da Mota, *Para uma Política Criminal...*, p. 38.

[271] Anabela Miranda Rodrigues e José Lopes da Mota, *Para uma Política Criminal...*, p. 38.

[272] JO C 19 de 23 de Janeiro de 1999.

[273] O art. 61.º [ex artigo 73.º-I], al. *a*) do TCE faz a ligação entre as medidas que estabelecem a livre circulação de pessoas e as medidas específicas destinadas a combater e a prevenir a criminalidade – art. 31.º, al. *e*) do TUE – promovendo-se um vínculo de condicionalidade entre as duas áreas.

[274] JO C 19 de 23 de Janeiro de 1999, pp. 3-5.

Questões de Fundo   107

* **um espaço comum da liberdade** – que, com Amsterdão, não se limita à livre circulação de pessoas dentro das fronteiras internas do mercado comum, mas que se estende à liberdade de viver em um ambiente em que a lei é respeitada, em que autoridades competentes envidam todos os esforços para «combater e refrear aqueles que pretendem negar ou abusar desta liberdade», ao respeito de todos os direitos fundamentais humanos, ao respeito pela privacidade e pela protecção de dados pessoais nesta fase de criação de ficheiros de dados pessoais e de troca de informações sobre pessoas no âmbito da cooperação policial e judiciária, e a políticas de asilo e de imigração capazes de contribuírem para a construção deste espaço;

* **um espaço comum de segurança** – que se apresenta como o garante de uma vivência em liberdade [que não se confina à criação de um espaço comum unificado, em que todas as polícias e entidades judiciárias aplicam procedimentos uniformes de detecção e de investigação, em que cada Estado-Membro deve assumir as suas responsabilidades no respeito da lei e na garantia da segurança interna] e que pretende em um quadro institucional «desenvolver uma acção comum aos Estados-Membros nos domínios da cooperação policial e judiciária em matéria penal», capaz de oferecer mais segurança aos cidadãos e de defender os interesses da União, combatendo a criminalidade organizada e não e o tráfico de droga e implementando de forma efectiva a convenção relativa EUROPOL; e

* **um espaço comum de justiça** – que deve respeitar a história e a tradição dos vários sistemas jurídico-judiciários, que deve proporcionar aos cidadãos de toda a União um sentimento comum de justiça, que deve facilitar o quotidiano das pessoas e submeter aos procedimentos da justiça os cidadãos que ponham em causa a liberdade e a segurança de indivíduos e

da comunidade, que deve promover o acesso à justiça, *i. e.*, construir um espaço penal comum que passa por deixar cair o tradicional processo de cooperação e enveredar pelas duas vias possíveis: reconhecimento mútuo e harmonização.

Da conciliação destes três espaços podemos conceber **três tipos de espaço penal comum**:

* se adicionarmos liberdade e segurança podemos ter como resultado a justiça, podendo-se apelidar este espaço de **espaço penal europeu de pró-securitário**;
* se adicionarmos segurança e justiça podemos ter como resultado a liberdade, ou seja, esta só existe se houver segurança e justiça eficaz e útil, podendo-se apelidar este espaço de **espaço penal europeu de securitário**;
* se adicionarmos liberdade e justiça, podemos ter como resultado a segurança, *i. e.*, esta só é alcançável em liberdade e em um quadro de justiça do e para o cidadão, cujo espaço deve ser apelidado de **espaço penal europeu de direito e democrático** e enraizado em uma política criminal, cujo *rosto* é o dos "Homens"[275].

Todavia, as iniciativas penais europeias, embrenhadas no princípio do reconhecimento mútuo, indicam que o espaço em construção se identifica com o resultado da segunda adição, *i. e.*, um espaço penal europeu securitário, cujo direito penal se transformou em instrumento das políticas de segurança[276].

---

[275] Quanto à necessidade de trazer para a discussão penal o *rosto dos homens*, ANABELA MIRANDA RODRIGUES, "Criminalidade Organizada – Que Política Criminal?", *in Themis* – Revista da Faculdade de Direito da UNL, Ano IV, n.º 6, 2003, p. 46.

[276] Neste sentido WINFRIED HASSEMER *apud* A. SILVA DIAS, "De que Direito Penal...", *in RPCC*, Ano 14, n.º 3, pp. 317-318.

β. Do equilíbrio entre liberdade e segurança

I. A liberdade individual e colectiva emparelha-se historicamente com a segurança[277], são, pois, duas pedras de uma parede meeira, *i. e.*, dois direitos inatos ao ser humano, cuja consagração internacional – art. 3.º da DUDH, artigos 9.º e 10.º do PIDCP –, europeia – art. 5.º da CEDH e art. 6.º da CDFUE – e nas constituições dos vários Estados-Membros – *p. e.*, art. 27.º da CRP – é, hoje, uma realidade. A liberdade, que em qualquer enunciação normativa antecede a segurança, angaria uma primazia expressa e secundariza a segurança, *i. e.*, a liberdade é condição para se alcançar a segurança[278]. Interpretação antagónica geraria não uma segurança,

---

[277] Como afirma CARLOTA P. DE ALMEIDA, a "tensão entre segurança e liberdades não é nova, pelo contrário sempre fez parte do direito processual penal", todavia, quando se pensava ter alcançado "um equilíbrio minimamente satisfatório e a tendência era para o esforço das garantias de defesa e avanços no controlo dos excessos securitários, as novas formas de criminalidade organizada vieram inverter esse movimento, assistindo-se, de uns anos a esta parte, ao acumular de «excepções» a princípios que tinham levado séculos a consolidar". CARLOTA P. DE ALMEIDA, A Cooperação Judiciária Internacional", *in Jornadas de Direito Processual penal e Direitos Fundamentais*, (Coord. FERNANDA PALMA), Almedina, Coimbra, 2004, p. 402.

[278] A segurança não pode ser deificada sob pena de niilificarmos os direitos e liberdades fundamentais, pois é no equilíbrio das pedras que a parede se constrói, sendo que a liberdade deve ser encarada como princípio universal do direito no sentido de que "a liberdade do arbítrio de cada um se pode conciliar com a liberdade de todos os outros segundo uma lei universal". O princípio da liberdade, para KELSEN, não é conciliável com o direito positivo, por este permitir o uso da coacção do homem sobre o outro homem, sendo essa conciliabilidade possível no plano do direito natural, em que a liberdade de um se concilia com a liberdade do outro sem que algum utilize a coacção sobre o outro, sob pena desse abuso da liberdade provocar "uma reacção que toma a forma de um ou outro sistema totalitário". Cfr. JOÃO PAULO II, *Memória e Identidade*, pp. 43 e 48 e HANS KELSEN, *A Justiça e o Direito Natural*, (tradução de JOÃO BAPTISTA MACHADO), Almedina, 2001, pp. 56, 81-82, nota 1 da p. 81.

110 Do Mandado de Detenção Europeu

mas sim um Estado totalitário no qual as questões da segurança são o centro da conservação do seu *status quo*.

Neste sentido, a liberdade ocupa, kantianamente, o pódio do mais elevado valor justiça (humana), ou seja, a liberdade individual ocupa o lugar de "valor supremo"[279]. Como valor, direito natural e imprescindível[280], ideal, a liberdade deve ser encarada como um princípio[281] próprio de um Estado de direito democrático, cujas restrições devem emergir da própria essência da liberdade de outros

---

[279] Quanto a este assunto HANS KELSEN, *A Justiça e o Direito...*, p. 81.

[280] OLIVIER DUHAMEL e YVES MÉNY, *Dictionnaire Constitutionnel*, PUF, Paris, 1992, p. 569.

[281] A liberdade, como conjunto complexo de direitos e de deveres que os homens e as suas instituições definem e proclamam, apresenta-se-nos também como realidade inerente ao ser humano que, como nos ensina o sábio grego ARISTÓTELES [*Apud* JOHN RAWLS, *Uma Teoria para a Justiça*, (tradução de CARLOS PINTO CORREIA), Editorial Presença, Lisboa, 1993, p. 197], detém o sentido do que é justo e injusto e constrói no seu intelecto e na sua materialidade uma concepção de justiça sedimentada em critérios de equidade, que permitirá a edificação de um caminho adequado e equilibrado entre o dogma e a intolerância, fomentando um reducionismo que promova uma visão de mera preferência entre a religião e a moral. Como princípio, inerente a um Estado de direito democrático, a liberdade, sendo um direito natural de todo ser humano que se realiza no seu próprio pensar e age livremente no mundo, que, como ser livre e pessoal, deve exigir "a consagração legal de tudo o que seja indispensável para a realização de cada homem"[ANTÓNIO BRAZ TEIXEIRA, *Sentido e Valor do Direito*, INCM, 2.ª Ed., 2000, p. 210]. Nesta linha de pensamento afirmamos que a liberdade apenas se concretiza quando a justiça, como "insubstancial que de nada depende mas do qual, no mundo jurídico, tudo depende", se enraíza em princípios como os da igualdade e da imparcialidade. O Homem encontra-se quando o princípio da liberdade é rebocado e reforçado com os princípios da ordem, da paz, do respeito pela personalidade individual, da solidariedade, da segurança, funcionando todos em coexistência intrínseca e harmoniosa como se de corolários simultâneos se tratassem. Quanto à liberdade como princípio, MANUEL M. G. VALENTE, *Processo Penal* – Tomo I, Almedina, Coimbra, 2004, pp. 237-255. Sobre as teorias da justiça, ANTÓNIO BRAZ TEIXEIRA, *Sentido e Valor...*, pp. 223 e ss..

Questões de Fundo 111

e jamais na salvaguarda de princípios de autoritarismo do(s) Estado(s), ou como um princípio de um espaço comum – da União Europeia. É neste olhar que o princípio da liberdade se consagra como um dos princípios em que assenta a União – n.º 1 do art. 6.º do TUE –, devendo esta respeitar os direitos do Homem e as liberdades fundamentais do cidadão e os direitos fundamentais, conforme garante a CEDH.

A liberdade conquista um espaço como direito e como princípio no campo normativo, realidade que não se sente para a segurança que se encontra consagrado como *direito garantia* de todos os outros direitos e liberdades fundamentais[282], inclusive da liberdade física e de locomoção. Registe-se que o direito à segurança consagrado no art. 27.º da CRP carrega duas dimensões[283]: a *negativa*, que se traduz "num direito subjectivo à *segurança* (direito de defesa perante as agressões dos poderes públicos)"; e *positiva*, como "direito positivo *à protecção* através dos poderes públicos contra as agressões ou ameaças de outrem".

As restrições ao princípio da liberdade no quadro da soberania nacional devem advir da essência liberdade que se encontra consagrada na Constituição e é nesta que as restrições se admitem[284], porque nela se limita o exercício do poder estatal e se impõe que a restrição de um direito constitucional seja admitido desde que o direito a salvaguardar tenha, também, adequada e suficiente

---

[282] Cfr. GOMES CANOTILHO e VITAL MOREIRA, *Constituição da República Portuguesa Anotada*, 3.ª Edição, Coimbra Editora, 1993, p. 184 e OLIVIER DUHAMEL e YVES MÉNY, *Dictionnaire...*, p. 570.

[283] Cfr. GOMES CANOTILHO e VITAL MOREIRA, *Constituição da República...*, 3.ª Edição, p. 184.

[284] A restrição ao exercício da liberdade física afecta todas as demais liberdades, sendo, assim, a restrição que mais directamente comprime a liberdade humana. Neste sentido JOSÉ LOBO MOUTINHO *apud* JORGE MIRANDA e RUI MEDEIROS, *Constituição Portuguesa Anotada* – Tomo I, Coimbra Editora, 2005, p. 300.

expressão constitucional[285], cuja restrição se impõe subjugada ao princípio da proibição do excesso na sua tríplice arquitectura: adequação, exigibilidade e necessidade – e subsidiária – e proporcionalidade *stricto sensu*. Esta construção dogmática deve estar presente no quadro da cooperação judiciária em matéria penal e na edificação do espaço penal europeu.

O escopo do princípio do reconhecimento mútuo, que em essência reduz o espaço de liberdade e, consequentemente, as liberdades fundamentais em prol do espaço de segurança e da segurança do colectivo, concretizado no mandado de detenção europeu, restringe o princípio (e/ou direito) da liberdade em defesa da eficácia operacional policial e judiciária e, sobremaneira, da segurança. Que equilíbrio possível com o mandado de detenção europeu adoptado pelo Conselho em uma União Europeia subordinada aos ditames imperiosos da Convenção Europeia dos Direitos do Homem?

II. O mandado de detenção europeu é um mandado de detenção que priva um cidadão de um Estado-Membro ou de um Estado terceiro do exercício pleno da liberdade em prol de uma perseguição penal – procedimento penal ou cumprimento de pena ou medida de segurança privativa da liberdade, que se vê eminentemente em colisão com a excessiva protecção e garantia da segurança do colectivo ou do cidadão individual. Colisão que se agrava quando essa relação interestadual de perseguição criminal se funda no princípio do reconhecimento mútuo das decisões judiciárias.

---

[285] Quanto à restrição do direito à liberdade, GOMES CANOTILHO e VITAL MOREIRA, *Constituição da República...*, 3.ª Edição, p. 184, JOSÉ LOBO MOUTINHO *apud* JORGE MIRANDA e RUI MEDEIROS, *Constituição portuguesa...*, Tomo I, pp. 300-301; quanto às restrições não autorizadas pela constituição JORGE REIS NOVAIS, *As Restrições aos Direitos Fundamentais não Expressamente Autorizadas pela Constituição*, Coimbra Editora, 2003.

Avance-se, desde já, que não obstante o mandado de detenção europeu se basear no princípio do reconhecimento mútuo, denota uma *posição moderada*, por revelar "uma preocupação de equilíbrio entre salvaguarda das liberdades fundamentais e exigências de eficácia da administração da justiça penal europeia"[286], *i. e.*, entre a *liberdade* do cidadão e a *segurança* de todos os cidadãos europeus que devem ser erigidas em um espaço de justiça comum.

A ideia de automatismo de execução do mandado de detenção – centrada na discussão da abolição da dupla incriminação e da cláusula de não-descriminação[287] – esfuma-se face aos **motivos de não execução obrigatória** prescritos no art. 3.º da DQ:

- **a amnistia** – *i. e.*, a autoridade judiciária do Estado-Membro de execução recusa a execução do mandado se a infracção originadora do mesmo tiver sido amnistiada e se o Estado--Membro de execução for competente para o procedimento criminal. Pois, caso o Estado-Membro de execução não seja competente para proceder criminalmente por aquela infracção, não pode a autoridade judiciária recusar a execução do respectivo mandado, excepto se considerar que em causa estão direitos fundamentais[288]. A DQ do mandado de detenção europeu segue o estipulado pelo art. 9.º da Convenção relativa à Extradição entre os Estados--Membros da UE[289];

---

[286] ANABELA MIRANDA RODRIGUES, "Mandado de Detenção...", *in RPCC*, Ano 13, n.º 1, p. 50.

[287] Quanto a este assunto ANABELA MIRANDA RODRIGUES, "Mandado de Detenção...", *in RPCC*, Ano 13, n,º 1 pp. 50-51.

[288] Quanto à salvaguarda e à inadmissibilidade de quaisquer agressões aos direitos fundamentais pessoais, *infra* § 15.º.

[289] Já a Convenção Europeia de Extradição, do Conselho da Europa de 1957, não previa qualquer norma que fundamentasse a recusa de execução do pedido com base na infracção se encontrar amnistiada. Todavia, o art. 10.º da

– o **princípio** *ne bis in idem* dentro do espaço europeu[290] – consigna que se a autoridade judiciária de execução, tendo em conta as informações de que dispõe, verificar que a pessoa procurada já fora julgada em definitivo pelos factos motivadores do mandado por um dos Estados-Membros e caso aquela pessoa já tenha cumprido a pena ou a medida de segurança a que fora condenada ou que a esteja a cumprir ou já não a possa cumprir segundo as leis do Estado-Membro da condenação, deve recusar a execução do mandado. O mandado de detenção europeu segue o sentido do princípio *ne bis in idem* consagrado na Convenção entre os Estados--Membros da União Europeia relativa à aplicação do princípio *ne bis in idem*, aprovada em Bruxelas em 25 de Maio de 1987;
– a **idade** – a idade cuja imputabilidade penal é admissível varia entre os Estados-Membros e funciona como motivo de não execução obrigatória, sob pena de incoerência com os princípios da intervenção penal, cuja idade é elemento subjectivo crucial para a acção punitiva do Estado[291].

A Lei n.° 65/2003, de 23 de Agosto, que transpôs para a ordem jurídica portuguesa a DQ do mandado de detenção europeu (MDE), no uso da prerrogativa prevista no n.° 3 do art. 1.° da DQ, aditou a estes motivos de não execução obrigatória do MDE, a não execução do mandado se se fundar em infracção punível com a pena de morte ou outra pena que gere uma lesão irreversível da

---

Convenção previa a não concessão da extradição caso o procedimento criminal ou a pena estivessem extintos por prescrição, quer nos termos da Parte requerente quer da requerida.

[290] Quanto ao princípio *ne bis in idem infra* § 13.°.

[291] Só como breve apontamento, em Portugal só é imputável criminalmente em razão da idade quem tiver completado 16 anos de idade – cfr. art. 19.° do CP.

Questões de Fundo 115

integridade física ou se tiver sido emitido por razões de ordem política – conforme als. *d*) e *e*) do art. 11.º. Motivos inerentes à salvaguarda dos direitos fundamentais pessoais e, em parte, a cláusula humanitária[292].

O MDE está sujeito ao controlo judiciário por parte da autoridade judiciária de execução para averiguação da existência ou não de **motivos de não execução facultativa** – previstos no art. 4.º da DQ – que limitam ou restringem a ideia força de perseguição criminal eficaz independentemente da defesa da liberdade dos cidadãos europeus[293].

Sumariamente, a autoridade judiciária de execução tem a **faculdade de recusar** a execução do MDE se não comprovar a dupla incriminação para as infracções não constantes da lista do n.º 2 do art. 2.º, se constatar que a execução do MDE promoverá um duplo procedimento criminal, que o facto motivador do MDE já fora objecto de despacho de arquivamento no Estado de Execução ou objecto de julgamento definitivo sem condenação, se o facto origem do MDE já tiver prescrito – prescrição da acção penal e da pena, na esteira do art. 8.º da Convenção relativa à Extradição entre os Estados--Membros da União Europeia (Convenção de Extradição de Dublin) e do art. 11.º da Convenção de Extradição de 1957 –, se chegar à confirmação de que a execução do MDE viola o princípio *ne bis in idem* fora do espaço europeu[294], e, ainda, caso a execução ponha em causa o princípio da nacionalidade (e da residência) – na linha do art. 7.º da Convenção de Extradição de Dublin – e da territorialidade.

---

[292] Quanto a este assunto *infra* § 15.º, ponto **ε**.

[293] Quanto a uma análise mais aprofundada de cada um destes motivos *infra* § 8.º.

[294] Quanto ao princípio *ne bis in idem infra* § 13.º.

116 *Do Mandado de Detenção Europeu*

III. O equilíbrio entre a liberdade e segurança pode ainda ser aferido da consagração na DQ de "verdadeiras *condições* de execução"[295] do mandado de detenção europeu – *i. e.*, subordinação da execução do mandado de detenção à prestação de garantias pelo Estado de emissão sempre que estejam em causa decisões proferidas na ausência do arguido, infracções puníveis com pena ou medida privativa da liberdade de duração perpétua e a nacionalidade e residência da pessoa procurada – conforme art. 5.º da DQ. Ora vejamos:

a. se o mandado tiver por base o cumprimento de uma pena ou medida de segurança imposta por decisão proferida sem a presença da pessoa procurada, desde que esta não tenha sido notificada ou informada da data e local da audiência, a AJ de execução sujeita a entrega à condição da AJ de emissão dar as garantias consideradas suficientes para assegurar à pessoa procurada *o direito a interpor recurso ou a requerer novo julgamento e de nele estar presente;*

b. se o mandado tiver por fundamento uma infracção punida no Estado de emissão com pena ou medida de segurança com carácter perpétuo, «a execução do mandado de detenção europeu *pode ficar sujeita* à condição» do Estado de emissão prever no seu sistema jurídico uma *revisão da pena,* quer a pedido, quer no prazo máximo de 20 anos, ou à «aplicação das medidas de clemência a que a pessoa tenha direito nos termos do direito ou da prática» do Estado de emissão, *de modo a que tal pena ou medida não seja executada.* Quanto a esta garantia a prestar pelo Estado de emissão – que se apresenta como uma *limitação relativa* à

---

[295] ANABELA MIRANDA RODRIGUES, "Mandado de Detenção...", *in RPCC*, Ano 13, n.º 1, pp. 51-52.

execução do mandado[296] –, acompanhamos as críticas de ANABELA M. RODRIGUES, pois esta disposição do mandado de detenção europeu não modifica em nada o quadro jurídico de muitos direitos internos, inclusive o português – n.º 4 do art. 33.º da CRP e a interpretação da reserva quanto ao art. 5.º do Acordo de Adesão de Portugal à CAAS –, quando os Estados-Membros tiveram a oportunidade de abolir "as penas e medidas de segurança de carácter perpétuo no Espaço da União Europeia"[297] e se ficaram pelo quadro tímido de não beliscar algumas soberanias europeias.

c. se a pessoa procurada para efeitos de procedimento criminal for nacional ou residir no Estado de execução, a entrega *pode ficar sujeita* à condição de, após audição, ser devolvida ao Estado de execução para nele cumprir a pena ou medida de segurança privativa da liberdade proferida pelo Estado de emissão. Com esta disposição, a Decisão-Quadro *extingue o princípio da não-entrega de nacionais*, que aos poucos fora perdendo a sua força. Este princípio sofre o seu primeiro revés com a Convenção de Extradição entre os Estados--Membros da União de Dublin, ao consagrar a abolição da proibição da extradição de nacionais no n.º 1 do art. 7.º, deixando aos Estados a possibilidade de fazerem declarações. Quanto a PORTUGAL, fez a declaração nos termos do

---

[296] Quanto à *limitação relativa* consagrada no art. 4.º do art. 33.º da CRP em contraposição à *limitação absoluta*, por terem carácter irreversível, *p. e.*, a pena de morte, JOSÉ MANUEL DAMIÃO DA CUNHA *apud* JORGE MIRANDA e RUI MEDEIROS (Coord.), *Constituição Portuguesa Anotada* – Tomo I, Coimbra Editora, 2005, pp. 368-369.

[297] ANABELA MIRANDA RODRIGUES, "Mandado de Detenção...", *in RPCC*, Ano 13, n.º 1, p. 52, nota 78. Quanto à interpretação da reserva do art. 5.º do Acordo de Adesão de Portugal à CAAS, ANABELA MIRANDA RODRIGUES e JOSÉ L. LOPES DA MOTA, *Para uma Política Criminal...*, pp. 73-75.

n.º 2 do art. 18.º e *ex vi* do n.º 2 do art. 7.º da Convenção de Dublin, de que só autorizará a extradição de nacionais «nos casos de terrorismo e de criminalidade organizada» e «para fins de procedimento penal e, neste caso, desde que o Estado requerente garanta a devolução da pessoa extraditada a Portugal, para cumprimento da pena ou medida que lhe tenha sido aplicada, salvo se essa pessoa a isso se opuser por declaração expressa»[298]/[299]. Acresce que a *nacionalidade* e a *residência* podem ser motivo de não execução facultativa quando o mandado se destinar ao cumprimento de pena ou medida de segurança privativas da liberdade, desde que o Estado de execução se comprometa a executar a pena ou medida de segurança de acordo com o seu direito nacional – n.º 6 do art. 4.º da DQ. Sentido vertido para o nosso direito interno, conforme al. *g)* do n.º 1 do art. 12.º da Lei n.º 65/03. Face ao exposto, sufragamos a posição de Anabela M. Rodrigues no sentido de que a nacionalidade deve ser entendida como uma causa geral de proibição de extradição[300], acrescente-se causa geral relativa.

---

[298] Quanto a este assunto Mário Mendes, "Extradição", *in Cooperação internacional...*, p. 36.

[299] A Lei Constitucional n.º 1/97, que operou a 4.ª Revisão Constitucional, alterou o n.º 3 do art. 33.º da CRP, passando a ser admitida constitucionalmente a extradição de cidadãos portugueses do território nacional nos casos de terrorismo e de criminalidade organizada e em condições de reciprocidade estabelecidas em convénio internacional e se a ordem jurídica do Estado requerente consagrar garantias de um processo justo e equitativo. Quanto a este assunto Mário Mendes, "Extradição", *in Cooperação internacional...*, p. 37.

[300] Cfr. Anabela Miranda Rodrigues, "Mandado de Detenção...", *in RPCC*, Ano 13, n.º 1, p. 54.

Descortinamos alguns dos pontos que se entrelaçam na dialéctica liberdade e segurança, aqueles que directamente colidem com princípios gerais e com os direitos fundamentais, património da humanidade, cuja protecção e garantia têm de ser uma realidade material e não formal face à preocupação de maior eficácia na «luta da comunidade europeia contra o crime» e, consequentemente, na construção de um espaço comum europeu livre, seguro e de justiça. Para este quadro a pintar temos, hoje, o mandado de detenção europeu – reflexo mais de uma preocupação securitária do que de liberdade na edificação do espaço penal europeu, sendo esta um dos "valores comuns e fundamentais em todo o espaço europeu"[301], cuja concretização garantística do direito, como "ordem de liberdade"[302], terá de passar pela harmonização das normas e não se quedar no reconhecimento mútuo.

---

[301] Cfr. MÁRIO FERREIRA MONTE, "Da Autonomia Constitucional do Direito…", *in Estudos em Comemoração do Décimo Aniversário da Licenciatura em Direito da Universidade do Minho*, p. 728.

[302] *Ibidem.*

CAPÍTULO II

DO MANDADO DE DETENÇÃO EUROPEU

§6.º Concepção

I. O mandado de detenção europeu (MDE) simplifica e acelera a cooperação judiciária em matéria penal entre os Estados-
-Membros facilitando a localização da(s) prova(s) pessoal(ais) – pessoa(s) procurada(s) – e posterior entrega dentro de um espaço comum – da União –, *i. e.*, fomenta uma cooperação adequada aos tempos contemporâneos em que a criminalidade e os seus agentes não se desgastam em processos burocráticos de decisão – política e judicial – e de operacionalização.

Todavia, toda a *simplificação* e *celeridade* na cooperação judiciária em matéria penal, agravada quando baseada no reconhecimento mútuo, gera um custo que se reflecte na limitação dos poderes de controlo do mandado pelas autoridades do Estado de execução e na compressão dos direitos e das garantias individuais que a extradição, por tradição, propiciava[303].

---

[303] No mesmo sentido, quanto ao procedimento de entrega no âmbito da jurisdição do TPI, se manifesta PEDRO CAEIRO, "O Procedimento de Entrega Previsto no Estatuto de Roma e a sua Incorporação no Direito Português", *in O Tribunal Penal Internacional e a Ordem Jurídica Portuguesa*, Coimbra Editora, 2004, p. 77.

122 *Do Mandado de Detenção Europeu*

O estudo discreteado do MDE, como instrumento de cooperação judiciária em matéria penal fundado no princípio do reconhecimento mútuo, no princípio da confiança mútua ou recíproca e na abolição (relativa) do princípio da dupla incriminação, impõe uma concepção que não se restrinja à positivamente amalgamada na DQ, cujo estudo não olvidamos, mas que possa ter reflexo conceptual nos quatro vértices arquitectónicos que o próprio encasula: o da natureza, o da formalidade, o da funcionalidade e o teleológico do mandado.

II. A DQ define[304] o MDE como «uma decisão judiciária emitida por um Estado-Membro com vista à detenção e entrega por outro Estado-Membro duma pessoa procurada para efeitos de procedimento penal ou de cumprimento de uma pena ou medida de segurança privativas da liberdade»[305] – n.º 1 do art. 1.º da DQ. O MDE engloba quatro elementos fundamentais: o formal – mandado, *lex*, ordem; o material – *prima facie*, detenção ou privação da liberdade de uma pessoa e, *secunda facie*, a sua entrega; o espacial – o espaço da União Europeia; e o orgânico – a intervenção (decisão) do Juiz (da Relação)[306]. Desde já, a detenção processa-se fora do flagrante delito e pode ocorrer em qualquer um dos Estados-Membros (25) ou em um determinado Estado-Membro quando se sabe onde se encontra a pessoa objecto do MDE – conforme se retira do art. 9.º, n.º 1 da DQ.

---

[304] Optamos por colocar o presente do indicativo do verbo «definir» para sermos fiéis à epígrafe do art. 1.º da DQ que começa pelo substantivo «definição».

[305] A Lei n.º 65/03, de 23 de Agosto, transpôs *ipsis verbis* a concepção do Conselho.

[306] Quanto a este elemento remetemos para a explanação aprofundada do vértice arquitectónico da natureza judiciária do MDE.

Questões de Fundo 123

O MDE não se confunde com um simples mandado de detenção nacional[307]. A eficácia do MDE, como *lex* ou ordem expressa em documento próprio, cujos quesitos expressos no art. 8.º da DQ devem ser preenchidos[308], projecta-se extra-muros nacionais e implica de forma extrema com os direitos fundamentais, porque os direitos afectados, como a liberdade física da pessoa procurada, têm uma restrição espacial ampla – espaço da União – e, por erro, podem aqueles ficar coarctados *sine die* e sem que o/a visado/a tenha conhecimento de que existe contra o/a mesmo/a um processo crime em curso ou uma condenação – basta que a execução do MDE siga os trâmites processuais penais do Estado-Membro de execução, sendo que nem todos se fundam em processo de estrutura acusatória.

O MDE gera uma **detenção**, *i. e.*, uma privação da liberdade da pessoa procurada, que pode ser suspeita da prática de um crime ou já pode ser arguida ou já ter sido condenada por um tribunal do Estado-Membro de emissão[309]. Privação esta que é, *a priori*, meramente cautelar, precária, temporária ou provisória e atinente à finalidade da entrega, que pode ou não ocorrer, para «efeitos de procedimentos penal ou de cumprimento de uma pena ou medida de segurança privativa da liberdade». Defendemos que a privação da liberdade de uma pessoa com um MDE, em Portugal, é cautelar,

---

[307] O mandado de detenção, em Portugal, em casos muito excepcionais pode ser emitido por uma APC, que, na nossa opinião, não pode emitir um MDE, face, desde logo, à qualificação de natureza judiciária que este encerra.

[308] Quanto aos pressupostos (e quesitos) formais previstos no art. 8.º da DQ a ter-se em conta, far-se-á uma análise mais aprofundada no ponto arquitectónico da formalidade.

[309] Assunção que se afere da definição do MDE prescrita no art. 1.º, n.º 1 da DQ, seguindo a linha da detenção prevista no Estatuto do TPI. Quanto a esta interpretação relativamente ao TPI, PEDRO CAEIRO, "O Procedimento de Entrega Previsto no Estatuto de Roma...", in *O Tribunal Penal Internacional e a Ordem Jurídica Portuguesa*, p. 80.

precária, temporária e provisória[310], porque, por um lado, a detenção da pessoa procurada segue os trâmites do CPP[311] e, por outro, duas ordens de razão corroboram esta posição: primeiro, porque quem operacionaliza a detenção será, com toda a certeza, um OPC sob determinação da AJ competente para a promoção de execução – MP junto do tribunal da relação competente – ao qual comunica por escrito a efectivação da detenção[312] ; segundo, porque a AJ competente para a promoção de execução do MDE em Portugal – o MP junto do tribunal da relação competente, sendo este o da área de domicílio da pessoa procurada ou da área onde aquela se encontra[313] – deverá, primeiramente, ouvi-la sumária e pessoalmente e logo que seja possível. O MP deve, ainda, informá--la da existência e do conteúdo do MDE[314], assim como da possibilidade de consentir na sua entrega à AJ de emissão, e promover a audição da pessoa detida, no prazo máximo de quarenta e oito horas após a detenção[315], pelo juiz relator para que aprecie a validade da mesma e decida da sua manutenção, que, em caso de

---

[310] Relativamente a estas características da detenção GERMANO MARQUES DA SILVA, *Curso de Processo Penal*, 2.ª Edição, Verbo, Lisboa/S.Paulo, Vol. II, p. 209 e MANUEL M. G. VALENTE, *Processo Penal* – Tomo I, Almedina, Coimbra, 2004, p. 285. Quanto à ideia de *provisoriedade da detenção*, CLAUS ROXIN, *Derecho Procesal Penal*, (Trad. GABRIELA E. CÓRDOBA e DANIEL R. PASTOR), Editores del Puerto, Buenos Aires, 2000, p. 278.

[311] Cfr. n.º 6 do art. 16.º da Lei n.º 65/03, de 23 de Agosto.

[312] Cfr. n.º 1 do art. 18.º da Lei n.º 65/03, de 23 de Agosto.

[313] Cfr. n.º 1 do art. 16.º conjugado com o n.º 1 do art. 15.º da Lei n.º 65/03, de 23 de Agosto.

[314] Não se olvida que o OPC, que proceder à detenção no âmbito e um MDE, deve informar a pessoa detida das razões da privação da liberdade, conforme se retira do art. 258.º do CPP *ex vi* do n.º 6 do art. 16.º da Lei n.º 65/2003, de 23 de Agosto.

[315] Entenda-se que as 48 horas são o limite máximo, pois se puder ser presente e ouvida antes das 48 horas, o MP deve apresentar a pessoa detida ao juiz relator.

libertá-la, pode aplicar-lhe uma das medidas de coacção estipuladas pelo CPP[316]. A detenção de uma pessoa com base num MDE está, desta feita, "sujeita à condição resolutiva de homologação judicial"[317], pois não é uma situação definitiva e inalterável.

A detenção por meio de um MDE tem como finalidade primeira a possibilidade de **entrega**[318] da pessoa objecto do mandado e, só depois de se operar aquela, se prosseguem os efeitos adstritos ao mandado – procedimento penal ou cumprimento de sanção transitada em julgado. Tendo o instituto da entrega se apartado do núcleo do instituto da extradição e ganho um estatuto autónomo, já alcançado na *Convenção relativa ao Processo de Simplificado de Extradição entre os Estados-Membros da União Europeia*[319] – cuja entrega significa o processo de remissão por parte de um Estado-Membro de «pessoas procuradas para efeitos de extradição»[320] –, na *DQ relativa ao mandado de detenção europeu e aos **processos de entrega*** mantém um estatuto autónomo face à detenção e ao próprio mandado como se pode retirar do título da DQ, cujo estudo aprofundado se fará em item próprio.

---

[316] Cfr. n.º 3 do art. 18.º da Lei n.º 65/03, de 23 de Agosto.

[317] Cfr. MAIA GONÇALVES, *Código de Processo Penal Anotado e Comentado*, 12.ª Edição, Almedina, Coimbra, p. 521.

[318] Colocamos a expressão «possibilidade de entrega» e não a «entrega» porque, não obstante a autoridade judiciária de emissão ser o verdadeiro *dominus* do processo, cabe à AJ de execução apreciar da existência ou não de algum motivo de não execução obrigatória ou facultativa ou se, *in casu*, deve sujeitar a execução do mandado à prestação por parte da AJ de emissão de condições ou, ainda, se existe alguma ofensa grave aos direitos fundamentais que imponha a não execução do mandado sob pena do Estado-Membro de execução ser demandado pelo Tribunal Europeu dos Direitos do Homem. A AJ de execução não pode reter-se única e exclusivamente numa posição servil.

[319] Convenção de Bruxelas de 10 de Março de 1995, aprovada para ratificação pela Resolução da AR n.º 41/97, de 18 de Junho de 1997, e ratificada por Decreto do PR n.º 41/97.

[320] Cfr. art. 2.º da Convenção de Bruxelas de 1995.

126   *Do Mandado de Detenção Europeu*

O MDE engloba um elemento espacial – o espaço da União Europeia constituída por vinte e cinco (25) Estados-Membros – que procura concretizar, na linha das convenções europeias de extradição e de auxílio judiciário mútuo e das decisões quadro no domínio da cooperação em matéria penal que prosperam uma aproximação das legislações penais, o espaço penal europeu que se anseia que seja de liberdade, de justiça e, como resultado da adição, de segurança, *i. e.*, um espaço de direito e democrático centrado na construção do ser humano e não securitarista ou securatizante, em que o direito penal seria um instrumento privilegiado da segurança[321].

III. O MDE, como afirmáramos, encasula quatro pontos arquitectónicos – o da natureza, o da formalidade, o da funcionalidade e o teleológico –, que são de extrema curialidade à concepção doutrinária que adoptaremos e que não se esgota na definição legal da DQ e da Lei n.° 65/03, de 23 de Agosto.

Quanto à natureza, como se depreende da DQ, o MDE possui **natureza judiciária**[322] *ab initio ad finem* – desde o momento da emissão passando pelo momento da execução até à conclusão do processo[323] –, *i. e.*, tendo como objectivo a substituição do instituto burocrático da extradição e entrega, de duplo controlo – político e judiciário –, o MDE passa a ser objecto única e exclusivamente das autoridades judiciárias competentes de cada Estado-Membro.

---

[321] Quanto ao espaço penal (comum) europeu *supra* § 5.° Do equilíbrio dos princípios Liberdade-Segurança, **a.** Do «espaço» (europeu) comum de liberdade, segurança e justiça.

[322] Quanto a este sentido RICARDO BRAGANÇA DE MATOS, "O Princípio do Reconhecimento…", *in RPCC*, Ano 14, n.° 3, p. 346. Neste sentido ao falar da judiciarização do processo de entrega, ANABELA MIRANDA RODRIGUES, "O Mandado de Detenção europeu…", *in RPCC*, Ano 13, n.° 1, pp. 36-38.

[323] Cfr. *maxime* artigos 1.°, 2.°, 3.°, 4.°, 5.°, 6.°, 9.° e10.° da DQ. Mesmo quando há intervenção dos OPC, estes intervêm sob a direcção da AJ e não por iniciativa própria como nas medidas cautelares e de polícia.

Questões de Fundo 127

O controlo do poder executivo como se verifica com a extradição ou cooperação judiciária em matéria penal a nível internacional sempre foi gerido por critérios de oportunidade política no quadro de prossecução de política externa interestadual, o que não se coaduna com a ideia de um espaço comum de liberdade, de justiça e de segurança[324] sob a égide da defesa e garantia de valores comuns como o princípio da liberdade, o princípio democrático, o princípio do respeito dos direitos fundamentais[325].

Ao se conferir ao MDE uma total natureza judiciária, o Conselho provocou, como ensina FONSECA MORILLO, "uma mudança de cultura nas relações jurídicas entre os Estados--Membros da União Europeia"[326], ou como bem caracteriza EMÍLIO ULLED, provocou um verdadeiro «vuelco jurídico»[327], porque materializou *a cooperação horizontal*[328] entre as autoridades judiciárias dos vinte e cinco Estados-Membros, abrindo-se as portas à livre circulação das decisões judiciais em

---

[324] Neste sentido, remetendo para a problemática do instituto da entrega na linha de PEDRO CAEIRO, RICARDO J. BRAGANÇA DE MATOS, "O Princípio do Reconhecimento...", *in RPCC*, Ano 14, n.º 3, p. 347 e nota 68. Quanto à perda de sentido da intervenção do poder executivo (político) em um espaço regido pelo reconhecimento mútuo e a confiança recíproca, Exposição de Motivos da Ley 3/2003, de 14 de Marzo, *in BOE*, n.º 65, 17 Marzo 2003, p. 10245, Col. 1.

[325] Quanto a este assunto com maior desenvolvimento *infra* § 8.º Das implicações práticas, do mandado de detenção europeu, **α**. Da entrega – procedimento autónomo.

[326] Cfr. FRANCISCO J. FONSECA MORILLO, "La orden de detención y entrega europea", *in Revista de Derecho Comunitario Europeo*, Ano 7, n.º 14, Janeiro-Abril, 2003, p. 70.

[327] Cfr. EMILIO JESÚS SÁNCHEZ ULLED, "Cooperación Judicial Internacional...", *in Cooperación Policial y judicial en Materia de Delitos Financieros, Fraude y Corrupción*, Aquilafuente, n.º 40, p. 144.

[328] Quanto à cooperação horizontal, MANUEL M. G. VALENTE, *Teoria Geral do Direito Policial*, Almedina, Coimbra, 2005, pp. 390-394.

128 *Do Mandado de Detenção Europeu*

matéria de perseguição penal, *i. e.*, na senda de ANABELA M. RODRIGUES[329], institui-se "o *contacto directo*" entre as autoridades judiciárias competentes de emissão e de execução[330]. A natureza judiciária do MDE tinge a natureza de todo o processo que perde o odor político e adquire absoluto odor judiciário – todo **o processo adquire natureza judiciária**[331], instaurando-se, desta feita, **a separação dos poderes no quadro da construção e integração europeia**, *maxime* da edificação do espaço penal comum.

Esta conquista melhora "significativamente a *posição jurídica* da pessoa objecto do mandado" face ao tradicional processo de extradição, cujo odor político não se embrenhava na ideia de garantia e defesa dos direitos do cidadão, mas num juízo de oportunidade marcadamente político[332].

Atracado à ideia de judiciariedade do processo e ao controlo da AJ de execução do MDE, encontra-se como garantia da pessoa objecto do mandado o **vértice arquitectónico da formalidade**, cuja expressão positiva se encontra vertida no art. 8.º da DQ, cuja não verificação gera, na nossa opinião e na linha de PEDRO CAEIRO,

---

[329] Cfr. ANABELA MIRANDA RODRIGUES, "O Mandado de Detenção europeu…", *in RPCC*, Ano 13, n.º 1, p. 36.

[330] Institui-se uma "forma de cooperación judicial directa" – cfr. Exposição de Motivos da Ley 3/2003, de 14 de Marzo, *in BOE*, n.º 65, 17 Marzo 2003, p. 10245, Col. 2.

[331] Cfr. ANABELA MIRANDA RODRIGUES, "O Mandado de Detenção europeu…", *in RPCC*, Ano 13, n.º 1, p. 36. Quanto à *judiciarização* do processo com maior desenvolvimento *infra* § 8.º Das implicações práticas do mandado de detenção europeu **β**. Da simplificação do processo de entrega – da judiciarização.

[332] Neste sentido, mesmo quando em cima da mesa os Estados jogam o princípio da *reciprocidade*, MÁRIO MENDES SERRANO, "Extradição", *in Cooperação Internacional Penal*, Edição do CEJ, 2000, p. 38, nota 68.

quanto ao controlo do pedido do TPI[333], um vício de forma, tendo como consequência, até que seja sanado pela AJ de emissão[334], a não execução do mandado. Caso o vício persista e a AJ de execução decida executar o MDE, na ausência de preceito na DQ quanto às consequências jurídicas e apoiando-nos no direito processual português, defendemos que o vício que se funde na ausência de identificação da pessoa objecto do mandado ou na omissão do facto motivador da sua emissão e circunstâncias que legalmente o fundamentam ou inexistência de assinatura da AJ de emissão[335], gera uma *nulidade*[336] e, por conseguinte, legitima o *direito de resistência* por parte da pessoa procurada e, se vir frustrado este direito, o direito de requer o *habeas corpus* por detenção ilegal[337]. Acresce registar as

---

[333] Cfr. PEDRO CAEIRO, "O Procedimento de Entrega Previsto no Estatuto de Roma...", *in O Tribunal Penal Internacional e a Ordem Jurídica Portuguesa*, p. 82.

[334] Que terá de passar por uma nova emissão de acordo com os quesitos do art. 8.º da DQ. Quanto ao conteúdo e forma do MDE, em Portugal, cfr. art. 3.º da Lei n.º 65/03, de 23 de Agosto e, em Espanha, cfr. artículo 3 da Ley Orgânica 2/2003, de 14 de Marzo – BOE n.º 65, 17 Marzo 2003.

[335] A DQ não prevê expressamente a obrigatoriedade da assinatura da AJ de emissão, por ser um princípio jurídico internacional lógico e impensável de discussão, além de que no protótipo anexado à DQ se prevê a assinatura da AJ de emissão – Cfr. JO L 190, de 18 de Julho de 2002, p. 18.

[336] Aplica-se a consequência jurídica-processual prevista no n.º 1 do art. 258.º do CPP, quer por aplicação subsidiária – art. 34.º da Lei n.º 65/03 – quer por a execução do mandado se processar de acordo com a legislação vinculativa da AJ de execução, podendo a nulidade ser sanável caso não seja arguida – art. 120.º, n.º 2 do CPP – quer com a emissão de um novo MDE. Já não se aceita que a nulidade seja sanável se o MDE *não identificar a pessoa objecto do mesmo*, pois um dos elementos mais importantes inexiste, sendo o MDE não só nulo como *ineficaz*.

[337] Cfr. art. 220.º do CPP conjugado com o art. 31.º da CRP. Quanto a este assunto o nosso *Processo Penal* – Tomo I, pp. 297 e 299-301.

seguintes referências de teor subjectivo e objectivo quanto ao quesito do conteúdo e forma do MDE:

> A obrigatoriedade da identificação da pessoa objecto do MDE **afasta** de todo qualquer possibilidade ou intenção de **emissão de mandados em branco**, que conjugada com a imposição de identificação completa da AJ de emissão, imprime um reforço da responsabilização desta, coarctando-a de qualquer desejo de "delegação de poderes de ordenar detenções", gerando uma ilegalidade caso o mandado seja executado[338]. Do outro lado, a identificação da AJ de emissão permite não só uma fiscalização e controlo, mas um contacto directo para sanação de vícios que possam existir e que face ao direito interno nacional obsta a que a AJ de execução prossiga o processo.
>
> O conceito e a materialização de *autoridade judiciária* podem não ser os mesmos em todos os Estados-Membros – o legislador português fixou como autoridade competente para a emissão do MDE a AJ competente para ordenar a detenção ou a prisão da pessoa procurada nos termos da lei portuguesa, *i. e.*, o MP na fase de inquérito [al. *b*) do n.º 1 do art. 1.º, al. *b*) do n.º 1 do art. 254.º e art. 273.º do CPP], o Juiz de Instrução Criminal na fase de instrução [al. *b*) do n.º 1 do art. 1.º, al. *b*)

---

[338] Cfr. CAVALEIRO FERREIRA, *Curso de Processo Penal*, Editora Danúbio, Lda., Lisboa, 1986, Volume 1.º, p. 241. Socorrendo-nos e devendo-se adaptar as palavras ao nosso tempo, o saudoso Mestre refere, quanto ao "mandado de captura", que "a forma legal que deve revestir o mandado ou ordem de captura, bem como o modo da sua execução, que a lei condiciona, são requisitos de legalidade da prisão, e por isso a sua falta é fundamento da sua ilegalidade" e acrescenta que a ilegalidade da detenção pode fazer incorrer o executante em crime de detenção ilegal e, até mesmo, de sequestro. Quanto ao mandado de detenção em branco MANUEL M. G. VALENTE, *Processo Penal* – Tomo I, p. 296 e nota 985, GERMANO MARQUES DA SILVA, *Curso de Processo...*, Vol. II, p. 222 e nota 2.

do n.º 1 do art. 254.º e art. 293.º do CPP] e o Juiz na fase de julgamento [al. *b*) do n.º 1 do art. 1.º e al. *b*) do n.º 1 do art. 254.º do CPP][339], afastando, de imediato, a possibilidade da APC poder emitir um MDE[340] –, podendo originar a dúvida da tutela jurisdicional dos direitos fundamentais da pessoa procurada caso em um Estado-Membro a concepção de AJ tenha uma amplitude maior que abarque autoridades policiais.

No que concerne ao teor objectivo dos quesitos formais, afere-se que se conexionam com o facto motivador da emissão do MDE, cuja forma não se consome com a indicação clara e concisa do *factum criminis*, pois impõe-se que seja indicada a *natureza e a respectiva qualificação jurídica* da infracção, os elementos que respondam às questões do *modo*, do *quando* e do *onde* da ocorrência da infracção, assim como o *tipo de participação na infracção* [se autor moral, se autor material, se co-autor, se cúmplice, se por acção, se por omissão], as consequências jurídicas da infracção, a *pena* ou medida de segurança proferida ou prevista para a infracção, a existência de *sentença* ou de *decisão judicial* com força executiva ou de um *mandado de detenção* no Estado-Membro de emissão. O incumpri-

---

[339] Como se depreende do CPP, em sede de julgamento, não existe qualquer preceito que permita ao Juiz a emissão de mandado de comparência ou de detenção para comparência no julgamento como existe para o JIC e para o MP. Todavia, haverá situações em que o juiz terá necessidade de emitir mandado de detenção para comparência devido à imprescindibilidade da presença do arguido – como *p. e.* produção de prova por meio da reconstituição dos factos. O procedimento penal termina, em princípio, com a sentença transitada em julgado. Em princípio, porque pode ocorrer uma situação de recurso de revisão de sentença.

[340] A APC pode emitir um mandado de detenção nos termos do n.º 2 do art. 257.º e do art. 273.º do CPP, mas não tem natureza nem é, segundo o direito português, uma AJ. Quanto ao conceito legal de APC, cfr. al. *d*) do n.º 1 do art. 1.º do CPP.

mento destes quesitos formais legitimam e oneram a AJ de execução a não prosseguir com a execução do MDE e, caso o faça, a execução, face ao direito português, está ferida de nulidade e legitima a pessoa procurada a exercer o direito de resistência e/ou a intentar o recurso de *habeas corpus* por detenção ilegal.

Não obstante se prever a existência de autoridade(s) central(ais) (AC), a não passagem do MDE por esta não origina qualquer vício de forma, porque a esta compete-lhe, apenas, transmitir e receber administrativamente o MDE e toda correspondência a ele referente, o que pode não ocorrer se a AJ de emissão souber onde se encontra a pessoa procurada, podendo transmitir o MDE directamente à AJ de execução, sem prejuízo de esta transmitir os dados à AC. Consideramos que à AC cabe, também, promover o contacto entre as AJ de emissão e de execução[341].

Ancorado ao vértice arquitectónico da formalidade, patenteia--se o da **funcionalidade** do MDE que abarca, por um lado, a dupla ideia de que se revoga o tradicional processo moroso da extradição entre os Estados-Membros e de que se promove uma maior simplificação e celeridade anichada à cooperação horizontal das AJ de emissão e de execução e, por outro, a dupla configuração antagónica (ou de presumível antagonia) da concreção de um espaço de segurança física e psíquica (ou cognitiva) e de um maior incremento de defesa e garantia dos direitos fundamentais do cidadão.

---

[341] Cfr. artigos 7.° e 9.° da DQ. O legislador português fixou como AC a Procuradoria-Geral da República (PGR) – art. 9.° da Lei n.° 65/03, de 23 de Agosto –, já o espanhol fixou o Ministério da Justiça – n.° 3 do art. 2, da Ley Orgânica n.° 2/2003, de 14 de Marzo –, o que nos parece incongruente tendo em conta que a natureza do MDE é ser formal e materialmente *judiciária*.

Questões de Fundo

O MDE revoga **o tradicional processo de extradição** vigorante no espaço dos Estados-Membros, que **fracassou**[342] face ao novo espectro criminal emergente em um espaço político-geográfico de integração crescente, no qual se desenvolve uma actividade criminal transnacional (e regional) organizada que gera um espírito de insegurança e, automaticamente, de desconfiança para com o estranho ou o estrangeiro de SIMMEL, quebrando-se a coesão do laço social e a relação de reciprocidade, *i. e.*, destrói-se a relação humana, "com o outro, com a alteridade"[343]. A consequência mediata e imediata de quebra de confiança ou do laço humano – metamofoseando-nos em estrangeiros em terra própria – promovida pela dita criminalidade organizada releva de extrema maneira quando o espectro criminal se compagina com o terrorismo e, principalmente, com actos terroristas.

O fracasso advém, de entre outros factores, do sistema misto implementado internacionalmente de controlo político e de controlo judicial – que se agravava sempre que, após primeira decisão do executivo e posterior judicial de se extraditar a pessoa procurada, o executivo (o político) recusava o pedido com fundamento em "alteração significativa das circunstâncias que estiveram na base da decisão de admissibilidade" e, por isso, "a concessão da extradição se tenha tornado contrária aos interesses da política externa do Estado"[344]. A

---

[342] Neste mesmo sentido JOAQUÍN DELGADO MARTÍN, "La Orden de Detención Europea y los Procedimientos de Entrega entre los Estados Miembros de la Unión Europea", *in Cuadernos de Derecho Judicial* – Derecho Supranacional y Cooperación Jurídica Internacional, XIII-2003, Madrid, p. 292.

[343] GIORG SIMMEL *apud* MARTINE XIBERRAS, *As Teorias da Exclusão – Para Uma Construção do Imaginário do Desvio*, (Trad. JOSÉ GABRIEL REGO), Instituto Piaget, Lisboa, 1996, pp. 65-69.

[344] Cfr. PEDRO CAEIRO, "O Procedimento de Entrega...", *in O Tribunal Penal Internacional...*, Coimbra Editora, pp. 126 e 127. O executivo, no sistema

niilificação da intervenção governativa no processo de extradição entre os Estados-Membros, afastando-se o critério de oportunidade ou de ordem pública do Estado e o critério de reciprocidade em nada sedeado em juízos de defesa de direitos da pessoa a extraditar, e a instituição do *contacto directo* ou da *cooperação directa* entre as AJ de emissão e de execução fomentam a simplificação e, respectivamente, a celeridade de todo o processo. Estas são as características de um procedimento *abreviado* em que predomina o carácter urgente como se retira dos prazos estipulados pela DQ[345]. Acresce que a simplificação e a celeridade advém, ainda e como se verá, da redução dos motivos de recusa de execução que a AJ de execução pode arguir, *i. e.*, a DQ limita o poder de recusa de execução da extradição dentro do Estado Fronteiras europeu[346].

A **configuração antagónica** releva no que concerne à conquista da **confiança do cidadão europeu na incrementação de um espaço comum dotado de segurança** – a detenção de um cidadão português no sul de Espanha, que praticara um crime de homicídio em Inglaterra (suspeito de ter morto a

---

português, apenas se encontra vinculado à decisão judicial de sentido negativo – sistema de veto judicial – que decide pela não extradição da pessoa procurada. Neste sentido MANUEL CAVALEIRO DE FERREIRA, *Direito Penal Português – Parte Geral I*, Editorial Verbo, Lisboa/S.Paulo, 1981, p. 154; MÁRIO MENDES SERRANO, "Extradição", *in Cooperação Internacional Penal*, pp. 76-78.

[345] Neste sentido ROBERTO ALFONSO, "Il Mandato d'Arresto Europeo e la Rete Giudiziaria Europea", *in Cooperación Policial y Judicial en Materia de Delitos Financieros, Fraude y Corrupción*, Aquilafuente, n.º 40, p. 156. e JOSÉ M.ª VÁZQUES HONRUBIA, "Sistemas de Sustitución: el mandamiento europeo de detención y entrega", *in Cooperación Policial y Judicial en Materia de Delitos Financieros, Fraude y Corrupción*, Aquilafuente, n.º 40, p. 250.

[346] Neste sentido ROBERTO ALFONSO, "Il Mandato d'Arresto Europeo...", *in Cooperación Policial y Judicial...*, Aquilafuente, n.º 40, p. 156.

namorada), e a imediata entrega ao poder judicial inglês para que investigue, julgue e execute a sentença, origina um sentimento de segurança intra e extra-muros nacionais[347] e uma sensação de que a acção penal, cujos fins se prendem com a realização da justiça, com a descoberta da verdade, com o restabelecimento da paz jurídica e defesa dos direitos dos cidadãos (arguidos e vítimas), não fica desprovida de instrumentos capazes de a promover. A configuração antagónica reflecte-se, por um lado, **na afirmação e na garantia dos direitos fundamentais do cidadão europeu** – o MDE, de pendor securitário, desde logo se baseia no princípio do reconhecimento mútuo [art. 2.º da DQ], evoca o sentimento de que os *santuários* no Estado Fronteiras Europeu sucumbiram[348] e de que qualquer agressão aos direitos fundamentais de qualquer cidadão europeu, cuja tutela jurídico-criminal se preveja, será responsabilizada e a ordem jurídica será reposta – e, por outro, no **apertinente ideário de que com a supressão da intervenção do executivo** se afasta a análise do processo de extradição de razões de ordem política, de oportunidade ou de

---

[347] Como nos ensina STAMATIOS TZITZIS, o "direito penal, pela ameaça da sanção, suscita um sentimento de segurança, este mínimo requisito para a realização da felicidade. Ele marca o limite da legitimidade das acções do «eu» e do outro sem as separar. O seu papel, contrariamente ao da ética, não é criativo. Ele encarna o guardião da ordem, o regulador da liberdade do «eu» e do outro, e com razão. A iniciativa originária da liberdade controlada é canalizada para concessões recíprocas às quais devem entregar-se a individualidade e a alteridade". Cfr. STAMATIOS TZITZIS, *Filosofia Penal*, (trad. MÁRIO F. MONTE), Legis Editora, Aveiro, 1999, p. 88.

[348] Socorrendo-nos da tese de STAMATIOS quanto às funções das regras penais, procura-se incrementar a função expressiva – transmitindo "uma mensagem compreensiva e concreta aos destinatários do direito penal e, em especial, aos cidadãos", de modo que se suscite um condicionalismo psicológico no indivíduo para que respeite "as mensagens do direito penal". Cfr. STAMATIOS TZITZIS, *Filosofia...*, pp. 20-21.

conveniência – mesmo no quadro do princípio da reciprocidade que se convertera em princípio político e não jurídico[349] – e, consequentemente, o processo poderá exalar mais um odor judicial, um **odor de justiça, de defesa e de garantia dos direitos e liberdades da pessoa objecto do MDE.**

A funcionalidade de qualquer instrumento jurídico engancha um vértice **teleológico**, que, *in casu*, temos vindo a expor e que iremos discretear. Da DQ podemos aferir, objectivamente, um escopo imediato e outro mediato: o escopo imediato é a detenção e entrega da pessoa objecto do MDE e o mediato é submeter aquela a um procedimento penal ou ao cumprimento de sanção penal[350]. Registe-se que a teleologia do MDE é de maior alcance.

A **cooperação horizontal directa ou contacto directo**[351] entre as autoridades judiciárias preconizada pelo MDE é um instrumento ancilar de um objectivo nuclear da União – facultar aos cidadãos da União um elevado nível de protecção inserido em um espaço comum erigido sob os princípios da liberdade, da justiça e da segurança – e, como tal, **escopo da construção de um espaço penal europeu.** O MDE, que

---

[349] Neste sentido MÁRIO MENDES SERRANO, "Extradição", *in Cooperação Internacional...*, p. 38, nota 68.

[350] Pode-se afirmar que, onticamente, se aspira suprimir a ideia de impunidade, causa de aumento da criminalidade, como ensinara MONTESQUIEU. Cfr. JEAN LARGUIER, *La Procédure Pénale*, PUF, Paris, 1976, p. 5.

[351] O melhoramento da cooperação entre os sistemas penais dos Estados-Membros da União – "para incrementar la eficácia de la lucha contra la delincuencia, especialmente en los suspuestos de delicuencia organizada transnacional, mediante una optimización de la entrega de sujetos procesales" – é, para JOAQUÍN D. MARTÍN, o objectivo principal. Cfr. JOAQUÍN D. MARTÍN, "La orden de detención europea...", *in Cuadernos de Derecho Judicial*, XIII-2003, p. 297.

concretiza o princípio do *reconhecimento mútuo*, onera os Estados-Membros a prosseguirem com a **harmonização das legislações penais** quer no que toca aos elementos constitutivos e sanções das infracções quer no que concerne ao campo processual penal[352], sob pena de se fomentar desigualdades de justiça material. Acresce que, com ANABELA M. RODRIGUES[353], concretizar o reconhecimento mútuo impõe um mínimo de harmonização, porque não só a abolição (relativa) do princípio da dupla incriminação está subordinada ao aprofundamento da harmonização, como também as AJ não concretizarão o reconhecimento mútuo sem que as divergências entre as legislações penais – substantivas e adjectivas – sejam agorentadas. Não descuramos que o direito penal é o centro nevrálgico de interacção dos direitos fundamentais dos cidadãos quer na relação do «eu» com o «outro» quer do «eu» com o *ius puniendi*, ou seja, o direito penal empreende uma protecção dos direitos (fundamentais) do cidadão perante a presumível agressão por conduta humana e dos direitos do infractor face ao poder punitivo[354] – o que impele os Estados-Membros a envidar, interna e externamente, esforços para que as divergências legislativas penais não danifiquem gravemente os direitos fundamentais quer do cidadão vítima quer do cidadão delinquente avançando, por aperto do reconhecimento mútuo em que se baseia o MDE, com a harmonização penal subs-

---

352 Não olvidemos que se o direito penal é o código dos infractores, o direito processual penal é o código dos inocentes – nele, como *direito constitucional aplicado*, se concrecionam os direitos, liberdades e garantias de todos os cidadãos e não em exclusivo do delinquente. Quanto a este assunto JEAN LARGUIER, *La Procédure...*, p. 6.

353 ANABELA MIRANDA RODRIGUES, "A Emergência de Um «Direito Penal Europeu» ...", *in Estratégia*, n.os 18-19, p. 151.

354 Neste sentido A. SILVA DIAS, "De Que Direito Penal...", *in RPCC*, Ano 14, n.º 3, p. 315.

tantiva e processual e **prevenindo-se o florescimento de terras de ninguém – os** *santuários.*

O MDE engancha duas teleologias distintas e conexas: por um lado, a **teleologia imediata** – a *detenção* de uma pessoa procurada por ser suspeita ou arguida pela prática de um crime previsto e punido no Estado da AJ de emissão com pena ou medida de segurança máxima não inferior a 12 meses ou por ter sido condenada a sanção não inferior a 4 meses[355], para que, verificados os quesitos formais e materiais do MDE e reputada a inexistência de motivos de não execução ou de situações sujeitas a prestação de garantias, a mesma seja *entregue* à AJ de emissão; por outro, a **teleologia mediata** – *promover acção penal* de modo a poder investigar e julgar a pessoa suspeita ou arguida [«para efeitos de procedimento penal»] e/ou *executar a sentença de condenação* proferida [«para efeitos (...) de cumprimento de uma pena ou medida de segurança privativa da liberdade» não inferior a 4 meses].

IV. Atingido este cruzamento de ideias, consideramos que a concepção do MDE não se exaure na disposição positiva da DQ, pois deve-se esmigalhar e dotá-la de uma estruturação de maior amplitude que reflicta uma tipologia aferrolhada à tipologia de espaço de liberdade, de justiça e de segurança, *i. e.*, de um espaço comum de direito e democrático.

---

[355] E a consequente e natural apreensão e salvaguarda de possíveis provas reais e pessoais. Pois, no momento da detenção, as entidades que a efectuarem terão de proceder a uma revista sumária e pormenorizada às roupas e a uma busca preventiva e de segurança não domiciliária ao local onde a pessoa se encontra. Destas diligências processuais previstas no art. 251.° conjugado com o art. 174.° do CPP pode resultar a apreensão cautelar de objectos relacionados com o crime de que é suspeita – conforme al. *c)* do n.° 2 do art. 249.° do CPP. Quanto às revistas e buscas não domiciliárias e apreensões cautelares, MANUEL M. G. VALENTE, *Processo Penal* – Tomo I, pp. 278-280, 317-341.

Exauridos os vértices arquitectónicos do MDE, concebemo-lo como uma decisão de natureza judiciária, emitida por uma autoridade judiciária de um Estado-Membro, designada de AJ de emissão, para que uma autoridade judiciária de um outro Estado--Membro, designada de AJ de execução, proceda à localização, contacto e detenção de pessoa(s) procurada(s) por ser(em) suspeita(s) ou arguida(s) em um processo crime ou ter(em) sido condenada(s) por um tribunal do Estado-Membro da AJ de emissão, para possível posterior entrega à AJ de emissão, dentro dos prazos legais e desde que não existam motivos que obstem à sua execução ou situações sujeitas a prestação de garantias, para efeitos de prossecução de acção penal contra aquela(s) por crime punível com pena ou medida de segurança privativa da liberdade de duração máxima não inferior a 12 meses ou de cumprimento de pena ou medida de segurança definitiva privativa da liberdade não inferior a 4 meses, cujo processo se esgrime na esfera inofensiva dos direitos, liberdades e garantias fundamentais do cidadão[356].

---

[356] Para ROBERTO ALFONSO, mais próximo da definição da DQ, o MDE é "uma decisão emitida por uma autoridade judiciária de um Estado membro mediante a qual se requer a outro Estado membro que procure, prenda e entregue uma pessoa procurada para execução de uma pena privativa da liberdade ou para um procedimento de custódia cautelar". Cfr. ROBERTO ALFONSO, "Il Mandato D'Arresto Europeo…", *in Cooperación Policial y Judicial en Materia de Delitos Financieros, Fraude y Corrupción*, Aquilafuente, n.º 40, p. 156.

§7.º Evolução – um pouco de história

I. A cooperação judiciária em matéria penal entre os povos não se resume aos últimos anos da humanidade e a *extradição* compõe o "mais *antigo* e *tradicional* instrumento de cooperação internacional"[357]. O mandado de detenção europeu, não obstante protagonizar um processo de detenção e entrega simplificado e célere e de competência das autoridades judiciárias, é uma extradição dentro do espaço da União, melhor, advém da evolução que o instituto da extradição sofreu ao longo da história da humanidade. A História encerra vários episódios de detenção de fugitivos de uma tribo, de um povo ou de uma nação e a sua entrega a outra tribo, a outro povo ou a outra nação. Façamos um pequeno périplo pela história da humanidade até à instituição da CEE com o Tratado de Roma.

A *Bíblia* relata as duas mais antigas notas relativamente à extradição: a primeira refere-se às lutas entre SANSÃO e os Filisteus, que entraram em Judá para o prender, tendo os homens de Judá preso e entregue SANSÃO aos Filisteus[358]; a

---

[357] MÁRIO M. SERRANO, "Extradição", *in Cooperação Internacional Penal*, p. 15.

[358] Cfr. Juízes 15, 9-14: "Então subiram os filisteus e acamparam em Judá, espalhando-se até Lequi.

Os homens de Judá disseram: «Porque subistes contra nós?»

Eles responderam: «Subimos para prender Sansão e pagar-lhe o que ele nos fez.»

Três mil homens de Judá desceram então à gruta do rochedo de Etão e

segunda respeita à violação e ao homicídio da mulher de um levita por homens da cidade de Gabaa, da tribo de BENJAMIM, tendo-se reunido as tribos de Israel para reclamarem aos benjamitas a entrega dos autores do crime e vingarem a brutal infâmia, tendo sido a entrega recusada[359].

No antigo Egipto, RAMSÉS II do Egipto e HATTUSCHILI II de Chetta celebraram o Tratado de Kadesh, tratado de paz e no qual se incluía a cláusula de *devolução* dos desertores, protagonizando, em princípio, o "primeiro caso histórico de tratado de extradição"[360].

Na Grécia Clássica pode-se aferir ocorrências que foram precursoras do actual instituto da *extradição*: das relações entre

---

disseram a Sansão: «Não sabes que os filisteus nos dominam? Que é isso que nos Fizeste?»

— «Eu tratei-os como eles mesmos me trataram a mim", respondeu Sansão. Eles replicaram: «Viemos prender-te para entregar-te aos filisteus.»

— «Jurai-me, disse Sansão, que não haveis de matar.»

— «Não te mataremos, mas entregar-te-emos a eles ligado.»

Ligaram-no, pois, com duas cordas novas e tiraram-no da gruta. Chegando a Lequi, os filisteus acolheram-no com gritos de alegria."

[359] Cfr. Juízes 20, 11-14:

"Assim se coligou contra a cidade todo o Israel, como se fora um só homem. Mandaram mensageiros a todas as famílias de Benjamim, para que lhe dissessem:

— «Que maldade é essa que se cometeu no meio de nós? Entregai-nos sem demora os celerados de Gabaa, para que os matemos e tiremos o mal de Israel.»

Mas os benjamitas não quiseram dar ouvidos aos seus irmãos israelitas. Juntaram-se Gabaa de todas as cidades para combater os israelitas."

[360] Cfr. QUINTANO RIPOLLÉS, *Tratado de Derecho Penal Internacional e Internacional Penal*, Tomo II, Madrid, Instituto Francisco de Vitoria, 1957, p. 155, n. 2. Estabelecia-se no inciso XXII do tratado o seguinte: "Se os habitantes das províncias do Grande Rei Sol do Egipto, Ramsés, se dirigirem às do Grande Príncipe de Chetta, este os repelirá e devolverá ao Sol Senhor da Justiça, Grande Rei do Egipto". Quanto a este assunto MÁRIO M. SERRANO, "Extradição", *in Cooperação Internacional Penal*, p. 16.

as cidades-Estado gregas, existe a referência da reclamação feita pelos aqueus aos espartanos dos indivíduos que provocaram "graves devastações no seu território"; assim como se pode referir o tratado entre Atenas e FILIPE da Macedónia, no qual se estipula a entrega ao rei dos indivíduos autores do crime *lesa majestas*[361].

Quanto à época da Roma Imperial há a reter três apontamentos quanto à extradição: o Digesto – na Lei XVII, Livro I, Título VII – detinha "normas permanentes de legalidade interna" que estipulavam a *entrega* do indivíduo que agredisse um embaixador ao Estado deste; procedia-se à entrega independente de ser ou não cidadão romano – *entrega de nacionais* –, como acontecera no ano 188, em que foram entregues a Cartago dois cidadãos romanos; o instituto da extradição ganha pela primeira vez total *natureza judicial* – a competência para decidir da entrega pertencia a um tribunal, *i. e.*, aos *recuperatores*, e não ao Governo –, oposta à natureza política existente até então[362].

A Idade Média é detentora de episódios remotos formais e materiais do instituto da extradição, "motivados por mera conveniência política"[363]: no *direito longobardo* existia uma norma que estipulava a perseguição e entrega de escravos fugitivos[364]; a 28 de Novembro de 588, os reis francos

---

[361] Cfr. QUINTANO RIPOLLÉS, *Tratado de Derecho Penal Internacional...*, p. 156 e MÁRIO M. SERRANO, "Extradição", *in Cooperação Internacional Penal*, p. 16.

[362] Cfr. MÁRIO M. SERRANO, "Extradição", *in Cooperação Internacional Penal*, p. 17.

[363] Cfr. MÁRIO M. SERRANO, "Extradição", *in Cooperação Internacional Penal*, p. 17.

[364] Cfr. QUINTANO RIPOLLÉS, *Tratado de Derecho Penal Internacional...*, p. 157 e MÁRIO M. SERRANO, "Extradição", *in Cooperação Internacional Penal*, p. 17.

CHILDEBERTO II e GUNTRAM celebraram o Tratado de Andelot, no qual previam a entrega recíproca de agentes de crimes[365]; os reis de Inglaterra e da Escócia firmaram o Tratado de 1174, que os vinculava a entregar os culpados de *felonies*; os reis de França e de Inglaterra também celebraram o Tratado de 1303 no qual se vinculavam a não conceder asilo aos que fossem inimigos políticos. Pois, só com o Tratado de 4 de Março de 1376, firmado entre CARLOS V de França e o Conde de Sabóia, se estabelece um acordo mais jurídico do que político para reprimir a delinquência comum de vigência permanente e baseado nos primados da reciprocidade e na ampla aplicação territorial[366]. Regressam os Tratados de raiz política – *p. e.*, o Tratado *Intercum Magnus* de 1497 assinado pelo Rei de Inglaterra HENRIQUE II e o imperador MAXIMILIANO, para a entrega de súbditos rebeldes; os Tratados de 1661 entre Inglaterra e Dinamarca e de 1662 entre a Inglaterra e a Holanda, firmados por CARLOS II para conseguir a entrega dos exilados, naqueles países, responsáveis pelo assassinato de CARLOS I[367].

Doutrinariamente, só no Séc. XVII, o instituto da extradição ganha um tratamento jurídico consistente com HUGO GROTIUS[368], que, fundado na teoria jusnaturalista, sustentou a

---

[365] A cláusula do Tratado estipulava que: "Se, como consequência de algum delito, os seguidores de um reino buscarem refúgio no território do outro, serão entregues e castigados segundo o seu delito". Cfr. MÁRIO M. SERRANO, "Extradição", *in Cooperação Internacional Penal*, p. 17, nota 8 e MARÍA ÁNGELES SEBASTIÁN MONTESINOS, *La Extradición Pasiva*, Editorial Comares, Granada, 1997, pp. 3-4, nota 9.

[366] Esta visão mais jurídica do que política não se enraizara e só é retomada no séc. XIX.

[367] Quanto a estes assuntos MÁRIO M. SERRANO, "Extradição", *in Cooperação Internacional Penal*, pp. 17-18, nota 10.

[368] HUGO GROTIUS nasceu e viveu na Holanda de 1583 a 1645, sendo considerado, por muitos, o fundador do direito internacional público, por

existência de um ónus geral – internacional – de cada Estado extraditar ou punir – *aut dedere aut punire* – os agentes de delitos que afectem outro Estado, sendo-lhe natural impor a punição, sem que o Estado de refúgio do agressor pudesse obstar à prossecução do exercício desse direito[369], restando àquele a opção de entregar ou de punir. O aforismo *aut dedere aut punire* apresenta-se como um princípio fundamental e central do direito de extradição, que fora modernamente adaptado para *aut dedere aut judicare* – entregar ou julgar/ /processar. Acresce que é com base nesta ideia de ónus universal de justiça penal e de inaceitabilidade da impunidade que o princípio de competência universal em matéria direito penal se implementa: «os reis e aqueles que têm poder igual aos dos reis têm o direito de infligir penas não só pelas ofensas cometidas contra eles ou contra os seus súbditos mas ainda por aqueles que não se lhes dirigem particularmente e que violam excessivamente o direito natural ou das gentes, em relação a quem quer que seja»[370].

A regulamentação geral do instituto prosperada no Séc. XVIII representa uma evolução não obstante a extradição abranger a delinquência comum e os delitos políticos. Destaca--se, de entre os vários tratados entre os déspotas iluministas, o firmado, a 28 de Setembro de 1765, entre CARLOS III de

---

lhe pertencer o tratamento sistemático e integrado de questões jurídico--internacionais, com a obra *De Jure Belli ac Pacis* – de 1625. Cfr. MÁRIO M. SERRANO, "Extradição", *in Cooperação Internacional Penal*, p. 18 e ARMANDO MARQUES GUEDES, *Direito Internacional Público*, Lições Coligidas 1991-92, Lisboa, p. 13 e nota 25.

[369] MÁRIO M. SERRANO, "Extradição", *in Cooperação Internacional Penal*, p. 18.

[370] HUGO GROTIUS *apud* M. DELMAS-MARTY, "O Direito Penal Como Ética…", in RPCC, Ano 14, n.º 3, p. 298 e nota 27.

Espanha e Luís XV de França, que acordava a entrega de rebeldes e desertores e de criminosos de delito comum: «assassinos, assaltantes, envenenadores, salteadores de caminhos, incendiários, sacrílegos, estupradores e falsificadores»[371].

A revolução da empregabilidade do instituto verifica-se no Séc. XIX: por um lado, passa-se a utilizar o vocábulo *extradição* em vez de *deditio, remissio* ou *intercum*[372]; por outro, a extradição cinge-se aos delitos comuns – o instituto da extradição coloca-se "ao serviço da defesa de interesses ético-jurídicos da comunidade internacional" –, deixando de se aplicar aos delitos políticos, *i. e.*, aos interesses do soberano em exclusivo. Nesta senda se perfila o Tratado de Paz de Amiens de 1802, firmado entre a Espanha, a França e a Inglaterra, cujos crimes sujeitos a extradição são os de delito comum mais graves[373]. A evolução da extradição ganha nova etapa com a Lei de 1 de Outubro de 1833 da Bélgica – *lei interna de extradição* – que, no art. 6.º, afasta a possibilidade de entregar um estrangeiro por delitos políticos e delitos conexos: "será expressamente estipulado que o estrangeiro não poderá ser perseguido ou castigado por delito político anterior à extradição, nem por nenhum facto conexo com esse delito"[374]. O princípio de não extradição por motivos

---

[371] Cfr. QUINTANO RIPOLLÉS, *Tratado de Derecho Penal Internacional...*, p. 160 e MÁRIO M. SERRANO, "Extradição", *in Cooperação Internacional Penal*, pp. 18-19.

[372] A expressão extradição aparece pela primeira vez em um decreto do Governo francês de 1791, sendo que o seu uso em um tratado internacional só ocorrerá em um tratado celebrado em 1828. Cfr. MÁRIO M. SERRANO, "Extradição", *in Cooperação Internacional Penal*, p. 19, nota 15.

[373] Na cláusula XX do Tratado pode ler-se que "as Partes Contratantes *entregarão reciprocamente* as pessoas acusadas de homicídio, falsificação ou falência fraudulenta, sempre que o delito esteja suficientemente provado". Cfr. QUINTANO RIPOLLÉS, *Tratado de Derecho Penal Internacional...*, p. 162. Itálico nosso.

[374] MARÍA ÁNGELES SEBASTIÁN MONTESINOS, *La Extradición...*, pp. 6-7.

políticos encontra-se vertido no Tratado de 1834 celebrado entre a Bélgica e a França e sofre um ajuste com uma Lei de 1856 que não insere no conceito de delito político os crimes cometidos contra as pessoas dos Chefes de Estado e dos seus familiares – *p. e.*, atentados[375].

Pode-se afirmar que as leis belgas constituíram um modelo novo precursor de enquadramento da extradição – desde logo com a exclusão dos delitos políticos e a sua incisão aos delitos comuns –, abrindo caminho à proliferação de celebração de tratados de extradição não só estruturados de acordo com os princípios reconhecidos internacionalmente e regulados substantiva e processualmente por leis internas, mas também aplicados plenamente aos delitos comuns[376]. O novo modelo assenta em duas fases distintas: a primeira arreigada a tratados bilaterais, como nos demonstram alguns dos tratados acima referidos; a segunda nota a evolução para uma *universalização* do instituto da extradição cimentada, num primeiro momento, na *unificação científica* promovida por vários fóruns internacionais – *p. e.*, o Projecto de Tratado-Tipo de Extradição proposto pela Comissão Internacional Penal e Penitenciária em 1935, sob o escudo da Sociedade das Nações – e, num segundo momento, na *unificação jurídica* por meio do alargamento territorial de aplicação dos tratados com convenções multilaterais: Código de Bustamante de 1927, o Tratado Interamericano de Extradição de 1933 – Tratado de Montevideu –, a Convenção Europeia de Extradição do Conselho da Europa de 1957, a Convenção de Aplicação do Acordo Schengen, a Convenção de Extradição de Dublin de 1996[377].

---

[375] A «cláusula de atentado» é conhecida pela *clause belge*. Cfr. QUINTANO RIPOLLÉS, *Tratado de Derecho Penal Internacional...*, p. 162.

[376] Neste sentido MÁRIO M. SERRANO, "Extradição", *in Cooperação Internacional Penal*, p. 20.

[377] Quanto a estes assuntos MÁRIO M. SERRANO, "Extradição", *in Cooperação Internacional Penal*, p. 20, e quanto ao Projecto-tipo de Extradição de

148   *Do Mandado de Detenção Europeu*

II. Cumpre-nos, antes de avançar, fazer uma breve resenha do instituto da extradição 'no reino' de Portugal, cujo património comum se desenrola 'com o reino' de Espanha. A influência internacional das extradições, por se prenderem, *ad initio*, com *quezílias do foro político*, reflecte-se nos tratados de extradição entre os dois reinos.

No primeiro tratado firmado entre os reinos de Portugal e de Castela, em 1360, D. PEDRO I de Portugal acorda com o seu primo D. PEDRO I de Castela a *entrega recíproca* de cavaleiros que se refugiem em ambos os países perseguidos por delitos de índole política. D. PEDRO I de Portugal pretendia, desta feita, obter a extradição dos assassinos de D. INÊS DE CASTRO – não obstante ter sido um crime de homicídio, estamos no âmbito político –, que se encontravam refugiados em Castela após terem cumprido a ordem de D. AFONSO IV, pai de D. PEDRO I: o meirinho-mor ÁLVARO GONÇALVES, o fidalgo DIOGO LOPES PACHECO e PÊRO COELHO[378].

Já no segundo tratado, firmado entre D. MANUEL I e os Reis Católicos em 1499, se estipula a entrega de delinquentes de delito comum: "matadores com besta, por dinheiro, salteadores de caminhos ou fazedores de outro malefício semelhante"[379]. Reforçando este tratado e procurando diluir as

---

1935, ANTÓNIO FURTADO DOS SANTOS, "Direito Internacional Penal e Direito Penal Internacional", *in Boletim do Ministério da Justiça* (BMJ), n.º 92, Janeiro de 1960, pp. 159-252, *maxime* p. 214.

[378] Como se sabe só foram extraditados ÁLVARO GONÇALVES e PÊRO COELHO que foram apunhalados em Santarém. Já DIOGO LOPES PACHECO, residente em Aragão, obterá o perdão de D. PEDRO I, no momento da morte deste em 1367. Quanto ao episódio de D. INÊS DE CASTRO e de D. PEDRO I, cfr. JOAQUIM VERÍSSIMO SERRÃO, *História de Portugal*, 3.ª Edição, Editorial Verbo, Lisboa/S. Paulo, 1979, Vol. I, pp. 275-282.

[379] Cfr. QUINTANO RIPOLLÉS, *Tratado de Derecho Penal Internacional...*, p. 174 e MÁRIO M. SERRANO, "Extradição", *in Cooperação Internacional Penal*, p. 21.

deficiências do anterior, D. SEBASTIÃO e D. FILIPE II de Espanha assinam o Tratado de 29 de Junho de 1569, alargando o âmbito material de aplicação da extradição a outros delitos comuns: "delitos de roubo, furto, rapto, homicídio com besta ou arma de fogo e fuga de prisões" a par de outros delitos de natureza política, tais como "rebelião, sublevação e de lesa majestade"[380]. Outro pormenor deste tratado assenta na dupla entrega da pessoa procurada e dos objectos roubados ou furtados que estejam na posse daquela. Em 1779, já instituídos os princípios emergentes do *De Jure Belli ac Pacis*, Portugal e Espanha celebram um tratado para "entrega de desertores de terra e mar"[381]. Deste tratado nasce a "cláusula humanitária de exigência de *comutação da pena de morte prévia à extra-dição*"[382] que se instituiu como princípio internacional em matéria de extradição[383].

Já em plena segunda metade do Séc. XIX[384] e reflectindo os princípios próprios do novo cenário do direito internacional

---

[380] Cfr. MARÍA ÁNGELES SEBASTIÁN MONTESINOS, *La Extradición...*, p. 11, QUINTANO RIPOLLÉS, *Tratado de Derecho Penal Internacional...*, p. 174 e MÁRIO M. SERRANO, "Extradição", *in Cooperação Internacional Penal*, p. 21 e nota 24.

[381] Cfr. MÁRIO M. SERRANO, "Extradição", *in Cooperação Internacional Penal*, p. 21

[382] *Ibidem.*

[383] Quanto a este assunto MARÍA ÁNGELES SEBASTIÁN MONTESINOS, *La Extradición...*, p. 11, QUINTANO RIPOLLÉS, *Tratado de Derecho Penal Internacional...*, p. 175.

[384] Portugal, ao longo do Séc. XIX e início do Séc. XX, firmou vários tratados bilaterais de extradição com: França – 13 de Julho de 1834 –, Suécia – 17 de Dezembro de 1863 –, Brasil – 10 de Junho de 1872 –, Suíça – 30 de Outubro de 1873 –, Bélgica – 8 de Março de 1875 e 16 de Dezembro de 1881 –, Itália – 18 de Março de 1878 –, Holanda – 3 de Abril de 1878 e 19 de Maio de 1894 –, Uruguai – 27 de Setembro de 1878 –, Bolívia – 10 de Maio de 1879 –, Luxemburgo – 1 de Novembro de 1870 –, Congo Belga – 27 de Abril de 1887 –,

150 · *Do Mandado de Detenção Europeu*

em matéria de extradição – a não entrega de nacionais, a cláusula de comutação da pena de morte prévia à extradição, a fixação de um prazo para a detenção preventiva da pessoa a extraditar, a não extradição por motivos políticos –, Portugal e Espanha firmam o Tratado de Extradição de 1867 para entrega recíproca de desertores e de criminosos. Tratado que perdurou até 25 de Abril de 1990, data de entrada em vigor da Convenção Europeia de Extradição do Conselho da Europa de 1957, por revogação operada pelo n.º 1 do art. 28.º da Convenção[385].

Realce-se que a primeira lei nacional portuguesa relativa à extradição aparece com o DL n.º 437/75, de 16 de Agosto, revogado pelo DL n.º 43/91, de 22 de Janeiro – diploma relativo à cooperação judiciária em matéria penal, cuja extradição se apresenta como uma das formas dessa cooperação –, revogado pela Lei n.º 144/99, de 31 de Agosto, alterada pela Lei n.º 104/2001, de 25 de Agosto[386] e pela

---

Rússia – 10 de Maio de 1887 –, China – 1 de Dezembro de 1887 –, Inglaterra – 17 de Outubro de 1892 –, Chile – 30 de Setembro de 1897 – e Estados Unidos da América – 7 de Maio de 1908. Quanto ao Tratado com a Inglaterra de 1892, há a referir que fora alterado pela Convenção de 20 de Janeiro de 1932 de aplicação aos territórios da Austrália, África do Sul e Índia, continuando em vigor para estes dois últimos Estados. Refira-se que com a vigência da Convenção Europeia de Extradição os Tratados bilaterais de extradição com países que são partes da Convenção foram revogados pelo art. 28.º, n.º 1 da Convenção. Quanto a estes assuntos MÁRIO M. SERRANO, "Extradição", *in Cooperação Internacional Penal*, pp. 22-25 e respectivas notas.

[385] A Convenção Europeia de Extradição de 1957 e os dois Protocolos Adicionais foram aprovados e ratificados pela RAR n.º 23/89, de 8 de Novembro de 1988 – *in DR*, Série-I, de 21 de Agosto de 1989 – e pelos DPR n.º 57/89, de 26 de Julho de 1989 – *in DR*, Série-I, de 21 de Agosto de 1989 –, e DPR n.º 23/90, de 5 de Abril de 1990 – *in DR*, Série-I, de 20 de Junho de 1990. Refira-se que a Convenção entrou em vigor em Espanha a 7 de Maio de 1982.

[386] Que alterou os artigos 145.º, quanto à possibilidade de investigadores criminais estrangeiros poderem actuar com OPC portugueses – *maxime* PJ –, 146.º,

Lei n.º 48/2003, de 22 de Agosto[387] – onde a extradição se apresenta como uma das formas de cooperação judiciária em matéria penal –, conforme al. *a*) do n.º 1 do art. 1.º e artigos 31.º a 73.º. Registe-se que no quadro da União Europeia vigoraram normas próprias dos instrumentos jurídicos da União, sendo que aqueles se reflectem no quadro extra União. Não olvidamos o Estatuto de Roma do Tribunal Penal Internacional, cuja análise, por aproximação ao mandado de detenção europeu, se fará com maior pormenor em ponto próprio.

III. A Comunidade Económica Europeia, não obstante se enraizar no ideal de espaço económico comum, não se encontra só na construção de um espaço unívoco, pois o Conselho da Europa nasce com o objectivo de "alcançar uma união mais estreita entre os seus membros"[388], podendo esta se construir com acordos ou com "uma acção comum no domínio jurídico"[389] e com a *uniformização das regras* em matéria de extradição. Com esta teleologia de unificação, o Conselho da Europa[390] adopta a Convenção Europeia

---

quanto ao direito a aplicar no caso de pedido de auxílio judiciário e 156.º quanto à dispensa de consentimento para as transferências temporárias para acto de investigação em processo português. Aditou, também, os artigos 160.º-A (entregas controladas), 160.º-B (acções encobertas) e 160.º-C (intercepção de telecomunicações).

[387] Que aditou os artigos 145.º-A (equipas de investigação conjunta) e 145.º-B (responsabilidade civil dos membros das equipas de investigação conjunta).

[388] Cfr. Preâmbulo da Convenção Europeia de Extradição de 1957.

[389] *Ibidem*.

[390] Como afirma JONATAS MACHADO, o Conselho da Europa é "um dos mais significativos produtos do rescaldo da II Guerra Mundial" – cujo Estatuto fora aprovado em Londres a 5 de Maio de 1949 [cfr. DR, Série – I, n.º 269 de 22 de Novembro de 1978]. JONATAS MACHADO, *Direito Internacional – Do Paradigma Clássico ao Pós-11 de Setembro*, 2.ª Edição, Coimbra Editora, 2004, p. 332.

de Extradição, em Paris, a 13 de Dezembro de 1957, subordinada à Convenção Europeia dos Direitos do Homem[391] e a Convenção Europeia de Auxílio Judiciário Mútuo em Matéria Penal, em Estrasburgo, a 20 de Abril de 1959, cuja conexão com a Convenção de Extradição Europeia de 1957[392] se sente, desde logo, no intróito.

O Conselho da Europa, assumindo "o espírito do novo direito internacional, **centrado mais na dignidade humana do que na soberania estadual**"[393], procurou responder aos horríveis eventos bélicos de que a Europa saíra, propugnando por um escopo amplo – político, jurídico, económico, social e cultural –, que visava a concretização da *identidade europeia*, e abrindo as portas aos Estados europeus que aceitassem a *democracia*, o *Estado de direito* e o *respeito dos direitos fundamentais*[394].

A uniformização das regras de extradição através de uma convenção que se aplica extensivamente em vários territórios e

---

[391] Outra forma não seria de esperar, pois refira-se que o Conselho da Europa tem desempenhado um papel preponderante na protecção dos Direitos Humanos e direitos fundamentais do homem, desde logo com a aprovação em 1950 da Convenção Europeia dos Direitos do Homem, tendo entrado em vigor em 1953. Em Portugal, a CEDH foi aprovada para ratificação pela Lei n.º 65/78, de 13 de Outubro.

[392] Convenção aprovada para ratificação pela RAR n.º 39/94, de 14 de Julho de 1994 e ratificada pelo DPR n.º 56/94, de 14 de Julho de 1994. Na mesma linha de intenção e de reforço da luta contra a criminalidade, de reabilitação do delinquente em qualquer Estado Parte, assim como da execução de sentença, o Conselho adoptou a Convenção Europeia para Vigilância de Pessoas Condenadas ou Libertadas Condicionalmente, em Estrasburgo, em 30 de Novembro de 1964, a Convenção Sobre o Valor Internacional das Sentenças Penais, a Convenção Europeia sobre a Transmissão de Processos Penais, a Convenção Europeia para Repressão do Terrorismo e a Convenção Europeia Relativa à Transferência de Pessoas Condenadas. Quanto a estas convenções, ANABELA M. RODRIGUES e J. LOPES DA MOTA, *Para uma Política...*, pp. 470 e ss., 484 e ss., 520 e ss., 547 e ss., e 584 e ss..

[393] JONATAS MACHADO, *Direito Internacional...*, p. 332.

[394] *Ibidem.*

subjugada aos princípios da dupla incriminação, da reciprocidade, da especialidade, da não extradição de nacionais, da não extradição por motivos políticos, do *ne bis in idem*, é uma metódica jurídica e operacional de protecção e respeito dos direitos fundamentais do homem.

Fazendo a viagem no tempo, podemos constatar *a priori* que estes ideários se desvaneceram com a instituição do mandado de detenção europeu baseado no reconhecimento mútuo. Todavia, a DQ do MDE reflecte o resultado das mutações que princípios basilares de tutela de direitos fundamentais como o da dupla incriminação ou da não extradição de nacionais ou da não extradição por motivos políticos foram sofrendo – *p. e.*, a Convenção de Extradição de Dublin, que se aplica aos Estados-Membros, limita o princípio da dupla incriminação à previsibilidade como crime nos Estados requeridos da infracção, independentemente da natureza da medida de segurança privativa da liberdade – art. 2.º, n.º 2.

O princípio da dupla incriminação deixou de vigorar para as infracções penais qualificadas de *conspiração* ou de *associação criminosa*, cuja punibilidade não fosse inferior a 12 meses, desde que aquelas consignassem uma ou mais infracções previstas nos artigos 1.º e 2.º da Convenção para a Repressão do Terrorismo, tráfico de droga, crime organizado, actos de violência que ofendam os bens jurídicos vida, integridade física, liberdade das pessoas ou criem perigo colectivo para as pessoas – art. 3.º da Convenção de Dublin. A não extradição de nacionais não pode ser fundamento de recusa de proceder ao pedido pelo Estado requerido – art. 7.º, n.º 1 da Convenção de Dublin[395]; a não extradição por motivos políticos

---

[395] Importa referir que ao abrigo do n.º 2 do art. 7.º da Convenção de Dublin "qualquer Estado-membro pode declarar que não autoriza a extradição dos seus nacionais ou que autorizará em certas condições". Portugal declarou que "apenas autorizará a extradição de cidadãos portugueses do território nacional nas condições previstas na Constituição da República Portuguesa: *a*) Nos casos

154   *Do Mandado de Detenção Europeu*

esbarra na restrição que impende sobre o Estado-membro requerido de não poder considerar a infracção motivadora do pedido de extradição como política ou conexa ou inspirada em motivos políticos – art. 5.º, n.º 1 da Convenção de Dublin. Registe-se que entre os Estados-membros da União fora, em 1995, aprovada a Convenção relativa ao Processo Simplificado de Extradição[396] (Convenção de Bruxelas) – que se baseava, principalmente, no *consentimento da pessoa procurada*[397] e, subsequentemente, no *acordo do Estado- -membro requerido* – art. 2.º. O único limite que existe para o Estado-Membro requerido recusar encontra-se na decisão ou não de acordar a entrega da pessoa, mas sempre reduzido por o consentimento da pessoa procurada deter um maior relevo[398].

A consciência do perigo da criminalidade organizada e transnacional – tráfico de droga, de armas, de seres humanos, terrorismo, branqueamento de capitais, exploração sexual de mulheres e crianças, exploração de migrantes (escravatura) – e a ideia de securitarismo pragmático têm ditado a orientação jurídica da

---

de terrorismo e de criminalidade internacional organizada; *b*) Para fins de procedimento penal e, neste caso, desde que o Estado requerente garanta a devolução da pessoa extraditada a Portugal, para cumprimento de pena ou medida que lhe tenha sido aplicada, salvo se essa pessoa a isso se opuser por declaração expressa". Cfr. ANABELA M. RODRIGUES e J. LOPES DA MATA, *Para uma Política...*, p. 272.

[396] Convenção estabelecida ao abrigo do art. K.3 do TUE – actual art. 31.º do TUE – em Bruxelas, a 10 de Março de 1995, aprovada para ratificação pela RAR n.º 41/97, de 27 de Fevereiro de 1997 – *in DR*, Série – I, de 18 de Junho de 1997 – e ratificada por DPR n.º 41/97, de 22 de Maio de 1997 – *in DR*, Série I, de 18 de Junho de 1997.

[397] Quanto ao consentimento a prestar pela pessoa detida e à renúncia à regra da especialidade não só deve ser dado de modo voluntário e com plena consciência das consequências do seu acto, com assistência de defensor, como o deve fazer por escrito e ser exarado em auto – cfr. art. 7.º da Convenção de 1995.

[398] Neste sentido MÁRIO M. SERRANO, "Extradição", *in Cooperação Internacional Penal*, p. 32.

cooperação judiciária europeia em matéria penal de modo a instituir o espírito de máxima segurança e eficácia para se alcançar a liberdade e a justiça, preconizando-se a inversão dos valores kantianos.

IV. A Convenção de Aplicação do Acordo Schengen (CAAS) contém normas adstritas à extradição no espaço Schengen, que, desde logo, devem obediência ao princípio *ne bis in idem* – positivado nos artigos 54.° a 58.° da CAAS. No que concerne à extradição no âmbito da CAAS, há a reter os seguintes aspectos que têm estrita ligação com os direitos fundamentais.

A sujeição dos Estados Parte da CAAS às disposições da Convenção Europeia de Extradição de 1957 mesmo que esse Estado não seja Parte desta – art. 60.°. O reforço da dupla incriminação entre a ordem jurídica penal francesa e as demais partes contratantes da CAAS – art. 61.°.

A vigência do direito penal da Parte Contratante requerente: imposição das regras da prescrição da Parte Contratante requerente, o afastamento da amnistia como causa de recusa plena de extradição e a inadmissibilidade de recusa de extradição com base na inexistência de queixa ou de autorização para o procedimento criminal nos termos da Parte requerida – art. 62.°.

A extradição sem processo formal desde que a pessoa procurada *consinta expressamente* ser extraditada – declaração redigida na presença de autoridade judicial, depois de ser informada por aquela de que tem direito a um processo formal de extradição –, podendo ser assistida por defensor. A pessoa reclamada pode proceder a declaração irrevogável de forma expressa de renúncia à regra da especialidade – art. 66.°.

A CAAS procura simplificar o processo de extradição amalgamado na Convenção Europeia de Extradição de 1957 no espaço Schengen, permitindo, desta feita, uma maior cooperação

156   *Do Mandado de Detenção Europeu*

judiciária mútua em matéria penal face à queda das fronteiras e promovendo um aprofundamento da cooperação, tornando a prevenção e a luta contra a criminalidade (moderna) mais eficaz.

V. Ao longo desta evolução, na década de 90, realçam-se no quadro da União Europeia e no âmbito do art. K.3 do TUE – actual art. 31.º – a adopção pelos Estados-Membros de duas Convenções que pretendiam, por um lado, completar a Convenção Europeia de Extradição de 1957 e, por outro, agilizar a sua aplicação no espaço da União – conforme se retira do art. 1.º, n.º 1 da Convenção de Bruxelas e art. 1.º, n.º 1 da Convenção de Extradição de Dublin[399] – e que irrompem em um momento de aplicação do TUE, assinado em Maastricht a 7 de Fevereiro de 1992[400].

As duas Convenções imbricam na ideia de celeridade processual de extradição de pessoas procuradas para procedimento criminal ou para cumprimento de pena ou medida de segurança privativa da liberdade no espaço da União.

A instituição do princípio do **consentimento** como pedra forte de simplificação do processo de extradição – onerando-se a pessoa reclamada de uma decisão que pode modificar a sua vida – representa responsabilizar aquela do andamento do processo extradicional e o *lavar das mãos* das autoridades competentes para decidir da extradição[401]. Ancorada no

---

[399] Aprovada para ratificação pela RAR n.º 40/98, de 28 de Maio de 1998 – *in DR*, Série I, de 5 de Setembro de 1998 – e ratificada pelo DPR n.º 40/98, de 18 de Agosto – *in DR*, Série I, de 5 de Setembro de 1998.

[400] Aprovado para ratificação pela RAR n.º 40/92, de 10 de Dezembro de 1992 – *in DR*, Série – I, de 30 de Dezembro de 1992 – e ratificado pelo DPR n.º 63/92, de 17 de Dezembro de 1992 – *in DR*, Série – I, de 30 de Dezembro de 1992.

[401] Acrescente-se que o consentimento afasta o pedido formal de extradição a AJ competente do Estado Requerente, ficando esta dependente da

consentimento emerge a possibilidade de **renúncia à regra da especialidade** prevista no art. 14.º da Convenção Europeia de Extradição de 1957, incutindo-se uma maior aceleração processual penal na perseguição e punição dos agentes do crime. Acrescente-se que o consentimento e a renúncia à regra da especialidade devem ser expressas e redigidas a auto, devendo a pessoa reclamada ter consciência do que representa para si esta decisão e fazê-lo voluntariamente[402]. Podemos afirmar, com ANNE WEYEMBERGH, que a Convenção de Bruxelas **limita fortemente o princípio da especialidade** ao colocar nas mãos do Estado-membro a possibilidade de, no momento de depósito do instrumento de ratificação, de aceitação aprovação ou adesão, declarar a não aplicabilidade das regras da especialidade se a pessoa consentir na extradição ou se, consentindo na extradição, renunciar ao benefício das regras da especialidade – nos termos do art. 9.º da Convenção[403].

Outro ponto quente é a **limitação à hermenêutica** da autoridade competente do Estado-membro requerido ao se contratualizar que, para efeitos da Convenção de Extradição de Dublin, o Estado-membro requerido não pode considerar as infracções em que se funda o pedido de extradição como delitos de motivação política – delito político, conexo ou de inspiração política – conforme n.º 1 do art. 5.º da Convenção[404]. A

---

comunicação da AJ competente do Estado requerido de que a pessoa sobre a qual existe um pedido de detenção no SIS – pessoa reclamada – se encontra detida pelas autoridades judiciárias portuguesas e que consente em ser entregue. Tudo desenvolvido entre AJ, *i. e.*, com a Convenção de Bruxelas inicia-se o *processo de judiciarização da extradição*.

[402] Quanto ao descrito, cfr. art. 7.º da Convenção de Bruxelas.

[403] Cfr. ANNE WEYEMBERGH, "L'avenir dês mécanismes de coopération...", *in Vers un Espace Judiciaire Pénal Européen*, pp. 152-153.

[404] Contudo, os Estados-membros ao proceder à notificação do n.º 2 do art. 18.º da Convenção de Extradição de Dublin podem efectuar declarações

158   *Do Mandado de Detenção Europeu*

Convenção de Extradição de Dublin procede a uma **limitação do princípio da dupla incriminação** não só quanto à previsão e punição da conduta de conspiração e de associação criminosa desde que em causa esteja o crime de terrorismo ou outro crime punível com pena ou medida de segurança privativa da liberdade de duração máxima não inferior a 12 meses[405] – art. 3.º da Convenção de Dublin –, mas também afasta a verificação da existência da mesma medida de segurança privativa da liberdade nos dois Estados-membros – conforme art. 2.º, n.º 2 da Convenção. Verifica-se o afastamento de recusa de extradição com fundamento na **prescrição** do procedimento penal ou da pena nos termos do direito do Estado-membro requerido – conforme n.º 1 do art. 8.º da Convenção[406]. Regista-se a eliminação da regra absoluta de não **extradição de nacionais** – conforme n.º 1 do art. 7.º da Convenção[407]. A **erosão do princípio da especialidade** reforçada através do art. 11.º da Convenção espelha "a predominância da vontade da eficácia e da motivação repressiva"[408] que a União tem vindo a comungar. A possibilidade dos Estados-membros poderem

---

que limitem o âmbito do n.º1 do art. 5.º ao macabro fenómeno criminoso do terrorismo – cfr. as als. *a*) e *b*) do n.º 2 e n.ºs 3 e 4 do art. 5.º e o art. 3.º da Convenção. Quanto a este assunto ANNE WEYEMBERGH, "L'avenir des mécanismes de coopération..", *in Vers un Espace Judiciaire Pénal Européen*, p. 155

[405] Quanto a este assunto ANNE WEYEMBERGH, "L'avenir des mécanismes de coopération..", *in Vers un Espace Judiciaire Pénal Européen*, pp. 153-154.

[406] Importa referir que a extradição não se opera se o Estado-Membro requerido for competente para proceder criminalmente – n.º 2 do art. 8.º da Convenção.

[407] Quanto a este assunto *supra* ponto III e ANNE WEYEMBERGH, "L'avenir des mécanismes de coopération..", *in Vers un Espace Judiciaire Pénal Européen*, p. 155.

[408] ANNE WEYEMBERGH, "L'avenir des mécanismes de coopération..", *in Vers un Espace Judiciaire Pénal Européen*, p. 156.

declarar, no instrumento de notificação previsto no art. 18.º, n.º 2 da Convenção, a *presunção de consentimento de afastamento da regra da especialidade* quando concede a extradição é marcadamente uma construção securitária do espaço europeu de liberdade, de segurança e justiça.

A DQ do MDE é o resultado das adições que se promoveram ao longo da história da humanidade, sendo que o Séc. XX reflecte a grande catapulta, por um lado, da protecção efectiva dos direitos fundamentais e, por outro, da demanda de uma segurança interna e internacional para o exercício daqueles. Perigoso é que se sacralize ou deifique a segurança e se niilifique aqueles progredindo-se no retrocesso.

VI. A evolução até ao MDE passa por antecedentes mais próximos que nos impõem breves referências não só ao Estatuto de Roma do TPI[409], mas também a acordos bilaterais que demonstram a *eficácia securativa* de uma cooperação baseada na confiança mútua.

Próximo da estrutura do MDE encontra-se o **mandado de detenção** emitido pelo juízo de instrução do **TPI** contra pessoa que tenha cometido ou seja suspeita da prática de crime da sua competência – art. 58.º do Estatuto de Roma do TPI. O Estado parte do Estatuto de Roma do TPI fica obrigado a entregar a pessoa procurada ao TPI sem que exista um processo formal de extradição e com uma diminuição da intervenção do executivo, pois prevalece a cooperação vertical da autoridade judiciária nacional para com o TPI e fomenta-se uma relação

---

[409] O Estatuto de Roma do Tribunal Penal Internacional fora aprovado para ratificação por RAR n.º 3/2002, de 20 de Dezembro de 2001, e ratificado por DPR n.º 2/2002, de 18 de Janeiro de 2002 – *in DR*, I Série-A, de 18 de Janeiro de 2002.

inter-judiciária internacional – de juiz para juiz[410]. Como elucida PEDRO CAEIRO, os "**actores principais** no procedimento de entrega ao Tribunal serão os **tribunais**, porquanto os problemas que ele pode suscitar têm uma natureza essencialmente jurídico-judiciária"[411]. A **estrutura vertical da cooperação** implementada pelo Estatuto de Roma do TPI reflecte-se, também, na própria "irrelevância dos fundamentos de recusa tradicionais aplicáveis à extradição: a nacionalidade do agente, a natureza da pena aplicável, o carácter político da infracção, a dupla incriminação da conduta, o cometimento do crime em território português, etc."[412].

A Espanha, a Itália e o Reino Unido celebraram um Tratado de extradição, em Dezembro de 2000, de natureza judiciária cujos *actores principais* são as autoridades judiciárias dos Estados contratantes[413].

O sistema da *intestate rendition* ou entrega de delinquentes dos estados federados dos EUA detém natureza judicial, assim

---

[410] Quanto a este assunto PEDRO CAEIRO, "O Procedimento de Entrega...", *in O Tribunal Penal Internacional e a Ordem Jurídica Portuguesa*, p. 133-136 e JOSÉ M. VÁZQUEZ HONRUBIA, "Sistemas de Sustitución: el Mandamiento Europeo...", *in Cooperación Policial y Judicial en Materia de Delitos Financieros, Fraude y Corrupción*, Aquilafuente, n.º 40, pp. 244-245.

[411] Cfr. PEDRO CAEIRO, "O Procedimento de Entrega...", *in O Tribunal Penal Internacional e a Ordem Jurídica Portuguesa*, p. 135.

[412] *Ibidem*. A opção pelo **modelo vertical de cooperação** caracteriza-se pela redução drástica da *margem de apreciação dos pedidos por parte dos Estados e consequente diminuição das garantias individuais*. Cfr. PEDRO CAEIRO, "O Procedimento de Entrega...", *in O Tribunal Penal Internacional e a Ordem Jurídica Portuguesa*, p. 75 e nota 10.

[413] Cfr. JOSÉ M. VÁZQUEZ HONRUBIA, "Sistemas de Sustitución: el Mandamiento Europeo...", *in Cooperación Policial y Judicial en Materia de Delitos Financieros, Fraude y Corrupción*, Aquilafuente, n.º 40, p. 245.

Questões de Fundo

como o sistema *endorsement of warrants* ou validação de mandados de detenção em vigor entre o Reino Unido e a Irlanda do Norte – *Backing of Warrants Republic of Irland Act*, 1965 – e a República da Irlanda – *Lei Irlandesa de Extradição Passiva*, Parte III. O processo simplificado inicia-se com uma decisão judicial – autoridade judiciária requerente –, depende de uma autorização judicial – autoridade judiciária requerida – que tem como fim a entrega do detido à autoridade judicial requerente[414].

Relembremos, neste espaço, dois episódios de cooperação judiciária em matéria penal no quadro da extradição: um no espaço da União, outro envolvendo um Estado não pertencente ao espaço da União.

AHMED RÉZALA fora acusado pela justiça francesa de ser autor da morte de três jovens em França e refugiara-se em Portugal, onde foi preso. As autoridades francesas efectuaram um pedido formal de extradição que gerou uma batalha jurídica promovida pelos advogados de RÉZALA. Portugal decidiu recusar a extradição de RÉZALA por a pena abstracta aplicável ao crime ser a de prisão perpétua e por Portugal não extraditar pessoas que tenham sido condenadas ou às quais possa ser aplicada a pena de prisão perpétua – n.º 5 (actual n.º 4) do art. 33.º da CRP. A legislação portuguesa é olhada pelo mundo como progressista do ponto de vista dos direitos fundamentais, mas simultaneamente como dificultante no reforço da eficácia da cooperação judiciária penal[415]. O caso

---

[414] *Ibidem.*

[415] Quanto a este caso e respectiva análise, ANNE WEYEMBERGH, "L'avenir des mécanismes de coopération..", *in Vers un Espace Judiciaire Pénal Européen*, p. 257.

MAURICE PAPON diverge de cenário espacial e conceptual. PAPON fora condenado, em 1998, por crimes contra a humanidade, pois fora provado que deportara 1500 judeus entre 1942 e 1944 para o regime Nazi. Todavia, enquanto o recurso se encontrava na Cour de Cassation, PAPON fugira para a Suiça. As autoridades judiciárias franceses emitiram um mandado de detenção internacional contra o antigo secretário-geral da prefeitura de Geronde e as autoridades suíças detiveram-no rapidamente e entregaram-no às autoridades judiciárias franceses sem a existência de um pedido formal de extradição[416].

Quanto ao primeiro caso, realce-se a importância da harmonização do direito penal substantivo e adjectivo que até então não fora alcançada, apesar da aprovação de convenções de extradição dentro do espaço europeu[417], para que não haja um MDE não executado por ofensa grave aos direitos fundamentais da pessoa procurada, e, quanto ao segundo, podemos afirmar, com ANNE WEYEMBERGH, que a prática precedeu a regra[418].

Summo rigore, a DQ do MDE é a concretização de um dos objectivos da União no quadro da edificação de um espaço penal europeu comum, melhor, de um espaço livre, seguro e justo: facilitar

---

[416] *Idem*, p. 161.

[417] Podemos aferir que a não promoção de um mínimo de harmonização das normas processuais e substantivas do direito penal no espaço da União poderá vir gerar recusa de execução de MDE por violação grave dos direitos fundamentais e, quiçá, a declaração de inconstitucionalidade de determinada interpretação de um preceito da Lei n.º 65/2003 por violação material da Constituição da República Portuguesa.

[418] Expressão de ANNE WEYEMBERGH, "L'avenir des mécanismes de coopération..", *in Vers un Espace Judiciaire Pénal Européen*, p. 161.

a extradição entre os Estados-Membros – conforme al. *b*) do art. 31.º do TUE. Objectivo este pertencente ao domínio da cooperação judiciária, que devia intentar-se por meio de uma acção comum: podendo ser uma decisão, uma convenção ou decisão--quadro – n.º 2 do art. 34.º do TUE. A opção por uma decisão--quadro não só procura incrementar o princípio do reconhecimento mútuo, mas também arrasta teleologicamente a obrigação de harmonização ou *aproximação das disposições legislativas*[419] penais no espaço da União.

---

[419] As Decisões-Quadro são a acção comum própria e natural para promover a «aproximação das disposições legislativas e regulamentares dos Estados-Membros», os quais ficam vinculados «quanto ao resultado a alcançar, deixando, no entanto, às instâncias nacionais a competência quanto à forma e aos meios», sendo que as decisões-quadro têm como obstáculo a não produção de «efeito directo» – conforme al. *b*) do n.º 2 do art. 34.º do TUE.

§8.º Das implicações práticas do mandado de detenção europeu

α. Da entrega – procedimento autónomo

I. O MDE detém algumas implicações práticas e teóricas que importa discretear. Desde logo a questão da autonomização da entrega em relação à detenção propriamente dita, *i. e.*, consideramos que o MDE encerra em si duas realidades operativas distintas – a primeira é a *detenção* e a segunda é a *entrega*, cuja acepção jurídica se deve distanciar da detenção e da tipologia de transferência.

A entrega da pessoa é, como afirma PEDRO CAEIRO, "a mais importante forma de cooperação"[420] entre os Estados e entre autoridades judiciárias, por ser "condição imprescindível" para prosseguir o procedimento penal ou para cumprimento da pena ou medida de segurança privativa da liberdade – exceptuando-se as situações que legitimem a não execução obrigatória ou facultativa do MDE ou quando o Estado-Membro não preste ou forneça as garantias previstas no art. 5.º da DQ – e por ser a forma de cooperação que afecta mais gravosamente os direitos individuais da pessoa procurada que pode ser, coercivamente, entregue à autoridade judiciária de emissão sem que se exija, no âmbito das infracções da lista, a verificação da dupla incriminação.

---

[420] PEDRO CAEIRO, "O Procedimento de Entrega...", *in O Tribunal Penal Internacional e a Ordem Jurídica Portuguesa*, p. 72.

166   *Do Mandado de Detenção Europeu*

A entrega fora sempre associada à tipologia de extradição[421] como seu elemento – "a *translação jurídica e física da pessoa com que culmina o respectivo procedimento*"[422] ou remissão jurídica e física da pessoa –, sendo todavia autonomizada da própria tipologia de extradição por esta ter sido concebida para as relações inter-estaduais e não entre estados e autoridades judiciárias ou, mesmo, jurisdições, como se previu nos Estatutos dos Tribunais (Internacionais) *ad hoc* para a Antiga-Jugoslávia – art. 29.º, n.º 2, al. *e*) –, Ruanda – art. 28.º, n.º 2, al. *e*) –, em que se fala de entrega e transferência do arguido e não de extradição. Quanto ao Estatuto de Roma do TPI, o art. 102.º estipula que se entende por **entrega** a "entrega (sic) de uma pessoa por um Estado ao Tribunal" e por **extradição** "a entrega de uma pessoa por um Estado a outro Estado, conforme previsto num tratado, numa convenção ou no direito interno".

A entrega autonomiza-se, também, face à extradição na Convenção de Bruxelas – cuja entrega significa o procedimento através do qual um Estado-Membro remete a outro Estado-Membro as "pessoas procuradas para efeitos de extradição" [n.º 2 do art. 1.º da Convenção] – e na DQ relativa ao mandado de detenção europeu e aos processos de entrega – sendo que a estes, a DQ dedica os Capítulos 2 e 3. A autonomização da entrega reside no facto de ter um regime próprio que se caracteriza pela *celeridade* e *simplicidade*[423] e pela redução das garantias individuais e em que a

---

[421] Anichado à concepção de extradição de competência executiva, EDUARDO CORREIA fala da extradição como sendo a remissão por parte de um Governo de um indivíduo que se refugiou no seu território ao Governo de outro Estado para que possa ser julgado pelos tribunais competentes ou cumprir pena que lhe tenha sido aplicada. Cfr. EDUARDO CORREIA, *Direito Criminal* – I, Almedina, Coimbra, 1997, Reimpressão, p. 183.

[422] Cfr. PEDRO CAEIRO, "O Procedimento de Entrega…", *in O Tribunal Penal Internacional e a Ordem Jurídica Portuguesa*, p. 72, na linha de M. CHERIF BASSIOUNI. Itálico nosso.

[423] Cfr. artigos 9.º e 10.º da DQ.

autoridade judiciária de emissão se apresenta como o seu real *dominus*[424].

II. A *entrega* difere da *transferência* e a opção da União pela primeira ancora de forma mais ajustada no escopo mediato do mandado de detenção europeu – submeter uma pessoa procurada a "procedimento penal" ou ao "cumprimento de uma pena ou medida de segurança" [*in fine* n.º 1 do art. 1.º da DQ] –, tendo em conta que a *transferência* respeita "a pessoas já condenadas em pena ou sujeitas a medida de segurança privativas da liberdade, que são transferidas para o Estado de que são nacionais para aí cumprirem a pena ou medida aplicada num outro Estado"[425], estando dependente do consentimento ou de pedido da pessoa condenada que não pode ver a sua posição agravada.

No cenário do MDE, a execução da entrega não está sujeita ao consentimento da pessoa procurada, *i. e.*, o consentimento não é condição *sine qua non* de execução da entrega, mas antes pressuposto de uma maior celeridade processual. A decisão da entrega é da competência da autoridade judiciária de execução – art. 15.º da DQ –, podendo o consentimento sobrepor-se a esta decisão e simplificar o processo. Já no processo de transferência, esta depende do consentimento da pessoa condenada – art. 114.º da LCJIMP[426].

---

[424] Neste sentido quanto ao Estatuto de Roma do TPI, PEDRO CAEIRO, "O Procedimento de Entrega...", *in O Tribunal Penal Internacional e a Ordem Jurídica Portuguesa*, p. 78.

[425] PEDRO CAEIRO, "O Procedimento de Entrega...", *in O Tribunal Penal Internacional e a Ordem Jurídica Portuguesa*, p. 78. Cfr. Convenção do Conselho da Europa sobre a Transferência de Pessoas Condenadas e artigos 114.º a 125.º da Lei n.º 144/99, de 31 de Agosto, alterada pela Lei n.º 104/2001, de 25 de Agosto, e pela Lei n.º 48/2003, de 22 de Agosto, que aprovou a Lei de Cooperação Judiciária Internacional em Matéria Penal.

[426] O processo pode desencadear-se com o pedido da pessoa condenada – art. 114.º da LCJIMP.

A *entrega*, centrando-se no plano inter-judiciário europeu, ganha relevo quanto à competência penal nacional[427], fomenta o contacto directo ou a cooperação horizontal europeia entre as autoridades judiciárias e aparta-se do sistema misto ou de filtro do executivo, *i. e.*, afasta-se do cariz político de que era portador o processo formal de extradição tradicional[428].

β. **Da simplificação do processo de entrega – da** *judiciarização*

I. A criação de um instrumento jurídico baseado no princípio do reconhecimento mútuo com o fim de *simplificar o processo de entrega e acelerar*[429] o processo de 'extradição' de uma pessoa procurada por motivos criminais no espaço da União, impõe, desde logo, a concepção de um sistema em que o processo de entrega se apartasse da alçada do poder político – que efectuava um controlo de natureza política e só depois do governo aceitar o pedido do

---

[427] Para FIGUEIREDO DIAS a "prevalência da extradição sobre a competência da lei portuguesa em razão da nacionalidade vale também, *mutatis mutandis*, para a **entrega** efectuada ao abrigo da L 65/2003, de 23-8, relativa ao **mandado de detenção europeu**". Cfr. JORGE DE FIGUEIREDO DIAS, *Direito Penal – Parte Geral –* Tomo I, Coimbra Editora, 2004, p. 209.

[428] Quanto à evolução do processo tradicional de extradição – de intervenção política – para a entrega ao TPI de pessoa procurada, PEDRO CAEIRO, "O Procedimento de Entrega...", *in O Tribunal Penal Internacional e a Ordem Jurídica Portuguesa*, pp. 124-129. Refira-se, desde já, que a Convenção de Bruxelas sobre a Simplificação do Processo de Extradição, nos seus artigos 2.º, 4.º, 5.º, já prescrevia a entrega entre as AJ dos Estados requerente e requerido. Neste sentido J. GARCIA MARQUES, "A Extradição no Quadro do III Pilar da União Europeia", *in A Inclusão do Outro – STVDIA IVRIDICA – 66*, COLLOQUIA – 9, Coimbra Editora, 2002, pp. 133-134.

[429] Como paradigma da simplificação e da celeridade apontamos os artigos 9.º e 10.º da DQ.

Estado requerente é que intervinha o poder judicial, *maxime* tribunais[430] – e se transformasse em um processo totalmente *judiciarizado*[431]. O sistema misto que vigorava não se adequava ao núcleo da extradição – pois, não incide em questões políticas e diplomáticas como se afigurou ao longo da história, mas em questões puramente judiciárias penais – e denotava, neste campo, uma intromissão pertinente e oportuna do poder político no poder judicial.

A concretização da relação directa entre as autoridades judiciárias e o abandono da via diplomática iniciada com a Convenção relativa ao Processo Simplificado de Extradição de Bruxelas de 1995, cujo consentimento da pessoa procurada dispensava o pedido formal de extradição e admitia a entrega da pessoa detida provisoriamente – por força dos dados constantes no SIS –, mediante acordo entre as AJ competentes, ao Estado requerente[432], simplifica o processo de entrega.

Tendo o MDE como elemento formal o *mandado*[433] – termo jurídico-judiciário, pois pressupõe a privação da liberdade por

---

[430] Cfr. LUÍS SILVA PEREIRA, " Alguns aspectos da implementação...", *in RMP*, p. 40 e PEDRO CAEIRO, "O Procedimento de Entrega...", *in O Tribunal Penal Internacional e a Ordem Jurídica Portuguesa*, pp. 124-129. Na linha deste autor, relembramos que a LCJIMP, exceptuando-se os casos em que existe pedidos de cooperação enquadrados no auxílio judiciário mútuo em matéria penal – *p. e.*, artigos 21.º, n.º 4, 1.º, n.º 1, al. f) e 145.º a 164.º – prevê a intervenção do Ministro da Justiça nos processos de cooperação judiciária internacional – cfr. *p. e.* o art. 21.º, n.ºs 2 e 3 e o art. 145.º, n.º 5 da LCJIMP.

[431] Já o Digesto – Lei XVII, Livro I, Título VII – estipulava que a decisão da entrega do indivíduo, que tivesse agredido um embaixador, ao Estado deste, pertencia a um tribunal – aos *recuperatores*. Cfr. *supra* § 7.º Evolução – um pouco de história e MÁRIO M. SERRANO, "Extradição", *in Cooperação Internacional Penal*, p. 17.

[432] Cfr. J. GARCIA MARQUES, "A Extradição no Quadro do III...", *in A Inclusão do Outro – STVDIA IVRIDICA – 66*, p. 134.

[433] O mandado é pressuposto formal do MDE, detendo, assim, natureza judiciária e não executiva ou diplomática.

ordem da autoridade judiciária, que se executa ou não se executa – e não o *pedido* – que não encerra em si mesmo um sentido de todo jurídico-judiciário, mas sim um termo mais político, mais diplomático, pois a execução depende sempre da aceitação desse pedido e, só depois, se procede ou não à detenção e entrega da pessoa –, o MDE não só **melhora a posição jurídica da pessoa procurada** – pois, deverá ser sempre enquadrada dentro dos direitos e das garantias processuais do Estado-Membro de execução como se fosse um mandado de detenção nacional[434] –, como também **não está sujeito a duas decisões** – uma política e outra judiciária –, que, podendo ser contraditórias e de grave prejuízo para as garantias da pessoa a deter e a entregar[435], levantariam a questão da legitimidade face aos poderes discricionários de critérios de natureza política inerentes ao Governo, que é, em Portugal, o órgão de soberania condutor da política externa – art. 182.º conjugado com o art. 197.º da CRP.

O MDE representa, desta feita, uma simplificação pelo *contacto directo* estabelecido entre a autoridade judiciária do Estado-Membro de emissão e a autoridade judiciária do Estado-Membro de execução – afasta-se da burocracia executiva típica da extradição e passa a depender de uma decisão judiciária[436]: promove-se a cooperação horizontal entre as autoridades judiciárias e afasta-se o «tempo político» do tempo judiciário, que não deve indagar-se da oportunidade

---

[434] Neste sentido ANABELA MIRANDA RODRIGUES, "Mandado de Detenção...", *in RPCC*, Ano 13, n.º 1, p. 36. Cfr. Artigos 11.º, 12.º e 14.º da DQ. Ver também os artigos 17.º, 18.º, 19.º da Lei n.º 65/2003.

[435] Remetemos, neste ponto, para a reflexão exarada anteriormente sobre a possibilidade de o poder executivo decidir pela não extradição após decisão positiva da autoridade judiciária. Digamos que a pessoa podia ser um instrumento de exercício de poder para intentos políticos – oportunidade, conveniência e prevalência da ordem e tranquilidade públicas nacionais.

[436] Cfr. ANABELA MIRANDA RODRIGUES, "Mandado de Detenção...", *in RPCC*, Ano 13, n.º 1, p. 36.

da sua decisão na relação inter-estadual, como demonstra o art. 9.º da DQ que fomenta a transmissão directa do MDE da AJ de emissão para a AJ de execução sempre que se saiba onde se encontra a pessoa objecto do mandado. Acresce que a intervenção da autoridade central – art. 7.º da DQ –, que em Portugal é a Procuradoria--Geral da República – art. 9.º da Lei n.º 65/2003 –, é puramente administrativa e sem qualquer papel decisório.

II. A *judiciarização* do processo e a consequente *simplificação* ou *celeridade* processual implicam que a execução do MDE se processe de acordo com o direito do Estado-membro da AJ de execução, exceptuando-se, claro, a qualificação jurídica do facto motivador do MDE efectuada pela AJ de emissão[437]. A opção de vigência do direito processual da AJ de execução para a execução do MDE demonstra[438] ou é consequência da implementação do princípio da confiança recíproca, deixando à AJ a possibilidade de não só efectuar o controlo de saber se o(s) facto(s) motivador(es) da emissão do

---

[437] O MDE não segue o paradigma da Convenção Europeia de Auxílio Judiciário Mútuo, em que o Estado-Membro requerido terá de respeitar "as formalidades e procedimentos expressamente indicados pelo Estado-Membro requerente, salvo disposição em contrário da presente convenção" – n.º 1 do art. 4.º da Convenção –, assim como deve respeitar os "prazos processuais e outros prazos indicados pelo Estado-Membro requerente" – n.º 2 do art. 1.º da Convenção –, podendo, apenas, o Estado-Membro informar que não pode proceder ao pedido e indicar as condições em que pode executá-lo – n.º 3 do art. 1.º da Convenção. Veja-se o pedido de intercepção de telecomunicações – art. 18.º da Convenção – em que o pedido e a intercepção se pretende que siga os pressupostos processuais do Estado-Membro requerente.

[438] No quadro da Cooperação Judiciária Internacional em Matéria Penal, refira-se que as *disposições do Código Processual Penal português são aplicáveis subsidiariamente*, devendo as formas de cooperação regerem-se pelas normas dos tratados, convenções e acordos internacionais vinculativos do Estado Português e pelas normas da LCJIMP – cfr. art. 3.º da LCIJMP.

mandado de detenção preenchem ou não uma das infracções da lista – *controlo genérico* – e da incriminação do(s) facto(s) no Estado de emissão – *controlo jurídico* –[439], como também lhe compete realizar um "**controlo adequado**, o que implica que deva ser a **autoridade judiciária** do Estado-Membro onde a pessoa procurada foi detida a tomar a **decisão sobre a sua entrega**"[440], *i. e.*, está nas mãos da AJ de execução a decisão de execução ou não do MDE e não nas mãos da AJ de emissão, não obstante esta ser o *dominus* do processo.

A AJ de execução detém, desde logo, a *potestas decidendi* da **manutenção ou não da detenção**, sendo que a decisão se deve firmar nos pressupostos do direito interno do Estado-Membro de execução. Quanto a Portugal, a detenção e manutenção da mesma processa-se segundo os pressupostos previstos no CPP para a detenção de suspeitos – art. 16.°, n.° 6 da Lei n.° 65/2003 –, ou seja, a entidade – OPC, APC ou AJ – que proceder à detenção deve comunicá-la de imediato ao MP junto do tribunal da relação competente – n.° 1 do art. 18.° da Lei n° 65/2003[441] – para que este proceda imediatamente à sua audição pessoal e a apresente ao Juiz relator para audição do detido – conforme e conjugadamente os n.os 2 e 3 do art. 8.° da Lei n.° 65/2003. O MP no âmbito do MDE não detém a faculdade de decidir pela não execução nos moldes do arquivamento do processo crime previsto no art. 277.° do CPP, porque as AJ de execução competentes no direito português são os juízes do tribunal da relação da área do domicílio ou onde fora encontrada a pessoa procurada à data de emissão do mandado – nos

---

[439] Quanto a este assunto ANABELA MIRANDA RODRIGUES, "Mandado de Detenção...", *in RPCC*, Ano 13, n.° 1, p. 41. Para DANIEL FLORE, a "solução híbrida" deste controlo jurídico – que *é inelutável* – carrega em si mesma dificuldades. *Apud* ANABELA MIRANDA RODRIGUES, "Mandado de Detenção...", *in RPCC*, Ano 13, n.° 1, p. 42, nota 51.

[440] Cfr. Considerando 8 da DQ. Negrito nosso.

[441] A Lei n.° 65/2003 seguiu o regime prescrito na al. *b*) do art. 259.° do CPP.

termos do n.º 1 do art. 15.º da Lei n.º 65/2003. Decorre da lei de transposição da DQ que entre o momento da detenção e a sua apresentação ao MP se devem respeitar os prazos[442] – nunca excedendo as 24 horas – que o CPP determina para as detenções com mandado de detenção para acto processual – conforme se retira do art. 19.º da Lei n.º 65/2003, em conjugação com a al. *b*) do n.º 1 do art. 254.º do CPP[443]. Caso a entidade que procedeu à detenção não apresente a pessoa procurada detida no prazo de 24 horas à AJ – *in casu*, MP ou Juiz da relação – terá de lhe restituir a liberdade física por imperativo constitucional e processual[444].

---

[442] Importa referir que, embora pareçam idênticas, o legislador não utiliza as expressões – que geram institutos processuais de protecção e garantia da pessoa detida – **audição do detido** e **apresentação do detido** com o mesmo sentido por encerrarem momentos material e formalmente diferentes: conquanto a primeira se enquadra em um acto processual solene e materialmente presidido por um juiz (relator no caso do MDE), já o segundo se encaixilha na ideia de protecção garantia do detido e no acto formal e material de entrega e recepção do detido pelo poder judicial por meio da AJ Ministério Público ou Juiz, a quem caberá, também, apresentá-lo à AJ competente para audição. Desta forma, o legislador impõe que a detenção da pessoa procurada seja comunicada «de imediato» ao MP e seja apresentada ao MP «imediatamente», sendo que impõe ao juiz relator «a audição do detido, no prazo máximo de 48 horas após a detenção», em obediência ao imperativo do n.º 1 do art. 28.º da CRP. Cfr. n.ºs 1, 2 e 3 do art. 18.º da Lei n.º 65/2003.

[443] Como se retira do art. 19.º da Lei n.º 65/2003 a pessoa procurada detida tem de ser presente no mais curto espaço de tempo ao MP que, não podendo apresentá-la ao tribunal da relação, terá de apresentá-la à 1.ª instância da sede do TR competente para que o juiz valide e mantenha a detenção ou, não a mantendo, lhe aplique uma medida de coacção prevista no CPP, não obstante do MP dever tomar todas as diligências adequadas à apresentação da pessoa detida ao TR competente no primeiro dia útil.

[444] Cfr. n.º 1 do art. 28.º, al. *f*) do n.º 3 do art. 27.º da CRP e al. *b*) do n.º 1 do art. 254.º conjugada com o n.º 1 do art. 261.º do CPP. No mesmo sentido, a legislação italiana de implementação do MDE – art. 11.º da Lei n.º 4246, de 12 de Maio de 2004.

174 *Do Mandado de Detenção Europeu*

A vigência do direito interno da AJ de execução evidencia-se na decisão de não manutenção da detenção e de restituição da *liberdade provisória* à pessoa detida, devendo aquele «tomar todas as medidas que considerar necessárias a fim de evitar a fuga da pessoa procurada» – art. 12.º da DQ. Acresce que, apesar da AJ de execução competente ser 'soberana' na decisão – respeitando-se a separação de poderes –, enquanto aquela não decidir sobre a execução do mandado de detenção europeu, o Estado-Membro de execução terá de «zelar por que continuem a estar reunidas as *condições materiais necessárias* para uma entrega efectiva da pessoa»[445] – art. 17.º, n.º 5 da DQ. Refraccionam-se os efeitos da decisão de liberdade provisória para o poder político[446].

Adite-se que a intervenção do executivo é meramente instrumental e material e nunca deve ser entendida ou prosseguida como co-decisão como no processo tradicional de extradição. Quanto a Portugal, o art. 19.º da Lei n.º 65/2003 impõe que, se o MP não puder submeter a pessoa detida a audição do juiz relator, deve apresentá-lo ao tribunal de 1.ª instância da sede do TR competente para que o juiz valide e mantenha a detenção ou, não a mantendo, aplique à pessoa procurada detida uma medida de coacção prevista no CPP, sendo que tal medida deve ser adequada para que o MP possa diligenciar no sentido de apresentar, no 1.º dia útil subsequente, a pessoa procurada ao juiz relator do tribunal competente.

---

[445] Itálico nosso.

[446] Compreende-se que se refreasse os Estados-Membros na prossecução de mediadas materiais – *p. e.*, policiais – capazes de, a qualquer momento, a AJ de execução poder decidir da execução e a pessoa procurada poder ser entregue à AJ de emissão. Esta sujeição para com o Estado-Membro deve-se ao facto de as polícias não estarem sob a alçada das AJ – que coadjuvam e actuam no âmbito processual penal sob a sua direcção e de dependência funcional das AJ – mas por dependerem do poder político – *maxime* Governo: Ministros da Justiça [**PJ**] e da Administração Interna [**PSP, GNR, SEF**] (em Portugal).

A submissão da aplicação das medidas de coacção ao CPP, implica, por seu turno, que a manutenção da detenção deve obedecer aos princípios balizadores da privação da liberdade de qualquer pessoa: *i. e.*, a manutenção da detenção – da privação da liberdade da pessoa procurada – não só deve ser adequada e proporcional ao fim do MDE – à entrega da pessoa detida à AJ de emissão –, como também deve ser a consequência da inadequação e da insuficiência de outras medidas (de coacção) para garantir a execução do MDE e, consequentemente, evitar a fuga da pessoa procurada, sem que se prejudique o exercício de outros direitos fundamentais compatíveis com o estado de privação da liberdade[447]. Adite-se, ainda, que os pressupostos de colocação imediata em liberdade da pessoa detida estipulados no art. 261.º do CPP – erro sobre a pessoa ou inadmissibilidade legal ou desnecessidade da detenção[448] – regem o procedimento de detenção no quadro do MDE e que os requisitos da prisão preventiva devem ser tidos em conta na decisão de manter a detenção ou de colocar provisoriamente em liberdade a pessoa procurada[449].

---

[447] Consideramos que se deve aplicar, *mutatis mutandis*, os princípios que regem a privação da liberdade de pessoas detidas amalgamados no art. 193.º do CPP, tendo em conta sempre que o princípio *in dúbio pro libertate* tem primazia face aos princípios da realização da justiça e da eficácia. Quanto ao princípio *in dúbio pro libertate*, JOSÉ CARLOS VIEIRA DE ANDRADE, *Direitos Fundamentais na Constituição Portuguesa de 1976*, 3.ª Edição, Almedina, Coimbra, p. 309, nota 60.

[448] Quanto a este assunto no direito processual português, MANUEL M. G. VALENTE, *Processo Penal* – Tomo I, pp. 298-299 e MAIA GONÇALVES, *Código de Processo Penal Anotado e Comentado*, 12.ª Edição, Almedina, Coimbra, pp. 527-530.

[449] O perigo de fuga, de perturbação das diligências processuais para decisão da entrega da pessoa à AJ de emissão e de perturbação da ordem e tranquilidade públicas e, até mesmo, a preservação da vida e integridade física da pessoa procurada, devem pesar na decisão do Juiz relator e do juiz de 1.ª Instância, quando a este se recorrer nos termos do art. 19.º da Lei n.º 65/2003. Cfr. art. 204.º do CPP. Quanto à tutela jurisdicional dos direitos, liberdades e garantias da pessoa detida *infra* §§10.º e 11.º.

III. A *judiciarização da prossecução do MDE*, baseada no princípio do reconhecimento mútuo e da confiança recíproca e, também, na abolição (relativa) do princípio da dupla incriminação, pressupõe, inerente e consequentemente, uma tutela da posição jurídica da pessoa procurada alcofada em garantias de exercício de direitos conferidos, desde há muito, às pessoas detidas: direito de informação sobre a pendência do mandado de detenção europeu, do seu conteúdo, da autoridade judiciária de emissão do mandado, do direito de se opor à execução do mandado, do direito de consentir ser entregue, do direito a ser defendido, de ter intérprete e, *in casu*, da faculdade de renúncia à regra da especialidade – art. 11.º da DQ[450].

Atracado ao catálogo citado de direitos e garantias processuais penais, merece, aqui, destaque o *princípio ou o direito de audição* ou de audiência da pessoa detida pela *AJ competente* para o efeito no Estado-Membro de execução – art. 14.º da DQ –, onde serão prestados e exercidos alguns dos citados direitos e o direito a contradizer e de defesa, ou seja, momento em que aquela pessoa tem oportunidade *"de influir, através da sua audição pelo tribunal, no decurso do processo"*[451] de decisão. O princípio da audiência de pessoa detida ou suspeita da prática de crime ganhou relevo *jurídico-constitucional* e, tendo como paradigma a visão "democrática dos direitos do homem e do próprio processo"[452], assume-se como

---

[450] Cfr. art. 18.º, n.º 5 da Lei n.º 65/2003, art. 12.º da Lei italiana de transposição da DQ, n.º 4246, aprovada a 12 de Maio de 2004, art. 13.º da Ley 3/2003, de 14 de Marzo, que transpõe para a ordem jurídica interna espanhola a DQ sobre o MDE.

[451] Cfr. Jorge de Figueiredo Dias, *Direito Processual Penal*, (Colecção Clássicos Jurídicos, 1.ª Edição – 1974), Coimbra Editora, 2004, p. 153. Quanto ao direito de audiência e com um maior desenvolvimento *infra* §§ 10.º, 11.º e 15.º, ponto ζ.

[452] Jorge de Figueiredo Dias, *Direito Processual...*, (Colecção Clássicos Jurídicos), p. 153.

princípio jurídico-internacional[453] conforme se retira do art. 10.º da DUDH e do art. 6.º, n.º 1 e n.º 3, als. *c*) e *d*) da CEDH. A DQ materializa um princípio consagrado na CEDH e na Carta dos Direitos Fundamentais da União Europeia (CDFUE)[454], ao qual os Estados-Membros devem obediência. O direito de audiência estabelecido no art. 14.º da DQ, como direito e garantia fundamental de uma pessoa objecto de um processo jurídico-criminal, impera nos Estados-Membros, existindo divergências quanto ao prazo máximo a respeitar: *p. e.*, 48 horas para Portugal[455], 72 horas para Espanha[456] e 48 horas para Itália[457].

A tutela jurisdicional e a posição jurídica da pessoa procurada e detida relevam no novo espaço judiciário penal europeu ao ponto da própria DQ consagrar o instituto do *desconto*, que obedece a

---

[453] Quanto ao princípio da audiência como princípio *jurídico-constitucional* e *jurídico-internacional* no âmbito do CPP/29 e a Constituição Política de 1933, JORGE DE FIGUEIREDO DIAS, *Direito Processual...*, (Colecção Clássicos Jurídicos), p. 153 e no âmbito do CPP/87 e da CRP de 1976 e respectiva consequência jurídica da não concreção do princípio *infra* §§ 10.º e 11.º. Como refere FIGUEIREDO DIAS a Constituição da República Federal Alemã constitucionalizou o princípio da audiência no art. 103.º, n.º 1: «Perante os tribunais, toda a pessoa tem direito a ser ouvida».

[454] Cfr. art. 47.º da CDFUE.

[455] Cfr. n.º 3 do art. 18.º da Lei n.º 65/2003, de 23 de Agosto.

[456] Cfr. art. 14, n.º 1 da Ley 3/2003.

[457] Cfr. art. 13.º, n.º 1 da Lei n.º 4246, de 12 de Maio de 2004. Quanto à legislação italiana há a referir que a entidade policial deve comunicar e entregar imediatamente ao presidente do tribunal de apelação – correspondente ao nosso Tribunal da Relação – a detenção da pessoa objecto do MDE, nunca podendo aquele prazo ultrapassar 24 horas – cfr. art. 11.º. Em Espanha, conforme art. 13.º da Ley 3/2003, de 23 de Agosto, a Polícia tem 72 horas para colocar a pessoa detida à disposição do poder judicial, sendo que a audição da mesma pode ocorrer 72 (setenta e duas) horas depois desta disposição. Entre a detenção e a audição judicial podem ocorrer 144 (cento e quarenta e quatro) horas.

imperativos de justiça material[458] – art. 26.º da DQ. A centralização da pessoa como centro e solução do problema e não como seu puro objecto onera o Estado-Membro de emissão, *maxime* AJ, a descontar «a totalidade dos períodos de detenção resultantes da execução do mandado de detenção europeu do total de privação da liberdade". O instituto do desconto aparece como um dever da AJ de emissão e como um direito (colateral) da liberdade – valor supremo da justiça. Diga-se, ainda, que a previsão do instituo do desconto neste dispositivo da DQ pressiona todas as ordens jurídicas da União a prevê-lo, fomentando, deste modo, a harmonização do direito penal.

O MDE encesta, como fundo teleológico, a celeridade processual[459], que deve ser encarado como direito e garantia de qualquer pessoa detida – art. 32.º, n.º 2 da CRP. Alerte-se que, como a eficácia da execução, a celeridade não depende directa e nevralgicamente da judiciarização dos trâmites do processo. Se, por um lado, a judiciarização e o afastamento total da intervenção do executivo permite em teoria a simplificação e a celeridade proces-

---

[458] Quanto ao instituto do desconto no direito português, JORGE DE FIGUEIREDO DIAS, *Direito Penal Português – As Consequências Jurídicas do Crime*, Editorial Notícias, Lisboa, 1993, pp. 297-301. O instituto consiste na ideia básica segundo a qual "privações de liberdade de qualquer tipo que o agente tenha já sofrido em razão do facto ou factos que integram ou deveriam integrar o objecto de um processo penal devem, por imperativos de justiça material, ser imputadas ou descontadas na pena a que, naquele processo, o agente venha a ser condenado". Cfr. Artigos 80.º, 81.º e 82.º do CP.

[459] Quanto à *celeridade processual* como garantia e direito do arguido e contrária à ideia de "não fazer justiça" e como ancilar do "interesse público (*ius puniendi*)" e do "interesse do arguido", ANABELA MIRANDA RODRIGUES, "A Celeridade do Processo Penal – Uma Visão de Direito Comparado", *in Actas de Revisão do Código de Processo Penal*, Edição da Assembleia da República, 1999, Vol. II, p. 75 e ss. e MANUEL M. G. VALENTE, *Processo Penal* – Tomo I, pp. 159-160.

Questões de Fundo 179

sual do MDE, pois a linguagem dos interlocutores é a mesma, por outro, o Conselho da União Europeia reconhece que, a par do contacto directo entre as AJ de emissão e de execução e para concreção do teor teleológico funcional, se impunha a estipulação de prazos para a decisão de execução do mandado, sob pena de a execução do MDE enfermar da morosidade típica dos processos judiciais.

Quando a pessoa procurada detida consentir na entrega, esta deve processar-se 10 dias após o consentimento; nos demais casos 60 dias após a detenção (art. 17.º da DQ). Para a decisão de entrega, a AJ de execução detém 10 dias após a tomada da decisão definitiva de execução do mandado de detenção (art. 23.º da DQ).

A pessoa detida não pode ver a sua privação da liberdade eternizada como acontecia com a tradicional extradição, que se complicava quando ainda não havia sido julgada e condenada. A redução de tempo operada para a duração do processo de decisão de execução e de entrega da pessoa objecto do MDE significa, como ensina ANABELA M. RODRIGUES, "um ganho em termos de liberdade das pessoas". Todavia, realce-se que não se deve absolutizar a celeridade em detrimento da liberdade da pessoa e da inocência, sob pena de coarctarmos direitos e garantias processuais incitas a um Estado de direito demo-crático – *p. e.*, o direito de recurso das decisões que lhe digam respeito no plano da decisão da entrega à AJ de emissão[460]. A lei portuguesa relativa ao MDE faz incidir a cessação da detenção com o prazo máximo para a decisão de entrega da

---

[460] Quanto ao direito de recurso no quadro do MDE e de acordo com a legislação portuguesa, cfr. art. 24.º da Lei n.º 65/2003, de 23 de Agosto, conjugado com o art. 32.º, n.º 1 da CRP. Quanto ao recurso e às implicâncias na manutenção da detenção *infra* §11.º.

pessoa detida e com a elevação dos prazos de acordo com a natureza do recurso[461].

Releva, ainda, na linha de ANABELA M. RODRIGUES, o facto de a judiciarização do processo de detenção e entrega da pessoa procurada representar uma «**marca** do "espaço comum de justiça penal", onde as **decisões penais judiciárias circulam** tão **livremente** quanto as pessoas e as mercadorias: onde deixa de se falar em recusa de execução para se passar a falar em motivos de não-execução"»[462]. Marca ancorada na tutela judiciária efectiva dos direitos, liberdades e garantias dos cidadãos, cuja prossecução dos fins do MDE se harmonizem com a protecção dos detidos, densificando-se ao máximo sem que aniquilem ou niilifiquem os direitos fundamentais da pessoa procurada e, em especial, sem que se desnude a essência nuclear da dignidade da pessoa humana. Ao se ter prescrito que a execução do MDE se processa de acordo com o direito (processual penal) da AJ de execução e no que respeita a Portugal, concebemos que a execução do MDE deve ter em conta os fins processuais penais internacionalmente enraizados na cultura democrática dos direitos humanos – *realização da justiça* e *descoberta da verdade material, protecção dos direitos fundamentais das pessoas* e *restabelecimento da paz jurídica* (comunitária)[463] nacional e europeia –, devendo-se socorrer do princípio da concordância prática sempre que estejam em conflito de modo a se salvar o máximo conteúdo possível de cada

---

[461] Cfr. art. 30.º da Lei n.º 65/2003, de 23 de Agosto.

[462] ANABELA MIRANDA RODRIGUES, "Mandado de Detenção...", *in RPCC*, Ano 13, n.º 1, p. 38.

[463] Quanto aos fins do processo penal JORGE DE FIGUEIREDO DIAS, *Direito Processual Penal*, (Lições Coligidas por MARIA JOÃO ANTUNES), Coimbra, 1988-9, pp. 20-26, *Direito Processual...*, (Colecção Clássicos Jurídicos...), pp. 40-50 e MANUEL M. G. VALENTE, *Processo Penal* – Tomo I, pp. 20-21.

finalidade em que se optimizem os ganhos e minimizem "as perdas axiológicas e funcionais"[464].

A perseguição de agentes de crimes no espaço da União – para «efeitos de procedimento penal ou de cumprimento de pena ou medida de segurança privativa da liberdade» – reflecte esta ideia de restabelecimento da paz jurídica da comunidade europeia – fomentando a criação, por meio do MDE, "de um estado em que a comunidade jurídica volta à tranquilidade depois de uma violação do direito", *i. e.*, fomentando-se a "função de protecção dos valores fundamentais da comunidade, que vimos pertencer ao direito penal total" – evitando- -se a premiação pela impunidade[465].

γ. Das condições de entrega

I. O "aligeiramento" das *condições de entrega* das pessoas procuradas pode ter um duplo sentido: pode significar, por um lado, um "grau elevado de confiança recíproca dos Estados nos respectivos ordenamentos jurídicos"[466] e, por outro, que se promove um "endurecimento penal no espaço europeu"[467], principalmente se

---

[464] Quanto ao *princípio da concordância prática* em geral JORGE DE FIGUEIREDO DIAS, *Direito Processual...*, 1988-9, pp. 24-26, e o seu desenvolvimento e aplicação no âmbito da valoração dos conhecimentos fortuitos, MANUEL DA COSTA ANDRADE, "Sobre o Regime Processual penal das Escutas Telefónicas", *in RPCC*, Ano I, n.º 3, Julho-Setembro, 1991, pp. 405-406.

[465] Quanto à concepção do fim do *restabelecimento da paz jurídica*, JORGE DE FIGUEIREDO DIAS, *Direito Processual...*, (Colecção Clássicos Jurídicos...), p. 45 e ss..

[466] ANABELA MIRANDA RODRIGUES, "Mandado de Detenção...", *in RPCC*, Ano 13, n.º 1, p. 38.

[467] ANABELA MIRANDA RODRIGUES, "Mandado de Detenção...", *in RPCC*, Ano 13, n.º 1, p. 38.

182 Do Mandado de Detenção Europeu

olharmos para certas condições que podem representar uma agressão a direitos fundamentais dos cidadãos inaceitável e legalmente inadmissível no quadro do direito interno.

Não obstante termo-nos já debruçado sobre as condições de entrega e a sua implicância no equilíbrio dos princípios da Liberdade-Segurança[468], importa destacar e discretear os motivos imperativos e facultativos de não execução do MDE e, ainda, as situações que podem onerar a AJ de emissão a prestar garantias para que o MDE possa ser executado pela AJ de execução.

A execução do MDE depende, *ab initio*, da inexistência de **motivos de não execução obrigatória**, que são o fiel da balança na perigosa promulgação da eficácia e da segurança em prejuízo da liberdade individual. A DQ, sem limitar os Estados-Membros de nas legislações de transposição poderem alargar as situações juridica-mente relevantes – de ordem constitucional e supra constitucional – que fundamentem a não execução do MDE, regista três motivos de não execução imperativa:

– **Existência de amnistia da infracção** – se a pessoa procurada tiver beneficiado de uma amnistia que abarque a prática do facto motivo do mandado de detenção europeu, desde que o Estado-Membro seja competente para o respectivo procedimento penal, a AJ de execução deve informar a AJ de emissão de que não executa do MDE – art. 3.º, n.º 1 da DQ e al. *a*) do art. 11.º da Lei n.º 65/03[469].
A decisão de não execução não se esgrime no momento da entrega da pessoa procurada, pois deve-se esgrimir no momento posterior à recepção do MDE pela AJ de execução,

---

[468] Cfr. *supra* §5.º Do equilíbrio dos princípios da liberdade-segurança, ponto β. Do equilíbrio entre liberdade e segurança.

[469] O MDE segue o prescrito no art. 9.º da Convenção de Dublin.

i. e., deve-se evitar a detenção da pessoa procurada. Cabe à AJ de execução efectuar um controlo jurídico de saber da competência do seu Estado para proceder penalmente quanto à infracção em causa e, caso afirmativo, saber se aquela infracção beneficiara ou não de uma amnistia interna. Onera-se a AJ de execução à prossecução de um juízo jurídico de determinação de competência territorial penal do Estado-Membro de execução e não um mero controlo genérico da infracção constar da lista de infracções e da sua qualificação como crime no Estado-Membro de emissão. É neste campo que a judiciarização conquista espaço de tutela dos direitos da pessoa procurada, ao competir-lhe o discreteamento da factualidade no quadro «do direito penal total».

Da lei portuguesa, parece resultar que o juiz relator do TR competente deve despachar liminarmente sobre a suficiência das informações que acompanham o MDE[470]. Todavia, consideramos que o MP junto do TR competente e o juiz relator devem fazer esse juízo jurídico prévio da existência ou não deste motivo de não execução obrigatória, sob pena de supridas as insuficiências de informação se decidir pela detenção da pessoa procurada e, posteriormente, se apurar, em sede de recurso, que o facto motivador do MDE se encontra amnistiado e que o Estado Português é competente para mover o respectivo procedimento penal. Tendo como agravo, a pessoa ter estado vários dias privada da liberdade sem fundamento[471].

– **A constatação do princípio *ne bis in idem*** – se a pessoa procurada tiver sido «definitivamente» julgada sobre o(s) facto(s) motivador(es) do mandado em um Estado-Membro,

---

[470] Cfr. art. 16.º da Lei n.º 65/2003, de 23 de Agosto.

[471] Em última instância e salvaguarda dos operadores judiciários, poder-se-á afirmar que a detenção se processou com erro sob os pressupostos.

e desde que, tendo havido condenação, a pena tenha sido cumprida, esteja em curso o cumprimento da mesma ou, face às leis do Estado-Membro de condenação, já não possa ser cumprida, a AJ de execução informa a AJ de emissão da não execução do MDE com fundamento na verificação *in casu* do princípio *ne bis in idem* – art. 3.°, n.° 2 da DQ e al. *b*) do art. 11.° da Lei n.° 65/03[472];

– **O elemento biológico de imputação da responsabilidade criminal: a** *idade* – se no Estado-Membro de execução a pessoa procurada for considerada inimputável em razão da idade – art. 3.°, n.° 3 da DQ e al. *c*) do art. 11.° da Lei n.° 65/03 – a AJ de execução informa a AJ de emissão da não execução do mandado. Releva referir que o elemento de imputação «idade» deve ser aferido no momento da prática da infracção e não no momento da emissão do mandado. Neste ponto realce-se que o legislador italiano expressa o momento da prática da infracção para se aferir a idade da pessoa procurada – *i. e.*, se no momento da comissão do facto a pessoa era menor de 14 anos de idade, não se executa o mandado – e, ainda, sujeita a execução do mandado que recaia sobre pessoa que era menor de 18 anos (e maior de 14 anos) à altura do facto ao pressuposto desse facto ser punido com pena superior a 9 anos de prisão[473].

Indagamos se o juízo jurídico do juiz relator do TR competente se deve cingir à idade de 16 anos ao momento da prática da infracção ou se deve estender este juízo ao *regime penal especial para jovens com idade compreendida entre os 16 e os 21 anos de idade* – aprovado pelo DL n.° 401/82, de

---

[472] Quanto ao princípio *ne bis in idem* com maior desenvolvimento *infra* § 13.°.

[473] Cfr. al *i*) do n.° 1 do art. 18.° da Lei n.° 4246, de 12 de Maio de 2004.

23 de Setembro –, *i. e.*, será que o Juiz relator deve ater-se com a idade inferior a 18 anos e a 21 anos de idade e a punibilidade da infracção superior a dois anos. Depende do posicionamento cognitivo do juiz quanto ao espaço penal europeu que queremos construir: se securitário, o juiz relator só deve resumir o seu juízo jurídico à idade biologicamente imputável no ordenamento penal português – 16 anos de idade, nos termos do art. 19.º do CP; se democrático e de liberdade, o juiz relator terá de fazer um juízo mais amplo e ponderar a execução do MDE não só quanto à idade – dos 16 aos 21 anos de idade –, mas também quanto à punibilidade da infracção ser ou não superior a 2 anos de prisão[474], aplicando-se o referido regime especial. Somos da opinião de que o juiz relator deve seguir o posicionamento do espaço penal europeu democrático e de liberdade, não devendo executar o mandado se a pessoa procurada for menor de 21 anos de idade, tiver praticado o crime motivo do MDE com mais de 16 anos de idade e o crime em causa for punido com pena inferior a 2 anos de prisão.

Acrescente-se que a lei de transposição portuguesa, em conformidade com o art. 33.º, n.º 6 da CRP, adicionou a estes motivos de não execução obrigatória dois outros motivos de «recusa de execução do mandado de detenção europeu»: a punibilidade da infracção motivo do MDE no Estado de emissão com **pena de morte** ou outra **pena** de que resulte **lesão irreversível** para a integridade física da pessoa procurada – al. *d*) do art. 11.º da Lei n.º 65/03; e o mandado

---

[474] A referência aos dois anos de prisão resulta do n.º 1 do art. 5.º e do n.º 1 do art. 6.º do *regime penal especial para jovens com idade compreendida entre os 16 e os 21 anos de idade* – aprovado pelo DL n.º 401/82, de 23 de Setembro.

de detenção europeu se fundar em **motivos políticos**[475] – al. *e*) do art. 11.º da Lei n.º 65/03.

A lei portuguesa expressa a **proibição absoluta constitu-cional**[476] da entrega de cidadãos que se encontrem em território nacional a um Estado-Membro que puna a infracção causa do MDE com *pena capital* – violando os imperativos constitucionais de que «a vida humana é inviolável» e de que «em caso algum haverá pena de morte» – ou com penas infligidas na pessoa quer física quer psico-logicamente – *p. e.*, submissão a choques eléctricos ou a chicotadas na praça pública – que possam provocar «lesão irreversível da integridade física» – violando os imperativos constitucionais de que «a integridade moral e física das pessoas é inviolável» e de que «ninguém pode ser submetido a tortura, nem a tratos ou penas cruéis, degradantes e desumanos». Tendo em conta que estamos a falar do *espaço penal europeu*, cujos Estados-Membros devem respeito aos direitos e liberdades fundamentais – art. 6.º do TUE –, parece-nos descontextualizada a prescrição destes dois motivos de recusa e a não inclusão de uma cláusula geral de não execução com fundamento na violação ou ofensa aos direitos fundamentais, permitida pela cláusula aberta do n.º 3 do art. 1.º da DQ. Só encontramos justificação na intenção da Lei n.º 65/03, de 23 de Agosto, obedecer ao imperativo constitucional do n.º 6 do art. 33.º da CRP. Curiosamente, no quadro da cooperação judiciária inter-

---

[475] Afirme-se que é o único resquício expresso da cláusula de não--descriminação. Quanto a este assunto *infra* § 15.º Da ofensa a direitos fundamentais.

[476] Quanto ao carácter absoluto da proibição de entrega de pessoa pro-curada ligado à protecção absoluta da vida JOSÉ MANUEL DAMIÃO DA CUNHA, *Constituição da República Anotada*, (Coord. de JORGE MIRANDA e RUI MEDEIROS), Coimbra Editora, 2005, p. 368 e GOMES CANOTILHO e VITAL MOREIRA, *Constituição da República Portuguesa Anotada*, 3.ª Edição, Coimbra Editora, 1993, pp. 210-211. Quanto à evolução do preceito constitucional, MÁRIO M. SERRANO, "Extradição", *in Cooperação Internacional Penal*, pp. 30 e ss..

nacional, o legislador português salvaguardou e equilibrou os interesses da segurança física e jurídica e os fins da realização da justiça e do restabelecimento da paz jurídica com a defesa e a garantia do direito à vida de qualquer cidadão – valor humana e democraticamente inalienável e intrínseco à cultura penalista portuguesa – ao prever que, no caso da infracção causa do pedido ser punida com pena de morte ou pena de que possa resultar lesão irreversível da integridade da pessoa, a extradição se pode efectuar desde que o Estado requerente comute previamente tais penas ou aceite que os tribunais portugueses procedam à conversão das penas à aplicável pela lei portuguesa àquele crime[477].

Atracados aos motivos de não execução obrigatória, a DQ prescreveu **motivos de não execução facultativa**. Motivos que dotam a AJ de execução de uma *potestas decidendi* livre e de refúgio face à quase automática vinculação de execução do MDE, tendo em conta ao agorentado controlo jurídico a que aquela estava, aparentemente, submetida. Motivos que não só equilibram os princípios da liberdade e da segurança, como servem de fiel da balança nesta demanda sacralizada da segurança da União e como escudo protector da ofensa aos direitos e liberdades fundamentais e como garantia de uma justiça não obtida a qualquer preço. Todavia, parece-nos que, não obstante a válvula de escape destes motivos, cuja verificação em concreto pende sobre a AJ de execução – iniciando-se no MP junto do TR competente –, existe um ou outro conflito de interpretação e de coerência normativa. Ora vejamos:

– **Inexistência da dupla incriminação** para as infracções que não constem da lista[478] do n.º 2 do art. 2.º da DQ, cuja

---

[477] Cfr. art. 6.º, n.º 1, als. *e*), *a*) e *c*) da LCJIMP. Quanto à não execução do MDE por ofensa a direitos fundamentais, *infra* § 15.º Da ofensa aos direitos fundamentais.

[478] Se a infracção disser respeito a contribuições e impostos, a infracções aduaneiras ou cambiais, o Estado de execução não pode recusar a execução com

execução do MDE fica sujeita *à condição de os factos motivadores do mandado constituírem uma infracção* no Estado-Membro de execução, como estipula o n.º 4 do art. 2.º da DQ – nos termos da 1.ª parte do n.º 1 do art. 4.º da DQ e da al. *a*) do n.º 1 do art. 12.º da Lei n.º 65/03. Contudo, registe-se que, na linha do n.º 2 do art. 6.º da Convenção de Dublin, a condição da dupla incriminação não se aplica à natureza das contribuições e impostos e ao conteúdo da regulamentação, sendo que, nos Estados-Membros, se encontram no ordenamento jurídico interno diversas incriminações fiscais[479] – nos termos da 2.ª parte do n.º 1 do art. 4.º da DQ e n.º 2 do art. 12.º da Lei n.º 65/2003.

– **Decurso de um duplo procedimento penal** pelo mesmo facto – art. 4.º, n.º 2 da DQ e al. *b*) do n.º 1 do art. 12.º da Lei n.º 65/03 – *i. e.*, se existir sobre a pessoa procurada um processo crime a decorrer com base no facto que motivou o MDE, a AJ de execução pode recusar a execução do mandado. Este motivo tem como fundamento a competência penal do Estado-Membro de execução quanto ao facto *sub judice* e a pessoa não ser processada duas vezes pelo mesmo facto.

– A constatação de que existem **causas que obstam a posterior procedimento criminal** – quando o facto fundamento do MDE foi motivo de um processo crime no Estado-Membro de execução e a AJ competente desse Estado decidiu arquivar o procedimento ou a AJ competente desse Estado para acção penal não tiver instaurado o respectivo processo ou o facto já

---

fundamento da legislação do mesmo não impor o mesmo tipo de impostos e contribuições ou não prever o mesmo tipo de regulamentação – 2.ª parte do n.º 1 do art. 4.º da DQ.

[479] Quanto a Portugal, artigos 87.º-105.º do RGIT, aprovado pela Lei n.º 15/2001, de 5 de Junho.

Questões de Fundo   189

tiver sido submetido a julgamento definitivo em outro Estado-Membro, o que, na obediência do princípio *ne bis in idem* impede um ulterior procedimento – nos termos do n.º 3 do art. 4.º da DQ e das als. *c)* e *d)* do n.º 1 do art. 12.º da Lei n.º 65/03.

– A **prescrição da acção penal ou da pena** – nos termos do n.º 4 art. 4.º da DQ e al. *e)* do n.º 1 do art. 12.º da Lei n.º 65/03 –, ou seja, se o facto que originou o MDE estiver abrangido pelo instituto da prescrição – instituto promotor da paz jurídica da comunidade ou do perdão legalmente aceite e admitido pelo povo – nos termos da legislação penal do Estado-Membro de execução e este for competente para conhecer do facto no quadro criminal, a AJ de execução pode recusar a execução do respectivo mandado.

– A constatação do **princípio *ne bis in idem*** (relativizado) – se a pessoa procurada tiver sido julgada sobre o facto motivo do mandado em um Estado terceiro, desde que, tendo havido condenação, a pena tenha sido cumprida, esteja em curso o cumprimento da mesma ou, face às leis do Estado de condenação, já não possa ser cumprida, a AJ de execução pode recusar a execução do mandado[480] – nos termos do n.º 5 do art. 4.º da DQ e al. *f)* do n.º 1 do art. 12.º da Lei n.º 65/03. Não omitindo em momento ulterior a nossa posição, referimos, em súmula, que se relativiza o princípio *ne bis in idem* se o julgamento tiver decorrido em um Estado terceiro, reduzindo a esfera protectiva e a dignidade de que este princípio é merecedor.

– **Os elementos (espaciais) da nacionalidade ou residência** – podem influir a AJ de execução a recusar a execução do MDE se este tiver como escopo mediato o cumprimento de

---

[480] Quanto ao princípio *ne bis in idem infra* § 13.º.

pena ou de medida de segurança privativa da liberdade[481], desde que o Estado de execução se comprometa a executar a sanção – nos termos do n.º 6 do art. 4.º da DQ e al. *g)* do n.º 1 do art. 12.º da Lei n.º 65/03. Releva alcovitar se a sanção – pena ou medida de segurança privativa da liberdade superior a 4 meses – deve ter sido proferida por um tribunal do Estado-Membro da AJ de emissão ou se pode ter sido proferida por um tribunal de outro Estado-Membro. A DQ e as leis de transposição portuguesa, espanhola[482] e italiana[483] não dão resposta a esta questão, todavia importa reter a competência para emissão de um MDE: a DQ estipula que compete aos Estados-membros determinarem a autoridade judiciária competente para emitir um mandado de detenção europeu e nos termos da legislação desse Estado, ou seja, se o mandado de detenção europeu for emitido pela AJ competente do Estado de emissão e se a legislação desse Estado prever o cumprimento de sanções penais proferidas por tribunais estrangeiros e, em especial, de um Estado--Membro e, desde que o mandado tenha como efeito o cumprimento da pena ou medida de segurança privativa da liberdade, parece-nos admissível que a sanção possa ter sido proferida por um tribunal competente dentro de um processo penal democrático e fundeado no princípio do acusatório e no respeito pelo art. 6.º da CEDH.

---

[481] Há a referir que a nacionalidade e a residência, que aqui revestem a natureza de motivo de não execução facultativa, podem, no âmbito do procedimento penal funcionar como garantias a prestar pelo Estado de emissão no sentido de reenvio da pessoa entregue para audição – n.º 3 do art. 5.º da DQ e al. *c)* do art. 13.º da Lei n.º 65/03.

[482] Cfr. al. *f)* do n.º 2 do art. 12.º da Ley 3/2003 de Espanha.

[483] Cfr. al. *r)* do art. 18.º da Lei n.º 4246 aprovada em 12 de Maio de 2004, de Itália.

– A prevalência do **princípio ou da cláusula da territorialidade** – confirma-se quando toda ou parte da infracção originadora do mandado tenha sido cometida no território do Estado--Membro de execução ou fora do Estado-Membro de emissão e o Estado-Membro de execução «não autorize o procedimento penal por uma infracção idêntica praticada fora do seu território»[484] – nos termos do n.º 7 do art. 4.º da DQ e al. *h)* do n.º 1 do art. 12.º da Lei n.º 65/03[485]. Poder--se-á referir que, não obstante a cláusula da territorialidade abraçar todas as infracções penais, ganha destaque quanto às infracções alcofadas na «lista», que, neste campo, estão sujeitas ao princípio da dupla incriminação.

Acresce que devemos não olvidar que os **motivos de não execução facultativa não vinculam a AJ de execução a não proceder à detenção e entrega**, pois conferem-lhe, como referimos, uma *potestas decidendi* dentro da liberdade e independência de convicção e de decisão que lhe é comummente reconhecida, mas **vinculam-na a perpetrar um juízo jurídico de hermenêutica profundo** e de **ponderação da tutela de interesses juridicamente protegidos em conflito** – a protecção de bens jurídicos em confronto com o crime e a protecção de interesses humanos face ao *ius puniendi* – sob pena de objectivarmos ainda mais o objecto em que se metamorfoseou a pessoa humana.

De notar é o facto dos motivos de não execução facultativa poderem ser afastados pelo consentimento da pessoa objecto do MDE, não obstante a DQ nada expressar quanto ao afastamento daqueles pelo consentimento prestado. Defendemos que há motivos

---

[484] Com uma análise mais aprofundada *infra* § 12.º Do princípio da dupla incriminação.

[485] No mesmo sentido a legislação italiana – al. *p)* do art. 18.º – e a legislação espanhola – als. *f)* e *g)* do n.º 2 do art. 12.º.

192   *Do Mandado de Detenção Europeu*

de não execução facultativa que ornam o nosso património europeu dos direitos fundamentais e que são parte integrante das ordens jurídico-constitucional e jurídico-internacional, não estando, desta forma, na disponibilidade da pessoa objecto do mandado. Contudo, como expressa a lei espanhola[486], há um motivo que pode ser afastado pelo consentimento da pessoa objecto do MDE: o local do cumprimento da pena ou da medida de segurança privativa da liberdade – não nos melindra que a pessoa, nacional ou residente em Portugal, consinta ou deseje cumprir a sanção no Estado-Membro de emissão, excepto se a AJ de execução considerar que aquele Estado não garante um cumprimento da sanção dentro dos parâmetros ínsitos ao respeito da dignidade da pessoa humana.

II. Adite-se que a AJ de execução detém o poder de submeter a execução do mandado de detenção europeu à concretização de condições ou prestação de garantias por parte da AJ e do Estado--Membro de emissão – garantia de recurso ou de novo julgamento, garantia de revisão da pena ou de aplicação de medidas de clemência e garantia de devolução da pessoa procurada ao Estado-Membro de execução[487] –, sob pena de não execução do mandado[488].

As garantias previstas no art. 5.º da DQ procuram minimizar as divergências do direito penal que mais afectam os direitos, liberdades e garantias fundamentais do cidadão e minorar o perigo de criar espaços em que a punibilidade da infracção fosse despro-

---

[486] Cfr. al. *f)* do n.º 2 do art. 12.º da Ley 3/2003 de Espanha.

[487] Refira-se que, conquanto as leis portuguesa – art. 13.º – e italiana – art. 19.º – previram as três garantias enumeradas no art. 5.º da DQ, já a lei espanhola – art. 11.º – apenas previu as duas últimas garantias – garantia de revisão da pena ou de aplicação de medidas de clemência e garantia de devolução da pessoa procurada ao Estado-Membro de execução.

[488] Quanto às garantias a prestar pelo Estado-Membro de emissão, com maior desenvolvimento, *supra* §5.º Do equilíbrio dos princípios Liberdade--Segurança, ponto β. Do equilíbrio liberdade e segurança.

porcionalmente visível entre o Estado de execução e o de emissão, o que podia aguçar os espíritos justiceiros a recorrer ao MDE ou a sugerir o recurso ao MDE para certo tipo de crimes e de criminosos – desde logo etiquetados pelo odor ou pela cor ou pela ascendência –, ou seja, procura evitar que a execução do MDE lhe traga uma agravação da posição jurídica processual penal que não se verificaria caso não fosse executado o respectivo mandado.

As garantias referidas a serem prestadas pelo Estado de emissão não só são condições de entrega a verificarem-se no caso concreto para a execução do MDE, como também são vértices de harmonização do direito penal substantivo e adjectivo que influem no exercício do direito à liberdade física dos cidadãos europeus (ou residentes na Europa) e limites ao princípio da segurança e da eficácia prosperado nos últimos anos na União.

III. O MDE baseia-se no *princípio do reconhecimento mútuo* que pressupõe o princípio da *confiança mútua* entre os Estados--Membros, sendo que a questão, problemática por si só, se agrava, por um lado, com a sua imposição face às divergências – e quantas vezes profundas – existentes entre os sistemas jurídico-penais dos Estados-Membros, por outro com a *abolição do princípio da dupla incriminação* e, ainda, com a *supressão da cláusula de não--descriminação*. A materialização do princípio da confiança mútua, que não se decreta, antes constrói-se passo a passo e não com «saltos» ou «vuelcos» jurídicos, apresenta-se como condição de entrega da pessoa objecto do mandado de detenção europeu.

A confiança mútua conquista espaço jurídico e judiciário por duas ordens de razão: a primeira detém-se com o direito penal do Estado-Membro de emissão qualificar a conduta como crime e com a limitação da AJ de execução se ater com o enquadramento jurídico-criminal identificado e determinado pela AJ de emissão, não podendo questionar a indispensabilidade e a necessidade da incriminação da conduta ou a sua conformação ou não com os

194   *Do Mandado de Detenção Europeu*

pressupostos das causas de justificação ou de exculpação – pois, poderá acontecer que a conduta base do mandado, constante da lista, seja crime em um Estado-Membro e não em outro Estado--Membro e a relevância das causas de justificação ou de exculpação difiram de espaço para espaço estatal; a segunda, como reverso da primeira, prende-se com a AJ de execução estar vinculada ao direito interno do seu Estado na execução do MDE, em especial no que concerne aos direitos fundamentais da pessoa detida e a entregar.

A AJ de execução portuguesa – a que terá o ónus imediato de privar da liberdade uma pessoa – não só deve obediência aos princípios jurídico-processuais penais constitucionalizados – do acusatório, da presunção de inocência, do contraditório, da audiência, do respeito pelos direitos fundamentais, da lealdade, da igualdade de armas, da legalidade e da oportunidade, da oficialidade, do juiz natural e, em especial, da liberdade – como deve obediência ao imperativo de realização da justiça sem injustiça, *i. e.*, estando limitada à qualificação jurídico-criminal do facto da AJ de emissão e tendo a convicção de que existe uma causa de exclusão da culpa ou de justificação da ilicitude, deve diligenciar no sentido de encontrar um motivo de não execução ou a imposição de prestação de garantia, realizando a justiça por não contribuir para a punição de uma pessoa que em sede de um julgamento justo e equitativo e democrático jamais seria condenada.

IV. Os escopos da *simplicidade* e da *celeridade*, que se pretendem com o MDE, dificilmente seriam alcançados na manutenção absoluta do **princípio da dupla incriminação**. Não olvidemos que a dupla incriminação da conduta é uma garantia fundamental do cidadão da qual não se deve abrir mão de ânimo leve e sem que se criem travões à onda de securitarismo e de repressão que se vive na União, para que a construção do desejado espaço penal comum não seja um rasurado de intenções securitárias que tem como principal instrumento de implementação o direito penal. A opção adoptada enraizou-se numa solução de consenso e de «meio-termo», *i. e.*, optou-se por uma abolição relativa ou *parcial*[489] do princípio da dupla incriminação[490].

A DQ optou – linha seguida pela Lei n.º 65/2003 – por uma *solução de compromisso* entre a abolição geral da dupla incriminação – defendida pela Comissão, por considerar que se punha em causa o reconhecimento mútuo com a manutenção da dupla incriminação – e a exigência da dupla incriminação por ser uma garantia fundamental irrenunciável. Por um lado, criou-se uma *lista de infracções* em que o princípio da dupla incriminação é abolido, desde que aquelas infracções sejam punidas nos Estados-Membros de emissão com pena ou medida de segurança privativa da liberdade de duração não inferior a 3 anos – n.º 2 do art. 2.º da DQ e n.º 2 do art. 2.º da Lei n.º 65/2003 – e, por outro, a DQ deixa a faculdade aos legisladores dos Estados-Membros de exigirem a dupla incriminação para as infracções não constantes da lista e para as que sejam punidas com pena ou medida de segurança privativas da liberdade com duração máxima inferior a três anos – n.º 4 do art. 2.º da DQ e n.º 3 do art. 2.º da Lei n.º 65/2003. A dupla incriminação vigora no espaço europeu para as designadas infracções merecedoras de censurabilidade jurídico-criminal diminuta.

A abolição parcelar ou relativa da dupla incriminação – cujo espectro se espelha nas infracções de maior censurabilidade jurídico-criminal e que agridem bens jurídicos individuais e supra-individuais de tutela jurídico-constitucional e, até mesmo, jurídico-internacional – **facilita e torna célere a entrega da pessoa procurada**, evitando-se os longos processos de extradição que niilificavam os direitos e liberdades fundamentais, e fomenta uma aproximação física entre as AJ de emissão e de execução que não se esgrimam em argutos de longa escrita doutrinária e jurisprudencial lesando e objectivando a pessoa procurada.

---

[489] O adjectivo «parcial» é utilizado por RICARDO J. BRAGANÇA DE MATOS, "O Princípio do Reconhecimento...", *in RPCC*, Ano 14, n.º 3, p. 348.

[490] Quanto ao princípio da dupla incriminação *infra* § 12.º Do princípio da dupla incriminação.

V. A DQ não determinou de forma expressa a vigência da **cláusula de não-discriminação**[491], podendo originar a interpretação perigosa de que a cláusula fora derrogada do espaço judiciário penal da União. Clamorosamente se verifica que vários Estados-Membros[492] não prescreveram a cláusula de não-discriminação, embora possam socorrer-se da sua constitucionalização e da prevalência do texto constitucional sobre o direito infra-constitucional.

A salvaguarda dos direitos fundamentais e da cláusula de não-discriminação – consagrada no n.º 2 do art. 3.º da Convenção Europeia de Extradição de 1957, no art. 5.º da Convenção Europeia para a Repressão do Terrorismo e no n.º 3 do art. 5.º da Convenção de Dublin – não pode ser entendida como suprimida no quadro do MDE, sob pena do Estado que não respeitar esta cláusula ser responsabilizado pelo TEDH por violação da CEDH, cuja interpretação de qualquer norma da DQ do MDE deve ser conforme àquela Convenção[493].

Na decisão de execução do MDE, a AJ de execução deve ater-se com a protecção da pessoa procurada, tutela jurisdicional infimamente vertida no conteúdo e na essência dos direitos fundamentais, e deve decidir pela não execução do MDE sempre que da sua execução resulte uma agressão daqueles em geral e da cláusula em especial.

---

[491] Com um maior aprofundamento e na defesa da vigência da cláusula de não-discriminação e da supremacia dos direitos fundamentais na prossecução da cooperação judiciária, em especial do MDE, *infra* §15.º Da ofensa a direitos fundamentais.

[492] Portugal e Espanha não prescreveram a cláusula de não-discriminação, contudo a Itália prescreveu-a na al. *a*) do art. 18.º e como motivo de não execução do MDE. Quanto à preocupação de inscrição da cláusula de defesa e garantia dos direitos fundamentais em geral e da cláusula de não-discriminação, cfr. Relatório da Comissão das Liberdades Cívicas, da Justiça e dos Assuntos Internos, de 22 de Setembro de 2005.

[493] Quanto a este assunto ANABELA MIRANDA RODRIGUES, "O Mandado de Detenção...", *in RPCC*, Ano 13, n.º 1, pp. 49-50.

§9.º Da interpretação da Decisão-Quadro

I. O MDE, fruto do aprofundamento das relações judiciárias entre as AJ dos Estados-Membros e da confiança mútua que se tem gerado, representa, por um lado, um "«salto» qualitativo"[494] ou um "«vuelco jurídico»"[495] que afecta direitos, liberdades e garantias – em especial a liberdade individual da pessoa – e, por outro, a solidificação da construção do espaço penal europeu sob os auspícios de uma política securitária que vai regendo a política criminal[496] quase ausente no labor contínuo da edificação de um espaço de liberdade, segurança e justiça. O MDE colide imediata e mediatamente com os direitos fundamentais do cidadão e afecta a liberdade individual da pessoa procurada por ser suspeita ou por ter praticado uma das infracções criminais passíveis de fundamentarem a emissão de um mandado[497].

A «manutenção e o desenvolvimento da União enquanto espaço de liberdade, de segurança e de justiça» – inciso IV do art. 2.º do TUE – e «facultar aos cidadãos um elevado nível de protecção» – art. 29.º do TUE – são objectivos da União Europeia que assentam

---

[494] Expressão de ANABELA MIRANDA RODRIGUES, "A Emergência de Um «Direito Penal Europeu» …", *in Estratégia*, n.ºs 18-19, p. 149.

[495] Cfr. EMILIO JESÚS SÁNCHEZ ULLED, "Cooperación Judicial Internacional…", *in Aquilafuente – Ediciones Universidad Salamanca*, n.º 40, p. 144.

[496] No sentido de que a política criminal embarca no navio da política securitária, cujas segurança e eficácia se sobrepõem à liberdade individual, com uma visão hassemeriana, AUGUSTO SILVA DIAS, "De que Direito Penal Precisamos…", *in RPCC*, Ano 14, n.º 3, pp. 317-318.

[497] Cfr. n.º 1 do art. 1.º e art. 2.º da DQ.

no princípio da liberdade[498] – cuja privação e restrição deve ser excepcional, necessária e não como meta para satisfazer a "opinião pública veiculada pelos media quando não pelos mesmos construída para satisfação e conquista do seu público ávido de escândalos"[499] –, no princípio da democracia – cujo aprofundamento implica uma igualdade em dignidade –, no princípio do respeito pelos direitos do Homem e pelas liberdades fundamentais, cabendo-lhe ainda respeitar os direitos fundamentais tal como os garante a CEDH – nos termos dos n.ºs 1 e 2 do art. 6.° do TUE. Neste sentido a emissão e a execução do MDE tem de representar um aprofundamento dos princípios em que assenta a União sob pena de se desmoronarem e corroerem as traves mestras da construção da União que, também, é uma construção penal comum.

A liberdade da pessoa e os direitos fundamentais pessoais afectados pelo MDE – a intimidade da vida privada, o bom nome, a reputação, a integridade física e, até mesmo, a vida – não podem ser maniatados e manuseados como meros instrumentos de *potestas*, pois a interpretação e a aplicação das normas atinentes ao MDE têm de ser conformes ao espírito de protecção e de salvaguarda da CEDH, à qual se encontra vinculada a União.

---

[498] A liberdade enquanto princípio engancha o desiderato de desenvolvimento do homem enquanto ser humano dotado de dignidade, que o realize integralmente. Neste sentido MIGUEL JOSÉ FARIA, *Direitos Fundamentais e Direitos do Homem*, 3.ª Edição, ISCPSI, Lisboa, 2001, p. 127, nota 122, MANUEL M. G. VALENTE, Processo Penal – Tomo I, Almedina, 2004, pp. 237-242 e REINHOLD ZIPPELIUS, *Teoria Geral do Estado*, (Trad. KARIN PRAEFKE-AIRES COUTINHO), 3.ª Edição, Fundação Calouste Gulbenkian, Lisboa, 1997, p. 452, que segundo este autor o Estado tem, no plano da liberdade, a obrigação de «facultar aos indivíduos as condições para poderem conformar a sua existência de modo digno e humano".

[499] GERMANO MARQUES DA SILVA, "O Direito Penal em Crise de Mudança", *in O Direito Contemporâneo em Portugal e no Brasil*, Almedina, Coimbra, 2003, p. 291.

Face ao perigo de grave lesão de direitos fundamentais pessoais e à danosidade social emergente da lesão possível, impende sobre as AJ de emissão e, muito em especial, às AJ de execução uma *interpretação da Decisão-Quadro* – e até mesmo das *leis de implementação* – não só *restritiva* quanto ao âmbito material e adjectivo da decisão de emissão ou de execução de um MDE[500], como também uma interpretação *conforme à CEDH e às leis fundamentais* de cada Estado-Membro, em especial com as normas que respeitam aos direitos, liberdades e garantias do cidadão[501].

II. As normas que restringem direitos fundamentais – cuja função principal "consiste em proteger um espaço de liberdade individual contra a ingerência do poder do Estado e contra a sua expansão totalitária"[502] – não podem ser interpretadas de forma extensiva, sob pena de a interpretação gerar uma violação grave a um direito fundamental, consagrado na CEDH e na Lei Fundamental de um dos Estados-Membros, diminuindo-se a extensão e o alcance do conteúdo essencial da tutela jurídico-constitucional e jurídico-

---

[500] A interpretação restritiva das normas que restrinjam o exercício de direitos, liberdades e garantias advém da ideia base que a restrição ou a privação do direito à e de liberdade individual deve ser proporcional *lato sensu* – adequada, necessária e exigível, proporcional *stricto sensu* (juízo de razoabilidade) – e deve respeitar o conteúdo e o alcance de cada direito, sob pena de o desnudarmos e de o niilificarmos.

[501] O carácter supremo das leis fundamentais impõe-se "como ditame cujo respeito é forçoso como igualmente se mostra passível de ser um elemento auxiliar na tarefa interpretativa das fontes infra-constitucionais". Cfr. Jorge Bacelar Gouveia, *Manual de Direito Constitucional*, Vol. I, p. 662.

[502] Cfr. Reinhold Zippelius, *Teoria Geral ...*, p. 419. Quanto às funções dos direitos fundamentais – função de defesa e liberdade, função de prestação social, função de protecção perante terceiros e função de não discriminação –, J. J. Gomes Canotilho, *Direito Constitucional e Teoria da Constituição*, 3.ª edição, Almedina, Coimbra, 1999, pp. 383-386.

-internacional do direito afectado[503]. Devendo a restrição de um direito fundamental ser excepcional e só admissível em sede de necessidade para protecção de um interesse de igual ou superior valor constitucionalmente consagrado – n.º 2 do art. 18.º da CRP –, onera-se o intérprete e o aplicador da norma restritiva, realizada a «concordância prática» entre os dois bens jurídicos em confronto em que se ressalva o máximo de cada um sem que algum seja sacrificado totalmente[504], a não enveredar por uma interpretação extensiva ou analógica – deve-se seguir o postulado *odiosa sunt restringenda*, tendo em conta o carácter restritivo das restrições. Acresce que existindo a dúvida quanto ao direito fundamental a vingar inculca-se que se opte pelo direito que melhor protege e beneficia a pessoa procurada, concretizando-se o princípio *in dubio pro libertate* na sua máxima dimensão ao se sobrepor o direito à restrição e ao direito fundamento da restrição[505].

O MDE colide com direitos fundamentais pessoais, em especial direito à liberdade, à integridade física, à legalidade penal, a um processo equitativo e justo, à reserva da intimidade da vida

---

[503] Neste sentido JORGE MIRANDA afirma que "**as leis restritivas devem ser interpretadas**, senão restritivamente, pelo menos **sem recurso à interpretação extensiva e à analogia**". Cfr. JORGE MIRANDA, *Manual de Direito Constitucional – Tomo IV – Direitos Fundamentais*, 3.ª edição, Coimbra Editora, 2000, p. 340. Negrito nosso.

[504] Quanto a este assunto J. J. GOMES CANOTILHO, *Direito Constitucional e Teoria da Constituição*, 3.ª edição, Almedina, Coimbra, 1999, p. 1150. Como ensina o ilustre Mestre, o princípio da concordância prática tem como campo de eleição os direitos fundamentais que estando em colisão se "impede, como solução, o sacrifício de uns em relação aos outros, e impõe o estabelecimento de limites e condicionamentos recíprocos de forma a conseguir uma harmonização ou concordância prática entre estes bens".

[505] Cfr. JORGE MIRANDA, *Manual de Direito Constitucional – Tomo IV...*, p. 340. Quanto ao princípio *in dubio pro libertate*, J. CARLOS VIEIRA DE ANDRADE, *Os Direitos Fundamentais na Constituição Portuguesa de 1976*, 3.ª Edição, Almedina, Coimbra, 2004, p. 309 e nota 60.

privada e familiar de consagração constitucional e internacional, *maxime* CEDH. Da jurisprudência do TEDH retira-se que, nas relações de cooperação judiciária europeia em matéria penal entre os Estados Partes da Convenção, os Estados estão obrigados a controlar e a evitar qualquer agressão a direitos fundamentais de qualquer cidadão quer no cenário do direito interno quer no cenário do direito de outro Estado com o qual se relaciona[506]. A Decisão--Quadro sobre o MDE deve ser interpretada em conformidade com a CEDH, sob pena da AJ de execução executar um mandado e entregar uma pessoa para que a AJ de emissão proceda criminalmente com a violação do princípio de um processo equitativo e justo – n.º 1 do art. 6.º da CEDH – ou para cumprimento de pena cruel ou desumana – *p. e.*, exposição em praça pública, violando-se o art. 3.º da CEDH – e de sujeitar o Estado-Membro de execução a ser responsabilizado "por ricochete"[507].

A interpretação das normas do MDE previstas na DQ conforme a CEDH retira-se, desde logo, dos considerandos 10 e 12 da DQ, sendo que este último remete também para a Carta dos Direitos Fundamentais da União Europeia. Os considerandos desterram a ideia de qualquer interpretação contrária aos princípios da liberdade, da democracia e do respeito pelos direitos fundamentais e à protecção e promoção dos direitos, liberdades e garantias consagrados na CEDH. Caso se verifique uma interpretação contrária à CEDH gera-se um motivo de responsabilidade a desenvolver pelo TEDH.

---

[506] Quanto a este assunto ANABELA MIRANDA RODRIGUES, "O Mandado de Detenção Europeu...", *in RPCC*, Ano 13, n.º 1, p. 49. Refira-se que o TEDH, como ensina JÓNATAS MACHADO, reforça a tutela dos direitos fundamentais dos cidadão e, sequentemente, a personalidade jurídica internacional, por "serem titulares de direitos fundamentais internacionalmente consagrados, directamente aplicáveis e judicialmente exequíveis". Cfr. JÓNATAS MACHADO, *Direito Internacional...*, p. 335.

[507] SERGE DE BIOLLEY *apud* ANABELA MIRANDA RODRIGUES, "O Mandado de Detenção Europeu...", *in RPCC*, Ano 13, n.º 1, pp. 49-50 e nota 74.

PARTE II

DOS DIREITOS E DAS GARANTIAS DOS CIDADÃOS À LUZ DO MANDADO DE DETENÇÃO EUROPEU EM PORTUGAL

CAPÍTULO I

DOS DIREITOS E GARANTIAS EM GERAL

§10.º Do primado dos direitos, liberdades e garantias fundamentais e o mandado de detenção europeu

I. A (nova) figura do mandado de detenção europeu infere, directa e indirectamente, no gozo e no exercício de direitos e liberdades e garantias fundamentais[508] de tutela jurídico-constitucional e jurídico-internacional, espartilhando-os com o intuito de dotar as autoridades judiciárias no espaço da União de um instrumento jurídico capaz de fomentar uma cooperação facilitada e célere que concrecione o desiderato do espaço de liberdade, de segurança e de justiça.

---

[508] Cumpre esclarecer, na esteira de GOMES CANOTILHO e VITAL MOREIRA, que os **direitos** encerram os *direitos naturais* – genéticos ao homem, como a vida, a integridade física – e os que se encontram ligados ao *status activus* do indivíduo – aqueles que "visam o indivíduo como participante activo na vida política" –, conquanto as **liberdades** subsomem-se à ideia de *status negativus* procurando-se "defender a esfera jurídica dos cidadãos perante a intervenção ou agressão dos poderes públicos" e as **garantias** visam a faculdade (ou direito) de exigir dos poderes públicos a "*protecção* dos seus direitos" e o "reconhecimento dos *meios processuais* adequados" ao escopo da protecção. Cfr. GOMES CANOTILHO e VITAL MOREIRA, *Constituição da República...*, 3.ª Edição, p. 111.

O princípio do primado dos direitos, liberdades e garantias sobrepõe-se a qualquer tentativa de atropelamento dos mesmos, ainda que essa fosse a solução para manter e desenvolver aquele desiderato da União, *i. e.*, não se pode abdicar a qualquer custo de um património comum europeu, cuja edificação fora amarga, que limite a força do *ius puniendi*[509]. Não só a atrocidade das penas é "oposta ao bem público e ao próprio fim de impedir os delitos"[510], como ensina BECCARIA, como também a atrocidade dos meios de procedimento penal e de execução de sanções se denota ser contrária à prevenção geral (positiva e negativa) e à prevenção especial positiva.

Os direitos, liberdades e garantias prevalecem em prejuízo da *verdade material* – a reserva da intimidade da vida privada releva de modo superior face à obtenção da prova por meio de escutas telefónicas automatizadas, sem autorização de um juiz, ou por meio de apreensão e abertura de correspondência pelo OPC ou por meio de busca domiciliária, sem autorização de um juiz ou sem estarem preenchidos os pressupostos do estado de necessidade ou sem os pressupostos jurídico-constitucionais e processuais que justificam a imediata intervenção policial – que deve ser subtraída à influência da acusação e da defesa e "ser antes de tudo uma verdade *judicial, prática* e, sobretudo, não uma verdade obtida a todo o preço mas *processualmente válida*"[511].

---

[509] Relembramos a expressão beccariana de que "toda a pena que não deriva da absoluta necessidade – diz o grande Montesquieu – é tirânica". Cfr. CESARE BECCARIA, *Dos Delitos e das Penas*, (Trad. JOSÉ DE FARIA COSTA), Fundação Calouste Gulbenkian, Lisboa, 1998, p. 64.

[510] CESARE BECCARIA, *Dos Delitos...*, p. 67.

[511] Cfr. JORGE DE FIGUEIREDO DIAS, *Direito Processual Penal*, (Colecção Clássicos Jurídicos), Coimbra Editora, 2004, pp. 193-194. Neste sentido, ensina CASTANHEIRA NEVES, ao afirmar que "o triunfo da *verdade material* implica igualmente a decisiva consequência de não poder fundar-se em juízo probatório senão na *prova efectiva* dos factos", o que afasta o arguido do *ónus da prova* (material) e, consequentemente, remete para o princípio *in dubio pro reo*. Cfr.

A *realização da justiça* não se compadece nem se compagina com a violação de direitos e liberdades fundamentais em geral nem com a agressão desnecessária e excessiva das garantias processuais, sob pena de se gerar uma não aceitação pela comunidade da acção punitiva e uma não asserção plena da *paz jurídica*, que é "mais perturbada pela violação das regras fundamentais da dignidade e da rectidão da actuação judiciária, pilares fundamentais da sociedade democrática, do que pela não repressão de alguns crimes"[512]. Acresce, na mesma linha de GERMANO M. DA SILVA, que a "*eficácia da justiça* é também um *valor* que deve ser perseguido, mas, porque numa sociedade livre e democrática *os fins nunca justificam os meios*, só será louvável quando alcançada pelo engenho e arte, nunca pela força bruta, pelo artifício ou pela mentira, que degradam quem as sofre, mas não menos quem as usa"[513]. Pois, mesmo no quadro do MDE, acima da descoberta da verdade – procedimento penal – e a realização da justiça – cumprimento de pena ou de medida de segurança privativa da liberdade – senta-se a liberdade e os direitos dos cidadãos, cuja garantia é uma das tarefas fundamentais do Estado – al. *b*) do art. 9.º da CRP[514] –, pois como elucida COSTA ANDRADE, "o estado de direito é posto mais em crise por uma violação da lei e do direito por parte daqueles a quem cabe aplicar a lei e o direito, do que por um criminoso que fica sem punição"[515].

A. CASTANHEIRA NEVES, *Sumários de Processo Criminal*, (lições policopiadas), Coimbra, 1968, p. 41.

[512] GERMANO MARQUES DA SILVA, *Curso de Processo Penal*, 2.ª Edição, Verbo, Lisboa/S. Paulo, 1998, Vol. II, pp. 160-161.

[513] GERMANO MARQUES DA SILVA, *Ética Policial e Sociedade Democrática*, Edição do ISCPSI, Lisboa, 2001, pp. 99-100. Itálico nosso.

[514] Conjugar este preceito com o comando do n.º 1 do art. 272.º da CRP. Quanto a este assunto, MANUEL M. G. VALENTE, *Processo Penal* – Tomo I, Almedina, Coimbra, 2004, p.174.

[515] MANUEL DA COSTA ANDRADE, "Escutas Telefónicas", *in I Congresso de Processo Penal – Memórias*, Almedina, Coimbra, 2005, p. 224.

208   *Do Mandado de Detenção Europeu*

II. A execução de um MDE priva, imediatamente, a pessoa procurada do direito à e de *liberdade* – detenção e entrega a AJ de emissão –, cuja prossecução se impõe que se desenvolva sob os auspícios dos princípios da legalidade[516], da excepcionalidade, da indispensabilidade, da proibição do excesso ou da proporcionalidade *lato sensu* – adequação, necessidade e exigibilidade e razoabilidade ou proporcionalidade *stricto sensu* – da subsidiariedade e, como máximo dos máximos, da constitucionalidade[517].

---

[516] Exige-se que a privação da liberdade por meio da detenção preencha os pressupostos materiais e formais do mandado, sob pena de *nulidade* – não identificação da pessoa a deter ou não descrição dos factos e da sua qualificação jurídica –, do exercício do direito de *resistência* ou de requerimento de *habeas corpus* por detenção ilegal. Quanto a este assunto, MANUEL M. G. VALENTE, *Processo Penal* – Tomo I, p. 297. Quanto ao princípio da legalidade da privação da liberdade – que como direito fundamental não deve ser atacável, mas "restringido nos termos de uma disposição legal que estabeleça de uma forma clara e nítida o alcance da limitação autorizada e as condições exigíveis para tal efeito" –, cuja acessibilidade e previsibilidade se impõem para que se evite o arbítrio, e na linha do TEDH, JOSÉ MARÍA ASENCIO MELLADO, "La Libertad de Movimientos como Derecho Fundamental", *in Derechos Procesales Fundamentales*, Manuales de Formación Continuada – n.º 22, 2004, Madrid, pp. 38-39.

[517] A privação da liberdade e a manutenção da privação devem ser *excepcionais*, devendo-se sempre optar por outras soluções que permitam ou garantam a entrega da pessoa – através da aplicação de uma medida de coacção não privativa da liberdade, *p. e.*, a vigilância electrónica [cfr. Lei n.º 122/99, de 20 de Agosto] ou a obrigação de permanência na habitação [art. 201.º do CPP]. Quanto ao princípio da excepcionalidade da privação da liberdade, emergente e inculcante de uma interpretação restritiva das normas processuais, JOSÉ MARÍA ASENCIO MELLADO, "La Libertad de Movimientos...", *in Derechos Procesales Fundamentales*, pp. 39-41.

O princípio da *indispensabilidade* da privação da liberdade sente-se com maior vigor no quadro da manutenção da privação da liberdade da pessoa procurada para posterior entrega e impele a AJ de execução nacional optar, sempre que seja possível e adequada à posterior entrega daquela à AJ de emissão, por libertar a pessoa procurada aplicando uma medida de coacção que garanta

Os efeitos da privação da liberdade da pessoa procurada reproduzem-se na esfera de outros direitos fundamentais pessoais: a reserva da intimidade da vida privada e familiar, a reputação e o bom nome sofrem um golpe não menos suave do que a própria liberdade individual. Golpe esse indirecto ou mediato, mas profundo, pois uma detenção ilegal não apaga o fogo nem desfaz o fumo da tela cognitiva dos membros da comunidade.

---

o fim imediato da entrega. Todavia, sabemos que, em muitos dos processos de entrega de pessoas procuradas, estas são objecto de processos penais quanto a factos muito graves e de condenações com penas elevadas, o que obriga ao Juiz relator a uma ponderação entre a liberdade e a realização não só da cooperação, como também da justiça. Ponderação esta que o onera a não ser excessivamente securitário e a desenvolver um raciocínio da proporcionalidade ampla, cuja a manutenção da detenção – privação da liberdade – seja adequada, necessária e exigível para o fim imediato – entrega à AJ de emissão – e cujo sacrifício da liberdade seja razoável, *i. e.*, proporcional *stricto sensu*. Impende sobre a AJ de execução nacional o dever de executar o MDE interpretando e aplicando as normas jurídico-processuais de acordo com a Constituição, devendo, assim, não executar o MDE sempre que este ofenda gravemente direitos, liberdades e garantias da pessoa procurada.

Quanto aos princípios da *excepcionalidade* e da *subsidiariedade* da privação da liberdade – cfr. n.° 2 do art. 28.° da CRP –, da *indispensabilidade* e da *necessidade* da privação da liberdade – cfr. art. 27.° da CRP – conjugados com o n.os 2 e 3 do art. 18.° e n.° 2 do art. 3.° e com o art. 1.° da CRP. Quanto ao princípio da proporcionalidade no âmbito da restrição dos direitos fundamentais e garantias processuais, aumentando-lhe a eficácia daqueles, CLAUS ROXIN, *Derecho Procesal Penal*, (Trad. de GABRIELA E. CÓRDOBA e de DANIEL R. PASTOR), Editores del Puerto, Beunos Aires, 2000, p. 12 e JOSÉ MARÍA ASENCIO MELLADO, "La Libertad de Movimientos..., *in Derechos Procesales Fundamentales*, pp. 41-42. A restrição dos direitos – como compressão ou amputação de faculdades compreendidas *a priori* no direito restringido – detém carácter fortemente restritivo, o que implica uma interpretação, senão restritiva da restrição, ao menos não extensiva ou analógica. Quanto a este assunto JORGE MIRANDA e RUI MEDEIROS (Coord.), *Constituição Portuguesa Anotada* – Tomo I, Coimbra Editora, 2005, p. 159 e JORGE MIRANDA, *Manual de Direito Constitucional* – Tomo IV, 3.ª edição, p. 340.

A detenção da pessoa procurada, a manutenção da privação da liberdade, com aplicação da medida de coacção de prisão preventiva, ou a libertação da mesma com aplicação de uma medida de coacção não privativa da liberdade, seguindo os pressupostos previstos no Código de Processo Penal, ter-se-á de fundar na ideia de que "o direito *processual penal é o sismógrafo* da Constituição"[518] e, como tal, jamais qualquer decisão do Juiz relator pode beliscar o respeito da *dignidade da pessoa humana* e, ainda, como materialização daquele princípio basilar de um Estado de direito e democrático, o direito amplo de defesa[519].

As normas processuais penais, não só as constantes do CPP, como também as que avultam na lei de implementação do MDE, são *direito constitucional aplicado*[520] e, desta feita, impende sobre a AJ de execução nacional o dever de protecção dos direitos fundamentais dentro da magnitude possível e compatível com a realização dos fins do MDE, sem que em algum caso se deifiquem estes. Cabe ao Juiz relator cumprir o comando constitucional de ser, neste processo concreto, o juiz dos direitos, das liberdades e garantias fundamentais, nos termos do n.º 4 do art. 32.º da CRP, e desenrolar todas as garantias de defesa que a pessoa procurada teria se fosse detida em flagrante delito ou fora de flagrante delito por ser suspeita da prática de um crime em território nacional: o direito ou princípio da audição[521], direito a ser informado das razões por que

---

[518] CLAUS ROXIN, *Derecho Procesal...*, p. 10. Itálico nosso.

[519] Quanto ao direito de respeito da dignidade humana e de defesa amplo como os mais importantes dos direitos autónomos do arguido ou imputado, CLAUS ROXIN, *Derecho Procesal...*, p. 11.

[520] HENKEL *apud* JORGE DE FIGUEIREDO DIAS, *Direito Processual Penal*, (Lições Coligidas por MARIA JOÃO ANTUNES), Coimbra, Editora, 1988-9, p. 35, nota 2.

[521] O direito de audição impõe que a mesma seja inteligível, ou seja, implica que se promova o *princípio da inteligibilidade* concrecionado no n.º 3 do art. 17.º da Lei n.º 65/2003 ao determinar a presença de intérprete. Quanto a

se encontra detido e os fins da detenção [n.º 1 do art. 28.º da CRP, art. 17.º e n.º 3 do art. 18.º da Lei n.º 65/2003], o direito a um processo célere [n.º 2 do art. 32.º da CRP] e os preceitos da lei de implementação referentes aos prazos para tomada de decisões, [22.º, n.º 1, 25.º, n.º 1, 26.º, 29.º n.º 2 e art. 30.º[522]], direito ao controlo e fiscalização de um juiz [n.º 4 do art. 32.º da CRP e artigos 18.º e 19.º da Lei n.º 65/2003], direito de recurso [n.º 1 do art. 32.º da CRP e art. 24.º da Lei n.º 65/2003], direito ao contraditório [n.º 5 do art. 32.º da CRP e art. 21.º da Lei n.º 65/2003].

III. Como reflexo do *primado da liberdade*, o art. 30.º da Lei n.º 65/2003 impõe a *cessação da detenção* da pessoa procurada sempre que tenham decorridos 60 dias após o seu início sem que tenha sido proferida pela AJ de execução nacional – tribunal da relação – decisão sobre a execução do MDE, sendo que o prazo se eleva para 90 dias se tiver havido recurso da decisão sobre a execução do MDE e para 150 dias se houver recurso para o TC, podendo substitui-la por medida de coacção prevista no CPP.

Embora se considere que a ideia de *celeridade* da cooperação judiciária europeia em matéria penal rege o instituto do MDE, parece-nos que os *prazos* de cessação automática da detenção são demasiado longos face à ideia ou à sua natureza precária e tem-

---

este princípio a AP de Barcelona de 3 de Maio de 2002 *apud* Silvia Barona Vilar, "Garantías Y Derechos de los Detenidos", *in Derechos Procesales Fundamentales*, (Manuales de Formación Continuada – n.º 22), pp. 63-64. Quanto ao direito ou princípio da audição como fixidez e concretização do princípio do contraditório, Jorge de Figueiredo Dias, *Direito Processual...*, (Colecção Clássicos Jurídicos), pp. 152-154.

[522] A pessoa procurada, caso não haja decisão proferida pelo tribunal competente, só pode ser mantida detida no *prazo máximo* de 150 dias a contar desde o início, devendo cessar a privação da liberdade e podendo a detenção ser substituída por uma medida de coacção prevista no CPP, conforme n.ºs 3 e 1 do art. 30.º da Lei n.º 65/2003.

porária, quando o legislador trilhou um carreiro que a AJ de execução nacional não deve olvidar: optar por aplicar uma das medidas de coacção privativa ou não da liberdade tipificadas no CPP[523], evitando-se a opção por esse carreiro após longos dias de detenção. Acresce que esta detenção, fundada em um MDE, orna um novo tipo de detenção não configurante com as tipologias de detenções – em flagrante delito, fora de flagrante delito, para identificação –, cuja apreciação e validação do juiz contende com a decisão de aplicação de uma medida de coacção privativa da liberdade – prisão preventiva[524] – ou de natureza diversa, mesmo que restritiva da liberdade – *p. e.*, obrigação de permanência em habitação – ou para a restituição à liberdade[525], tendo em conta o período de tempo em que se pode manter sem que seja decidida a execução ou não do MDE, não obstante de a AJ de execução já ter ouvido a pessoa, validado a detenção e decidido mantê-la.

Considerando o carácter ou a natureza precária e temporária da detenção, parece-nos *excessivo o prazo* em que a pessoa se encontra na situação jurídica de «detida», devendo-se, desta feita, optar por clarificar a situação da pessoa procurada libertando-a com aplicação de uma medida de coacção restritiva da liberdade ou não ou, para pessoas procuradas por crimes de elevada e *altíssima e especialíssima perigosidade*[526] – como crimes de terrorismo, de tráfico de armas, de droga – aplicando-lhe a medida de coacção prisão preventiva.

---

[523] Cfr. *in fine* do n.º 3 do art. 18.º da Lei n.º 65/2003.

[524] Adite-se que a medida de coacção prisão preventiva é *excepcional* e, havendo outra capaz de responder com adequação aos fins da detenção – *in casu*, a entrega à AJ de emissão –, deve o Juiz relator optar por a medida de coacção menos gravosa para os direitos, liberdades e garantias da pessoa – nos termos do n.º 2 do art. 28.º da CRP.

[525] Cfr. n.º 1 do art. 28.º da CRP.

[526] Quanto à concepção de crimes de *altíssima e especialíssima perigosidade*, JORGE DE FIGUEIREDO DIAS, *Comentário Conimbricence do Código Penal – Parte*

Dos Direitos e Garantias dos Cidadãos à Luz do Mandado...   213

O mandado de detenção europeu, como instrumento de cooperação judiciária em matéria penal que afasta o velho instituto da extradição, que no espaço da União ganhara uma maior simplificação e celeridade ao longo dos últimos dez anos, e como instrumento privativo da liberdade individual de uma pessoa procurada para ser submetida a procedimento penal ou para cumprimento de pena ou medida privativas da liberdade, onera a AJ de execução nacional a interpretar as normas da lei de imple-mentação nacional conforme a constituição e, muito em especial, com aquelas que dizem respeito aos direitos, liberdades e garantias, que se sobrepõem a qualquer desiderato de descoberta da verdade ou de realização de justiça, e com o art. 18.º, n.ºs 2 e 3 da CRP[527], que inculcam o intérprete à obrigação de não restringir aqueles de forma excessiva e de forma que desgarre a extensão e o alcance do conteúdo jurídico--constitucional e jurídico-internacional – CEDH, DUDH e PIDCP – das normas que aqueles tutelam.

Especial – Tomo II, (Comentário ao crime «Associação Criminosa»), Coimbra Editora, 1999, p. 1157.

[527] Quanto à interpretação dos n.ºs 2 e 3 do art. 18.º da CRP, como força vinculante do primado dos direitos fundamentais, GOMES CANOTILHO e VITAL MOREIRA, *Constituição da República...*, 3.ª Edição, pp. 104, 148-154 e JORGE MIRANDA e RUI MEDEIROS (Coord.), *Constituição Portuguesa...*– Tomo I, pp. 159-163.

§11.º Dos direitos, das liberdades e das garantias processuais penais em Portugal e o mandado de detenção europeu – do controlo jurisdicional

I. Os direitos e garantias processuais penais não se esfumam com a execução do MDE, mas antes se incrementam e ocupam espaço de concreção por o mandado se iniciar operativamente com a detenção da pessoa procurada, objecto do mandado, e por dele resultar a privação da liberdade como consequência da finalidade mediata de entrega a uma AJ de emissão de um Estado-Membro para que possa proceder penalmente contra aquela ou possa executar uma pena ou medida de segurança privativas da liberdade.

A execução do MDE, tendo como teleologia a perseguição criminal de pessoas que são suspeitas de terem praticado determinadas infracções criminais e o cumprimento de sentenças transitadas em julgado, não se pode alhear das finalidades do processo penal – descoberta da verdade material e realização da justiça, defesa e garantia dos direitos fundamentais das pessoas e restabelecimento da paz jurídica[528] – que estão umbilicalmente presas aos direitos e às garantias processuais. Contudo, as finalidades entram em conflito de

---

[528] Quanto às finalidades do processo penal JORGE DE FIGUEIREDO DIAS, *Direito Processual...*, (Colecção Clássicos Jurídicos), pp. 40-46 e *Direito Processual...*, 1988-9, pp. 20-26, MANUEL CAVALEIRO DE FERREIRA, *Curso de Processo Penal* I, Reimpressão da UCP, 1981, pp. 21 e ss., MANUEL M. G. VALENTE, *Processo Penal* – Tomo I, pp. 20-21 e CLAUS ROXIN, *Derecho Procesal...*, pp. 2-5.

216 — Do Mandado de Detenção Europeu

prevalência, cujo caminho passa por fazer intervir o princípio da *concordância prática* frente aos direitos e garantias que podem ser sacrificados, salvaguardando-se o conteúdo máximo possível com a optimização dos ganhos e minimização "das perdas axiológicas e funcionais" de cada uma das finalidades e direitos em conflito[529]. A execução do MDE gerará, inquestionavelmente, este conflito entre as finalidades que o instituto engancha e entre os direitos fundamentais a prevalecer e entre as garantias processuais e as finalidades do mandado, cujo produto final deve ser o resultado de uma adição ponderada e cisada dos valores a proteger com maior relevo sob controlo jurisdicional.

II. A execução do MDE obedece não só aos princípios reitores da restrição de direitos, liberdades e garantias – em especial da liberdade –, como também se impõe que se conforme com as garantias processuais – desde logo com o controlo jurisdicional da execução e das medidas operativas e jurídicas que incidam sobre a pessoa procurada, principalmente quanto às que colidem e se prendem *directamente com os direitos fundamentais* – que dotam a AJ de execução e os órgãos que a coadjuvam de instrumentos legais e legitimadores da intervenção jurídico-criminal.

A execução do mandado inculca a AJ de execução nacional a um controlo jurisdicional[530] *ab initio ad finem*: a recepção do MDE

---

[529] Cfr. JORGE DE FIGUEIREDO DIAS, *Direito Processual...*, 1988-9, pp. 24--26. ROXIN fala-nos na ponderação das finalidades que estabeleça "pautas jurídicas para determinar, no caso concreto, a qual delas corresponde a prioridade". Cfr. CLAUS ROXIN, *Derecho Procesal...*, p. 3.

[530] Quanto ao *controlo jurisdicional* da actuação dos operadores judiciários geradores de privações da liberdade – em especial desenvolvido pelo *juiz das liberdades* –, sob pena de se fomentar ou facultar aos poucos a edificação da *policialização* da restrição de direitos, liberdades e garantias, ANABELA MIRANDA RODRIGUES, "A fase preparatória do processo penal – tendências na Europa. O caso português", *in STVDIA IVRIDICA* – 61, Coimbra Editora, pp. 956 e ss..

é efectuada pelo MP junto do tribunal da relação competente e promove a sua execução de modo a que o juiz relator profira despacho liminar sobre a suficiência dos pressupostos formais e materiais do mandado, incluindo a sua tradução, e ordene ao MP que providencie a detenção da pessoa procurada[531]; efectuada a detenção pelo OPC – *órgãos auxiliares da administração da justiça*[532] –, cabe àqueles comunicar «de imediato» e pela via mais

---

[531] Cfr. n.os 1, 2 e 5 do art. 16.º da Lei n.º 65/2003, que obedece ao comando constitucional do n.º 4 do art. 32.º da CRP. Refira-se que é preciso afastar a interpretação literal e marcada com eficácia pura engrenhada no art. 39.º da Lei n.º 65/2003 que estipula que "até que o SIS esteja em condições de transmitir todas as informações referidas no artigo 3.º, a inserção, no SIS, da indi-cação da pessoa procurada produz os mesmos efeitos de um mandado de detenção enquanto se aguarda a recepção em boa e devida forma". A interpretação deste preceito, não obstante ser uma «disposição transitória», não pode ter um alcance mais restritivo da liberdade da pessoa do que o prescrito no art. 16.º, n.º 5, em que se determina que só depois de verificados e preenchidos os pressupostos formais e materiais do MDE e depois de estar traduzido se ordena ao MP que promova a detenção da pessoa procurada. Somos da opinião de que a AJ de execução não pode ser substituída pela APC, devendo esta decidir pela detenção só quando exista impossibilidade material de contacto e de intervenção das autoridades judiciárias portuguesas, perigo de fuga e quando, ao caso concreto e nos termos da lei portuguesa, seja admissível a aplicação da prisão preventiva. Quanto a este assunto INÊS GODINHO, *Mandado de Detenção Europeu...*, pp. 45-46.

[532] Neste sentido JORGE DE FIGUEIREDO DIAS, *Direito Processual...*, (Colecção Clássicos Jurídicos), pp. 397-400, ANABELA MIRANDA RODRIGUES, "A fase preparatória do processo penal...", *in STVDIA IVRIDICA* – 61, pp. 956--958, GERMANO MARQUES DA SILVA, *Curso de Processo Penal*, 4.ª Edição, Verbo, Lisboa/S. Paulo, Vol. I, pp. 280-284, JOSÉ DE FARIA COSTA, "As relações entre o Ministério Público e a Polícia: A experiência portuguesa", *in BFD* – Universidade de Coimbra, Coimbra, Vol. LXX, 1994, MANUEL M. G. VALENTE, *Regime Jurídico da Investigação Criminal Comentado e Anotado*, 2.ª Edição, Almedina, 2004, pp. 60-78. Cfr. al. *c)* do n.º 1 do art. 1.º, art. 55.º e 56.º conjugados com os artigos 263.º, 288.º, n.º 1 e 290.º, n.º 2 do CPP. Com uma maior precisão de distinção entre *funcionários auxiliares do MP* e *funcionários auxiliares* em geral, CLAUS ROXIN, *Derecho Procesal...*, pp. 57-58.

218 *Do Mandado de Detenção Europeu*

célere e eficaz com capacidade de registo escrito – *p. e.*, fax, correio electrónico – a detenção ao MP junto do tribunal competente para que este sujeito processual apresente a pessoa detida ao Juiz relator ou ao Juiz do tribunal de 1.ª instância da sede do tribunal competente para validação e decisão fundamentada de facto e de direito da manutenção da detenção[533].

A lei de implementação nacional do MDE concreciona o princípio da jurisdição inato ao processo penal de um Estado de direito democrático e ancorado no respeito da dignidade da pessoa humana, materialização que não se esgota na mera apreciação dos pressupostos da emissão do mandado, mas propaga-se por todo e em todos os momentos do processo de execução até à entrega efectiva – mesmo quando existe consentimento da pessoa procurada, cujo controlo da livre vontade e da consciência da prestação do mesmo e das suas consequências cabe ao juiz relator que o homologa – e, ainda, no caso de afastamento da regra da especialidade[534].

III. A pessoa procurada a deter e a entregar à AJ de emissão é sujeito do processo de execução do MDE e, como tal, detentor de direitos e garantias processuais que não podem ser escamoteados nem delapidados em benefício da eficácia e da celeridade da cooperação. O princípio da celeridade[535], como direito da pessoa

---

[533] Cfr. n.ᵒˢ 1 e 3 do art. 18.º e art. 19.º da Lei n.º 65/2003 e artigos 248.º e 254.º do CPP, conjugados com o n.º 1 do art. 28.º da CRP. Quanto a estes procedimentos no quadro da detenção de qualquer cidadão, GERMANO MARQUES DA SILVA, *Curso de Processo Penal*, 2.ª Edição, Vol. II, pp. 213-224 e MANUEL M. G. VALENTE, *Processo Penal* – Tomo I, pp. 289-298.

[534] Cfr. artigos 7.º e 8.º da Lei n.º 65/2003.

[535] Quanto ao principio da *celeridade* e do seu corolário (princípio) da *concentração*, CLAUS ROXIN, *Derecho Procesal...*, pp. 116-119, ANABELA MIRANDA RODRIGUES, "A celeridade do processo penal – Uma visão de Direito Comparado", *in Actas de Revisão do Código de Processo Penal,* Edição da Assembleia da República – Divisão de Edições, 1999, Vol. II – Tomo II, pp. 75 e ss., MANUEL M. G. VALENTE, *Processo Penal* – Tomo I, pp. 159-160.

objecto do MDE, deve encarnar a ideia de aprofundamento democrático da liberdade e dos direitos e garantias fundamentais de qualquer cidadão, em especial dos que se encontram coarctados do seu exercício pleno – *livre na sua pessoa* [536] e consciente da sua volição.

À pessoa procurada cabem os direitos de ser *assistido por um defensor*[537] – cuja presença de defensor se impõe como obrigatória no primeiro interrogatório e em todos os outros momentos, em que a presença do arguido se exige, em especial no momento de prestar consentimento na entrega e da renúncia à regra da especialidade –, de ser *informado*[538] não só das razões da detenção, como também do conteúdo e das razões da emissão do MDE e da AJ de emissão, do direito de se opor ou de consentir na execução (entrega) do mandado e, ainda, de que lhe assiste a faculdade de renunciar ao benefício da especialidade e das consequências jurídicas dessa renúncia, cuja percepção correcta onera a AJ de execução à materialização do princípio da *inteligibilidade* – nomeação de intérprete idóneo[539] – e de *comunicar* com pessoa de família da situação de privação da liberdade.

---

[536] Cfr. n.º 1 do art. 140.º do CPP *ex vi* do art. 34.º da Lei n.º 65/2003.

[537] Que terá de ser nomeado pela AJ de execução, caso a pessoa não se apresente com um defensor, conforme se retira do n.º 2 do art. 17.º da Lei n.º 65/2003. Cfr. ainda as als. *d*) e *e*) do n.º 1 do art. 61.º do CPP *ex vi* do art. 34.º da Lei n.º 65/2003. Quanto à importância do defensor e ao seu papel como *órgão da administração da justiça*, CLAUS ROXIN, *Derecho Procesal...*, pp. 131-137.

[538] Cfr. n.º 1 do art. 17.º da Lei n.º 65/2003. Cfr. ainda as al. *g*) do n.º 1 do art. 61.º do CPP *ex vi* do art. 34.º da Lei n.º 65/2003. Quanto ao direito de informação que cumpre prestar às pessoas detidas, SILVIA BARONA VILAR, "Garantias y Derechos de los Detenidos", *in Derechos Procesales Fundamentales – Manuales de Formación Continuada – 22*, pp. 56-77.

[539] Quanto ao princípio da inteligibilidade e do direito de nomeação de intérprete, SILVIA BARONA VILAR, "Garantias y Derechos...", *in Derechos Procesales Fundamentales – 22*, pp. 64, 71-75.

O *princípio* ou o *direito ao contraditório*[540], como marca de um processo de estrutura acusatória, inscreve-se na lei de implementação, quer na concretização do princípio ou direito jurídico-constitucional e jurídico-internacional da *audição* da pessoa detida, quer no exercício do direito de *oposição* à execução do mandado – que cumpre à pessoa assistida pelo seu defensor exercê-lo, por razões de erro na identidade da pessoa procurada ou de se verificar a existência de motivo de não execução do MDE e, até mesmo, de exigência de prestação de garantias, no momento da audição, assim como apresentar os meios de provas que cimentam a defesa[541] –, quer na *primeira audição*[542] «do arguido»[543] em que o Juiz relator o informa das razões de facto e de direito do mandado e da faculdade de consentir na entrega e de renúncia à regra da especialidade.

Como antípoda das faculdades de consentir na entrega à AJ de emissão e de renúncia ao benefício da especialidade, a pessoa detida, objecto do mandado, pode optar por uma postura de *silêncio*[544] e de

---

[540] Quanto ao princípio do contraditório de consagração constitucional – art. 32.º, n.º 5 da CRP – e marca de um processo (penal) democrático, que se desenrola através da imediação, da oralidade, do discretear das provas e como tela de participação do próprio arguido na construção da finalidade do processo – entrega ou não à AJ de emissão –, JORGE DE Figueiredo DIAS, *Direito Processual...*, (Colecção Clássicos Jurídicos), pp. 149-183 e MANUEL M. G. VALENTE, *Processo Penal* – Tomo I, pp. 113-126.

[541] Acresce referir que o juiz pode determinar um prazo compatível com os prazos de decisão e de entrega da pessoa para que apresente a defesa e os meios de prova – n.º 4 do art. 21.º da Lei n.º 65/2003.

[542] No primeiro interrogatório à pessoa detida – arguido –, o Juiz relator procede de acordo com o n.º 5 do art. 18.º da Lei n.º 65/2003 e, na insuficiência deste preceito, deve proceder *mutatis mutandis* nos termos do art. 141.º do CPP *ex vi* do art. 34.º da Lei n.º 65/2003.

[543] Refira-se que o termo *arguido* só aprece no n.º 4 do art. 21.º da Lei n.º 65/2003.

[544] Cfr. al. *c*) do n.º 1 do art. 61.º do CPP *ex vi* do art. 34.º da Lei n.º 65/2003. Quanto ao direito ao *silêncio* como direito constitucional e

Dos Direitos e Garantias dos Cidadãos à Luz do Mandado... 221

não consentir na entrega – promovendo uma oposição – nem renunciar à regra da especialidade, nada dizendo que possa afectar a sua defesa, em especial a oposição à decisão de ordenar deter a pessoa procurada ou de entregar a pessoa à AJ de emissão, não obstante ter de *estar presente* em todos os actos do processo de execução do MDE que lhe digam directamente respeito[545], sob pena de nulidade insanável do acto[546].

Há a registrar que, caso a pessoa não seja entregue ao Juiz relator pelo MP para validação e manutenção da detenção e audição ou, na impossibilidade deste, ao juiz do tribunal de 1.ª instância da sede do tribunal da relação competente para validação e manutenção da detenção, ou caso não seja informada das razões de facto e de direito que fundam o MDE, consideramos que poder-se-á verificar uma situação de detenção ilegal, em que impera o direito ou princípio da *liberdade* que pode ser determinada de imediato *ex officio* ou suscitada através de um *habeas corpus* em virtude de detenção ilegal para libertação imediata da pessoa detida[547].

---

internacional, Silvia Barona Vilar, "Garantias y Derechos...", *in Derechos Procesales Fundamentales* – 22, pp. 64-65.

[545] Cfr. al. *a*) do n.º 1 do art. 61.º do CPP *ex vi* do art. 34.º da Lei n.º 65/2003.

[546] Cfr. al. *c*) do art. 119.º do CPP.

[547] Refira-se que o instituto do *habeas corpus* fora formalmente inscrito no *Habeas Corpus Act* de 1679, tendo como antecessor o art. 39.º da *Magna Carta Libertarum*, e consagrado na Constituição alemã de 28 de Março de 1849, que incorpora como *Secção VI a Declaração dos Direitos Fundamentais do Povo Alemão de Dezembro de 1848*, e que consagrava o instituto do *habeas corpus* ao lado do direito à liberdade da pessoa – cfr. Reinhold Zippelius, *Teoria Geral...*, 3.ª Edição, pp. 423 e 429 –, e na Constituição brasileira de 1891 – J. J. Gomes Canotilho, *Direito Constitucional...*, pp. 166. Quanto ao *habeas corpus* por detenção ilegal, J. J. Gomes Canotilho, *Direito Constitucional...*, pp. 166 e 426, Germano Marques da Silva, *Curso de Processo...*, 2.ª Edição, Vol. II, pp. 227-230 e Manuel M. G. Valente, *Processo Penal* – Tomo I, pp. 299-301.

A pessoa detida objecto do MDE goza do direito de consentir na entrega da sua pessoa à AJ de emissão – prestado perante o Juiz relator, assistido por defensor – e de renunciar ao benefício do princípio da especialidade. Todavia, o consentimento na entrega gera dois efeitos jurídicos que, na nossa opinião, niilificam a esfera volitiva individual que deve ser interpretada em um dado tempo e espaço: a *irrevogabilidade*[548] e a *renúncia ao processo de execução* do MDE, já por si carente e vulnerável na tutela de direitos, liberdades e garantias. Face à elevada restrição de liberdade de decisão e de liberdade de revogar uma volição prestada em um dado momento e espaço, consideramos que, como a homologação do consentimento equivale à decisão final do processo de execução, resta à pessoa recorrer dessa decisão, nos termos da al. *b)* do n.º 1 do art. 24.º da Lei n.º 65/2003, sob pena de se entregar uma pessoa a uma AJ de emissão, cuja decisão do consentimento fora dada *sem a plena consciência* das consequências jurídicas da sua volição.

O *controlo jurisdicional* dos *direitos e garantias processuais* – que se impõe sempre que para a detenção da pessoa os OPC tenham de «agredir», *i. e.*, restringir a extensão e o alcance do conteúdo de um direito fundamental pessoal, *p. e.*, a intimidade da vida privada na sequência de uma busca domiciliária – na prossecução de um MDE não pode ser aparente, mas sim real, cabendo ao Juiz relator não só um papel de cooperante judiciário penal e, como tal, promotor de um espaço de segurança europeu, mas também e fundamentalmente «o papel principal» de *juiz das liberdades*.

---

[548] A Bélgica, a Dinamarca, a Irlanda, a Finlândia, e a Suécia declararam que admitiam a revogação do consentimento.

CAPÍTULO II

DOS DIREITOS E DAS GARANTIAS EM ESPECIAL – MOTIVOS DE NÃO EXECUÇÃO DO MANDADO DE DETENÇÃO EUROPEU EM PORTUGAL

§12.º Do princípio da dupla incriminação – a abolição (relativa)

I. O princípio da dupla incriminação foi concebido, ao longo dos tempos, como "uma regra clássica da cooperação internacional em matéria penal"[549], em especial no que respeita ao instituto da extradição – em que para haver extradição se exigia que o(s) facto(s) motivo do pedido imputados à pessoa a deter e a entregar fossem tipificados como crime nos direitos internos dos estados intervenientes [do requerente e do requerido]. A dupla incriminação justificava-se pelo facto do processo de extradição se alicerçar em um acordo entre aqueles relativamente aos valores a tutelar[550] – bens jurídicos tutelados jurídico-criminalmente –, não se admitindo que um Estado colaborasse na repressão de um cidadão pela prática de um facto que não consubstanciasse, no ordenamento jurídico

---

[549] MÁRIO MENDES SERRANO, "Extradição", in Cooperação Internacional Penal, p. 47, nota 82.

[550] Cfr. JEAN PRADEL e GEERT CORSTENS, Droit Pénal..., 2.ª Edição, p. 120.

interno, uma censura jurídico-criminal[551], e legitimava-se pelo exercício da soberania penal de cada Estado – que deseja prosseguir com a função protectora da sociedade não abdicando da tarefa de tipificar as condutas humanas que devem ser punidas[552], *i. e.*, que são objecto de reprovação social e que são prejudiciais ao desenvolvimento harmonioso da comunidade, sendo, por isso, dignas de censura jurídico-criminal, cujos bens afectados são jurídico--constitucional e jurídico-criminalmente tutelados.

Releva referir que a apreciação da dupla incriminação podia preencher duas formas distintas: a apreciação em abstracto e a apreciação em concreto. Quanto à apreciação *in abstracto*, procedia-se a uma exigência de identidade da qualificação jurídica e do *nomen juris*, que dificultava a extradição porque o *nomen juris* podia não corresponder aos elementos típicos, tendo-se evoluído desta apreciação para a *in concreto* – que preconiza a verificação da punição da conduta como crime na ordem jurídica dos dois Estados. Hoje, vigora a apreciação *in concreto* acrescida da "conexão com uma medida mínima de pena prevista nas duas ordens jurídicas, segundo uma regra de exclusão da extradição em casos de reduzida importância"[553]. Acresce que, como elucidam LOPES ROCHA e TERESA MARTINS, os conceitos de apreciação *in abstracto* e *in concreto* têm sido

---

[551] Cfr. MÁRIO MENDES SERRANO, "Extradição", *in Cooperação Internacional Penal*, p. 47, nota 82.

[552] Neste mesmo sentido R. J. BRAGANÇA DE MATOS, "O Princípio do Reconhecimento Mútuo...", *in RPCC*, Ano 14, n.º 3, p. 349.

[553] Cfr. MÁRIO MENDES SERRANO, "Extradição", *in Cooperação Internacional Penal*, p. 47, nota 82, RICARDO J. BRAGANÇA DE MATOS, "O Princípio do Reconhecimento Mútuo...", *in RPCC*, Ano 14, n.º 3, p. 349, nota 76 e DANIEL FLORE, "Reconnaissance mutuelle, double incrimination et territorialité", *in La Reconaissance Mutuelle*, pp. 69-70.

utilizados em sentido diverso do exposto: quanto ao conceito de apreciação *in abstracto*, no sentido de verificação da mera punibilidade da conduta motivadora do pedido nas duas ordens jurídicas, conquanto a apreciação *in concreto* preconiza que se aprecie da efectiva punibilidade do autor do facto, *i. e.*, implica que se aprecie *in concreto* se aquele seria punido à luz do direito do Estado requerido, devendo-se para tanto atender aos elementos objectivos e subjectivos, circunstâncias que possam influenciar a responsabilidade do autor do facto[554]. Se se considerar este sentido mais rigoroso de dupla incriminação em concreto, como afirma MÁRIO MENDES na linha de HANS SHULTZ, podem ser considerados todos os quesitos de punibilidade, "designadamente as regras de competência internacional, o exercício do direito de queixa, a prescrição, a amnistia e o indulto"[555].

Portugal, por vinculação do direito convencional e expresso na lei interna de cooperação internacional judiciária em matéria penal, adoptou a exigência da dupla incriminação com a "simples verificação de que o facto seja punível em ambas as ordens jurídicas"[556], «com pena ou medida privativa da liberdade de duração máxima não inferior a um ano» – conforme se retira do n.º 2 do art. 31.º da LCJIMP, na linha do art. 2.º da Convenção Europeia de Extradição, que institui a mera verificação de dupla incriminação. Contudo, importa

---

[554] Cfr. LOPES ROCHA e TERESA MARTINS, *Cooperação Judiciária Internacional em Matéria Penal (Comentários)*, Lisboa, Aequitas-Editorial Notícias, 1992, p. 66.

[555] Cfr. MÁRIO MENDES SERRANO, "Extradição", *in Cooperação Internacional Penal*, p. 48, nota 82 e HANS SHULTZ, "Les principes du Droit d'Extradition Traditionnel", *in Aspects Juridiques de l'Extradition entre États Européens*, Estrasburgo, Conselho da Europa, 1970, p. 13.

[556] Cfr. MÁRIO MENDES SERRANO, "Extradição", *in Cooperação Internacional Penal*, p. 48, nota 82.

reter que estas normas são integradas e completadas por outras que podem influenciar e alterar o grau de exigência da dupla incriminação: *v. g.*, o n.º 2 do art. 7.º – relativamente à competência territorial –, o art. 10.º – quanto à prescrição – ambos da Convenção Europeia de Extradição; o art. 8.º – relativamente à prescrição – e o art. 9.º – quanto à amnistia – 2.º Protocolo adicional à Convenção de Dublin; e o art. 8.º da LCJIMP.

A entrega de uma pessoa por um facto só previsto e punido como crime no Estado requerente ou de emissão – em violação do princípio da dupla incriminação – pode consignar uma violação do espírito do Estado de direito. Por seu turno, a não cooperação judiciária internacional em matéria penal por falta de previsão legal como crime do facto, no Estado requerido ou de execução, pode configurar um entrave à perseguição de criminosos e um apoio à criação e institucionalização de Estados «santuários» ou de «lugares de ninguém». Contudo, as dificuldades aumentam se o Estado fundear o processo de extradição em um sistema judicial de base material[557] – que preconiza o exame da culpa da pessoa a extraditar e o fundo da causa, de modo que se promova uma protecção da pessoa reclamada face a um pedido dotado de pouca consistência e como forma de exercício de soberania penal –, que não configura o simples exame da legalidade do pedido de extradição típico dos sistemas judiciais de base formal – *p. e.*, França, Portugal (*in fine* do n.º 3 do art. 46.º da LCJIMP)[558].

---

[557] O saudoso Mestre EDUARDO CORREIA aponta como exemplo do *sistema judicial material o sistema anglo-saxónico*. Cfr. EDUARDO CORREIA, *Direito Criminal* – I, (Com a Colaboração de FIGUEIREDO DIAS), Almedina, 1997, p. 187.

[558] Quanto a este assunto MÁRIO MENDES SERRANO, "Extradição", *in Cooperação Internacional Penal*, pp. 48-49, nota 82 e EDUARDO CORREIA, *Direito*

O modelo anglo-saxónico – de base judicial material – não vingou na Convenção Europeia de Extradição e optou-se pelo de base formal, que vincula as Partes detentoras do sistema judicial material no espaço do Conselho da Europa.

Caso paradigmático que teve a virtude de despertar na opinião pública internacional a ideia global ou planetária da justiça – face às agressões aos direitos humanos, cuja violação deve ser responsabilizada mesmo quando a pessoa reclamada é um detentor de cargo político – foi o pedido de extradição requerido por Espanha à Grã-Bretanha sobre AUGUSTO PINOCHET, no âmbito de um processo crime instaurado contra o General pelos crimes de genocídio, terrorismo e tortura praticados sob o seu comando, no período da ditadura militar, do qual resultou um mandado de detenção internacional emitido pelo Juiz BALTAZAR GARZON, em Maio de 1998. Os tribunais britânicos, em uma primeira decisão, consideraram que não se preenchia a exigência de dupla incriminação, porque tais factos quando cometidos fora do território britânico e contra nacionais britânicos e à data dos factos não podiam ser submetidos a processo crime, por a lei britânica se fundar em exclusivo no princípio da territorialidade sem a mínima abertura ao princípio da personalidade passiva. Contudo, em sede de recurso para a Câmara dos Lordes, esta entendeu que, não obstante a maior parte dos factos não enquadrarem a exigência da dupla incriminação, quanto aos actos de tortura após 29 de Setembro de 1988 se configurava a

---

Criminal – I, p. 187. LEVASSEUR, criticando o sistema tipo francês, defende que seria desejável optar por sistema judicial que presumisse a inocência da pessoa reclamada e, neste sentido, não actuasse como se a pessoa reclamada fosse culpada e apenas se detivesse com questões de legalidade simples do pedido. Cfr. LEVASSEUR *apud* MÁRIO MENDES SERRANO, "Extradição", *in Cooperação Internacional...*, p. 49, nota 82.

dupla incriminação, por ter estabelecido a competência extra-territorial relativamente a esses crimes, por meio da *Criminal Justice Act* de 1988, em consequência da adesão da Grã-Bretanha à Convenção contra a Tortura e Outras Penas ou Tratamentos Cruéis, Desumanos ou Degradantes da ONU, de 17 de Dezembro de 1984, e decidiu pela extradição. Contudo, a intervenção política posterior ou sucessiva, admitida pelo *Extradiction Act* de 1989, do Ministro do Interior, recusou a extradição com fundamento em razões de saúde do reclamado[559].

A consciência de que a *dupla incriminação* – não obstante ser um princípio baluarte de defesa e garantia dos direitos e liberdades de qualquer cidadão suspeito da prática de um crime – funcionava como barreira judiciária à cooperação judicial em matéria penal no espaço europeu de livre circulação de pessoas, de bens, de capitais e de serviços, *i. e.*, em que as barreiras físicas se quebraram, tomou conta dos decisores políticos europeus que anseiam por dar aos cidadãos um espaço de segurança através da restrição dos direitos, liberdades e garantias pessoais.

No sentido de minorar estes entraves e na ideia de construção de um espaço livre, seguro e justo e de incrementar um processo facilitado de extradição no espaço da União, a Convenção de Dublin afasta a exigência de dupla incriminação sempre que em causa esteja um crime de conspiração ou associação criminosa cujo motivo seja o terrorismo[560], o tráfico

---

[559] Cfr. MÁRIO MENDES SERRANO, "Extradição", *in Cooperação Internacional ...*, p. 49, nota 82. Quanto às razões de saúde, de idade ou outras de carácter pessoal da pessoa reclamada como fundamento de recusa de cooperação internacional, art. 18.º, n.º 2 da LCJIMP. No âmbito do MDE, art. 29.º, n.º 4 da Lei n.º 65/2003, de 22 de Agosto.

[560] Quanto ao crime de terrorismo ou de organização terrorista, já a Convenção Europeia para a Repressão do Terrorismo, adoptada em Estrasburgo em 27 de Janeiro de 1977, estipulava o princípio *aut punire aut dedere* – julgar

de droga, crime organizado ou outros actos de violência punível com pena ou medida de segurança privativa da liberdade de duração máxima não inferior a 12 meses[561] – verifica-se, desta feita, uma excepção ao princípio da dupla incriminação, *i. e.*, uma derrogação do previsto no n.º 1 do art. 2.º da própria Convenção e do art. 2.º da Convenção Europeia de Extradição[562]. A Convenção de Dublin cria um duplo limite: por um lado, reduz, no Estado requerido, a duração mínima da pena e da medida de segurança da infracção para seis meses, desde que a conduta seja punida pelo Estado requerente com pena ou medida de segurança não inferior a 12 meses[563], ampliando, assim, o número de infracções extraditáveis; e, por outro, limita a interpretação da dupla incriminação à verificação da punibilidade do facto nos dois estados envolvidos, ao afastar da análise a natureza da medida de segurança, que pode ser diferente – n.º 2 do art. 2.º – e ao afastar a ideia da infracção recair sobre o mesmo tipo de

---

ou extraditar – no art. 7.º. O crime de terrorismo engloba-se no catálogo dos crimes censuráveis em todo o planeta e que justifica ou legitima o princípio da competência universal do direito penal. Quanto a este assunto JEAN PRADEL e GEERT CORSTENS, *Droit Pénal...*, pp. 124-125.

[561] Cfr. art. 3.º, n.º 1 da Convenção de Dublin. Quanto a este assunto IGNACIO BLASCO LOZANO, "Armonización del Derecho Penal Material y Procesal: La Aproximación de las Legislaciones Nacionales en el Ámbito de la Unión Europea", *in Cuadernos de Derecho Judicial* – XIII – 2003, pp. 268-29.

[562] Quanto a este assunto J. A. GARCIA MARQUES, "A Extradição no Quadro do III Pilar da União Europeia", *in STVDIA IVRIDICA* – 66 – COLLOQUIA – 9, Coimbra Editora, pp. 138-140. Para este autor a derrogação excepcional que a Convenção de Dublin encerra resume a três categorias de infracções: terroristas, criminalidade organizada – onde se inclui o tráfico de droga – e violentas.

[563] Quanto a este assunto J. A. GARCIA MARQUES, "A Extradição no Quadro do III Pilar...", *in STVDIA IVRIDICA* – 66 – COLLOQUIA – 9, pp. 137-138.

impostos ou taxas ou de igual regulamentação tributária – n.º 2 do art. 6.º. A evolução da abolição a grão a grão da dupla incriminação culmina com a DQ sobre o mandado de detenção europeu.

II. A manter-se a *dupla incriminação* – como garantia fundamental do cidadão da qual não se deve abrir mão «a qualquer preço» –, construir-se-ia o desejado espaço penal comum? Questão que leva a pôr em causa a doutrina e a ideologia da construção do mercado comum, que não se esgota com a livre circulação de pessoas, de serviços, de capitais, de mercadorias, mas que se estende à livre circulação de decisões judiciais que criam um sentimento de justiça comum. Ou essa construção terá de passar por *uma abolição gradual do princípio da dupla incriminação* até que se alcance a harmonização das legislações ou um mínimo de harmonização?

A DQ optou – linha seguida pela Lei n.º 65/2003 – por uma *solução de compromisso* entre a abolição geral da dupla incriminação – defendida pela Comissão, por considerar que se punha em causa o reconhecimento mútuo com a manutenção da dupla incriminação – e a exigência da dupla incriminação por ser uma garantia fundamental irrenunciável[564]. Criou-se, por um lado, uma *lista de infracções* em que o princípio da dupla incriminação é abolido, desde que aquelas infracções sejam punidas nos Estados-Membros de emissão com pena ou medida de segurança privativa da liberdade de duração não inferior a 3 anos – n.º 2 do art. 2.º da DQ e n.º 2 do art. 2.º da Lei n.º 65/2003 – e, por outro, a DQ deixa aos legisladores dos Estados-Membros a faculdade de exigirem a dupla incriminação para as infracções não constantes da lista, para as que sejam punidas

---

[564] Cfr. *supra* § 8.º. Quanto a este assunto, ANABELA M. RODRIGUES, "o Mandado de Detenção...", *in RPCC*, Ano 13, n.º 1, p. 41 e, no mesmo sentido, RICARDO J. BRAGANÇA DE MATOS, "O Princípio do Reconhecimento Mútuo...", *in RPCC*, Ano 14, n.º 3, p. 350.

Dos Direitos e Garantias dos Cidadãos à Luz do Mandado...

com pena ou medida de segurança privativas da liberdade com duração máxima inferior a três anos e superior a 12 meses – n.º 4 do art. 2.º da DQ e n.º 3 do art. 2.º da Lei n.º 65/2003[565] – e para as que imponham a dupla cláusula da territorialidade – n.º 7 do art. 4.º da DQ e al. *h*) do n.º 1 do art. 12.º da Lei n.º 65/2003. Podemos verificar que a *abolição relativa da dupla incriminação* se retrata na criminalidade que toca os interesses de todos os Estados-Membros e não afecta a magnânima soberania penal de cada um e que corresponde ao leque de crimes de preocupação comum em toda a União[566].

Releva, todavia, saber se, podendo a AJ de execução em Portugal, embora não possa decidir pela não execução do MDE com fundamento na inexistência da incriminação do facto em Portugal, com fundamento no princípio da presunção de inocência – jurídico--constitucional e jurídico-internacional –, pôr em causa a consistência do Mandado e solicitar mais informações, *v. g.*, sobre as circunstâncias em que fora cometida a infracção (momento, local, grau de participação) ou a natureza e qualificação da infracção – nos termos do n.º 3 do art. 16.º da Lei n.º 5/2003 –, aquela não está a proceder a uma apreciação própria de um sistema judicial de base material.

Parece-nos que a DQ – art. 15.º, n.º 2 – e o legislador português – art. 16.º, n.º 3 da Lei n.º 65/2003, de 22 de Agosto –, como fiel da balança e tentativa de equilíbrio de exercício de soberania do Estado de execução, criaram um sistema de solicitação de informações que pode fomentar a apreciação material do mandado, ganhando os direitos individuais. Dentro de toda a confiança mútua pode *residir a desconfiança* da razão de fundo do mandado, pois se for um facto que consigne um dos crimes previstos na al. *b*)

---

[565] Quanto a este assunto R. J. BRAGANÇA DE MATOS, "O Princípio do Reconhecimento Mútuo. ...", *in RPCC*, Ano 14, n.º 3, p. 352.

[566] Cf. artigos 29.º e 31.º, al. *a*) do TUE.

232   *Do Mandado de Detenção Europeu*

do n.º 1 do art. 5.º do CP, a AJ de execução portuguesa pode optar por julgar a pessoa considerando que a pessoa procurada será alvo de um processo judicial mais justo e equitativo, arrogando-se da *competência universal* do direito penal português. Assim, a AJ de execução portuguesa afasta a violação de direitos, liberdades e garantias fundamentais.

III. DANIEL FLORE considera que *não há necessidade de ligar a dupla incriminação à confiança mútua e ao reconhecimento mútuo* – pois as diferenças emergentes da política criminal e do sistema de valores de cada Estado-Membro não têm a ver com a confiança mútua – e é à AJ de execução que compete aplicar a condição de dupla incriminação facultativa e não ao legislador[567]. Todavia, para ANABELA M. RODRIGUES e MIGUEL ZARAGOZA é ao legislador que compete decidir pela exigência de dupla incriminação, porque, desde logo, a primeira solução induziria a AJ de execução a deter "uma margem de oportunidade na sua actuação dificilmente justificável"[568] e limitável.

A **lista** do n.º 2 do art. 2.º da DQ é uma *lista de infracções* que representam o *consenso* – "no âmbito da União sobre o próprio «princípio da incriminação» dos *trinta e dois* comportamentos enumerados"[569] – e não um trabalho de harmonização de tipos legais de crime.

Acresce que a DQ *não fala em abolição* do princípio da dupla incriminação, mas em *ausência de controlo da dupla incriminação*, *i. e.*, «sem controlo de dupla incriminação", e que, caso a definição

---

[567] DANIEL FLORE *apud* ANABELA MIRANDA RODRIGUES, "Mandado de Detenção...", *in RPCC*, Ano 13, n.º 1, pp. 39-40, notas 43 e 45.

[568] ANABELA MIRANDA RODRIGUES, "Mandado de Detenção...", *in RPCC*, Ano 13, n.º 1, p. 40, nota 45.

[569] ANABELA MIRANDA RODRIGUES, "Mandado de Detenção...", *in RPCC*, Ano 13, n.º 1, p. 41. Itálico nosso.

típica das «infracções» da lista fosse idêntica em todos os Estados-Membros, a condição da dupla incriminação não seria obstáculo à cooperação[570] – pois, teríamos um direito penal unificado que, pensamos, não se afigura como a melhor solução face à diversidade social, económica e cultural de cada «povo» e face ao ainda não existente *sentimento nacional* europeu, independentemente da vivência *identidade europeia* (*cultural*) de que nos fala EDUARDO LOURENÇO[571], e por ainda não se ter concrecionado os quesitos do sonho de VICTOR HUGO[572].

---

[570] ANABELA MIRANDA RODRIGUES, "Mandado de Detenção...", *in RPCC*, Ano 13, n.º 3, p. 41. Importa referir a observação crítica de CARLOTA P. DE ALMEIDA quanto à ausência de exigência e controlo da dupla incriminação no processo de entrega com o MDE, afirmando que "a renúncia da dupla incriminação não corresponde à constatação de uma uniformidade – que, pelo contrário, expressamente foi assumido não existir aquando da adopção do instituto – mas sim, e apenas, a um repúdio inequívoco e comum das condutas incluídas no catálogo de crimes" e que a indiferença perante a dupla incriminação "traduz a aceitação de que as condutas punidas poderão ser *consideradas em termos genéricos, sem a exigência de precisão*, que tem sido, desde há mais de dois séculos, uma garantia indescartável". Cfr. CARLOTA PIZARRO DE ALMEIDA, "A Cooperação Judiciária em Matéria Penal", *in Jornadas de Direito Processual Penal e Direitos Fundamentais*, (Coord. de FERNANDA PALMA), Almedina, 2004, pp. 400-401.

[571] Cfr. EDUARDO LOURENÇO, "Uma Europa de Nações...", *in Portugal e a Construção Europeia*, p. 58. Segundo este grande pensador dos nossos tempos, a construção europeia devia fazer-se com uma "nova Europa onde as Nações enfim se relativizassem e consentissem em coabitar e coexistir como membros de um conjunto virtualmente *supra-nacional*". Cfr. p. 57.

[572] VICTOR HUGO, no Congresso da Paz de Paris de 1849, vaticinou que "Chegará um dia em que vós, os das nações todas do continente – sem perder a vossa diversidade nem a vossa gloriosa identidade individual – vos fundireis estreitamente numa unidade superior e construíreis a fraternidade europeia" e "já não invocareis as guerras fraticidas, mas invocareis a civilização". VICTOR HUGO *apud* EDUARDO LOURENÇO, "Uma Europa de Nações...", *in Portugal e a Construção Europeia*, p. 55.

IV. Registe-se, ainda, que não podemos construir um espaço (comum) penal europeu sob um **véu repressivo e securitário**, que a *abolição do princípio da dupla incriminação* a par do "vazio em matéria de harmonização de processos penais e de garantias processuais"[573] e do 'nivelamento por baixo' das garantias processuais, germinado pelo reconhecimento mútuo – a protecção dos direitos fundamentais contenta-se com o "menor denominador comum"[574] – tende a acentuar. Abolição que é um "salto" e não um "passo"[575] na lide de construção do direito penal europeu, cujos perigos de deturpação do ideário europeu podem ser minorados com a **harmonização** [substantiva e adjectiva do direito criminal] – autonomizada no tratado de Amsterdão a par da cooperação policial, judiciária e penal – art. 29.º do TUE.

A ideia de que a *abolição do princípio da dupla incriminação*, mesmo que relativa ou *parcial*, faz do reconhecimento mútuo uma alternativa à harmonização que deve ser reconsiderada no sentido de que é «"urgente" repensar a relação entre as duas vias de construção do espaço penal europeu»[576] [**harmonização** – que, na verdade, "pode contribuir para a definição progressiva de uma política criminal europeia"[577] – e o *reconhecimento mútuo* – ornado por um véu securitário

---

[573] ANABELA MIRANDA RODRIGUES, "Mandado de Detenção...", *in RPCC*, Ano 13, n.º 1, p. 59.

[574] ANNE WEYEMBERGH *apud* ANABELA MIRANDA RODRIGUES, "Mandado de Detenção...", *in RPCC*, Ano 13, n.º 1, p. 59 e nota 96.

[575] Um passo, como ensina ANABELA M. RODRIGUES, «pressupõe uma reflexão coerente, global e democrática sobre "o direito penal europeu que queremos"». Cfr. ANABELA MIRANDA RODRIGUES, "Mandado de Detenção...", *in RPCC*, Ano 13, n.º 1, p. 44.

[576] ANABELA MIRANDA RODRIGUES, "Mandado de Detenção...", *in RPCC*, Ano 13, n.º 1, p. 44, na linha de ANNE WEYEMBERGH.

[577] GILLES DE KERCHOVE e ANNE WEYEMBERGH defendem um acentuar deste sentido da harmonização. Cfr. ANABELA MIRANDA RODRIGUES, "Mandado de Detenção...", *in RPCC*, Ano 13, n.º 1, p. 44 e nota 57.

e repressivo], paira no quadro europeu. Duas ordens de razão podem influir para esta concepção de espaço penal comum europeu:

a. a relação entre a via da harmonização e do reconhecimento mútuo é de complementaridade, sendo que a via do reconhecimento mútuo necessita de um mínimo de harmonização, caso contrário é praticamente inoperável: desde logo, a confiança mútua não depende de decreto e seria incompreensível que as autoridades judiciárias obedeçam cegamente ao reconhecimento mútuo sem que se atenuem as divergências das legislações penais[578] – *p. e.*, se da aplicação daquele princípio resultar ofensa grave aos direitos fundamentais da pessoa a entregar, não vislumbramos a obediência cega ao reconhecimento mútuo e à abolição da dupla incriminação, sob pena de um Estado de execução ter e promover cidadãos de 1.ª e de 2.ª categoria e de desmoronar a legitimidade de que está investido. Pois, quer queiramos quer não, o mandado de detenção europeu é uma extradição[579] célere e simplificada, cuja eficácia advém da *abolição da dupla incriminação*;

---

[578] Quanto a este assunto ANABELA MIRANDA RODRIGUES, "Mandado de Detenção...", *in RPCC*, Ano 13, n.º 1, pp. 44-45 e "A Emergência de Um «Direito Penal Europeu»...", *in Estratégia*, n.os 18-19, p. 151.

[579] A extradição é um dos modos clássicos de cooperação internacional em matéria penal – tratada em sede jurídico-constitucional e de "dupla inserção em matéria penal e em matéria atinente a direitos, liberdades e garantias fundamentais". Concebida como o "instituto que consiste na entrega de uma pessoa que se encontra no território de um determinado Estado a outro Estado que a reclama, para aí ser julgada por factos que caem sob a jurisdição deste último ou para cumprir a pena em que aí foi condenada pelos tribunais desse Estado". J. A. GARCIA MARQUES, "A Extradição no Quadro do III Pilar da União Europeia", *in A Inclusão do Outro, STVDIA IVRIDICA – 66, Colloquia – 9*, Coimbra Editora, 2002, p. 120.

b. as *insuficiências* da harmonização permitiram que o reconhecimento mútuo *aliado à abolição relativa da dupla incriminação* avançasse, cuja justificação será cada vez mais frágil com o progresso dos trabalhos da harmonização[580].

O *reconhecimento mútuo* – em que se baseia o mandado de detenção europeu –, por um lado, impõe um *mínimo de harmonização penal – maxime* art. 4.º, n.º 7 da DQ e, entre nós, al. *h*) do n.º 1 do art. 12.º da Lei n.º 65/03 –, pois depende de *um espaço penal comum europeu*, por outro lado, implica *respeitar a autonomia da harmonização* – no sentido de concretizar uma política criminal europeia e de criar aos cidadãos europeus "um sentimento comum de justiça"[581] – e, ainda, procura evitar a transformação de determinados Estados-Membros em «"santuários" para criminosos»[582].

O reconhecimento mútuo – para o qual contribui a *abolição relativa ou parcial da dupla incriminação* – tem como reflexo essencial "o efeito pleno e directo (a aceitação da validade), em toda a União, de uma decisão proferida num Estado-Membro, com as consequências inerentes" como a "integral judiciarização do processo"[583]. Judiciarização que deve ser entendida como entrega ao poder judicial dos assuntos judiciais da União e como chamar este poder, na sua máxima força, para a construção do espaço penal europeu, contudo limitado formalmente à ideia de controlo genérico e jurídico do MDE. Ora vejamos.

---

[580] Cfr. ANABELA MIRANDA RODRIGUES, "Mandado de Detenção...", *in RPCC*, Ano 13, n.º 1, p. 45.

[581] Cfr. Plano de Viena – JOCE, n.º C 19, de 23 de Janeiro de 1999, pp. 1 e ss..

[582] Quanto a estes assuntos ANABELA MIRANDA RODRIGUES, "Mandado de Detenção...", *in RPCC*, Ano 13, n.º 1, pp. 45-46.

[583] ANABELA MIRANDA RODRIGUES, "Mandado de Detenção...", *in RPCC*, Ano 13, n.º 1, p. 46.

V. O controlo do(s) facto(s) motivadores da emissão do mandado de detenção preencherem ou não uma das infracções da lista – *controlo genérico* – e da incriminação do(s) facto(s) no Estado de emissão – *controlo jurídico* – compete à autoridade judiciária que fica sujeita à definição dos factos pelo direito do Estado de emissão, *i. e.*, a autoridade judiciária do Estado de execução "tem de se ater com os elementos constitutivos do tipo legal de crime tal como eles estão previstos na lei do Estado de emissão"[584]. Com o mandado de detenção europeu e no que concerne ao território europeu, a ideia de justiça – talvez relativa – ganha espaço, *i. e.*, destrona o juízo político da extradição que se verificava por o poder executivo ser o primeiro filtro e por a análise do princípio da reciprocidade ser na sua essência um juízo político da conduta do «Estado requerente»[585].

---

[584] ANABELA MIRANDA RODRIGUES, "Mandado de Detenção...", *in RPCC*, Ano 13, n.º 1, p. 41. Para DANIEL FLORE, a "solução híbrida" deste controlo jurídico – que é *inelutável* – carrega em si mesma várias dificuldades. *Apud* ANABELA MIRANDA RODRIGUES, "Mandado de Detenção...", *in RPCC*, Ano 13, n.º 1, p. 42, nota 51. O Considerando 8 da DQ prescreve que «As decisões sobre a execução do mandado de detenção europeu devem ser objecto de um controlo adequado, o que implica que deva ser a **autoridade judiciária** do Estado-Membro onde a pessoa procurada foi detida a tomar a decisão sobre a sua entrega". Negrito nosso.

[585] Passando a execução do mandado de detenção para o controlo judicial, deixa de existir o juízo político da extradição: por um lado, o controlo da execução da extradição dependia da decisão do executivo na verificação do preenchimento dos pressupostos constitucionais e processuais do processo de extradição; por outro, esse juízo sentia-se muito mais no juízo da reciprocidade, *i. e.*, na linha de SOLER, "o juízo acerca da aceitação da **reciprocidade é um juízo político**, reservado ao poder executivo e subtraído pela sua própria natureza à decisão do poder judicial", o que, diga-se, não se coaduna com a ideia de justiça, por "o acto de extradição a levar a cabo por um Estado acaba por depender, não do carácter justo do acto em si, mas da conduta de outro Estado". Cfr. MÁRIO MENDES SERRANO, "Extradição: Regime e Praxis", *in Cooperação Internacional...*, p. 38, nota 68. Negrito nosso. Quanto à *judiciarização do processo de entrega* configurado pelo MDE *supra* §8.º.

Atenda-se, todavia, que o *controlo judicial esgota-se*, neste campo[586], na aferição do facto motivador do mandado de detenção europeu constar da lista do art. 2.º da DQ – e art. 2.º da Lei n.º 65/2003 –, ou seja, controlo genérico, e na apreciação abstracta de saber se os factos constantes do mandado consignam o crime motivador face ao direito do Estado de emissão, controlo jurídico, *i. e.*, **a autoridade judiciária de execução *não pode*, desta feita, proceder ao controlo da «dupla incriminação» do facto**. Pois, o «salto», de que nos fala ANABELA M. RODRIGUES, releva, desde logo, neste ponto por os Estados-Membros abrirem mão de um princípio crucial na edificação de um mundo defensor dos direitos fundamentais de quaisquer cidadãos. Se por um lado o princípio da reciprocidade do regime vigente da extradição era por si só pernicioso por se basear em um juízo político, por outro a abolição do princípio da dupla incriminação – e por conseguinte do seu controlo – representa um revés na aspiração de construir um direito processual penal europeu defensor e garantia dos direitos fundamentais de todos os cidadãos[587].

A *ausência de controlo da dupla incriminação do facto* punido no «Estado-Membro de emissão com pena ou medida de segurança privativas da liberdade de duração máxima não inferior a três anos e

---

[586] Como temos defendido, o juiz relator em Portugal não pode esgrimir--se como pedra ancilar da AJ de emissão, competindo-lhe, também, como guardião das liberdades – cfr. *in fine* n.º 4 do art. 32.º da CRP – efectuar um controlo além do controlo genérico e jurídico, sob pena de contribuir para a violação de direitos fundamentais inscritos na CEDH às quais o Estado português deve obediência e contribuir para uma responsabilização do Estado português operada pelo TEDH. Quanto a este assunto e com maior desenvolvimento *infra* § 15.º Da ofensa a direitos fundamentais.

[587] Não se olvide que um dos propósitos do Programa Conjunto para a implementação do Reconhecimento Mútuo era aprofundar a protecção dos direitos fundamentais do cidadão a par da cooperação judiciária e da reinserção do delinquente.

tal como definidas pela legislação do Estado-Membro de emissão» – n.º 2 do art. 2.º da DQ e n.º 2 do art. 2.º da Lei n.º 65/03 – **pode ser afastada** nos casos:

α. em que o mandado de detenção se fundar em factos punidos com pena ou medida de segurança privativas da liberdade com duração inferior a três anos e superior a 12 meses e/ou que não constem da lista do n.º 2 art. 2.º da DQ – n.º 4 do art. 2.º da DQ e n.º 3 do art. 2.º da Lei n.º 65/03;

β. em que se impõe a combinação «da dupla incriminação com a *dupla cláusula da territorialidade*»[588] – n.º 7 do art. 4.º da DQ e al. *h*) do n.º 1 do art. 12.º da Lei n.º 65/03;

e, ainda,

γ. das infracções que não constem da lista, mesmo que punidas com sanção superior a três anos.

Ora vejamos.

VI. O **mandado de detenção europeu** pode ter por base um *facto* punível com pena ou medida de segurança privativas da liberdade de duração máxima não inferior a 12 meses[589] ou uma *sentença* que decrete uma pena ou medida de segurança de duração mínima de 4 meses – n.º 1 do art. 2.º da DQ e n.º 1 do art. 2.º da Lei n.º 65/03. Todavia, a *abolição ou ausência da dupla incriminação*

---

[588] ANABELA MIRANDA RODRIGUES, "Mandado de Detenção...", *in RPCC*, Ano 13, n.º 1, p. 42.

[589] O limite mínimo da penalidade ou da pena abstracta de 12 meses corresponde ao mesmo limite estipulado pelo art. 2.º, n.º 1 da Convenção Europeia de Extradição de 1957, ao prescrito no art. 31.º, n.º 2 da LCJIMP, que o legislador português manteve no art. 2.º, n.º 1 da Lei n.º 65/2003. Existe assim uma harmonização quanto à duração da privação da liberdade como quesito objectivo de emissão e de execução de um MDE. Quando ao limite mínimo do máximo da penalidade, MÁRIO MENDES SERRANO, "Extradição", *in Cooperação Internacional...*, p. 50, nota 83.

refere-se a *factos* que sejam puníveis no Estado de emissão «com pena ou medida de segurança privativas da liberdade de duração máxima não inferior a *três anos*»[590] – n.º 2 do art. 2.º da DQ e n.º 2 do art. 2.º da Lei n.º 65/03 –, *i. e.*, factos que consubstanciam a designada criminalidade grave, cunhada na longa lista de infracções prescrita na DQ e na Lei n.º 65/03.

Desde logo, se pode aferir que, a par dos limites objectivos do mandado de detenção de 12 meses e de 4 meses prescritos no n.º 1 do art. 2.º da DQ, a **abolição do princípio da dupla incriminação não deve vigorar para os factos – mesmo que constem da lista – punidos** no Estado-Membro de emissão com **pena ou medida** de segurança privativas da liberdade de duração máxima **inferior a três anos**.

Somos da opinião que, nestes casos, a DQ deixou ao Estado de execução a decisão de sujeitar a entrega ao controlo da dupla incriminação, *i. e.*, o facto motivador do mandado deve constituir uma infracção nos termos do direito do Estado de execução – n.º 4 do art. 2.º da DQ.

O legislador português optou *por sujeitar a entrega ao princípio da dupla incriminação* sempre que o facto não conste das infracções previstas no n.º 2 do art. 2.º da Lei n.º 65/03, e, por maioria de razão, sempre que o facto não seja punível no Estado de emissão com pena ou medida de segurança privativas da liberdade de duração máxima superior a três anos e inferior a um ano – n.º 3 conjugado com o n.º 1 do art. 2.º da Lei n.º 65/03.

Desta feita, o legislador português, na linha da DQ, optou por considerar a inexistência de dupla incriminação do *facto* como motivo de não execução facultativa segundo a al. *a*) do n.º 1 do art. 12.º da lei n.º 65/2003 e de não execução obrigatória. Face aos princípios próprios de um Estado de direito, como o é e se autopro-

---

[590] Itálico nosso.

clama o Estado português, defendemos que ocorrendo a emissão de um MDE contra um cidadão que se encontra em Portugal pela prática de um facto que é punido pela lei penal do Estado de emissão com pena inferior a três anos e não é crime nem punido como tal no Estado português, o juiz relator deve decidir pela não entrega sob pena de despersonalizarmos os direitos, liberdades e garantias de qualquer cidadão, principalmente quando em causa está um facto que já não é digno de tutela jurídico-criminal por a censura social portuguesa se ter dissipado ao longo dos tempos: *p. e.*, o consumo de estupefacientes e substâncias psicotrópicas, que fora descriminalizado em sentido técnico em Portugal pela Lei n.º 30/2000, de 29 de Novembro, devendo neste caso do consumo o juiz relator encaminhar o consumidor para uma CDT para ser submetido a tratamento, preservando deste modo o *princípio da proporcionalidade* que deve reger a restrição de direitos quer no plano legiferante quer no plano da interpretação e da aplicação das normas restritivas da liberdade. Refira-se que a não execução do MDE, na situação descrita, não se fundamenta na tese de inadmissibilidade de execução de mandado nos termos do n.º 3 do art. 2.º da lei de implementação portuguesa de LUIS SILVA PEREIRA, que defende que a AJ de execução portuguesa "deve ter por não escrita a norma do art. 12.º, n.º 1, al. a) da Lei n.º 65/2003"[591]. Como elucida INÊS GODINHO na esteira de ANABELA M. RODRIGUES, a douta interpretação enunciada contraria o espírito da DQ, uma vez que "os motivos de não execução facultativa não podem ser transformados em motivos obrigatórios"[592].

Caberá à AJ execução portuguesa, o juiz relator, que – "enquanto aplicador directo ou enquanto instância de controle – é

---

[591] LUÍS SILVA PEREIRA, "Alguns aspectos da implementação do regime...", *in RMP*, Ano 24, n.º 96, Outubro-Dezembro de 2003, pp. 59-61.

[592] INÊS GODINHO, *O Mandado de Detenção Europeu...*, p. 43.

naturalmente a entidade adequada para determinar o sentido dos conceitos imprecisos contidos nas normas jurídicas"[593], enformar a ausência de dupla incriminação como motivo ou não de execução do MDE. Defendemos que a AJ de execução deve, no respeito do espírito da DQ, considerar a inexistência de incriminação na lei nacional como motivo de não execução e socorrer-se dos princípios enformadores da restrição de direitos fundamentais – *maxime* da liberdade – para decidir por recusar a entrega da pessoa procurada.

Constata-se, *summo rigore*, que se impôs a dupla incriminação para os crimes que preenchem o cenário da pequena criminalidade, cuja defesa dos direitos, liberdades e garantias não carecem de uma robustez como se aspira para aqueles factos que, pela sua natureza, afectarão, desde logo, a liberdade do cidadão – o contra-senso e a incoerência parecem ser as características adequadas a este quadro. Não olvidamos que o espaço (comum) penal europeu se esgrime no âmbito da previsão de *regras mínimas* quanto à criminalidade organizada, ao terrorismo e ao tráfico ilícito de droga – al. *e*) do art. 31.º do TUE. Criminalidade que gera pânico e temor entre os cidadãos europeus e do globo, geminando uma insegurança cognitiva, emergente do efeito «onda demolição» próprio na opinião pública nacional e internacional, que restabelece um equilíbrio com a imagem da detenção do autor do crime, *v. g.*, de terrorismo ou com a enunciação de adição de novas prerrogativas de investigação e de prevenção e repressão da criminalidade para as polícias e as autoridades judiciárias.

VII. Acresce que, como refere ANABELA M. RODRIGUES, a dupla incriminação deve ser combinada com a *dupla cláusula da*

---

[593] JOSÉ VIEIRA DE ANDRADE, *Os Direitos Fundamentais na Constituição Portuguesa de 1976*, 3.ª Edição, Almedina, Coimbra, 2004, p. 209.

territorialidade inscrita no n.º 7 do art. 4.º da DQ e na al. *h*) do n.º 1 do art. 12.º da Lei n.º 65/03 – como motivo de não execução facultativa. Todavia, importa, desde já, reter, que, no quadro da LCJIMP e cimentando o princípio da *territorialidade* como princípio prioritário, o Estado português não extradita pessoas que tenham cometido o crime em *território português* – *ex vi* al. *a*) do n.º 1 do art. 32.º.

A *cláusula da territorialidade* refere-se a todas as infracções – *i. e.*, às que constam da lista do art. 2.º da DQ e às que não constam [que são objecto de controlo da dupla incriminação] –, mas releva fundamentalmente "no caso em que a exigência da dupla incriminação foi abolida"[594]. O Estado de execução pode recusar a entrega de uma pessoa procurada por infracção contida na lista, com fundamento do facto motivador do mandado não constituir crime de acordo com o seu direito, *excepto se o facto tiver sido cometido no território do Estado que emitiu o mandado* – art. 2.º, n.º 2 e art. 4.º, n.º 7, al. *a*) da DQ –, *i. e.*, o controlo da dupla incriminação só é abolido em definitivo quando a infracção da lista tiver sido cometida no Estado de emissão[595]. Pode-se afirmar que o mandado de detenção europeu permitirá "facilitar a entrega de pessoas que cometam os factos no território do Estado que as reclama". Fora deste espectro de localização, pode-se aplicar a cláusula *da territorialidade* na tomada de decisão da entrega da pessoa reclamada – n.º 4 do art. 2.º e als. *a*) e *b*) do n.º 7 do art. 4.º da DQ e al. *h*) do n.º 1 do art. 12.º da Lei n.º 65/03. Ora vejamos.

---

[594] ANABELA MIRANDA RODRIGUES, "Mandado de Detenção...", *in RPCC*, Ano 13, n.º 1, p. 42.

[595] Na linha de DANIEL FLORE e de ANNE WEYEMBERGH, ANABELA M. RODRIGUES considera que, desde que o facto seja punido no Estado de emissão – local em que é crime – não se viola o *princípio da legalidade e da segurança jurídica* penal. ANABELA MIRANDA RODRIGUES, "Mandado de Detenção...", *in RPCC*, Ano 13, n.º 1, p. 43, nota 53.

Caso o facto, base do mandado de detenção europeu, tenha sido praticado no todo ou em parte no território ou em local como tal considerado do Estado de execução, a autoridade judiciária de execução pode recusar a execução do mandado – al. *a*) do n.º 7 do art. 4.º da DQ. Na transposição, o legislador português especificou, na linha do art. 4.º do CP, a recusa de entrega se o facto tiver sido praticado, no todo ou em parte, em território nacional ou a bordo de navios ou aeronaves portuguesas – *i*) da al. *h*) do n.º 1 do art. 12.º da Lei n.º 65/03[596].

Se a infracção tiver sido praticada fora do território do Estado de emissão e o direito do Estado de execução não autorizar procedimento penal por infracção idêntica praticada fora do seu território, o Estado de execução pode recusar a execução do mandado – al. *b*) do n.º 7 do art. 4.º da DQ. Quanto a PORTUGAL, prescreveu-se com clareza que é causa de recusa facultativa de execução do mandado se a infracção em que se funda o mandado não tiver sido praticada no território do Estado de emissão e «a lei penal portuguesa não seja aplicável aos mesmos factos quando praticados fora do território nacional» – *ii*) da al. *h*) do n.º 1 do art. 12.º da Lei n.º 65/03. Ao se determinar um critério de *competência extraterritorial* idêntico entre o Estado de emissão e o Estado de execução – não basta a prática do facto, pois tem de ser crime à luz da lei penal do Estado de execução –, reintroduz-se a *dupla incriminação*, por os critérios de *competência extraterritorial* se definirem quanto a tipos legais de crime[597].

---

[596] Parece-nos que se seguiu a previsão do art. 4.º do CP português.

[597] Cfr. ANABELA MIRANDA RODRIGUES, "Mandado de Detenção...", *in RPCC*, Ano 13, n.º 1, p. 43. Cfr. art. 5.º do CP português. Quanto à competência territorial (e extraterritorial) do direito penal português JORGE DE FIGUEIREDO DIAS, *Direito Penal – Parte Geral* – I, pp. 196-218.

Pode-se, na esteira de ANABELA M. RODRIGUES e de DANIEL FLORE, considerar que a «ausência da dupla incriminação representa a "limitação do alcance da soberania" e a aceitação da "validade do sistema de valores dos outros Estados-Membros para a perseguição de factos que relevam da soberania destes": a passagem de um "imperialismo de soberanias" para um "reconhecimento mútuo de soberanias limitadas"»[598], progredindo-se em um "processo de integração no espaço de justiça comum"[599].

---

[598] ANABELA MIRANDA RODRIGUES, "Mandado de Detenção...", *in* *RPCC*, Ano 13, n.º 1, p. 43 e nota 56.

[599] Cfr. DANIEL FLORE *apud* ANABELA MIRANDA RODRIGUES, "Mandado de Detenção...", *in RPCC*, Ano 13, n.º 1, p. 43 e nota 56.

§ 13.º Do princípio *ne bis in idem*

I. A competência punitiva do Estado não se reduz à aplicação da lei penal a delitos que tenham ocorrido intra-muros, pois extravasa os muros nacionais. A aplicação *extraterritorial* do direito penal é a consequência natural de existirem interesses (bens jurídicos) nacionais ofendidos individuais e supraindividuais[600] – caso em que o *princípio da defesa de interesses nacionais*[601] completa o princípio da territorialidade[602] –, de existirem interesses inter-

---

[600] No sentido de que a nova ciência do direito penal deve encestar no seu estudo os bens jurídicos nacionais e, como instrumento de prevenção e de luta, se deve conceber uma ordem jurídico-criminal supranacional sem que se destrua as características políticas, sociais e culturais dos vários sítios, CLAUS ROXIN, "La Ciência Del Derecho Penal ante las Tareas del Futuro", *in La Ciência del Derecho Penal ante el Nuevo Milénio*, (coordinador de la versión española FRANCISCO MUÑOZ CONDE e Trad. de CARMEN GÓMEZ RIVERO), Tirant lo Blanch, Valência, 2004, pp. 401- 406.

[601] Quanto ao *princípio da defesa de interesses nacionais* – no sentido de *protecção real* de que "não deve confiar-se a tribunais estrangeiros a apreciação de ofensas a interesses especificamente nacionais, v. g., os de defesa do Estado nacional" – e da sua interligação com a *incrementação da cooperação judiciária internacional* e com o *respeito e solidariedade para com a justiça estrangeira*, JORGE DE FIGUEIREDO DIAS, *Direito Penal – Parte Geral* – Tomo I, Coimbra Editora, 2004, pp. 216-217. Cfr. EDUARDO CORREIA, *Direito Criminal* – I, (Com a colaboração de FIGUEIREDO DIAS), Livraria Almedina, Coimbra, 1997, pp. 174-175.

[602] Quanto a este assunto EDUARDO CORREIA, *Direito Criminal...*, pp. 174-176. Refira-se o "direito penal repousa, desde os Romanos, sobre o princípio da territorialidade da punição: os crimes devem ser punidos nos países

248   *Do Mandado de Detenção Europeu*

nacionais cuja tutela jurídico-criminal se funda no *princípio da universalidade* do direito penal[603] – *i. e.*, existem bens jurídicos com carácter supranacional que qualquer Estado de direito tem legitimidade de intervir penalmente e que a comunidade internacional censura e exige a responsabilização jurídico-criminal dos seus agentes – e, ainda, da lei penal de determinados Estados se aplicar a actos criminosos praticados fora do seu território, desde que o agente daqueles (nacional do Estado) se encontre dentro do seu território – completa-se o princípio da territorialidade com o *princípio da nacionalidade*[604], que *era* "o resultado do princípio da

---

onde são cometidos: É na «*sede do delito* que mais vivamente se fazem sentir as necessidades de punição e de cumprimento das suas finalidades, nomeadamente da de prevenção geral positiva»". Cfr. ANABELA MIRANDA RODRIGUES, "Princípio da Jurisdição Penal Universal e Tribunal Penal Inter-nacional", *in Direito Penal Internacional, Fim de Século*, Lisboa, 2003, p. 62. FIGUEIREDO DIAS e COSTA ANDRADE acrescentam que "a estas razões (que poderiam chamar-se 'materiais') acresce ('razão processual') que o lugar do facto é também aquele onde melhor se pode investigar e fazer a prova daquele e onde, por conseguinte, existem mais fundadas expectativas de que possa obter-se uma decisão *judicial justa*". Cfr. FIGUEIREDO DIAS e COSTA ANDRADE, *Direito Penal. Questões Fundamentais. A Doutrina Geral do Crime*, Ed. Policopiada, Faculdade de Direito da Universidade de Coimbra, 1996, pp. 198-199.

[603] Quanto ao *princípio da universalidade do direito penal supra* §1.º Considerações gerais; EDUARDO CORREIA, *Direito Criminal* – I, pp. 178-179; JORGE DE FIGUEIREDO DIAS, *Direito Penal – Parte Geral* – Tomo I, pp. 213-214; MEREILLE DELMAS-MARTY, "O Direito Penal como Ética…", *in RPCC*, Ano 14, n.º 3, pp. 297-299, MANUEL CAVALEIRO DE FERREIRA, *Direito Penal Português – Parte Geral* – I, Verbo, 1982, pp. 144-149.

[604] Quanto ao princípio da nacionalidade, como princípio subsidiário, complementar do princípio da territorialidade, MANUEL CAVALEIRO DE FERREIRA, *Direito Penal Português…*, pp. 139-140, EDUARDO CORREIA, *Direito Criminal* – I, pp. 176-177, JORGE DE FIGUEIREDO DIAS, *Direito Penal…*– Tomo I, pp. 203- -211. Refira-se que, na Alemanha, o princípio da nacionalidade assume-se como principal princípio da aplicação da lei penal, sendo o princípio da territorialidade seu corolário – cfr. EDUARDO CORREIA, *Direito Criminal* – I, p. 176.

não-extradição de nacionais"[605], que actualmente já fora agorentado e quase niilificado, e que correspondia à máxima grotiana *punire aut dedere* ou à resposta da reciprocidade. Relativamente à lei penal portuguesa e tendo em conta os dois últimos princípios integradores do princípio da territorialidade da aplicação da lei penal, impõe-se uma dupla condição: por um lado, que o agente do crime se encontre em Portugal e não possa ser extraditado – n.º 1 do art. 5.º do CP; e, por outro, que não tenha «sido julgado no país da prática do facto» ou que se tenha «subtraído ao cumprimento total ou parcial da condenação» – art. 6.º, n.º 1 do CP.

Releva para este §, a segunda condição exposta no n.º 1 do art. 6.º do CP, que concretiza o princípio jurídico-constitucional *ne bis in idem* que preconiza que «ninguém pode ser julgado mais do que uma vez pela prática do mesmo crime» – n.º 5 do art. 29.º da CRP.

O princípio *ne bis in idem* ou *bis de eadem re ne sit actio*, por um lado, integra e completa o princípio da territorialidade e, por outro e em simultâneo, limita a competência *extraterritorial* do direito penal, tendo ganho estatuto de *princípio jurídico--constitucional* pelo art. 103.º da Constituição da República Federal da Alemanha de 23 de Dezembro de 1949, sendo assim "proibida a realização simultânea de dois processos crime por um mesmo facto" e, também, "é inadmissível uma duplicação de detenção pelo mesmo facto e contra o mesmo imputado"[606]. O agente do crime tem direito ao reconhecimento do princípio jurídico fundamental do

---

[605] EDUARDO CORREIA, *Direito Criminal* – I, p. 176.

[606] CLAUS ROXIN, *Derecho Procesal Penal*, (Trad. de GABRIELA E. CÓRDOBA e de DANIEL R. PASTOR), Editores del Puerto s.r.l., Buenos Aires, 2000, p. 436. Para GASTON STEFANI, GEORGE LEVASSEUR e BERNARD BOULOC, o principio *ne bis in idem*, como adágio do princípio da autoridade do caso julgado pelo tribunal criminal sobre um facto criminal, encontra-se consagrado desde a Constituição Francesa de 1791. Cfr. GASTON STEFANI, GEORGE LEVASSEUR e BERNARD BOULOC, *Procédure Pénale*, 17.ª Ed., Dalloz, 2000, p. 897.

250 *Do Mandado de Detenção Europeu*

interesse de ser deixado em paz depois de ter sido julgado, condenado e cumprido a pena ou absolvido[607].

Importa realçar que, entre nós, o princípio *ne bis in idem* adquire estatuto ou dignidade constitucional com a Constituição de 1976[608] – «ninguém pode ser julgado mais do que uma vez pela prática do mesmo crime»[609]. A dignidade constitucional confere-lhe uma dimensão de *direito subjectivo fundamental* – que "garante ao cidadão o direito de não ser julgado mais do que uma vez pelo mesmo facto" e lhe confere, em simultâneo, "a possibilidade de se defender contra actos estaduais violadores deste direito (*direito de defesa negativo*) " – e uma dimensão de *princípio constitucional objectivo, i. e.*, uma dimensão *objectiva do direito fundamental* – que onera o legislador a conformar o "direito processual" e a "definição do caso julgado material de modo a impedir a existência de vários julgamentos pelo mesmo facto"[610]. Não obstante o princípio preconizar a proibição de *duplo julgamento* e *não de dupla penali-*

---

[607] Quanto a este princípio inerente ao caso julgado material, como protecção do arguido, CLAUS ROXIN, *Derecho Procesal...*, p. 436.

[608] Não obstante ser um princípio de tradição jurídica em Portugal, cujo primeiro registo em Portugal se encontra na Lei D. Dinis de 21 de Fevereiro de 1322. Cfr. GERMANO MARQUES DA SILVA, *Curso de Processo Penal* – III, 2.ª Edição, Verbo, Lisboa/S. Paulo, 2000, p. 40 e nota 1. Acresce referir que o princípio *ne bis in idem* se cinge à proibição de novo julgamento sobre o mesmo crime e não a outra punibilidade, *v. g.*, disciplinar – Cfr. FIGUEIREDO DIAS, Direito *Penal...* – Tomo I, p. 161; Ac. TC n.º 263/94 – *in DR*, Série II, de 19 de Julho de 1994 – e AC. TC n.º 161/95 – *in DR*, Série II, de 8 de Junho de 1995 –; e JOSÉ MANUEL VILALONGA, "Anotação ao Acórdão 263/94 do Tribunal Constitucional", *in Casos e Materiais de Direito Penal*, (Coord. FERNANDA PALMA, CARLOTA P. DE ALMEIDA e J. M. VILALONGA), 3.ª Edição, Almedina, 2004, pp. 221-237.

[609] Cfr. n.º 5 do art. 29.º da CRP.

[610] Cfr. quanto ao que referimos neste período GOMES CANOTILHO e VITAL MOREIRA, *Constituição da República Portuguesa Anotada*, 3.ª Edição, Coimbra Editora, 1993, p. 194.

zação[611] – pois um funcionário pode ser punido criminal e disciplinarmente – e de ser necessário um labor para se descortinar o sentido de «prática do mesmo crime»[612], releva a dificuldade da aplicação do princípio *ne bis in idem* nos casos de comparticipação, de concurso de crimes e de crime continuado[613].

O princípio *ne bis in idem* assume-se, assim, como garantia de aplicação do direito penal intramuros e extraterritorial, conquistando estatuto jurídico-constitucional a par do estatuto de princípio jurídico-internacional com a sua consagração no art. 14.º, n.º 7 do PIDCP[614] e no art. 4.º do Protocolo n.º 7 à CEDH[615], no art. 8.º

---

[611] A proibição de realização de um duplo julgamento visa que uma pessoa absolvida não venha a ser condenada pela prática da infracção e que não se renove a "aplicação de sanções jurídico-criminais pela prática do mesmo crime». Cfr. GOMES CANOTILHO e VITAL MOREIRA, *Constituição da República...*, p. 194.

[612] Importa referir que a expressão de **mesmo crime** engloba, na opinião de GERMANO M. DA SILVA, "a mesma factualidade jurídica e o seu aspecto substancial, os elementos essenciais do tipo legal pelos quais o arguido foi julgado" ou "quando exista uma parte comum entre o facto histórico julgado e o facto a julgar e que ambos os factos tenham como objecto o mesmo bem jurídico ou formar, como acção que se integra na outra, um todo do ponto de vista jurídico", cuja acepção implica que, em caso de concurso ideal de crimes, o agente possa ser julgado por aqueles que não foram submetidos a julgamento e que, em caso de concurso aparente de crimes, se entenda que julgado um crime se deve ter por julgados os outros. Cfr. GERMANO MARQUES DA SILVA, *Curso de Processo Penal* – III, Verbo, Lisboa/S. Paulo, 1994, pp. 38-39 (1.ª edição), pp. 44-45 (2.ª Edição). Quanto ao concurso aparente de crimes ou concurso de normas e no âmbito do concurso de circunstâncias modificativas, atenuantes e agravantes e a assumpção do princípio *ne bis in idem*, EDUARDO CORREIA, *Direito Criminal* – II, pp. 204-208, 310, 370-373 e 388-389 e *A Teoria do Concurso em Direito Criminal*, Colecção Teses, Almedina, 1996, pp. 127-160.

[613] Cfr. GOMES CANOTILHO e VITAL MOREIRA, *Constituição da República...*, p. 194.

[614] No qual se estipula que «ninguém pode ser julgado ou punido novamente por motivo de infracção da qual já foi absolvido e pela qual já foi

da Convenção Europeia de Extradição de 1957, mantendo-se e vivificando-se nos artigos 54.º a 58.º da CAAS, com a dedicação de uma Convenção dos Estados-Membros da União Europeia à aplicação do princípio *ne bis in idem* de 1987[616] e com a consagração no art. 50.º da Carta Dos Direitos Fundamentais da União Europeia (CDFUE)[617]. Hoje, o princípio *ne bis in idem* apresenta-se como motivo de não execução obrigatória e facultativa do MDE.

Acresce referir, neste recanto, que a proibição constitucional do *ne bis in idem,* como efeito negativo do caso julgado penal[618], é "mais ampla do que a que resultaria dos efeitos do caso julgado", sendo essa maior amplitude a divergência fulcral "entre o efeito impeditivo do caso julgado civil e do caso julgado penal"[619], sendo que, devido a esta proibição e garantia constitucional, a cognição do

---

condenado por sentença definitiva, em conformidade com a lei e o processo penal de cada país".

[615] No qual se estipula que:

«1. Ninguém pode ser penalmente julgado ou punido pelas jurisdições do mesmo Estado por motivo de uma infracção pela qual já foi absolvido ou condenado por sentença definitiva, em conformidade com a lei e o processo penal desse Estado.

2. As disposições do número anterior não impedem a reabertura do processo, (...), se factos novos ou recentemente revelados ou um vício fundamental no processo anterior puderam afectar o resultado do julgamento.»

[616] Aprovada pela RAR n.º 22/95, de 12 de Janeiro, e ratificada pelo DPR n.º 47/95, de 13 de Março – *in DR*, Série – I, de 11 de Abril de 1995.

[617] Que prescreve que «Ninguém pode ser julgado ou punido penalmente por um delito do qual já tenha sido absolvido ou pelo qual já tenha sido condenado na União por sentença transitada em julgado, nos termos da lei».

[618] Cfr. GERMANO MARQUES DA SILVA, *Curso de Processo...,* Vol. III, pp. 33-34.

[619] GERMANO MARQUES DA SILVA, *Curso de Processo...,* Vol. III, p. 39. Acrescente-se que, como afirma o ilustre Mestre, a Constituição "alarga os efeitos do caso julgado para além dos que resultariam simplesmente da aplicação subsidiária ao processo penal dos efeitos do caso julgado civil".

juiz não se deve alongar além do objecto identificado e determinado pela acusação[620], ou seja, a proibição *ne bis in idem* incide sobre uma identidade e um determinado objecto que foi submetido a julgamento, que gerou condenação ou absolvição, não sendo, por isso, lícito que se renove a actividade processual sobre o mesmo objecto contra o mesmo sujeito (agente do facto criminoso).

A amplitude, de que goza o princípio como consequência da sua constitucionalização, infere àquele força valorativa de se dirigir a "todas as pessoas" e a "todos os tribunais", *i. e.*, a sua validade não se esgota na esfera anelar dos cidadãos portugueses e de julgamentos conduzidos por tribunais portugueses – como acontece, *p. e.*, na Alemanha –, pois, o princípio *ne bis in idem* traduz "a ideia segundo a qual o critério da territorialidade deve, segundo a nossa Constituição político-criminal, constituir efectivamente o princípio prioritário e todos os outros assumirem a veste de princípios meramente complementares, ou melhor ainda, nesta acepção, *supletivos*"[621]. Pois, EDUARDO CORREIA e CAVALEIRO DE FERREIRA, sob a égide do CP de 1886, já preconizavam que a interpretação do §.° 3 em relação ao n.° 3 do art. 53.° não podia ser literal, no sentido de dar mais dignidade à pessoa se fosse portuguesa – aplicando-se o

---

[620] Cfr. GERMANO MARQUES DA SILVA, *Curso de Processo...*, Vol. III, p. 39. O Saudoso Professor EDUARDO CORREIA defende que os poderes de cognição do juiz não devem estender-se "a factos autónomos e diferentes dos acusados" e que o "tribunal não poderá ocupar-se de actividades criminosas que não correspondam ao conteúdo da acusação", *i. e.*, o "conteúdo da acusação e o da sentença devem ser um e o mesmo, entre aquele e este deve verificar-se uma relação de identidade" –, EDUARDO CORREIA, *A Teoria do Concurso...*, p. 317. No mesmo sentido, o saudoso Professor CAVALEIRO DE FERREIRA defende que os poderes de cognição do juiz se devem limitar ao objecto identificado e determinado com a acusação ou pronúncia – CAVALEIRO DE FERREIRA, *Curso de Processo Penal*, Editora Danúbio, Lisboa, 1986, Vol. 2.°, pp. 34-42.

[621] JORGE DE FIGUEIREDO DIAS, *Direito Penal – Parte Geral – Tomo I*, p. 216.

254 *Do Mandado de Detenção Europeu*

princípio *ne bis in idem* – do que se fosse um estrangeiro. Impõe-se uma interpretação extensiva do pressuposto de não ter sido julgado no estrangeiro para que pudesse haver julgamento em Portugal quer o agente do crime fosse cidadão português ou estrangeiro[622].

II. Face à importância que merece no âmbito do MDE, importa descortinar o princípio *ne bis in idem* face ao concurso de crimes, do crime continuado e da comparticipação.

Quanto ao concurso de crimes, impera que se aparte o concurso real do aparente, pois não só o *iter* se distingue, como também o resultado final, apesar do encontro de regras que previna o conflito de normas visa obstar o inaceitável caminho do *bis in idem*. No âmbito do *concurso real de crimes* ou concurso real – em que há uma pluralidade de crimes e uma pluralidade de normas aplicáveis ou a aplicabilidade da mesma norma diversas vezes[623] –, o princípio *ne bis in idem*, em uma análise literal e securitária, tem efeitos proibitivos só relativamente ao crime julgado definitivamente em que a pessoa procurada tenha sido condenada ou absolvida, podendo esta ser julgada pelos outros crimes.

Contudo, na esteira de GERMANO M. DA SILVA, relançamos a discussão de saber se acreditamos que a pena carrega, na verdade, uma função educativa, devendo-se atribuir relevância à pena cumprida, ou não acreditamos e concretizamos um direito penal de "natureza puramente retributiva"[624], ou seja, se aceitamos que

---

[622] Cfr. EDUARDO CORREIA, *Direito Criminal* – I, p. 175 e CAVALEIRO DE FERREIRA, *Direito Penal* ...– I, pp. 137-138. Para CAVALEIRO DE FERREIRA, a literal discriminação do texto penal relativamente aos estrangeiros deveu-se a um lapso da Comissão que elaborou o CP de 1886.

[623] Cfr. GERMANO MARQUES DA SILVA, *Direito Penal Português – Parte Geral* – I, Verbo, Lisboa/S. Paulo, 1997, p. 307.

[624] Cfr. GERMANO MARQUES DA SILVA, *Direito Penal Português – Parte Geral* – III, Verbo, Lisboa/S. Paulo, 1999, p. 165.

"a execução da pena tem efectivamente efeito preventivo, reintegrador do delinquente na sociedade em ordem a educá-lo para respeitar a lei", logo não se justifica que não se atribua relevância à pena ou às penas já executadas, não sendo necessário executar todas as penas para que se realize a finalidade de prevenção especial, sendo que, executada uma das penas, existe produção de efeitos e "diminui a necessidade de nova pena por crime cometido anteriormente, isto é, cometido antes de o condenado ter sofrido a pena e a sociedade beneficiado do efeito da sua execução"[625]. Pensamento doutrinário de relevante interesse para a problemática do princípio *ne bis in idem* sempre que existe concurso de crimes, pois se aquele(s) facto(s) se engancha(m) no conjunto de crimes julgados e cuja pena fora cumprida pelo agente do crime, somos da opinião de que, tendo em conta que a pena tem um fim educativo – prevenção especial – e não retributivo, o princípio o *ne bis in idem* abraça, também, aquele(s) crime(s) que preenche(m) o puzzle que já fora desmontado e montado pelo tribunal do qual resultara uma pena e que fora já executada ou que se encontra em execução ou que já não pode ser executada.

Questão de maior acuidade é a aplicação do princípio no quadro do *concurso real de normas* ou concurso ideal. Face a uma unidade de facto ou crime uno em que concorrem várias normas, por terem sido violadas e por configurarem vários crimes, ou a mesma norma por o mesmo facto ter sido isoladamente e sem continuidade várias vezes praticado[626], parece-nos que, tendo em conta que a lei portuguesa equipara o concurso ideal ao concurso real de crimes, a solução a adoptar deve ser a mesma. GERMANO MARQUES DA SILVA[627], seguindo a tese de acepção real do princípio

---

[625] GERMANO MARQUES DA SILVA, *Direito Penal...*– III, p. 165.

[626] GERMANO MARQUES DA SILVA, *Direito Penal ...*– I, pp. 306-307.

[627] GERMANO MARQUES DA SILVA, *Curso de Processo...* – III, p. 38.

ne bis in idem, aponta para que o efeito negativo do caso julgado material – *ne bis in idem* – se reflicta no crime julgado e não se verifique no(s) restante(s) crime(s), podendo, assim, o delinquente ser novamente julgado por esses crimes. Todavia, parece-nos que, sendo o facto anterior à condenação e tendo o delinquente sofrido as agruras da pena aplicada por esse facto, independentemente da norma concorrida que tenha sido fundamento da condenação e tendo em conta a finalidade preventiva e educativa da pena, o efeito negativo do caso julgado – *ne bis in idem* – deve sofrer uma refracção sobre este campo e deve proibir um novo julgamento.

Quanto ao concurso aparente de normas, em que há a agressão a um *bem jurídico* por um facto, não obstante poder existir um enquadramento aparente de várias normas, só se aplica uma norma. O encontro da norma a aplicar, no concurso aparente, segue as regras da *especialidade*[628] ou da *consumpção*[629] ou da *subsidiarie-*

---

[628] Como ensina EDUARDO CORREIA, o princípio *lex specialis derogat legi generali* vigora no direito penal desde que "um tipo especial de crime esgote a valoração jurídica da situação; sob pena, de outra forma, de se violar o princípio «ne bis in idem»" – cfr. EDUARDO CORREIA, *Direito Criminal* – I, p. 205 –, *i. e.*, "com o preenchimento do *Tatbestand* especial realiza-se, também, necessaria-mente, o do geral, pois, pela própria definição de especialidade, aquele contém todos os elementos constitutivos deste último. Por outro lado, aplicando-se conjuntamente aquele tipo fundamental ou geral, teria lugar uma violação manifesta do princípio *ne bis in idem*, pois se o tipo especial contém todos os elementos constitutivos do tipo geral, contém necessariamente a sua valoração" – cfr. EDUARDO CORREIA, *A Teoria do Concurso...*, p. 129. Neste mesmo sentido CAVALEIRO DE FERREIRA, *Direito Penal...* – I, p. 164 e GERMANO MARQUES DA SILVA, *Direito Penal...* – I, p. 310.

[629] Como ensina EDUARDO CORREIA, o princípio *lex consumens derogat legi consumtae* é um princípio de exclusão de outro ou outros preceitos em benefício de um, caso contrário haveria uma violação do princípio *ne bis in idem* se a *lex consumens* – mais ampla – não afastasse a *lex consumta* – menos ampla. Todavia esta relação de determinação de normas só é possível em concreto – pois, a consumpção "exige uma investigação para além da descrição legal dos crimes,

Dos Direitos e Garantias dos Cidadãos à Luz do Mandado...   257

dade[630] de modo a afastar o perigo do *bis in idem*, *i. e.*, evitar que possa verificar-se uma duplicação punitiva pelo mesmo facto[631]/[632].

---

supõe um apelo às relações de mais e de menos entre os bens jurídicos que dominam os preceitos" –, contrariamente à especialidade que se opera em abstracto. Cfr. EDUARDO CORREIA, *A Teoria do Concurso...*, p.131-132 e *Direito Criminal* – I, p. 205. Para CAVALEIRO DE FERREIRA a consumpção, que se aproxima da subsidiariedade, integra no facto principal "factos anteriores, concomitantes ou posteriores puníveis, que a tutela da norma consumptiva assegura" – cfr. CAVALEIRO DE FERREIRA, *Direito Penal...* – I, pp. 169-170. Quanto a este assunto, GERMANO MARQUES DA SILVA, *Direito Penal...* – I, p. 316-317.

[630] A subsidiariedade que preconiza, na relação das normas, o afastamento da norma que menor protecção dá ao bem jurídico agredido, devendo ser preterida em benefício da que garante uma maior tutela – não se aplicando as duas normas, sob pena de violação do princípio *ne bis in idem,* pode ser *tácita* – quando a eficácia das normas "se apoia numa certa relação lógica entre as normas criminais", existindo uma hierarquia em que a norma com maior protecção (punibilidade) faz cessar a com menor protecção – e pode ser *expressa* – quando uma norma penal condiciona expressamente a sua aplicabilidade à não aplicação de outra norma (*p. e.*, art. 292.º do CP). A prevalência de uma norma em concreto e o sequente afastamento da outra norma evita que se viole o princípio *ne bis in idem.* Quanto a este assunto, EDUARDO CORREIA, *A Teoria do Concurso...*, pp. 145-148 e *Direito Criminal* – I, p. 207, CAVALEIRO DE FERREIRA, *Direito Penal...* – I, p. 169 e GERMANO MARQUES DA SILVA, *Direito Penal...* – I, pp. 312-316.

[631] Refira-se que CAVALEIRO DE FERREIRA, na base do caso julgado material, defende que o efeito negativo deste – *ne bis in idem* – se verifica na totalidade no caso do concurso ideal ou aparente de normas. Cfr. CAVALEIRO DE FERREIRA, *Curso de Processo...*, Vol. 2.º, p. 42.

[632] Duas pequenas referências se impõem no campo do concurso aparente: uma dirigida à *alternatividade* e outra à *consumpção impura.* Quanto à primeira, preconiza uma relação de "preceitos que se comportam, relativamente à protecção do mesmo bem jurídico, como meios diferentes para alcançar o mesmo fim, correspondendo a uma tal diversidade de meios a incompatibilidade dos elementos constitutivos dos tipos de crimes" e um auxílio à interpretação de cada norma, mas sem que actue como processo de exclusão de uma em favor de outra – Cfr. EDUARDO CORREIA, *A Teoria do Concurso...*, pp. 148-152 e *Direito*

No quadro do crime continuado[633] – "em que uma pluralidade de factos (que podem ser cometidos em países diferentes) é juridicamente considerada uma unidade normativa"[634], *i. e.*, em que "diversas actividades preenchem o mesmo tipo legal de crime ou, pelo menos, diversos tipos legais de crime que fundamentalmente protejam o *mesmo bem jurídico*"[635] – que nasce teleologicamente para beneficiar o agente da infracção ao se criar uma *unidade do bem jurídico* face a uma *execução por forma essencialmente homogénea* que induz à *diminuição considerável da culpa por força de uma mesma situação exterior*[636], defendemos que o efeito negativo do caso julgado – a proibição do *ne bis in idem* – prevalece sobre a plura-

---

Criminal – I, pp. 206-207. Quanto à *consumpção impura* verifica-se sempre que a distinção de um tipo legal de crime de outro "por uma circunstância tal que apenas se pode admitir tê-la querido o legislador como qualificativa agravante". Neste caso, não existe uma relação de hierarquia de normas, porque o legislador não teve em conta o delito fundamental, pois se se considera definitivamente aplicável o tipo de delito fundamental, ficará "na sua maior parte assegurada a protecção que o tipo qualificado também visa, de modo que a aplicação cumulativa deste conduziria a uma dupla reacção penal contra a mesma violação concreta de bens jurídicos" e no respeito do princípio *ne bis in idem* deve-se afastar a norma que menos ampla e perfeitamente tutela o bem jurídico do ponto de vista jurídico-positivo – Cfr. EDUARDO CORREIA, *A Teoria do Concurso...*, pp. 153-160, *maxime* 153, 154 e 156 e *Direito Criminal* – I, pp. 207-208.

[633] A origem da figura do crime continuado, como escrevera CARRARA, deve-se aos "Práticos, que com os seus estudos, tentaram evitar a pena de morte cominada ao terceiro furto" – cfr. FRANCESCO CARRARA, *Programa del Corso di Diritto Criminale*, § 514. Os Práticos de que nos fala CARRARA são FARINACCIO, BALDO, BARTOLO – Cfr. EDUARDO CORREIA, *A Teoria do Concurso...*, pp. 162-164.

[634] JORGE DE FIGUEIREDO DIAS, *Direito Penal – Parte Geral* – Tomo I, p. 201.

[635] EDUARDO CORREIA, *Direito Criminal* – I, p. 211.

[636] Cfr. GERMANO MARQUES DA SILVA, *Direito Penal...* – II, 1998, p. 318 e art. 30.º do CP.

lidade de factos que constituíram a unidade normativa subsumida em julgamento e não na "hipótese de a pena aplicada aos factos julgados ter sido a máxima aplicável"[637].

O cenário da comparticipação criminosa, como modalidade causal de acção, em que ela própria é "mais definida pelo seu objecto do que pela sua estrutura formal"[638], releva, desde logo, por a pessoa ser procurada por ter comparticipado em um facto delituoso e importa saber se o efeito negativo do caso julgado se verifica tendo em conta a identidade do facto e a vigência do "princípio da imputação objectiva recíproca, segundo o qual a cada um dos comparticipantes é imputada a totalidade do facto típico, independentemente da concreta actividade que cada um dos participantes haja realizado"[639]. Pois, defendemos que a proibição do *bis in idem,* como garantia de dimensão subjectiva do cidadão – ou "uma verdadeira «tutela subjectiva» incontestável" – se deve entender que tendo a unidade de facto sido julgada (e o cidadão cumprido a pena), este não pode ser submetido a novo julgamento, melhor, na linha de DAMIÃO DA CUNHA, não pode ser submetido a nova acusação por parte do MP, a nova acção penal sob pena de violação do princípio *ne bis in idem* e de "um «abuso de Direito»"[640].

---

[637] Posição de CAVALEIRO DE FERREIRA, *Curso de Processo...*, Vol. 2.º, p. 42.

[638] CAVALEIRO DE FERREIRA, *Curso de Processo...*, Vol. 2.º, p. 41.

[639] GERMANO MARQUES DA SILVA, *Direito Penal... –* II, 1998, p. 270.

[640] JOSÉ MANUEL DAMIÃO DA CUNHA, *O Caso Julgado Parcial*, PUC, Porto, 2002, pp. 158-159 e nota 169. Para este ilustre Professor o princípio *ne bis in idem* "mais do que proibição de segundo julgamento (como usualmente é referido), deveria ser entendido como proibição de nova dedução de acusação", por considerar que o *ne bis in idem* é "uma consequência necessária de um princípio de acusação materialmente entendido". Se acaso ocorrer um segundo julgamento sobre um *mesmo objecto* processual – identidade do facto – e sobre *um mesmo arguido*, não se deve optar pela regra da dimensão «pública» da

III. Registe-se que importa referir, na linha de ANABELA M. RODRIGUES[641], que o princípio *ne bis in idem*, que se encontra reconhecido no nosso tempo, relaciona-se com o caso julgado – seu corolário lógico – e com os poderes de cognição do juiz e não com o princípio da proibição de dupla valoração por as circunstâncias deverem ser consideradas como *uno actu*. Pois, a análise do princípio *ne bis in idem*, como motivo de não execução obrigatória e facultativa, prender-se-á com o efeito negativo do instituto do caso julgado e os poderes de cognição do juiz, ao qual não caberá fazer qualquer valoração para determinação da medida da pena.

Acresce, ainda, que o (*instituto do*) *desconto* do tempo de detenção provisória para entrega da pessoa procurada ou da pena que o agente do crime – pessoa procurada – já tenha cumprido "é uma aplicação directa do princípio *ne bis in idem*, pois ele já sofreu

---

garantia preconizada em processo civil – de que existindo duas sentenças contraditórias, prevalece a primeira –, mas deve-se optar, antes, pela dimensão «subjectiva» da garantia – que prevalece a sentença mais favorável ao arguido, *i. e.*, não se pode admitir que a garantia do *ne bis in idem* reverta em desfavor ou em dano para com o arguido, mas, como na doutrina italiana, deve dar-se prevalência ao princípio geral *favor rei*. No sentido de garantia pessoal da máxima *ne bis in idem* ligada ao caso julgado que, por sua vez se encontra enleada à ideia de um processo penal de estrutura acusatória, no sentido de salvaguarda do respeito da dignidade da pessoa humana – à qual não é exigível que volte a passar pelo mesmo «tormento» mais do que uma vez – e na defesa dos direitos fundamentais e à paz jurídica, que se alcança com a sentença transitada em julgado e o cumprimento da sanção ou a rejubilo da absolvição, pela qual se alcança a verdade material dos falibilistas e não dos demonstrativistas, sem que se olvide a válvula de escape que representa o n.º 6 do art. 29.º da CRP para as condenações injustas, FREDERICO ISASCA, *A Alteração Substancial dos Factos e a sua Relevância no Processo Penal Português*, 2.ª Edição, Almedina, 1999, pp. 218-229.

[641] ANABELA MIRANDA RODRIGUES, *A Determinação da Medida da Pena Privativa da Liberdade*, Coimbra Editora, 1995, pp. 604-606 e nota 87.

Dos Direitos e Garantias dos Cidadãos à Luz do Mandado... 261

uma parte da pena, não é justo, não é lógico, que sofra outra vez a pena na sua totalidade"[642]/[643].

O princípio *ne bis in idem*, como princípio jurídico-constitucional e jurídico-internacional, ocupa um espaço de acção protectora subjectiva que se sobrepõe à dimensão retributiva, cognitivamente enraizada na demanda securitária em que o direito penal se encontra enroscado e em que, nesta onda gigante, se desproporciona no sentido da protecção da sociedade face ao crime, em prejuízo da sua função protectora do delinquente face ao *ius puniendi*, em que a designada e propagada sociedade de risco de BECK – *Risikogesellschaft* – quase converte o direito penal em *"instrumento de governo daquela sociedade, como meio propulsor de colocar e alcançar as finalidades de governo respectivas"*[644], e que evita a *instrumentalização da pessoa*

---

[642] TERESA PIZARRO BELEZA, *Direito Penal*, 2.ª Edição, AAFDL, Lisboa, 1998, p. 494. Já o Conselho da Europa, na Convenção Europeia sobre Transmissão de Processos Penais, adoptada em Estrasburgo em 15 de Maio de 1972, consagrava o instituto do desconto no art. 36.º ao prescrever que, caso houvesse uma nova perseguição penal sobre a mesma pessoa e sobre o mesmo objecto criminal num Estado contratante, o **período de privação da liberdade** cumprido em cumprimento de sentença deve ser **descontado ou reduzido** à sanção que seja eventualmente aplicada. Refira-se que Portugal assinou a Convenção em 10 de Maio de 1979, mas ainda não a ratificara. Neste mesmo sentido se estipula no art. 3.º da Convenção entre os Estados Membros da União sobre a aplicação do princípio *ne bis in idem*, adoptada em Bruxelas em 25 de Maio de 1987, sendo que, nesta Convenção, se oneram os Estados-Membros, de acordo com o direito interno, a tomarem medidas no sentido de ser tida em conta na decisão final as sanções não privativas da liberdade que a pessoa já sofrera. E, ainda, podemos referir que, no mesmo sentido de desconto da pena, se afirma o art. 56.º da CAAS. Podemos afirmar que são correcções à violação do princípio *ne bis in idem* no quadro da cooperação judiciária em matéria penal, como afirmam JEAN PRADEL e GEERT CORSTENS, *Droit Pénal Européen*, 2.ª Edição, Éditions Dalloz, Paris, 2002, p. 84.

[643] Cfr. art. 26.º da DQ.

[644] JORGE DE FIGUEIREDO DIAS, "Oportunidade e Sentido da Revisão", *in Jornadas de Direito Criminal – Revisão do Código Penal – I Volume*, Edição do

262   *Do Mandado de Detenção Europeu*

humana[645] no sentido de que se não é punido à primeira – em um Estado – pode ser que seja punido à segunda, sendo a pessoa perseguida o escudo de confiança dos cidadãos europeus nas normas penais nacionais e internacionais e de funcionalização pragmática, utilitária e de eficiência pura – que o reconhecimento mútuo engancha e reflecte no mandado de detenção europeu.

IV. O princípio *ne bis in idem* – que encerra a ideia de que "uma pessoa que foi objecto de uma sentença definitiva num processo penal não pode ser perseguida de novo com base no mesmo facto"[646] – é um princípio geral do direito penal corolário do direito à liberdade e limite à acção punitiva de qualquer Estado e apresenta-se, no quadro do mandado de detenção europeu, em uma dupla configuração: motivo de não execução obrigatória e motivo de não execução facultativa.

O princípio do reconhecimento mútuo e a sua dinâmica[647] impõem, em termos de lógica, que o controlo de fundo se

---

CEJ, 1996, pp. 31-32. Concordamos com o ilustre Professor quando afirma que "a sociedade foi sempre – e talvez mais do que hoje e porventura sê-lo-á sempre – uma sociedade do risco no sentido predito" e que "ao direito penal não deve caber uma função promocional que o transforme, de direito – que historicamente sempre terá sido, mas que pelo menos seguramente o foi a partir da época das Luzes – de protecção de direitos fundamentais, individuais e colectivos, em instrumento de governo da sociedade". Cfr. pp. 32-33.

[645] Quanto ao perigo da *instrumentalização da pessoa humana* em uma interpretação radical da prevenção geral positiva, JORGE DE FIGUEIREDO DIAS, "Oportunidade ...", *in Jornadas de Direito Criminal – Revisão do Código Penal –* I Volume, pp. 33-34.

[646] Cfr. MANUEL ANTÓNIO LOPES DA ROCHA e TERESA ALVES MARTINS, *Cooperação Judiciária Internacional em Matéria Penal (Comentários)*, Aequitas-Editorial Noticias, Lisboa, 1992, p. 53.

[647] Que impõe ao Estado de execução reconhecer os mesmos efeitos à decisão do Estado de emissão como se de uma decisão sua se tratasse, pelo que não faz sentido que a AJ do Estado de execução faça um controlo de fundo sobre o preenchimento dos pressupostos legais do mandado de detenção europeu.

deveria desenvolver dentro da competência da autoridade judiciária do Estado de emissão e não pela investigação *ex officio* da autoridade judiciária do Estado de execução, o que conduziria à sua inserção como *condição de entrega relativa*[648]. Todavia, façamos um périplo histórico.

A problemática do princípio *ne bis in idem* intra-muros estatais não levanta problemas, pois é um princípio consagrado do direito – garantia jurídico-constitucional –, todavia extra-muros ou no quadro do direito penal internacional ou do espaço penal europeu a sua consagração não tem sido pacífica, porque o exercício da acção penal tem sido entendida como um exercício de plena soberania. Pois, duas teses se opõem diametralmente: uma cimentada na ideia de que *o procedimento criminal como atributo de soberania* está nas mãos do Estado ao qual não se veda a faculdade de prosseguir criminalmente contra uma pessoa com o fundamento de os factos em causa já terem sido sancionados em outro Estado – vigorando em absoluto o princípio da defesa de todos os interesses nacionais individuais e supra-individuais; a outra tese assenta na *ideia de justiça e equidade* e afasta uma segunda perseguição penal pelos mesmos factos – a dupla perseguição criminal é contrária à ideia de justiça e de equilíbrio da dupla protecção geminada no ventre do direito penal, da comunidade e do delinquente.

O direito internacional europeu colheu a tese mais liberal e centrada na ideia de que submeter alguém a um segundo juízo criminal seria tratamento injusto e não equitativo e contrário à construção de uma sociedade de valor humanista e guardiã do mais alto valor da justiça – a liberdade. Contudo, como ensinam JEAN PRADEL e GEERT CORSTENS[649], a aplicação do princípio *ne bis in*

---

[648] Quanto a este assunto ANABELA MIRANDA RODRIGUES, "Mandado de Detenção...", *in RPCC*, Ano 13, n.º 1, p. 51.

[649] Cfr. JEAN PRADEL e GEERT CORSTENS, *Droit Pénal Européen*, 2.ª Edição, Éditions Dalloz, Paris, 2002, pp. 88 e ss. e 139 e ss..

264   *Do Mandado de Detenção Europeu*

idem está sujeito a determinadas condições específicas expressas nos diplomas que regem a cooperação judiciária em matéria penal por meio da extradição.

A Convenção Europeia de Extradição[650] apresenta três situações que afectam a garantia jurídico-internacional – pois merece consagração no PIDCP e no Protocolo n.º 7 à CEDH[651] – *ne bis in idem*:

1.ª o(s) facto(s) já foi/foram alvo de uma decisão judicial do Estado requerido, podendo implicar uma de três situações distintas:

i. o Estado requerido tem a decorrer procedimento criminal sobre os mesmos factos expostos na extra-dição e *pode recusar a extradição* – art. 8.º da Con-venção;

ii. o Estado requerido já instaurou ou decidiu parar o procedimento criminal sobre os mesmos factos e *pode recusar a extradição* – 2.ª parte do art. 9.º da Con-venção;

iii. o Estado requerido já julgou com sentença transitada em julgado sobre os mesmos factos e verifica-se a *exclusão automática da extradição* – 1.ª parte do art. 9.º da Convenção.

---

[650] Ratificada pelo DPR n.º 57/89 e aprovada para ratificação pela RAR n.º 23/89, de 21 de Agosto de 1989. Aviso DR 76/90, Série I, de 31 de Março de 1990, que torna público o depósito do instrumento de ratificação. Quanto ao que se segue, MÁRIO MENDES, "Extradição", *in Cooperação Internacional Penal*, pp. 41-42 e nota 72 e JEAN PRADEL e GEERT CORSTENS, *Droit Pénal...*, 2.ª Edição, pp. 139-140.

[651] Quanto ao art. 4.º do Protocolo n.º 7 à CEDH com indicação de vários Acórdãos do TEDH, IRENEU CABRAL BARRETO, *A Convenção Europeia dos Direitos do Homem Anotado*, 3.ª Edição, Coimbra Editora, 2005, pp. 378-380.

2.ª o(s) facto(s) motivador(es) da extradição já foi/foram objecto de uma decisão do Estado requerente, devendo o Estado requerido, com **fundamento no reconhecimento interno do princípio do caso julgado, recusar a extradição;**

3.ª o(s) facto(s) foi/foram já julgado(s) em um Estado terceiro, podendo acontecer uma de duas situações:

    i. os três Estados estão vinculados entre si pela Convenção Europeia de Extradição que não estipula qualquer solução, ficando o Estado requerido com o *ónus de decidir se recusa ou não a extradição;*

    ii. os três Estados estão vinculados entre si pelo Primeiro Protocolo Adicional à Convenção – o que não acontece relativamente a todos os Estados –, ficando o Estado requerido *obrigado a recusar a extradição,* tendo em conta a ressalva da infracção ter sido cometida no território do Estado requerente ou contra interesses específicos daquele, conforme n.ºs 2 e 3 do art. 9.º com a redacção do Primeiro Protocolo.

Do exposto verifica-se que a relevância do princípio *ne bis in idem* difere ou ganha outra sintonia se a pessoa reclamada tiver sido julgada em um Estado terceiro, linha esta seguida pela Decisão-Quadro do mandado de detenção europeu e pela Lei n.º 65/03 em Portugal. Parece-nos, todavia, que a diferenciação assente no critério do local da decisão judicial afecta o núcleo central da garantia jurídico-constitucional e jurídico-internacional *ne bis in idem* – de dimensão «subjectiva» – contraria, por um lado, a ideia de cooperação judiciária internacional em matéria penal – pois, a violação do princípio pode gerar responsabilidade[652] do Estado

---

[652] Apurada pelo TEDH.

266   *Do Mandado de Detenção Europeu*

requerido ou de execução por entregar (extraditar) uma pessoa em violação do princípio *ne bis in idem* restringindo desproporcionalmente o direito à liberdade e à paz jurídica que lhe é devida, por violação indirecta de um direito fundamental consagrado na CEDH e, *prima facie*, na DUDH – e, por outro, o "espírito da solidariedade internacional contar, em princípio, com o bom funcionamento da justiça estrangeira"[653], melhor, contraria a confiança mútua na judicatura dos vários Estados contratantes ou Estados--Membros.

Acresce que MÁRIO MENDES[654], na linha de JEAN PRADEL e GEERT CORSTENS, enquadra a recusa prevista no art. 8.º da Convenção – recusa de extradição de uma pessoa reclamada se o Estado requerido tiver instaurado contra ela procedimento pelo mesmo facto ou factos motivadores do pedido de extradição – no princípio *ne bis in idem*, que, no nosso entender, sem descurar a sua ligação ao princípio, preenche antes o ideário do *duplo procedimento* – que a DQ considerou como motivo de não execução facultativo, conforme art. 4.º, n.º 2 da DQ.

O princípio *ne bis in idem* tem consagração no art. 54.º da Convenção de Aplicação do Acordo Schengen (CAAS), na mesma linha do art. 1.º da Convenção de Aplicação do Princípio *ne bis in idem*[655], que estipula a não sujeição de uma pessoa a novo

---

[653] Cfr. JORGE DE FIGUEIREDO DIAS, *Direito Penal – Parte Geral – Tomo I*, p. 216 e nota 23.

[654] Cfr. MÁRIO MENDES, "Extradição", *in Cooperação Internacional Penal*, Edição do CEJ, Lisboa, 2000, p. 41, nota 72.

[655] Portugal na declaração no acto de ratificação, quanto às excepções previstas nos n.ºs 1 e 2 do art. 2.º da Convenção sobre a Aplicação do Princípio *ne bis in idem*, declarou que aplicaria o princípio *ne bis in idem* no caso previsto na al. *a*) do n.º 1, sob condição de reciprocidade, que invocará a excepção prevista na al. *b*) do n.º 1 sempre que se mostre necessário para salvaguardar e tutelar um interesse essencial do Estado Português e que a excepção da al. *b*) do n.º 1 se consigna "aos crimes de contrafacção de moeda, de falsificação de moeda

julgamento pelos mesmos factos já julgados em uma das Partes Contratantes sempre que, tendo havido condenação, «a sanção tenha sido cumprida ou esteja actualmente em curso de execução ou não possa já ser executada, segundo a legislação da Parte Contratante em que a decisão de condenação foi proferida»[656].

Contudo, a CAAS prevê, na mesma linha do art. 2.° da Convenção relativa à Aplicação do Princípio *ne bis in idem*, a derrogação do princípio em três situações[657] que, por um lado, carecem de declaração de não vinculação ao princípio *ne bis in idem* prescrito no art. 54.° da CAAS por parte das Partes Contratantes – n.° 1 do art. 55.° – e que, por outro, preenchem, *summo rigore*, o princípio da territorialidade como princípio prioritário e, em consequência deste, o princípio da defesa de interesses nacionais.

Uma parte contratante pode declarar a sua não vinculação ao art. 54.°, isolada ou cumulativamente:

α. se os factos tiverem sido cometidos no todo ou em parte no seu território, excepto se os factos ocorreram em parte no território da Parte Contratante em que a sentença fora proferida – al. *a)* do n.° 1 do art. 55.°;

β. se os factos consignarem crime contra a segurança do Estado ou contra interesses essenciais dessa Parte Contratante – devendo esta especificar, no momento da ratificação, aceitação ou aprovação, as categorias de crimes – al. *b)* do n.° 1 do art. 55.°;

---

e outros crimes afins, aos crimes de terrorismo e organização terrorista e aos crimes contra a segurança do Estado" – cfr. DPR n.° 47/95 e RAR n.° 22/95, *in DR*, Série I, de 11 de Abril de 1995.

[656] Quanto ao princípio *ne bis in idem* no âmbito da cooperação internacional em matéria penal, artigos 8.° e 32.° da LCJIMP.

[657] Quanto a este assunto JEAN PRADEL e GEERT CORSTENS, *Droit Pénal...*, 2.ª Edição, pp. 83-84 e TERESA ALVES MARTINS e MÓNICA QUINTAS ROMA, "Cooperação Internacional no Processo Penal – Relatório Português ao Congresso Internacional de Direito Processual", *in RPCC*, Ano 5, Fasc. 4.°, pp. 454-455.

268   *Do Mandado de Detenção Europeu*

γ. e se os factos tiverem sido praticados por funcionário dessa Parte Contratante em violação dos deveres do cargo – al. *c)* do n.º 1 do art. 55.º.

V. O princípio *ne bis in idem*[658] no âmbito da Decisão-Quadro do mandado de detenção europeu reveste uma dupla configuração: por um lado, pode constituir *motivo de não execução obrigatória* – n.º 2 do art. 3.º da DQ – e, por outro, pode constituir *motivo de não execução facultativa* – n.º 5 do art. 4.º da DQ[659]. Onde residem as diferenças?

A única diferença reside tão só no local em que se verifica, pela primeira vez, o julgamento e se tenha verificado a condenação sobre os factos motivadores do mandado de detenção europeu: se esse julgamento tiver ocorrido em um Estado-Membro, é motivo de não execução obrigatória; se aquele ocorrer em um país terceiro, já o motivo de não execução é facultativa. Parece-nos que se criaram cidadãos europeus de primeira e de segunda, condição humana que não se coaduna com o princípio do respeito dos direitos do Homem e das liberdades fundamentais e com os direitos fundamentais consagrados no art. 6.º do TUE. Incrivelmente, PORTUGAL manteve a mesma disposição – conforme al. *b)* do art. 11.º e al. *f)* do n.º 1 do art. 12.º da Lei n.º 65/03 – e, na mesma linha, a al. *e)* do n.º 2 do art. 12.º da Ley 3/2003, de 14 de Marzo[660].

---

[658] O princípio *ne bis in idem* pode ser invocado pela pessoa procurada, devendo esta fornecer às AJ do Estado de execução elementos de informação necessários para a apreciação no sentido de que o princípio se aplica no seu caso concreto, cujas consequências dessa apreciação devem recair sobre aquela AJ. Neste sentido DANIEL FLORE *apud* ANABELA MIRANDA RODRIGUES, "Mandado de Detenção...", *in RPCC*, Ano 13, n.º 1, p. 51, nota 76.

[659] Neste ponto, debruçamo-nos sobre os casos em que existiu condenação, cumprimento ou em curso de cumprimento ou impossibilidade de incumprimento da pena ou medida de segurança privativa da liberdade.

[660] Quanto a uma análise crítica sobre a al. *e)* do n.º 2 do art. 12.º da

Releva, neste ponto, reclamar a ideia de FIGUEIREDO DIAS de que a garantia constitucional *ne bis in idem* vale "para todas as pessoas e para todos os tribunais, e não apenas para os cidadãos portugueses ou para julgamentos levados a cabo pelos tribunais portugueses"[661]. Esta diferenciação em que embarcou a legislação portuguesa – de uma sentença proferida por um estado terceiro ter, *a priori*, valor ou efeito inferior à de um tribunal de um Estado--Membro – não se coaduna com os princípios do respeito pela justiça de outros Estados e entra em conflito e em prejuízo face ao art. 8.º da LCJIMP que determina a inadmissibilidade de cooperação sempre que, sobre o facto motivador do pedido, tenha havido em Portugal ou **em outro Estado** um processo com sentença absolutória transitada em julgado ou tenha sido arquivado, sentença conde-natória cumprida ou em cumprimento ou o procedimento tenha sido extinto. A confiança tem, formalmente, maior acuidade no plano internacional do que no espaço penal europeu.

VI. Outro ponto de discussão anicha-se à diminuição da garantia *ne bis in idem* se a pessoa procurada tiver sido definitivamente julgada pelos mesmos factos em um Estado-Membro, fora do âmbito do n.º 2 do art. 3.º da DQ, *i. e.*, que não tenha sido condenada, impera o princípio *ne bis in idem* como motivo de não execução facultativa – 2.ª parte do n.º 3 do art. 4.º da DQ – linha seguida pela Lei n.º 65/03 – conforme al. *d)* do n.º 1 do art. 12.º. Parece-nos que esta orientação reduz a dimensão «subjectiva» da garantia em benefício da dimensão «pública» da garantia ao permitir que se possa entregar uma pessoa que já fora «objecto» de uma acção penal no espaço da União, caso dessa acção penal não resulte

---

Lei espanhola, JOAQUIN DELGADO MARTÍN, "La Orden de Detención Europea…", *in Cuadernos de Derecho Judicial* – XII – 2003, p. 355.

[661] JORGE DE FIGUEIREDO DIAS, *Direito Penal – Parte Geral* – Tomo I, p. 216.

sentença condenatória, violando-se o escopo da paz jurídica inseparável ao processo acusatório de um Estado de direito democrático.

Cabe à AJ de execução, ao juiz relator em Portugal, proceder a uma investigação *ex officio* no sentido de saber se o facto objecto do MDE preenche a identidade do facto submetido à primeira acção penal e, caso seja o mesmo e sobre a mesma pessoa, configurando-se o instituto do caso julgado material, cujo efeito negativo – *ne bis in idem* – deve prevalecer, sob pena de se violar o direito fundamental à liberdade por meio da inaplicabilidade de uma garantia constitucional, esvaziando-se e niilificando-se a essência e o conteúdo daquele direito em benefício da eficácia e segurança máxima. Pois, como já defendemos, na linha de PRADEL e de CORSTENS e de MÁRIO MENDES[662], consideramos que o juiz deve recusar a entrega com fundamento no reconhecimento interno do caso julgado, cujo efeito negativo obsta à entrega da pessoa para uma nova acção penal quanto à mesma identidade de facto[663].

Registe-se que a fragilidade da proibição *ne bis in idem* não se esgota nestes meandros interpretativos, podendo verificar-se, no quadro do MDE, em outra dimensão jurídico-criminal em que o facto motivador do MDE consigna o facto julgado definitivamente, do qual resultou a condenação e a execução da pena, mas apresenta-

---

[662] Cfr. MÁRIO MENDES, "Extradição", *in Cooperação Internacional Penal*, p. 41, nota 72 e JEAN PRADEL e GEERT CORSTENS, *Droit Pénal...*, 2.ª Edição, p. 140.

[663] Quanto ao efeito negativo do caso julgado – *ne bis in idem* – no quadro da cooperação judiciária europeia em matéria penal e a não ratificação pelos Estados-Membros de vários instrumentos legislativos comunitários referentes à cooperação e de relevante interesse para a incrementação da máxima *ne bis in idem* – como a Convenção de aplicação do próprio princípio de 25 de Maio de 1987 –, ANNE WEYEMBERGH, "L'Avenir des Mécanismes de Coopération Judiciaire Pénale...", *in Vers Un Espace Judiciaire Penal Européen*, p. 145.

Dos Direitos e Garantias dos Cidadãos à Luz do Mandado...

se com outra qualificação jurídico-criminal, entroncando-se assim o MDE com um concurso aparente de normas. Pois, a tese de que não interessa que crime é, mas que é crime, não pode vigorar em um Estado de direito democrático, impondo-se aqui um juízo de cognição jurídica de apreciação não só em abstracto – princípio da especialidade – mas em concreto – princípios da consumpção e da subsidiariedade expressa ou tácita – que conduza à decisão de não entrega da pessoa por ser a mesma identidade do facto e a mesma pessoa, e o instituto do caso julgado proibir novo julgamento – accionando-se a garantia máxima *ne bis in idem*.

A AJ de execução não pode cingir-se, na nossa opinião, ao controlo genérico e ao controlo jurídico, pois, por imperativo constitucional e de direito internacional – tutela de direitos fundamentais – impõe-se-lhe o dever de protecção daqueles direitos e das garantias que são o seu escudo.

Summo rigore e tendo em conta o comando constitucional português – n.º 5 do art. 29.º da CRP – consideramos que o princípio *ne bis in idem* deveria ser motivo de não execução obrigatória e, quando o MDE se insira no âmbito da al. *f)* do n.º 1 do art. 12.º da Lei n.º 65/2003 e do n.º 5 e da parte final do n.º 3 do art. 4.º da DQ, o Juiz relator deve decidir por não entregar a pessoa, sob pena de violarmos o princípio da *proporcionalidade da restrição* de direitos fundamentais[664], devido à grave onerosidade que acarreta a privação da liberdade após a pessoa ter sido julgada em um Estado terceiro ou ter sido julgada, mas não condenada, com fundamento no instituto do caso julgado.

---

[664] Quanto ao *princípio da proporcionalidade* como fundamento de recusa de extradição, EDUARDO GARCÍA ENTERRÍA *apud* MÁRIO SERRANO MENDES, "Extradição", *in Cooperação Internacional Penal*, p. 42, nota 73 e *infra* § 15.º Da ofensa a Direitos Fundamentais.

Parece-nos ser este o sentido que o art. 50.º da CDFUE pretende dar ao princípio *ne bis in idem, i. e.*, quer tenha sido condenada quer tenha sido absolvida dentro do espaço da União ou em um Estado terceiro, com sentença transitada em julgado, a pessoa não pode ser sujeita a uma nova acção penal[665].

---

[665] Mais uma contradição de princípios no quadro normativo da União.

§14.º Do princípio da especialidade

I. O princípio da especialidade – inato ao instituto tradicional de extradição, que traduz a limitação do âmbito penal substantivo do pedido, cuja abrangência se encontrava vedada e circunscrita ao(s) facto(s) motivador(es) do pedido de extradição[666] – surge como garantia da pessoa procurada e como limite da acção penal ou da execução da pena ou da medida de segurança e representa uma segurança jurídica de que não será julgada por crime diverso fundamento do MDE ou não cumprirá sanção diversa da que consta do MDE.

O princípio da especialidade emerge, *ab initio*, da ideia de *tutela dos interesses dos Estados contratantes* – pois, a especialidade advinha da natureza convencional da extradição e do ónus que recaía sobre o Estado requerente de respeitar o compromisso assumido para com o Estado requerido de não poder processar, deter, prender ou submeter a qualquer outra restrição da liberdade individual pessoal quanto a factos anteriores à entrega e diferentes dos que fundaram o pedido de extradição, sem que o Estado extraditante desse consentimento prévio[667] – e aprofunda-se, moderna e

---

[666] Quanto a este sentido do princípio da especialidade ANNA ZAÏRI *apud* MÁRIO MENDES SERRANO, "Extradição", *in Cooperação Internacional...*, p. 40, nota 71.

[667] Quanto a esta concepção da especialidade, J. A. GARCIA MARQUES, "A Extradição no Quadro do III Pilar...", *in STVDIA IVRIDICA* – 66, pp. 148--149. Acresce que esta visão dogmática da especialidade se prende com o desiderato não de protecção de direitos individuais da pessoa, mas de vigoração

humanamente, como *tutela dos interesses e direitos da pessoa a extraditar* – visão que olha os tratados de extradição como "fonte directa de direitos" e como instrumento de salvaguarda dos mesmos ou que olha a especialidade como uma "regra que releva do costume internacional e que vale mesmo na falta de disposições convencionais"[668].

A perspectiva humanista do princípio da especialidade – enraizada na cognição de tutela dos direitos e interesses do cidadão a extraditar –, como ensina ANNA ZAÏRI[669], encontra eco na conexão entre o princípio da especialidade e a matéria consignante aos Direitos do Homem, rebocando com massa forte o princípio e ampliando a eficácia do mesmo. Esta concepção brota das posições doutrinais de autores defensores de um direito extradicional humanista e ancorado na ideia de que a justiça não pode revestir

---

do juízo *político* e *diplomático* que a extradição sempre revestiu que se sobrepunha à decisão judicial e à tutela dos direitos do cidadão. Quanto a este assunto, MÁRIO MENDES SERRANO, "Extradição", *in Cooperação Internacional...*, p. 38, nota 68 e PEDRO CAEIRO, "O Procedimento de Entrega…", *in O Tribunal Penal Internacional e a Ordem Jurídica Portuguesa*, pp. 124-129.

[668] MÁRIO MENDES SERRANO, "Extradição", *in Cooperação Internacional...*, p. 40, nota 71. Como afirma este autor existem posições ecléticas que conjugam as duas teses tendo em conta o direito positivo e a teleologia inerente ao surgimento das próprias Convenções de Extradição e ao contexto internacional, em especial europeu, de centralizar as decisões políticas de Alto Nível e as decisões políticas nacionais e as decisões judiciárias arreigadas ao desiderato da cooperação judiciária em matéria penal no «rosto» dos homens, cuja petrificação dos direitos individuais se lhe reporta à ideia de afastar o ser humano da concepção de objecto do poder – niilificando-se a objectivação – e aproximá-lo da sua verdadeira essência ôntica e ontológica de sujeito pleno de direitos fundamentais pessoais cujo gozo e exercício se encontram na sua disponibilidade – 'deificando-se' o Ser enquanto «SER» –, cujo reflexo se espelha na DUDH, na CEDH, no PIDCP.

[669] ANNA ZAÏRI *apud* MÁRIO MENDES SERRANO, "Extradição", *in Cooperação Internacional...*, p. 40, nota 71.

natureza taleónica nem natureza de império da justiça, mas que deve-se inscrever e aprofundar os Direitos do Homem – Van Panhuys – e que a legalidade da extradição só é aferida como tal se respeitar e promover os Direitos do Homem – Schultz[670].

Nesta linha de interpretação e aplicação do princípio da especialidade, dotando-o de uma concreção jurídico internacional e europeia conforme os Direitos do Homem, Anna Zaïri incrementa a derivação do princípio da especialidade da al. *a*) do n.º 3 do art. 6.º da CEDH que consagra a obrigação da AJ ou da APC ou do OPC de informar o «acusado» da «natureza e da causa da acusação contra ele formulada», induzindo que se admita unicamente a extradição ou a entrega de uma pessoa procurada por facto(s) de que esta tenha conhecimento, *i. e.*, aquela deve ser informada "dos factos materiais que lhe são imputados e da sua qualificação jurídica"[671], devendo receber a informação necessária de modo que compreenda o conteúdo da acusação ou da suspeita ou da condenação para poder, caso assim entenda, defender-se e opor-se, por meio de recurso, à sua posterior entrega[672].

---

[670] Cfr. Mário Mendes Serrano, "Extradição", *in Cooperação Internacional...*, p. 40, nota 71.

[671] Ireneu Cabral Barreto, *A Convenção Europeia dos Direitos...*, 3.ª Edição, p. 165.

[672] Esta visão global do aprofundamento do princípio da especialidade no quadro da CEDH reconduz-nos a inculcar a sua premência e vigência sempre que, no processo de extradição e de entrega de pessoas procuradas para acção penal ou cumprimento de sanção criminal, sejam colocados em desvantagem e em perigo direitos, liberdades e garantias consagrados na Convenção, conforme se destaca a vida ou a integridade física da pessoa – cuja possibilidade ou execução de pena de morte ou de penas corporais configuram *tratamento desumano* art. 3.º da CEDH –, o *direito de ser informado* das razões da privação da liberdade – art. 5.º, n.º 2 da CEDH –, a não audição da pessoa detida para ser extraditada ou entregue, violando o princípio do *processo equitativo* – n.º 1 do art. 6.º da CEDH –, a *não tradução ou a não cedência de intérprete* para

276 *Do Mandado de Detenção Europeu*

Ao amalgamar o princípio da especialidade à CEDH, pretende-se, por um lado, dotar as garantias da pessoa a entregar de força jurídica internacional e, por outro e como consequência daquele, reforçar "as garantias de respeito do princípio por via do acesso aos meios de recurso internacionais previstos em matéria de Direitos do Homem"[673], como denota a jurisprudência do TEDH, em especial nos Casos SOERING e BOZANO[674].

II. O princípio da *especialidade* – que restringe o poder do Estado requerente de processar, de julgar, deter ou sujeitar a restrição da liberdade da pessoa extraditada ou entregue aos factos que fundamentaram o pedido e a decisão de extradição – preenche a lista de vários princípios que ornam o instituto da extradição, inscritos na Convenção Europeia de Extradição – art. 14.º – e perdura no âmbito do MDE, embora configurado a uma maior celeridade e eficácia da cooperação judiciária penal no espaço da União e, consequentemente, uma diminuição da garantia da protecção dos direitos das pessoas procuradas.

---

conhecimento na língua mãe do conteúdo factual e jurídico do pedido ou do mandado de detenção, violando o direito de informação – al. *e*) do n.º 3 do art. 6.º da CEDH. Cfr. ANNA ZAÏRI *apud* MÁRIO MENDES SERRANO, "Extradição", *in Cooperação Internacional...*, p. 40, nota 71. Quanto a estes direitos à luz da CEDH, IRENEU CABRAL BARRETO, *A Convenção Europeia dos Direitos...*, 3.ª Edição, pp. 71-78, 99-101 e 140-178

[673] MÁRIO MENDES SERRANO, "Extradição", *in Cooperação Internacional...*, p. 41, nota 71.

[674] Quanto a estes casos que geraram o recurso à violação da proibição do excesso ou do princípio da proporcionalidade, *maxime* do princípio da proporcionalidade *stricto sensu*, por a decisão de extradição consignar um *tratamento desumano, infra* §15.º Da Ofensa a Direitos Fundamentais, **ε**. Do princípio da proporcionalidade – como princípio nivelador dos direitos fundamentais e MÁRIO MENDES SERRANO, "Extradição", *in Cooperação Internacional...*, p. 42, nota 73.

A **Convenção Europeia de Extradição** consagra a regra da *especialidade* que restringe a perseguição ou o julgamento ou o cumprimento de pena ou medida de segurança privativa da liberdade ao facto motivo da extradição e sujeita a alteração qualificativa do facto incriminado à assumpção dos elementos constitutivos aos fundamentos jurídico-criminais que admitam a extradição – n.º 1 e 3 do art. 14.º –, afastando-se, desta feita, a possibilidade de perseguição ou julgamento ou cumprimento de pena ou medida de segurança diferente do motivo da extradição e por factos que não admitam a extradição. Todavia, a regra podia não ser aplicada caso o Estado Parte requerido consentisse a perseguição ou o julgamento ou cumprimento de pena diferente da que motivou o pedido por facto(s) anterior(es) à entrega, desde que o Estado Parte requerente apresente um pedido e o Estado Parte requerido estivesse obrigado a extraditar nos termos da Convenção – al. *a*) do n.º 1 do art. 14.º – e, ainda, quando a pessoa extraditada, podendo fazê-lo, não tenha abandonado, nos 45 dias sequentes à sua libertação definitiva, o território do Estado requerente ou a ele tenha regressado depois de o ter abandonado – al. *b*) do n.º 1 do art. 14.º[675].

O afastamento da regra da especialidade estava nas «mãos» do poder estatal requerido e nas «mãos» da pessoa a extraditar. A regra da especialidade implica o consentimento para que o Estado requerente possa extraditar a pessoa para outro Estado Parte ou terceiro Estado por factos praticados anteriormente à sua entrega, excepto se a pessoa permanecer naquele, após a sua libertação definitiva, nos quarenta e cinco dias sequentes ou regressar ao seu território – art. 15.º. A reextradição encontra--se conexionada com a regra da especialidade.

---

[675] Linha esta expressa pela al. *a*) do n.º 2 do art. 7.º da Lei n.º 65/2003, de 23 de Agosto.

Na **Convenção de Bruxelas de 1995**[676], a simplificação assenta no *consentimento* da pessoa na sua entrega imediata ao Estado requerente e no *acordo* prestado pela autoridade competente do Estado requerido – nos termos do art. 2.°, conjugado com o art. 5.° – e na *comunicação directa* à autoridade requerente – art. 10.°, n.° 1. O consentimento expresso, livre e consciente da pessoa a entregar tem repercussões cruciais no conteúdo e alcance essencial do princípio da *especialidade*, cuja derrogação "opera com base na manifestação de vontade da pessoa"[677], que renuncia à regra da especialidade, conforme "uma das modalidades previstas no artigo 9.°, *a definir por remissão para o sistema jurídico interno*"[678]: quer por *efeito jurídico automático do consentimento* prestado pela pessoa objecto do pedido para a extradição – al. *a*) do art. 9.° da Convenção – quer por efeito da *manifestação de vontade com autonomia*, manifestação esta diferente da que tem como objecto o consentimento para extraditar[679] por se verificar por *renúncia expressa* ao benefício da regra da especialidade – al. *b*) do art. 9.° da Convenção.

Acresce que o afastamento automático da regra da especialidade – não obstante depender da vontade da pessoa objecto do pedido – estava dependente de declaração do Estado-Membro no momento de depósito do instrumento de ratificação, aceitação, aprovação ou adesão ou em qualquer outro momento[680]. Quanto a Portugal, há a registar que não

---

[676] Convenção relativa ao Processo Simplificado de Extradição, concluída e assinada por todos os Estados-Membros a 10 de Março de 1995, em Bruxelas.

[677] J. A. GARCIA MARQUES, "A Extradição no Quadro do III Pilar...", *in STVDIA IVRIDICA – 66*, p. 131.

[678] *Ibidem.*

[679] Cfr. J. A. GARCIA MARQUES, "A Extradição no Quadro do III Pilar...", *in STVDIA IVRIDICA – 66*, p. 131.

[680] Cfr. art. 9.° da Convenção de Bruxelas de 1995.

aderiu ao afastamento da regra da especialidade prevista no art. 9.º da Convenção, conforme se retira da declaração constante do instrumento de ratificação da Convenção[681]. Há a aditar que o consentimento e a eventual renúncia ao benefício do princípio da especialidade, devido à sua natureza *irrevogável*, terão de ser exarados em *auto* – forma escrita –, de ser prestados perante a *autoridade judiciária* do Estado-Membro requerido, de ser recolhidos de modo a evidenciarem que a pessoa os exprimiu de forma *voluntária e consciente das respectivas consequências jurídicas*, devendo para o efeito estar acompanhada por *defensor*[682].

A natureza irrevogável do consentimento e da eventual renúncia é demasiado restritiva da liberdade da pessoa, pois as circunstâncias em que aqueles são prestados são o reflexo de um estado de espírito, cuja vontade, por maior liberdade que a pessoa detenha, se encontra diminuída. É neste sentido e como forma de «remediar» um consentimento ou renúncia ao benefício da especialidade prestado sem a autonomia plena da vontade e sem a plena consciência das consequências jurídicas da decisão tomada que a Convenção remete para a volição dos Estados-Membros a decisão de admissão de revogação, nos

---

[681] Cfr. DPR n.º 41/97 e RAR n.º 41/97, de 18 de Junho de 1997. Contudo, Estados-Membros houveram que declararam afastar a regra da especialidade nos termos do art. 9.º da Convenção, sendo que para uns basta que se verifique o consentimento em ser extraditado, no âmbito da al. *a*) do art. 9.º – Áustria, Luxemburgo, Reino Unido –, para outros não basta o consentimento da extradição, pois impõe-se a renúncia expressa do benefício da especialidade, no âmbito da al. *b*) do art. 9.º – Alemanha, Dinamarca, Finlândia, Grécia e Suécia –, havendo outros que admitem os dois âmbitos do art. 9.º – Espanha e Países Baixos. Para uma melhor análise ANABELA MIRANDA RODRIGUES e J. LUÍS LOPES DA MOTA, *Para uma Política Criminal Europeia*, pp. 239-244.

[682] Cfr. art. 7.º da Convenção de Bruxelas de 1995.

termos do direito interno, da prestação do consentimento e da renúncia à regra da especialidade – n.º 4 do art. 7.º[683].

A dimensão da regra da especialidade reduz-se no plano da *reextradição*, cuja derrogação do consentimento previsto na al. *a*) do n.º 1 do art. 14.º da Convenção Europeia de Extradição advinha da renúncia por parte da pessoa ao benefício da regra da especialidade, excepto se o Estado-Membro declarar unilateralmente a não eficácia do art. 13.º da Convenção que permite a reextradição da pessoa para outro Estado-Membro, cuja apreciação se fará de acordo com a ordem jurídica do Estado onde se encontra a pessoa extraditada[684].

A **Convenção de Dublin de 1996** – relativa ao regime material da extradição – provoca uma alteração significativa à regra da especialidade, diminuindo-lhe a redoma protectiva de que beneficiava a pessoa a entregar no quadro da extradição[685].

---

[683] Dos vários Estados-Membros que ratificaram a Convenção só a Dinamarca, a Finlândia e a Suécia – países nórdicos – admitiram a revogação do consentimento e da renúncia à regra da especialidade. Para uma melhor análise ANABELA MIRANDA RODRIGUES e J. LUÍS LOPES DA MOTA, *Para uma Política...*, pp. 239-244. Quanto à diminuição da força jurídica da regra da especialidade no quadro da Convenção de Bruxelas de 1995, J. A. GARCIA MARQUES, "A Extradição no Quadro do III Pilar...", *in STVDIA IVRIDICA* – 66, pp. 131 e 133.

[684] Quanto a este assunto e neste sentido J. A. GARCIA MARQUES, " A Extradição no Quadro do III Pilar...", *in STVDIA IVRIDICA* – 66, p. 131. O Estado português encontrava-se limitado na aplicação da regra da especialidade no quadro da reextradição por força do art. 13.º da Convenção relativa ao processo simplificado de extradição entre os Estados-Membros, por Portugal não ter declarado a aplicação do art. 15.º da Convenção Europeia de extradição, no momento de depósito do instrumento de ratificação. Quanto à não aplicação da regra da especialidade pelo Estado português, LUÍS SILVA PEREIRA, "Alguns Aspectos da Implementação do Mandado...", *in RMP*, n.º 96, p. 61, nota 28.

[685] Neste mesmo sentido J. A. GARCIA MARQUES, "A Extradição no Quadro do III Pilar...", *in STVDIA IVRIDICA* – 66, p. 149.

A Convenção de Dublin não só dispensa no plano material a regra da especialidade quanto a *factos diferentes* do que motivou o pedido, anteriores à entrega, cuja consequência penal *não se identifique com qualquer privação da liberdade* – art. 10.º, n.º 1, als. *a)*, *b)* e *c)*[686] –, como afasta o consentimento do Estado-Membro requerido caso a pessoa entregue renuncie, de forma *voluntária* e *consciente* das respectivas consequências jurídicas, ao benefício da especialidade perante as *autoridades judiciárias* do Estado-Membro requerente, cujo acto seja reduzido a escrito – *auto* – e se proceda com a assistência de *defensor* – art. 10.º, n.º 1, al. *d)* e n.ºs 2 e 3 –, e, ainda, se inscreve a *presunção de consentimento* do Estado-Membro requerido de afastamento da regra da especialidade sempre que, em declaração prescrita no instrumento de ratificação da convenção, os Estados-Membros declararem que, em caso de reciprocidade[687], se *presume concedido o consentimento*, exigido pela al. *a)* do n.º 1 do art. 14.º da Convenção Europeia de Extradição e al. *a)* do n.º 1 do art. 13.º do Tratado Benelux, com a concessão da extradição – art. 11.º da Convenção de Dublin.

---

[686] No cenário da Convenção de Dublin de 1996, no intuito de se promover uma maior celeridade e economia de processo, independentemente do consentimento, a *pessoa extraditada* pode ser *processada e julgada* se aos factos não corresponder uma pena ou medida de segurança privativas da liberdade ou se o procedimento criminal não impuser a aplicação de uma medida restritiva da liberdade individual e *ser sujeita a execução* de pena ou de medida de segurança não privativa da liberdade individual, mesmo que a restrinja – *p. e.*, uma sanção pecuniária ou trabalho a favor da comunidade.

[687] Pois, consideramos que a Convenção de Dublin sujeita a presunção de consentimento ao princípio da reciprocidade, ao inscrever que os Estados-Membros podem sujeitar a declaração «no âmbito das suas relações com os outros Estados-Membros que tiverem apresentado a mesma declaração», vigorando, por um lado, a soberania da decisão de consentir ou não e, por outro, em condições de reciprocidade de se presumir consentido o afastamento da especialidade com a decisão de extradição.

282   *Do Mandado de Detenção Europeu*

Portugal, na linha de preservação da regra da especialidade como garantia de não perseguição por factos diferentes do que motivou o pedido e anteriores à entrega – podendo alguns serem do catálogo dos não extraditáveis –, no documento de ratificação da Convenção não declarou a presunção de consentimento previsto na al. *a)* do n.º 1 do art. 14.º da Convenção Europeia de Extradição com a decisão de extraditar, implicando que o Estado-Membro requerente deveria proceder ao pedido que 'ali' se exigia[688]. No quadro da reextradição, a Convenção de Dublin afasta o consentimento do Estado requerido, desde que o novo pedido seja de um Estado-Membro – n.º 1 do art. 12.º da Convenção de Dublin.

Cabia aos Estados-Membros declarar, no momento de depósito do instrumento de ratificação, que o art. 15.º da Convenção Europeia de Extradição se aplica, excepto se houver disposição em contrário *ex vi* do art. 13.º da Convenção de Bruxelas de 1995 ou se a pessoa a ser reextraditada der o seu consentimento – n.º 2 do art. 12.º da Convenção de Dublin.

Portugal, ao ratificar a Convenção de Dublin, declarou não ser «necessário obter o seu consentimento para a reextradição de uma pessoa para outro Estado-Membro, *se essa pessoa tiver consentido*, nos termos da presente Convenção[689], em ser reextraditada para esse Estado»[690], *i. e.*, só admite a

---

[688] Adite-se que dos doze, só a Alemanha, a Áustria e o Reino Unido declararam presumir-se dado o consentimento nos termos do art. 11.º da Convenção, pelo que a presunção só se aplica entre aqueles três Estados-Membros e já não a Portugal, ao Luxemburgo, à Bélgica, à Dinamarca, à Espanha, à Finlândia, à Grécia, aos Países Baixos, à Suécia. Para uma melhor análise, ANABELA MIRANDA RODRIGUES e J. LUÍS LOPES DA MOTA, *Para uma Política...*, pp. 263-274.

[689] Nos termos prescritos no art. 10.º, n.os 2 e 3 da Convenção de Dublin.

[690] Cfr. DPR n.º 40/98 e RAR n.º 40/98, de 5 de Setembro de 1998. Itálico nosso. Na mesma linha de Portugal temos a Suécia, Luxemburgo, Grécia,

reextradição sem consentimento do Estado português se a pessoa objecto da reextradição renunciar à protecção de que beneficia quanto à reextradição.

No âmbito da **Decisão-Quadro sobre MDE**, o princípio da especialidade não fora olvidado e inscreve-se, como afirma FRANCISCO F. MORILLO, como "o resultado da procura de um ponto de *equilíbrio* entre a necessária *eficácia*, a *protecção das pessoas* e o desejo de preservar a *soberania dos Estados-membros*"[691] e como economia processual e consequência da ideia de espaço penal europeu incrementado na segurança que se alcança com a realização da justiça (penal). Desde logo, o art. 27.° começa por estipular a *presunção do consentimento* nos mesmos moldes da Convenção de Dublin – *reciprocidade da notificação* de presunção de consentimento para a perseguição, julgamento, condenação ou execução de pena ou medida privativas da liberdade por crime diferente do que motivou a entrega e anterior a esta – n.° 1[692]. Abrir o artigo que inscreve a regra da especialidade, que se reduz ao espectro normativo do n.° 2 do art. 27.°, com uma das modalidades de afastamento do princípio da especialidade representa a necessidade de vincar o desiderato da cooperação judiciária europeia em matéria penal – celeridade e eficácia máximas.

O princípio da especialidade ocupa inscrição no n.° 2 do art. 27.°, depois de se inculcar aos Estados-Membros a urgência de declararem a presunção de consentimento para a sujeição a procedimento penal ou cumprimento de pena ou medida de

---

Dinamarca. Para uma melhor análise ANABELA MIRANDA RODRIGUES e J. LUÍS LOPES DA MOTA, *Para uma Política...*, pp. 263-274.

[691] FRANCISCO FONSECA MORILLO, "La orden de detención europea y entrega europea", *in Revista de Derecho Comunitario Europeo*, Ano 7, JAN/ABRIL, 2003, p. 78. Itálico nosso.

[692] De momento não nos foi possível apurar se algum Estado-Membro já procedeu à notificação descrita.

segurança privativas da liberdade distintas das que motivaram a emissão do MDE, liquidando-se qualquer novo processo formal por parte da AJ de emissão. O consentimento da AJ de execução para procedimento penal ou cumprimento de sanção diferente da que originou o MDE encontra-se derrogado, emparelhado com a declaração de presunção do consentimento, nos casos de *localização da pessoa* – a permanência da pessoa no Estado-Membro de emissão quarenta e cinco dias após a libertação definitiva ou a ele regressar depois de o ter abandonado [al. *a*) do n.º 3 do art. 27.º da DQ, cuja redacção se identifica com a da al. *b*) do n.º 1 do art. 14.º da Convenção Europeia de Extradição de 1957] –, da *consequência jurídica da infracção* e do *desenvolvimento do processo* – a não punibilidade da infracção com pena ou medida de segurança que privem a pessoa da liberdade [al. *b*) do n.º 3 do art. 27.º, cuja redacção se identifica com a da al. *a*) do n.º 1 do art. 10.º da Convenção de Dublin], a não aplicação de medida restritiva da liberdade individual da pessoa no novo procedimento penal [al. *c*) do n.º 3 do art. 27.º, cuja redacção se identifica com a da al. *b*) do n.º 1 do art. 10.º da Convenção de Dublin] e não ser a pessoa passível de sanção que a prive da liberdade, não obstante restringi-la, podendo esta ser pecuniária ou outra medida alternativa, *p. e.*, trabalho a favor da comunidade [al. *d*) do n.º 3 do art. 27.º, cuja redacção se identifica com a da al. *c*) do n.º 1 do art. 10.º da Convenção de Dublin] –, da *posição jurídica da pessoa* – dotada de poder de renúncia expressa, registada, voluntária e consciente das consequências e na presença de um defensor e perante a AJ de execução ou AJ de emissão após a sua entrega, do benefício da especialidade [als. *e*) e *f*) do art. 27.º, sendo que esta se identifica com a da al. *c*) do n.º 1 do art. 10.º da Convenção de Dublin].

A AJ de execução pode consentir que a pessoa procurada possa ser processada, julgada e condenada ou cumpra pena ou medida de segurança privativa da liberdade por infracção diferente da que motivou o MDE, todavia só pode fazê-lo para as infracções que legitimem a entrega da pessoa – devendo-se ter em conta os artigos 1.º e 2.º da DQ – e se não existirem motivos de recusa obrigatórios e facultativos – artigos 3.º e 4.º da DQ –, sem que se elimine a hipótese de sujeitar o afastamento do benefício da especialidade à prestação de garantias por parte da AJ de emissão – art. 5.º da DQ –, conforme al. *g)* do n.º 3 e n.º 4 do art. 27.º da DQ.

Quanto à *entrega posterior* da pessoa a outra AJ de um Estado-Membro, não só a DQ prescreveu a possibilidade de *presunção de consentimento* por notificação ao Secretariado--Geral do Conselho dos Estados-Membros, como elencou vários e determinados casos que admitem a entrega posterior, inde-pendentemente do consentimento da AJ de execução – caso da *localização da pessoa* no território da AJ de emissão, da *posição volitiva (jurídica) da pessoa* a entregar que consente de forma expressa, registada, voluntária e consciente das consequências jurídicas e na presença de defensor, e nos casos em que a regra da especialidade não se aplica [als. *a)*, *b)* e *c)* do n.º 2 do art. 28.º da DQ]. Nos cenários em que se impõe o consentimento da AJ de execução para entrega posterior, esta encontra-se onerada em não consentir em posterior entrega, se se verificarem os pressupostos de não execução do mandado obrigatória e facultativa ou em sujeitar o consentimento à prestação de garantias pela AJ de emissão[693]. Quanto à *extradição posterior* para um Estado terceiro, só é admissível se houver consentimento da AJ de execução nos termos das convenções que regem o Estado-Membro que entregou a pessoa e o Estado terceiro[694].

---

[693] Cfr. n.º 3 do art. 28.º da DQ.
[694] Cfr. n.º 4 do art. 28.º da DQ.

A regra da especialidade que não se assumia como princípio obstáculo da extradição pelo facto motivador do pedido mantém, no quadro do MDE, o mesmo desiderato de garantir que a pessoa não seja perseguida, julgada ou condenada por facto diverso do que motivou o pedido – mesmo que preencha o catálogo dos crimes que admitem a extradição ou a entrega – ou por factos que não admitem a extradição ou a entrega, evitando-se que a extradição e/ou a entrega seja a muleta da perseguição criminal.

III. A lei de implementação portuguesa do MDE – Lei n.º 65/2003, de 23 de Agosto – consagra, no n.º 1 do art. 7.º e na linha da tradição portuguesa de cooperação judiciária em matéria penal[695], o princípio da especialidade como princípio geral de não sujeição da pessoa entregue a procedimento penal, a condenação ou a privação da liberdade por infracção diferente da que motivou a emissão do mandado e cometida em momento anterior à entrega. O princípio da especialidade não se apresenta como motivo de não execução obrigatória ou facultativa nem como fundamento legitimador de exigência de prestação de garantias por parte da AJ de emissão, mas como limite ao *ius puniendi* do Estado-Membro da AJ de emissão, quanto ao *factum criminis*, motivo do MDE e à tentativa de perseguir alguém criminalmente por factos que não preenchem o catálogo do n.º 2 do art. 2.º ou que para tal se imponha o princípio da dupla incriminação – n.º 3 do art. 2.º da DQ. A regra da especialidade funciona como uma espécie de *imunidade*[696] por crimes

---

[695] Quanto à cooperação judiciária internacional em matéria penal, a regra da especialidade encontra-se amalgamada no art. 16.º e 17.º da LCJIMP, cuja derrogação não só depende da *volição do Estado português* – que consente no afastamento da regra da especialidade –, como também da *volição subjectiva da pessoa a extraditar ou a entregar* – que pode renunciar à regra da especialidade.

[696] O termo *imunidade* está prescrito no n.º 4 do art. 16.º da LCJIMP.

que tenham sido praticados antes da entrega e diferentes do que a motivou, cuja quebra não depende em exclusivo da volição da AJ do Estado-Membro de execução – al. *g)* do n.º 2 do art. 7.º da Lei n.º 65/03 –, pois, tendo em conta a liberdade como direito fundamental pessoal, depende da volição da pessoa a deter e a entregar.

Todavia, o legislador português – imbuído no espírito de eficácia e celeridade processual e na ideia da descoberta da verdade e de realização da justiça como factores determinantes para a edificação do espaço penal europeu, cujo elemento segurança se sobrepõe à liberdade individual e colectiva, e no desiderato da economia de meios materiais e de recursos jurídicos – estabeleceu, na esteira das Convenções de Bruxelas de 1995 e de Dublin de 1996, limites ao princípio da especialidade, podendo este ser desterrado por factores de localização da pessoa, de direito material e de volição (subjectiva) da pessoa entregue ou a entregar.

O factor de *localização da pessoa* consubstancia uma vontade da pessoa em permanecer no território do Estado-Membro de emissão, passados quarenta e cinco dias após a sua libertação definitiva, ou a ele regressar depois de o ter abandonado – al. *a)* do n.º 2 do art. 7.º da Lei n.º 65/03. No que respeita ao factor de *direito material*, a regra da especialidade quebra-se por as consequências jurídicas da infracção não consignarem uma privação da liberdade, não obstante de a poderem restringir, e por as medidas a aplicar no procedimento penal não poderem restringi-la – als. *b)*, *c)* e *d)* do n.º 2 do art. 7.º da Lei n.º 65/03. O factor da *volição (subjectiva)* da pessoa[697] a entregar ou entregue consiste em inutilizar a regra

---

[697] Consideramos que a volição da pessoa a entregar ou entregue deve ser enquadrada no cenário da subjectividade, porque e não olvidando que aquela é, também, fruto de elementos objectivos, não deve aquela emergir de um quadro

da especialidade por acto decisório, voluntário e consciente das consequências jurídicas, redigido a escrito e na presença de defensor, perante AJ competente de execução ou de emissão, *i. e.*, consigna a *renúncia*[698] ao benefício da especialidade – als. *e)* e *f)* do n.º 2 e o n.º 3 do art. 7.º, conjugado com os n.ºs 5 e 6 do art. 18.º da Lei n.º 65/03. Não obstante a Lei de implementação nada referir quanto à não prestação de consentimento sempre que existem elementos objectivos, quanto à infracção diversa da que motivou a emissão do MDE, de não execução obrigatória ou facultativa, consideramos que, por força dos artigos 11.º e 12.º da Lei n.º 65/2003, a AJ de execução nacional não pode nem deve prestar consentimento para procedimento, julgamento e execução da pena ou medida de segurança privativas da liberdade sempre que existam motivos que obstem à não execução obrigatória e facultativa ou que não sejam prestadas as garantias solicitadas pela AJ de execução. No mesmo caminho se deve reger a AJ de execução nacional se ao caso, em que a regra da especialidade se questiona, se impuser que aquela exija a prestação das garantias previstas no art. 13.º, cujo consentimento fica dependente da prestação ou não da(s) garantia(s) pela AJ de emissão.

IV. A regra da especialidade sofre derrogações no cenário da *entrega posterior* – em que a AJ de emissão pode entregar a pessoa a outra AJ de outro Estado-Membro, desde que se verifiquem **os factores de localização da pessoa e de *volição subjectiva* da pessoa entregue**, consentindo esta na entrega a outra AJ de outro Estado-

---

objectivo sob pena de existir um distorção entre o desejado pela pessoa e o desejado pelo *ius puniendi*.

[698] Quanto à renúncia ao benefício da especialidade e à forma de a prestar no quadro da cooperação judiciária internacional em matéria penal, cfr. art. 17.º da LCJIMP.

-Membro por infracção diversa da que motivou a emissão do primeiro MDE [n.ᵒˢ 1, 2 e 3 do art. 8.°], podendo ainda ser derrogado com o **consentimento da AJ de execução** [n.° 4 do art. 8.°] – e no da *extradição posterior* à entrega para um Estado terceiro – que depende de **autorização da AJ de execução nacional, excepto se a pessoa consentir em ser extraditada** ou **se verificar os factores de l*ocalização* da pessoa**, como se retira *ab initio* do n.° 5 do art. 8.°.

O legislador português, no cenário da extradição posterior, ultrapassou, na nossa opinião, o limite imposto pela DQ – n.° 4 do art. 28.° – ao permitir que aquela se proceda sem consentimento da AJ de execução nacional[699]. Todavia, impõe-se que se esclareça que, no que concerne ao factor da *localização* e da *volição subjectiva* da pessoa – *i. e.*, do consentimento –, o legislador português já tinha afastado o consentimento do Estado português no quadro da cooperação internacional – conforme al. *b)* do n.° 2 e 2.ª parte do n.° 4 do art. 34.° da LCJIMP. Poder-se-á afirmar que a *praxis* da cooperação judiciária em matéria penal fez germinar, emparelhado ao princípio da especialidade, o princípio do consentimento da pessoa a entregar, como manifestação da vontade individual dotada de consciência das consequências jurídicas.

A regra da especialidade, dotada de humanismo, funciona, desta feita, como limite a uma perseguição *ad aeternum* de uma pessoa por infracções penais e como forma de restabelecer a paz jurídica entre a pessoa procurada e a comunidade regional europeia. As derrogações de que o princípio da especialidade tem sido «vítima» são a consequência natural e inevitável de um direito penal substantivo e adjectivo instrumento da segurança[700].

---

[699] Quanto a esta crítica LUÍS SILVA PEREIRA, "Alguns Aspectos da Implementação do Mandado...", *in RMP*, n.° 96, p. 62.

[700] Parece-nos que a ideia de JÓNATAS MACHADO de construção de um "sistema de justiça (...) complementado com elementos de perdão e de

reconciliação, necessários à restauração dos laços pessoais e sociais quebrados pelo crime, e de recuperação do agressor" não se afigura sólido face à ideia de facilitismo e de celeridade e eficácia na cooperação judiciária europeia em matéria penal. Cfr. JÓNATAS MACHADO, *Direito Internacional – Do Paradigma Clássico ao Pós-11 de Setembro*, 2.ª Edição, Coimbra Editora, 2004, p. 334, nota 57.

§15.º Da ofensa a direitos fundamentais

α. Considerações gerais

I. A Europa "feita de cafetarias, de cafés. (…) da cafetaria preferida de Pessoa, em Lisboa, aos cafés de Odessa frequentados pelos *gangsters* de Isaac Babel. (…) dos cafés de Copenhaga, onde KierKegaard passava nos seus passeios concentrados, aos balcões de Palermo. (…) da Viena imperial (…) de Genebra, Lenine escreveu o seu tratado sobre empiriocriticismo e jogou xadrez com Trotsky" e de "um *pub* inglês e um bar irlandês", Europa que "foi e é *percorrida a pé*", cuja paisagem "foi moldada, humanizada, por pés e mãos", *i. e.*, a Europa de GEORGE STEINER[701] é fruidora de um património comum do qual deve ser guardiã em honra e memória do «sangue» de tantos «eus» e tantos «outros». Tributo que não pode ser desgrenhadamente lançado para as valetas das suas estradas na demanda maniacamente deificada da segurança, como se esta fosse o pilar central da edificação do espaço penal europeu em que a segurança e a justiça se aliam para dotar a liberdade adequada e necessária ao cidadão europeu e não ser aquela a soma da aliança entre a liberdade e a justiça protectora e garantia dos direitos fundamentais do cidadão. Não devemos olvidar o secular pensamento sábio de BECCARIA de que os "países e os tempos dos mais atrozes suplícios

---

[701] GEORGE STEINER, *A Ideia de Europa*, (Tradução de MARIA DE FÁTIMA ST. AUBYN), Gradiva, Lisboa, 2005, pp. 26-28.

292   *Do Mandado de Detenção Europeu*

foram sempre os das mais sangrentas e desumanas acções, pois que o espírito de ferocidade que guiava a mão do legislador era o mesmo que regia a mão do parricida e a do sicário"[702] que nos deve impor uma reflexão sobre a materialização do MDE, cuja ofensa a direitos fundamentais gera, em Portugal, um motivo de não entrega da pessoa à AJ de emissão.

A protecção e a garantia dos direitos e liberdades fundamentais não devem "entender-se como uma simples licença retórica"[703], que deve, desde logo, iniciar-se com o respeito dos princípios da intervenção do direito penal – subsidiariedade, proporcionalidade, indispensabilidade, de *ultima et extrema ratio*[704], da prevenção e da eficácia. Contudo, as expressões que simbolizam a política criminal europeia estão dotadas de uma carga fortemente repressiva – *luta, controlo da criminalidade, justiça* e *medidas de execução* – e de pouca carga semântica de prevenção, de liberdade, de direitos e do princípio da *ultima ratio* da privação da liberdade[705].

Vive-se um discurso politicamente agradável aos espíritos justiceiros e verificacionistas, na expressão de POPPER, e nada afável para os espíritos humanistas e falibilistas[706], que contraria o grande

---

[702] Cfr. CESARE BECCARIA, *Dos Delitos e Das Penas*, (Tradução de JOSÉ DE FARIA COSTA), Fundação Calouste Gulbenkian, Lisboa, 1998, pp. 115-116.

[703] JOACHIM VOGEL, "Política Criminal y Dogmática...", *in Revista Penal* – n.º 10, p. 146.

[704] Quanto ao direito penal como *ultima et extrema ratio* e como "razão vicariante na definição e encaminhamento dos comportamentos estadualmente legítimos", JOSÉ DE FARIA COSTA, "Ler Beccaria Hoje", *apud* CESARE BECCARIA, *Dos Delitos...*, Fundação Calouste Gulbenkian, pp. 24-25.

[705] Neste sentido JOACHIM VOGEL, "Política Criminal y dogmática...", *in Revista Penal* – n.º 10, p. 146 e WINFRIED HASSEMER, *História das Ideias Penais na Alemanha do Pós-Guerra*, AAFDL, Lisboa, 1995, pp. 66-70.

[706] Quanto às posições verificacionistas e falibilistas, cfr. KARL POPPER, *Conjecturas e Refutações*, (Tradução de BENEDITA BETTENCOURT), Almedina, Coimbra, 2003, pp. 310-322.

Dos Direitos e Garantias dos Cidadãos à Luz do Mandado... 293

objectivo da justiça, na razão de TOCQUIVELLE, "o de substituir o uso da violência pela ideia de justiça"[707], *i. e.*, a grande *conquista da separação entre vingança e justiça*[708] não pode ser aleanada em prol de uma eficácia e segurança cognitiva, instrumentalizando o direito penal substantivo e adjectivo. No quadro de *securitarismo* e *justicialismo* – enraizados na árvore da ameaça global do terrorismo e da proliferação da criminalidade económica e financeira que corrói as estruturas do Estado moderno e contemporâneo –, que originam um alfobre de medidas dotadas de drástica e significativa restrição das liberdades e de sacrifício de garantias ilusoriamente sedimen-tadas, a par de um discurso porfiriano de excesso de garantismo, deve-se inculcar a tolerância – «género de garantia que vence o fana-tismo, esse temível amor da verdade»[709]. Anseia-se que o *princípio da tolerância* contrabalance com a aspereza das medidas europeias de prevenção e repressão da criminalidade grave – *in casu* a execução do MDE.

II. Sendo o direito penal – material e adjectivo – considerado como direito de protecção de bens jurídicos face ao crime e de protecção do delinquente face ao *ius puniendi* e, simultaneamente, quando aplicado como uma agressão aos direitos fundamentais da pessoa humana – privação da liberdade ou de património (pena de multa) –, sendo, por isso, "um mecanismo que põe potencialmente em perigo a liberdade", inculca que se estipulem os limites, no plano

---

[707] ALEXIS DE TOCQUIVELLE, *Da Democracia na América*, (Tradução de CARLOS C. M. DE OLIVEIRA), Principia, S. João do Estoril, 2002, p. 180.

[708] Quanto a este assunto e ao papel que o processo crime albergou no distanciamento entre cólera e a punição, entre crime e pena, ANABELA MIRANDA RODRIGUES, "O Tribunal Penal Internacional e a Prisão Perpétua – que Futuro?", *in Direito e Justiça* (DJ), Vol. XV, 2001, Tomo 1, p. 17.

[709] Cfr. LUÍS NUNES DE ALMEIDA, "Tolerância, Constituição e Direito Penal", *in RPCC*, Ano 13, n.º 2, Abril-Junho, 2003, pp. 163 e 171.

294   *Do Mandado de Detenção Europeu*

legiferante, e se limite, no plano jurisdicional, a agressão à liberdade e se implemente o respeito "dos direitos fundamentais e direitos humanos de todos os homens"[710], cuja materialização advém do princípio vinculante, no espaço da União, do art. 6.º do TUE que deve ser interpretado em concordância com o art. 29.º do mesmo tratado.

A *aproximação* das legislações penais entre os Estados-Membros é um dos instrumentos da construção do espaço penal europeu – inciso 3.º do art. 29.º do TUE[711] –, contudo e não obstante o esforço que tem desenvolvido o Conselho no sentido de alcançar este desiderato[712], esta construção não pode fazer-se à margem do aprofundamento dos direitos fundamentais.

---

[710] JOACHIM VOGEL, "Estado y tendencias de la armonización….", *in Revista Penal* – n.º 11, p. 115. Certamente que, mesmo no espaço da União, o direito penal deve ser o "sismógrafo, especialmente recomendável para medir a legalidade do estado de Direito", como nos ensinam ALBIN ESER e JÖRG ARNOLD, «O Projecto: "O Direito Penal como reacção às injustiças do sistema – Visão comparativa da política de tratamento do passado do ponto de vista penal depois da mudança do sistema"», *in Direito Penal Internacional*, Goethe-Institut de Lisboa, Fim de Século, 2003, p. 21.

[711] Concretamente através da previsão «de regras mínimas quanto aos elementos constitutivos das infracções penais e às sanções aplicáveis nos domínios da criminalidade organizada, do terrorismo e do tráfico de droga» – conforme al. *e)* do art. 31.º do TUE.

[712] Conforme nos denotam as Decisões-Quadro do Conselho da União relativamente a tipologias criminais, cuja harmonização não se fazia sentir e limitava a cooperação judiciária em matéria penal: sobre a Contrafacção de Moeda na Perspectiva da Introdução do Euro – DQ 2000/383/JAI, de 29 de Maio de 2000 –, a Fraude e Contrafacção de Meios de Pagamento que não em Numerário – DQ 2001/413/JAI, de 28 de Maio de 2001 –, o Branqueamento de Capitais – DQ 2001/500/JAI, de 26 de Julho de 2001 –, sobre o Terrorismo – DQ 2002/475/JAI, de 13 de Junho de 2002 –, Tráfico de Seres Humanos – DQ 2002/629/JAI, de 19 de Julho de 2002 –, a Protecção do Ambiente – DQ 2003/80/JAI, de 27 de Janeiro de 2003.

O mandado de detenção europeu assenta no princípio do *reconhecimento mútuo*, acompanhado pela *confiança recíproca* entre as AJ dos Estados-Membros e pela *ausência de controlo da dupla incriminação*, e não na aproximação das legislações penais – da unidade na diversidade. Claro está que a primeira concretização do princípio do reconhecimento mútuo não olvidará a necessidade de um mínimo de harmonização entre as várias legislações, sob pena da posição jurídica da pessoa se transformar em objecto de instrumentalização do direito penal – incidência de política securitária por meio de uma aparente política criminal. Todavia, é claro que se optou por concretizar o reconhecimento mútuo em decisões judiciais que incidem sobre o mais alto valor da justiça – a liberdade individual face ao *ius puniendi* – e não se optou por concretizar o princípio no âmbito do congelamento de bens ou de provas, cuja DQ – 2003/577/JAI –, curiosamente, incide sobre as mesmas trinta e duas infracções elencadas na lista do n.º 2 do art. 2.º da DQ do MDE. Optou-se por implementar uma medida de cooperação judiciária internacional europeia em matéria penal que substituísse o moroso e diplomático tradicional processo de extradição que restringe um direito ou valor fundamental de relevo superior ao da propriedade (bens). O *comboio europeu* apetrechado de medidas e soluções penais, de que nos fala HASSEMER[713], que critica, também e em especial, por tentar centralizar, minimizar as garantias processuais penais de que o

---

[713] Cfr. WINFRIED HASSEMER *apud* AUGUSTO SILVA DIAS, "De Que Direito Penal Precisamos...", *in RPCC*, Ano 14, n.º 3, pp. 306 e 317. Quanto às ambições da União, no quadro do art. 29.º e 31.º do TUE, da aproximação das legislações penais e as realizações e as perspectivas de futuro, DANIEL FLORE, "Droit Penal et Union Européen", *in Quelles Reformes pour l'Espace Pénal Européen?*, (Coord. GILLES DE KERCHOVE e ANNE WEYEMBERGH), Editions de L' Universite de Bruxelles – Institut d'Etudes Européens, pp. 69-76.

MDE é um exemplo[714], descarrila da linha da aproximação das legislações penais e encarrila na linha do reconhecimento mútuo pragmaticamente promissor de eficácia e segurança máxima em detrimento de um espaço de liberdade.

Como agravo, o Conselho optou por não incluir, expressamente, como motivo de não execução, a ofensa grave aos direitos e garantias fundamentais, em especial, aos direitos humanos, nem incluiu a cláusula humanitária de não-descriminação[715]. A DQ refere-se, apenas, a estes dois baluartes da dignidade da pessoa humana nos Considerandos 10, 12 e 13, e expressa uma cláusula aberta no sentido de que a DQ «não tem por efeito alterar a obrigação de respeito dos direitos funda-

---

[714] O autor afirma que as evoluções que se vivem na União emergentes dos interesses de Bruxelas são um "alerta para a sobrevivência das garantias do processo penal em toda a Europa". Cfr. WINFRIED HASSEMER, "O Processo Penal e os Direitos Fundamentais", *in Jornadas de Direito Processual Penal e Direitos Fundamentais*, (Coord. de FERNANDA PALMA), Almedina, 2004, p. 16.

[715] Quanto a este assunto *infra* **δ**. Da cláusula de não-descriminação. Discordamos de LUIS SILVA PEREIRA por considerar que seria *desnecessária* e *incompreensível* qualquer menção relativa àqueles dois baluartes da dignidade da pessoa humana no texto da DQ, porque a mesma se insere *num quadro de confiança que se pretende estabelecer entre os Estados membros no espaço judiciário da União europeia*, pois como elucida de forma tão apertinente a ANABELA M. RODRIGUES, *a confiança no terreno não se decreta* e, como tal, até que se atinja essa confiança não danifica a vista, como fizera o legislador italiano, a menção expressa como motivo de não execução obrigatória a ofensa grave aos direitos fundamentais e a cláusula humanitária da não-descriminação. Cfr. LUIS SILVA PEREIRA, "Alguns Aspectos da Implementação do mandado…", *in RMP*, n.º 96, p. 60 e ANABELA MIRANDA RODRIGUES, "A emergência de Um «Direito Penal Europeu» …", *in Estratégia*, n.os 18-19, p. 151. Quanto ao carácter artificial da confiança mútua em articulação com as garantias processuais, SERGE DE BIOLLEY, "Liberte et Securité dans la Constructions de l'Espace Européen de Justice Pénale: Cristallisation de la Tension sous Présidence Belge", *in L'Espace Penal Européen: Enjeux et Perspectives*, (Coord. GILLES DE KERCHOVE e ANNE WEYEMBERGH), Editions de l'Université de Bruxelles, Bruxelas, 2002, pp. 195 e ss..

mentais e dos princípios jurídicos fundamentais consagrados» pelo art. 6.º do TUE – conforme n.º 3 do art. 1.º da DQ[716]. Cláusula de que fez uso o legislador italiano[717], mas não o legislador português, nem o espanhol.

Acresce que pode-se admitir que, estando todo o Estado--Membro, como membro da União, vinculado aos «princípios da liberdade, da democracia, do respeito pelos direitos do Homem» e às «liberdades fundamentais», devendo respeitar os direitos fundamentais nos termos em que são garantidos pela CEDH[718], a estipulação expressa daqueles baluartes da

---

[716] Para NICOLA BERTONE, esta disposição pode ser considerada como *limite de carácter geral à aplicação do mandado de detenção europeu* – cfr. NICOLA BERTONE, *Mandado di Arresto Europeo e Tipicità Nazionale del Reato*, Giuffré Editore, AS, Milão, 2003, pp. 56 e ss. *apud* LUIS SILVA PEREIRA, "Alguns Aspectos da Implementação do Mandado...", *in RMP*, n.º 96, p. 60, nota 21.

[717] Cfr. art. 18.º da Lei de Implementação do MDE em Itália.

[718] A CEDH do Conselho da Europa de 1950, que entrara em vigor em 1953 e que procura ser uma reacção aos acontecimentos que assombraram a Europa de 1933 a 1945, dos quais se destacam a II Guerra Mundial e o Holocausto, visa concretizar, no quadro espacial da Europa, os direitos fundamentais amalgamados na DUDH da ONU, cujo anseio não seja tão completo como se encontra no PIDCP. A CEDH impõe aos Estados Partes obrigações jurídicas, "independentemente da posição (*v. g.* supra-constitucional, constitucional, supra-legal, legal) que assume no direito interno de cada um deles", sendo que a doutrina defende que, desde o início, "se pretendeu reconhecer a este instrumento normativo regional uma natureza constitucional". Acresce referir que, logo no art. 1.º da CEDH, se vincula os Estados Partes ao "dever de garantir a todos os indivíduos sob a sua jurisdição, sem descriminações e independentemente da nacionalidade, os direitos e as liberdades consagradas" no Título I e "os meios respectivos de protecção de direito interno" – *v. g.* direito de recurso perante uma instância nacional, como se retira do art. 13.º da CEDH. Desta feita, com a aprovação para ratificação, entre nós, pela Lei n.º 65/78, de 13 de Outubro, "a CEDH é directamente aplicável pelos tribunais nacionais em litígios que lhes tenham sido submetidos" e que "a responsabilidade dos Estados à face da CEDH não se limita aos actos cometidos no seu território". Registe-se

dignidade da pessoa humana seria uma redundância ou um óbvio enunciado comummente aceite como património da humanidade. Todavia, a União está repleta de «justiceiros» adeptos de um direito penal – adjectivo – direccionado maximamente para a realização da justiça material em detrimento da defesa e garantia dos direitos fundamentais e da paz jurídica, pois, como elucida o adágio popular, de «boas intenções, está o inferno cheio». Defendemos que o legislador português deveria ter inscrito no art. 11.º da Lei n.º 65/2003 como motivos de não execução obrigatória a ofensa grave aos direitos, liberdades e garantias fundamentais, *i. e.*, a não satisfação ou o não respeito pelas exigências da CEDH e a cláusula de não-discriminação, como fizera constar nas als. a) e *b*) do n.º 1 do art. 6.º da LCJIMP.

---

que a CEDH instituiu, *ab initio*, dois órgãos de petição e de recurso respectivamente sempre que, no direito interno os tribunais não apliquem as disposições de tutela de direitos e liberdades fundamentais: a Comissão Europeia de Direitos do Homem – conhecida por Comissão – e o Tribunal Europeu dos Direitos do Homem – TEDH – conforme art. 19.º e ss. da CEDH. Importa salientar que, por meio do TEDH, os cidadãos dos Estados europeus, Partes da Convenção, têm visto "**reforçada a sua personalidade jurídica internacional**, através da possibilidade de serem **titulares de direitos fundamentais internacionalmente consagrados, directamente aplicáveis e *judicialmente* exequíveis**". Quanto a Portugal, importa reter que o TC tem adaptado a interpretação e a integração das normas respeitantes aos direitos, liberdades e garantias fundamentais à jurisprudência do TEDH, promovendo-se e acentuando-se "uma *cooperação transjudicial*". Com este *jus commune*, ganham, assim, os cidadãos. Quanto ao que foi dito, JÓNATAS E. M. MACHADO, *Direito Internacional – Do Paradigma Clássico ao Pós-11 de Setembro*, Coimbra Editora, 2004, pp. 333-338. Negritos e itálicos nossos. Quanto ao fundo teleológico – «impedir o renascimento do totalitarismo na Europa» – para TEITGEN, MIGUEL GORJÃO-HENRIQUES, "A evolução da protecção dos direitos fundamentais no espaço comunitário", *in Carta de Direitos Fundamentais da União Europeia – Corpus Iuris Gentium Conimbrigae*, (Coord. VITAL MOREIRA), Coimbra Editora, 2001, p. 18.

A agressão de direitos, liberdades e garantias fundamentais – e com agravo da cláusula de não-descriminação – legitima, constitucionalmente, o titular do direito agredido a exercer o direito de *resistência* contra a ordem de detenção, desobedecendo à ordem de detenção, e a recorrer aos tribunais para que os autores (materiais e morais) da detenção sejam responsabilizados criminal e civilmente[719] a para da responsabilização disciplinar.

---

[719] Quanto ao *direito de resistência*, consagrado no art. 21.º da CRP – sempre que haja ofensa por parte dos poderes públicos de direitos, liberdades e garantias fundamentais e às consequências jurídicas – civil e criminal – da restrição indevida daqueles, cujas normas de tutela jurídico-constitucional são normas preceptivas, JORGE BACELAR GOUVEIA, *Manual de Direito Constitucional*, Almedina, Coimbra, 2005, Vol. II, pp. 1047-1054 e 1135-1138. Como afirma o autor a resistência pode revestir natureza *passiva* – não executar os actos ordenados pelo poder público –, *defensiva* – reagir contra a ordem do poder público – e *activa* – responder à ordem do poder público, destruindo-o ou perturbando-o –, mas, como afirmam GOMES CANOTILHO e VITAL MOREIRA, a acção do titular do direito de resistência tem de se adequar não só ao princípio da proporcionalidade *lato sensu* ou da proibição do excesso – devendo ser adequada, exigível ou necessária, proporcional *stricto sensu* (*i. e.*, a menos onerosa para direitos de terceiros e para o interesse público) e subsidiária (*i. e.*, se pode recorrer ao tribunal para que o seu direito não seja gravemente ferido, não deve actuar *per si*) –, como também aos princípios reitores do estado e do direito de necessidade. Acresce que o *direito de resistência*, como afirma VIEIRA DE ANDRADE, é "uma manifestação do princípio da aplicabilidade imediata dos direitos, liberdades e garantias, reafirmando (reforçando) o seu carácter obrigatório para os entes públicos" e que, a par do *direito de resistência*, a constituição consagra a *acção directa* e a *legitima defesa* – 2.ª parte do art. 21.º – contra as agressões desenvolvidas por outros cidadãos em uma *lógica paritária*. Cfr. GOMES CANOTILHO e VITAL MOREIRA, *Constituição da República...*, pp. 165-167, JOSÉ C. VIEIRA DE ANDRADE, *Os Direitos Fundamentais na Constituição Portuguesa de 1976*, 3.ª Edição, Almedina, Coimbra, 2004, pp. 366-367, MARIA ASSUNÇÃO ESTEVES, *A Constitucionalização do Direito de Resistência*, Lisboa, 1989, MIGUEL FARIA, *Direitos Fundamentais e Direitos do Homem*, 3.ª Edição, Edição do ISCPSI, Lisboa, 2001, pp. 151-159.

III. Os direitos, liberdades e garantias fundamentais detêm uma acepção esfíngica: surgem, por um lado, para *proteger* o cidadão do poder estatal e, por outro, para *serem assegurados* pelo próprio poder estatal[720]. O cidadão coloca-se no centro da acção legislativa, judicial e administrativa do Estado em que os direitos, liberdades e garantias fundamentais se centrifugam em «direito de validade imediata» – *unmittelbar geltendes Recht*[721] –, *i. e.*, em que ganham expressão de aplicabilidade directa e *judicialmente* exequível. A prevalência dos preceitos constitucionais respeitantes aos direitos, liberdades e garantias fundamentais – dotados de aplicabilidade directa e de vinculação das entidades públicas e privadas – está consagrada no art. 18.º da CRP. Com a aplicabilidade directa dos citados preceitos constitucionais "caem por terra os álibis que pudessem estar associados à ausência de leis ordinárias que não fizessem a execução dos direitos, liberdades e garantias"[722].

A "**eficácia imediata**" dos preceitos constitucionais respeitantes aos direitos, liberdades e garantias fundamentais – «directamente aplicáveis» – implica a valência e aplicabilidade daqueles indepen-

---

[720] Cfr. José Vieira de Andrade, *Os Direitos Fundamentais...*, 3.ª Edição, p. 204.

[721] Cfr. art. 1.º da GG – Lei Fundamental Alemã. Cfr. José Vieira de Andrade, *Os Direitos Fundamentais...*, 3.ª Edição, p. 205 e nota 3. Registe-se que a Lei Fundamental Alemã – *Grundgesetz* –, como reacção ao regime do nacional-socialismo, "colocou no seu início as estipulações relativas aos direitos fundamentais para assim destacar a especial importância destas disposições", pois aqueles "*valores* que haviam sido violados e os *bens* de que se tinha sofrido particular privação, assumem *maior hierarquia na consciência individual e colectiva*" alemã. Cfr. Reinhold Zippelius, *Teoria Geral do Estado*, (Trad. Karin Praefke-Aires Coutinho), 3.ª Edição, Fundação Calouste Gulbenkian, Lisboa, 1997, p. 432.

[722] Jorge Bacelar Gouveia, *Manual de Direito Constitucional*, Almedina, Coimbra, 2005, Vol. II, p. 1098. Quanto a este assunto Jorge Miranda, *Manual de Direito Constitucional – Direitos Fundamentais* – Tomo IV, 3.ª Edição, Coimbra Editora, 2000, p. 311.

dentemente da existência de lei e a invalidade das leis que posterguem os seus preceitos, impondo, neste caso, que se decida *contra legem* em vez de a favor da lei[723].

A **vinculação das entidades públicas** aos preceitos relativos aos direitos, liberdades e garantias fundamentais não é, como elucidam GOMES CANOTILHO e VITAL MOREIRA, uma repetição do princípio geral da constitucionalidade[724]. Contudo, é, como afirma VIEIRA DE ANDRADE, uma explicitação deste princípio, por ser a "afirmação do carácter *jurídico-positivo* e não meramente programático (proclamatório) dos preceitos relativos aos direitos, liberdades e garantias"[725]. Vinculação a que o juiz – figura orgânica e funcionalmente obrigada a fiscalizar, por direito e por dever próprios, a

---

[723] Cfr. GOMES CANOTILHO e VITAL MOREIRA, *Constituição da República Portuguesa Anotada*, 3.ª Edição, Coimbra Editora, 1993, p. 145. Neste sentido JORGE BACELAR GOUVEIA, *Manual de Direito...*, Vol. II, pp. 1099-1100. A força da aplicação imediata reforça-se no sentido de que a "regulamentação legislativa, se se der, nada acrescentará de essencial: apenas poderá ser útil (ou, porventura, necessária), pela *certeza e segurança* que criar quanto às condições de exercício dos direitos ou quanto à delimitação frente a outros direitos" – Cfr. JORGE MIRANDA, *Manual de Direito Constitucional...* – Tomo IV, 3.ª Edição, p. 313, itálico nosso. Importa reter que VIEIRA DE ANDRADE considera que a "*aplicabilidade directa* não é equivalente a *exequibilidade imediata* e, por isso, os problemas surgem no que respeita à generalidade dos direitos, liberdades e garantias", cujo "*exercício está necessariamente dependente* de uma regulação complementar, de uma organização ou de um procedimento" – direitos políticos, direitos processuais, alguns aspectos da liberdade – relativamente às *garantias institucionais* – como liberdades e direitos relativos a bens pessoais, no que respeita à sua protecção face a terceiros. Cfr. JOSÉ VIEIRA DE ANDRADE, *Os Direitos Fundamentais...*, p. 210. Todavia, há direitos, liberdades e garantias que, independentemente da existência de lei conformadora valem e impõem-se ao Estado, *maxime* na sua actividade judicial.

[724] Cfr. GOMES CANOTILHO e VITAL MOREIRA, *Constituição da República...*, p. 146.

[725] JOSÉ VIEIRA DE ANDRADE, *Os Direitos Fundamentais...*, 3.ª Edição, p. 206.

constitucionalidade das leis, devendo não as aplicar sempre que contrariem as normas e princípios constitucionais [art. 204.º da CRP] – não pode furtar-se sempre que na tomada de decisão da execução de um MDE se admita a agressão ao conteúdo de um direito, de uma liberdade ou de uma garantia fundamental.

Acresce que, no objecto em estudo, a execução do MDE está subordinada às normas processuais internas, cabendo àquele, como guardião das liberdades contra as agruras da acção penal vingativa – de «olho por olho, dente por dente» –, a interpretação e integração das normas prescritas na Lei n.º 65/2003 e do CPP em conformidade com a Constituição e, consequentemente, com a CEDH. Controlo e fiscalização da tutela dos direitos, liberdades e garantias fundamentais que não deve ser "eventual", mas permanente – *i. e.*, sempre que se tenha de executar ou não um MDE independentemente da AJ de emissão, da cor, da raça, da religião, das tendências sexuais da pessoa procurada e a entregar[726].

β. Do direito à vida e à integridade física

I. A assumpção de que a **vida** é um bem inalienável e inviolável e razão de afirmação do ser enquanto seu repositório material, impele-nos a tecer pequenas considerações relativamente à sua tutela jurisdicional constar como motivo de não execução da entrega de pessoa procurada na lei de implementação portuguesa[727], como defesa e a garantia ou protecção formal e, sequentemente, material,

---

[726] Afastamo-nos da posição de Luis Silva Pereira, "Alguns Aspectos de Implementação…", *in RMP*, n.º 96, p. 60, nota 22 e acompanhamos a posição de Inês Godinho, *O Mandado de Detenção Europeu…*, p. 45.

[727] Cfr. al. *d*) do art. 11.º da Lei n.º 65/2003. Veja-se que o legislador italiano seguiu os mesmos passos – cfr. al. *h*) do art. 18.º da Lei de Implementação de Itália.

Dos Direitos e Garantias dos Cidadãos à Luz do Mandado... 303

deste bem jurídico que, no quadro de cooperação judiciária em matéria penal no espaço da União merece um especial tratamento de aplauso e não de crítica. Consideramos que a expressão normativa de protecção de direitos fundamentais não é de descurar vez alguma, pois reflecte o culto pela humanidade que cada «eu» e cada «outro» encerra[728].

O legislador português manteve a defesa do direito à vida – independentemente da natureza da infracção motivadora do pedido, pois a dignidade humana impõe que se dê "à execução da pena o sentido de restituir-manter no homem a capacidade humana fundamental"[729] – na linha da LCJIMP[730] e dentro do espírito do comando constitucional que interdita a entrega de pessoas ao Estado requerente/de emissão se o facto motivo do pedido ou do mandado for punível com pena de morte. O n.º 6 do art. 33.º da CRP reveste natureza de proibição absoluta de entrega, sendo, logicamente, uma consequência necessária do art. 24.º da Constituição[731].

---

[728] Discordamos da posição de desnecessidade e de incompreensibilidade expressa por LUIS SILVA PEREIRA, "Alguns Aspectos da Implementação...", *in RMP*, n.º 96, p. 60.

[729] ANABELA MIRANDA RODRIGUES, "O Tribunal Penal Internacional...", *in DJ*, Vol. XV, Tomo 1, p. 18.

[730] Cfr. al. *e)* do n.º 1 do art. 6.º da LCJIMP. Quanto a este assunto MÁRIO MENDES SERRANO, "Extradição", *in Cooperação Internacional Penal*, p. 45. Quanto à consonância do pensamento jurisprudencial do TC com a LCJIMP sobre a recusa da extradição devido à infracção ser aplicável a pena de morte, PAULO SARAGOÇA DA MATA, "O Sistema Português de Extradição após a Publicação da Lei n.º 144/99, de 31 de Agosto", *in Casos e Materiais de Direito Penal*, (Coord. FERNANDA PALMA, CARLOTA DE ALMEIDA e JOSÉ VILALONGA), 3.ª edição, Almedina, Coimbra, 2004, pp. 239-258. Quanto a este assunto PEDRO CAEIRO, "Proibições Constitucionais de Extraditar em Função da Pena Aplicável", *in STVDIA IVRIDICA – 66 – COLLOQUIA – 9*, Coimbra Editora, 2002, pp. 155-170.

[731] Cfr. JOSÉ MANUEL DAMIÃO DA CUNHA, *Constituição Portuguesa Anotada*, (Coord. JORGE MIRANDA e RUI MEDEIROS), Coimbra Editora, 2005,

304 *Do Mandado de Detenção Europeu*

A proibição constitucional de extradição por crime punível com pena de morte, na escrita autorizada de GOMES CANOTILHO, reside no facto da "ordem jurídico-constitucional se autoconstituir em reduto inexpugnável de protecção dos bens da vida e da liberdade"[732]. Já FIGUEIREDO DIAS e COSTA ANDRADE consideram que a extradição estava vedada se "a pena substitutiva não estivesse já irrevogavelmente determinada no ordenamento jurídico-penal do Estado requerente no momento da concessão"[733]. Conquanto CARLOS FERNANDES considerava que "a proibição constitucional não se aplicava aos casos em que, havendo prestação de garantias por parte do Estado requerente de que a pena de morte não seria aplicada ou executada, tais garantias fossem válidas no contexto do seu ordenamento interno"[734]. Para PEDRO CAEIRO, a proibição de extraditar "radicava na *preservação da ordem pública internacional do Estado português*", i. e., "a protecção constitucional do direito à vida contra a pena de morte no *ordenamento nacional* – que é, obviamente, o único espaço normativo onde ela goza de força vinculante – é tal modo importante que se torna parte integrante da ordem pública internacional do Estado português

---

p. 368. Caso haja a comutação da pena de morte ou o Estado requerente/ /de emissão aceite que a pena seja convertida por um tribunal português, segundo a lei portuguesa aplicável àquele crime – como prevê a al. *a*) do n.º 2 do art. 6.º da LCJIMP – não se coloca a questão da proibição absoluta, porque não se verifica.

[732] GOMES CANOTILHO, "Caso Varizo – Extradição no caso de prisão perpétua", (anotação ao Ac. TC n.º 474/95), *in Revista de Legislação e Jurisprudência* – RLJ –, Ano 128.º, p. 249.

[733] J. DE FIGUEIREDO DIAS e M. DA COSTA ANDRADE, *Direito Penal – Questões Fundamentais – A Doutrina Geral do Crime*, Ed. Policopiada, 1996, p. 210.

[734] CARLOS FERNANDES *apud* PEDRO CAEIRO, "Proibições Constitucionais…", *in STVDIA IVRIDICA – 66*, p. 160.

Dos Direitos e Garantias dos Cidadãos à Luz do Mandado...

e por isso – *e só por isso* – implicava a proibição de o Estado português cooperar com outros Estados num procedimento de que podia resultar a aplicação da pena de morte a uma pessoa"[735].

Tendo em conta a intervenção do TC no caso LEUNG[736], pode-se, sucintamente, aferir que o TC entende que o Estado Português *não deve conceder a extradição* sempre, nos "casos em que a aplicação da pena de morte é legalmente possível, embora não previsível, designadamente em função das garantias transmitidas pelo Estado requerente". Contudo, a extradição já pode ocorrer "se for certa a não aplicação dessas penas", não pelas garantias dadas pelo Estado requerente – que podem ser, em sede de recurso, goradas por um tribunal superior, uma vez que o princípio da proibição da *reformatio in pejus* não se inscreve como princípio universal –, mas por ser juridicamente impossível aplicar a pena de morte àquele caso concreto, *i. e.*, se o ordenamento jurídico interno penal e processual penal do Estado requerente não admitir a pena de morte ao *factum criminis* motivador do pedido e esta previsão for vinculante para todos os Tribunais do Estado requerente, evitando-se a *reformatio in pejus.*

---

[735] PEDRO CAEIRO, "Proibições Constitucionais ...", *in STVDIA IVRIDICA – 66*, p. 159. Neste mesmo sentido ALEXANDRE S. PINHEIRO e MÁRIO J. B. FERNANDES, *Comentário à IV Revisão Constitucional*, AAFDL, Lisboa, 1999, p. 133.

[736] Quanto a este caso MÁRIO MENDES SERRANO, "Extradição", *in Cooperação Internacional...*, pp. 80-82 e AcTC n.º 417/95 – *in DR*, Série II, de 17 de Novembro e AcTC n.º 1146/96 – *in DR*, Série I-A, de 20 de Dezembro de 1996, tendo neste segundo aresto declarado a inconstitucionalidade com força obrigatória geral da norma do art. 4.º, n.º 1, al. a) do DL n.º 437/75 por permitir a extradição por crimes puníveis com pena de morte desde que o Estado requerente prestasse garantia que não fosse juridicamente vinculante para os respectivos tribunais.

Acresce que das garantias a prestar pelo Estado requerente previstas no n.º 3 do art. 6.º da LCJIMP não resulta *juridicamente certa ou impossível a não aplicação da pena de morte*, o que, não se verificando na prestação de garantias, a decisão de extradição pode ser recusada por inconstitucionalidade da lei. PAULO SARAGOÇA DA MATA considera que a regulamentação dos quesitos gerais negativos da extradição, previstos na LCJIMP, "é internamente incongruente e assistemática (alíneas *a*), *b*) e *c*) do n.º 2 do art. 6.º) e mesmo parcialmente inconstitucional (art. 6.º, n.º 3 por referência ao n.º 2, al. *b*))"[737].

II. O legislador português determinou como motivo de não execução do MDE ser a infracção punível com pena de morte. Conforma-se a lei de implementação com a Constituição, como faz uso da cláusula aberta do n.º 3 do art. 1.º da DQ, reforçando a protecção do direito à vida. Releva saber se o motivo de não execução obrigatória – punibilidade da infracção com pena de morte – pode sofrer os 'ajustes' que a LCJIMP permite, *maxime* art. 6.º, n.ºs 2, als. *a*) e *c*) e 3, para que se proceda à entrega da pessoa procurada[738].

Do articulado da Lei n.º 65/2003 não se retira que se possa entregar uma pessoa objecto de MDE por infracção a que

---

[737] Quanto ao que foi descrito anteriormente, cfr. PAULO SARAGOÇA DA MATA, "O Sistema Português de Extradição...", *in Casos e Materiais de Direito Penal*, pp. 248-250 e 255-256 e 258.

[738] E não se diga, criticando, que Portugal detém um sistema demasiado garantístico para as pretensões da edificação de um espaço penal europeu. Consideramos a crítica afiada contra Portugal no caso AHMED RÉZALA como um elogio à nossa humanidade e à nossa coragem de defesa da liberdade da pessoa e da socialização e responsabilização do homem, à coragem da defesa do HOMEM. Quanto ao caso AHMED RÉZALA, ANNE WEYEMBERG, "L'Avenir des mécanismes de coopération...", *in Vers un Espace Judiciaire Pénal Européen*, p. 157.

corresponda pena capital se houver prestação de garantia de *impossibilidade jurídica*, nos termos do direito penal e processual penal interno do Estado de emissão e que vincule os tribunais, de ao caso concreto não se poder aplicar a pena capital, nem que se possa entregar a pessoa caso tenha, por «acto irrevogável e vinculativo», *comutado* a pena de morte, nem que a pessoa será entregue se a AJ de emissão aceitar que os tribunais portugueses procedam à *conversão* da pena capital nos termos precisos da lei penal portuguesa aplicável ao caso concreto. Pois, parece-nos que a sede correcta para as excepções à não execução obrigatória seria a lei de implementação.

Será que o legislador apenas «despejou» mais um motivo de não execução obrigatória como repouso do espírito por «dever cumprido» face ao comando constitucional do n.º 6 do art. 33.º, ou quis reforçar a defesa e a protecção da vida humana, como redoma da dignidade do ser humano, de que todos são tributo, e incrementar a consagração de que «ninguém pode ser condenado à pena de morte, nem executado»[739] e do direito à vida para todos os cidadãos, independentemente da sua posição jurídica – ser ou não ser condenado pela prática de um crime –, procurando limitar a excepção ao direito à vida prevista na 2.ª parte do n.º 2 do art. 1.º da CEDH[740], barrando qualquer possibilidade de entrega, no

---

[739] Cfr. n.º 2 do art. 2.º da CDFUE.

[740] A 2.ª parte do n.º 1 do art. 1.º da CEDH tem a seguinte redacção: «Ninguém poderá ser intencionalmente privado da vida, **salvo em execução de uma sentença capital pronunciada por um tribunal,** no caso de o crime ser punido com esta pena pela lei».

É de todo conveniente referir que o n.º 2 do art. 6.º do PIDCP reafirma que a pena de morte, nos países em que não foi abolida, deve ser *pronunciada para os crimes mais graves,* em juízo definitivo por tribunal competente.

O Protocolo n.º 6 Adicional à CEDH aboliu a pena de morte em qualquer Estado do Conselho da Europa.

espaço europeu, por infracção que seja punida com a pena capital. Ou, ainda, se deverá interpretar este motivo de não execução do MDE exclusivamente da pena ser aplicada ao caso concreto que originou a emissão do respectivo mandado?

O comando constitucional não formula qualquer hipótese de excepção à extradição por crime a que corresponda pena de morte, segundo o direito do Estado de emissão, apenas e tão só determina que «**não é** admitida a *extradição*, nem **a entrega a qualquer título**, (...) **por crimes a que corresponda**, segundo o direito do Estado requisitante, **pena de morte...**»[741]. A doutrina e a jurisprudência, no que respeita à extradição, têm interpretado e integrado as normas ordinárias – que limitam o direito de não ser extraditado por crime punido com pena capital – conforme a Constituição dentro da extensão possível do comando constitucional sem que se esvazie o seu miolo nuclear, *i. e.*, sem que niilifique, admitindo até então a extradição desde que ao caso concreto não seja aplicada a pena capital – quer por ser *juridicamente certa e impossível* por força vinculante do direito interno, quer por *comutação* quer por *conversão* da pena de morte. Tem entendido a doutrina e a jurisprudência maioritariamente que se deve interpretar a *proibição absoluta* quando se preveja que a pena capital será, efectivamente, aplicada àquele caso concreto. Será uma possibilidade de entendimento do motivo de não execução obrigatória prescrito na 1.ª parte da al. *e*) do art. 11.º da lei n.º 65/2003 sem ferir a *confiança e a entreajuda* recíproca dos Estados-Membros na edificação de um espaço penal comum, em que a segurança é elemento da equação.

Mas, se a confiança mútua pode ser um elemento cognitivo que limite o legislador a incorporar na lei de implementação um motivo de não execução obrigatória por violação de um direito funda-

---

[741] Cfr. n.º 6 do art. 33.º da CRP.

mental, *maxime* humano – a vida –, impera que essa mesma confiança mútua[742] elimine qualquer possibilidade de ser emitido um MDE para cumprimento de pena de morte ou para ser sujeito a um procedimento por crime punido com pena de morte. Quer o legislador português quer o legislador italiano optaram por considerar que a punibilidade da infracção com pena de morte deve ser motivo de não execução obrigatória – adite-se que o legislador italiano estipulou que o tribunal de apelação recusa a entrega «se sussiste un serio periculo che la persona ricercata venga sottoposta alla pena di morte».

O conteúdo dos motivos de não execução obrigatória, como o próprio nome indica, não deve ser despido por ser uma garantia reforçada do cidadão e por o MDE ser um instrumento de cooperação judiciária em matéria penal que assenta no princípio do reconhecimento mútuo, no princípio da confiança mútua e na abolição relativa do princípio da dupla incriminação a desenvolver em um espaço europeu comum que deve pressupor que os valores da CEDH e da CDFUE sejam materializados e, sequentemente, concrecionados no direito interno, em especial no direito penal substantivo e adjectivo, que devem ser o repositório da protecção e não da agressão dos direitos, liberdades e garantias fundamentais. Consideramos que, se o legislador tivesse em mente que se podia interpretar no sentido doutrinário e jurisprudencial discorrido para a extradição, de duas uma: ou tinha, *in lege*, estipulado as excepções conforme se encontram no art. 6.º da LCJIMP ou tinha colocado o motivo de não execução como facultativo – neste caso «seria pior a emenda que o soneto».

---

[742] O princípio da confiança mútua é a razão apontada por LUIS S. PEREIRA para considerar desnecessária e incompreensível a adição às causas de não execução obrigatória, as causas das als. *e)* e *f)* do art. 11.º da Lei n.º 65/2003.

310   *Do Mandado de Detenção Europeu*

Summo rigore, a interpretação da al. *e*) do art. 11.º da Lei n.º 65/2003, deve ser restritiva e literal, *i. e.*, basta a previsão abstracta da infracção com a pena de morte para que a AJ de execução nacional não deva proceder à entrega da pessoa, sob pena de se dar maior valor à integridade física do que à própria vida, um dos valores e princípios que a União se propõe respeitar. Adite-se que a entrega de uma pessoa procurada por crime punido com pena de morte viola, na esteira de PEDRO CAEIRO, a *ordem pública internacional do Estado português*[743].

III. A inclusão como causa de não execução obrigatória para a AJ nacional quando ao crime motivo do MDE corresponder pena de que resulte lesão irreversível da integridade física – 2.ª parte da al. *e*) do art. 11.º da lei de implementação – pedreniza a protecção do **direito à integridade física** que deve ser garantida pelos poderes estatais, consagrado no art. 25.º da CRP[744] e, curiosamente com maior eficácia do que o direito à vida, no art. 2.º da CEDH, no art. 3.º da CDFUE, na Convenção Europeia para a Prevenção contra a Tortura e Penas ou Tratamentos Desumanos e Degradantes (CEPT), no art. 7.º do PIDCP e no art. 5.º da DUDH. A integridade física é inerente à dignidade humana, cuja violação é uma ofensa intolerável aos "pressupostos mínimos da vida *humana*, sem os quais, como ensina Orlando de Carvalho, **não se protege a humanidade da vida**"[745].

---

[743] PEDRO CAEIRO, "Proibições Constitucionais...", *in STVDIA IVRIDICA – 66*, pp. 159 e 168.

[744] Cujo n.º 2 consagra que «Ninguém pode ser submetido a tortura, nem a tratos ou penas cruéis, degradantes ou desumanos». Como se pode aferir o preceito é igual ao prescrito no art. 2.º da CEDH.

[745] PEDRO CAEIRO, "Proibições Constitucionais...", *in STVDIA IVRIDICA – 66*, pp. 166-167.

Realce-se que a discussão doutrinária[746] expedita sobre a situação de pena de morte se aplica, *mutatis mutandis*, à causa de não execução obrigatória da entrega da pessoa objecto do MDE, acrescentando que se devem considerar lesões irreversíveis não só as infligidas no corpo – *p. e.*, provocadas por açoites, por eliminação de alguma parte integrante do corpo – como as que se infligem no espectro moral da pessoa humana – *p. e.*, provocadas por leitura de sentença em praça pública ou por exposição pública com desnudamento da pessoa[747].

A AJ nacional deve recusar a execução de um MDE sempre que a infracção seja punida com pena que ofenda o direito fundamental à integridade física e, pelas razões expostas anteriormente em relação à pena de morte, caso seja crime que integre a competência universal da lei penal portuguesa e desde que seja processualmente admissível o procedimento, submeter a pessoa a julgamento sob a jurisdição portuguesa.

γ. Do direito à liberdade

I. Negar a liberdade é negar a vida ou, como PAUL SATRE afirmava, «a liberdade é a liberdade de escolher. A liberdade de não

---

[746] Registe-se que, até à Lei Constitucional n.º 1/97, de 20 de Setembro, que operou a 4.ª Revisão Constitucional, não constava do elenco constitucional a proibição de extraditar ou entregar a qualquer título por crime punido com pena de que resultasse lesão irreversível para a integridade física. Acompanhamos LOPES ROCHA e TERESA MARTINS ao considerarem que o art. 33.º da CRP não consignava um catálogo fechado de proibições à extradição, sendo que a extradição para aplicação de uma pena cruel ou desumana seria inconstitucionalmente admissível por violação do art. 1.º da CRP. Cfr. LOPES ROCHA e TERESA MARTINS, *Cooperação Judicial* ..., pp. 83 e ss..

[747] Neste sentido PEDRO CAEIRO, "Proibições Constitucionais...", *in STVDIA IVRIDICA – 66*, pp. 166-167.

312   *Do Mandado de Detenção Europeu*

escolher é a morte"[748]. A liberdade – como o mais alto valor e fundamento da justiça[749] e princípio[750] – é um direito fundamental e realidade inerente ao ser humano e inerente ao Estado de direito democrático, *i. e.*, é um valor supremo da pessoa humana e da justiça. A liberdade, em especial a liberdade física de locomoção e de escolha dessa locomoção, limita, de forma negativa, os poderes estatais, em especial o judicial, e, de forma positiva, os poderes de todos os membros da comunidade[751].

A liberdade como direito natural do ser humano só admite restrições previstas na lei prévia, clara e escrita, e que preencham os princípios da proporcionalidade *lato sensu* – adequação, exigibilidade e necessidade, proporcionalidade *stricto sensu* –, da indispensabilidade da restrição na decorrência da salvaguarda de um bem de igual ou superior valor e da subsidiariedade, cuja ocorrência de situações factuais consignem os pressupostos constitucionalmente

---

[748] Retirada de um livro cujo título nos escapa da memória.

[749] Cfr. HANS KELSEN, *A Justiça e o Direito Natural*, (Tradução de JOÃO BAPTISTA MACHADO), Almedina, Coimbra, 2001, pp. 81-84.

[750] Quanto à liberdade como princípio GERMANO MARQUES DA SILVA, "O direito penal em mudança", *in O Direito Contemporâneo em Portugal e no Brasil*, Almedina, 2003, p. 291, MANUEL M. G. VALENTE, *Processo Penal* – Tomo I, Almedina, Coimbra, 2004, pp. 237-255. Para MIGUEL FARIA, a liberdade como princípio "preenche um *espaço importante para a realização integral do homem* e, consequentemente, para a sua felicidade". Cfr. MIGUEL FARIA, *Direitos Fundamentais...*, 3.ª Edição, p. 127, nota 122, itálico nosso.

[751] A liberdade assenta na ideia de valor conquistado na modernidade pelas teorias jusnatutralistas racionalistas do Séc. XVII, sendo que o direito ou o valor da liberdade não se esgota no quadro físico de locomoção, pois estende-se à liberdade de expressão, de informação, de consciência, de religião e culto, de associação, de reunião, de manifestação, de criação intelectual e política. Liberdades que sempre estiveram presentes na construção da comunidade europeia, sendo que se transformou em objectivo em que a União assenta – art. 6.º TUE. Quanto a este assunto ANA MARIA GUERRA MARTINS, *Curso de Direito Constitucional da União Europeia*, Almedina, Coimbra, 2004, pp. 211-212.

admitidos – detenção cautelar para identificação [al. *g*) do n.º 3 do art. 27.º da CRP], em flagrante delito por prática de crime para ser presente à AJ competente [al. *a*) do n.º 3 do art. 27.º da CRP], detenção ou prisão preventiva [al. *b*) do n.º 3 do art. 27.º da CRP], detenção, prisão ou outra medida coactiva por permanência ilegal no país ou para extradição e expulsão [a. *c*) do n.º 3 do art. 27.º da CRP], detenção por ordem judicial [al. *f*) do n.º 3 do art. 27.º da CRP], prisão militar [al. *d*) do n.º 3 do art. 27.º da CRP], sujeição de menor a medidas de protecção, assistência ou educação [al. *e*) do n.º 3 do art. 27.º da CRP], internamento por anomalia psíquica [al. *h*) do n.º 3 do art. 27.º da CRP] e, como a mais drástica das privações, a prisão para cumprimento de pena ou medida de segurança por sentença transitado em julgado [n.º 2 do art. 27.º da CRP].

Digamos kelsianamente que se impõe, em um Estado de direito democrático, que "o conteúdo das normas que constituem a ordem jurídica seja modelado por forma tal que a liberdade individual das pessoas sujeitas a esta ordem seja restringida o menos possível"[752] ou que "a ideia de renúncia, por parte de todos, a um pedaço da liberdade – só aquele bocado indispensável ou absolutamente necessário, é evidente – para que, desse modo, se assegure o bem de todos", se afigure como "uma representação teorética de proporção, de harmonia, de justiça que não pode deixar de levar a uma ideia de justiça"[753].

O direito penal foi, é e será sempre olhado como "instrumento de limitação da liberdade dos indivíduos", contudo como "instrumento legítimo, desde que em tais limitações se contemple o *quantum* necessário de modo a assegurar o bem comum"[754].

---

[752] HANS KELSEN, *A Justiça e o Direito…*, pp. 83-84.

[753] JOSÉ DE FARIA COSTA, "Ler BECCARIA…", *apud* CESARE BECCARIA, *Dos Delitos…*, pp. 17-18.

[754] JOSÉ DE FARIA COSTA, "Ler BECCARIA…", *apud* CESARE BECCARIA, *Dos Delitos…*, p. 19.

314 *Do Mandado de Detenção Europeu*

O «*quantum* necessário» e «o menos possível» são os dois contra-pontos que não se adequam com a ideia da existência da prisão perpétua – como se afirmássemos que aquela pessoa é incorrigível – e da pena de duração indefinida. No conflito entre o crime – que no imediato se pretende corrigir com vingança – e a pena, cuja distância compete ao direito penal estabelecer, a história tem procurado adoçar o segundo elemento do equilíbrio – a pena – no sentido de "«encurtar a distância» que a pena coloca entre o condenado e a cidade"[755] de modo a evitar-se a exclusão absoluta, porque a *pena perpétua* nega de forma absoluta "qualquer projecto de restabe-lecimento, na execução da pena, de uma «justa distância» entre o detido e o resto da sociedade"[756] e não se conclui o processo de paz jurídica entre o delinquente e a sociedade, negando àquele a conciliação. O «*quantum* necessário» não pode ser perpétuo ou inde-finido, porque destitui o homem da sua grandeza e da sua dignidade que é poder dar forma à vida[757].

II. Neste sentido, a Constituição portuguesa consagra a proibição de existência de penas ou medidas de segurança com carácter perpétuo[758], ilimitado e indefinido – art. 30.º, n.º 1 da

---

[755] ANABELA MIRANDA RODRIGUES, "O Tribunal Penal...", *in DJ*, Vol. XV, Tomo 1, pp. 17-18.

[756] ANABELA MIRANDA RODRIGUES, "O Tribunal Penal...", *in DJ*, Vol. XV, Tomo 1, p. 18. Acresce como ensina ANABELA M. RODRIGUES, "a pena é condenação: cumprida a pena, conclui-se o luto, cura-se a memória. Não se esqueceu – **pune-se para que o mundo não esqueça**". Negrito nosso.

[757] Cfr. ANABELA MIRANDA RODRIGUES, "O Tribunal Penal...", *in DJ*, Vol. XV, Tomo 1, p. 19.

[758] Relembramos aqui a ideia fulcral do Parecer da Câmara Corporativa – Actas, n.º 174, de 23 de Outubro de 1973, p. 2269 – quanto à prisão perpétua, nas palavras de MAIA GONÇALVES: "a prisão perpétua não teria justificação possível perante a hermenêutica do nosso sistema e perante a nossa tradição jurídica. Aceitá-la agora, após a abolição em 1884, representaria um chocante

CRP –, dando alma ao *princípio da natureza temporária, limitada e definida* da pena[759] e da medida de segurança privativas da liberdade, sendo, desta feita, "expressão da liberdade" – art. 27.º da CRP – "da ideia da proibição de penas cruéis, desumanas e degradantes" – n.º 2 do art. 25.º da CRP – e "da ideia da protecção da segurança, ínsita no princípio do Estado de direito"[760]. Contudo, o art. 33.º da CRP não previa, expressamente, até à LC n.º 1/97, a proibição da extradição por crimes a que correspondesse pena perpétua ou de duração indefinida, não obstante o art. 6.º, n.º 1, al. *e*) do DL n.º 43/91, de 22 de Janeiro, determinar a recusa de extradição por crime a que correspondesse pena de prisão perpétua segundo o direito do Estado requisitante, tendo em conta a proibição constitucional da previsão de pena perpétua, ilimitada ou indefinida para crimes previstos na lei penal nacional. Todavia, o legislador, tal como havia aberto a possibilidade de extradição por crime punido com pena de morte em determinadas situações excepcionais[761], abriu as portas à extradição nos casos do crime ser punido com pena de prisão perpétua se o Estado requisitante prestasse garantias de que não aplicaria a respectiva pena – conforme al. *c*) do n.º 2 do art. 6.º do DL n.º 43/91.

---

retrocesso. É portanto inútil insistir em que não podem abandoná-la entre nós razões de filosofia política ou jurídica, nem necessidades de política criminal. A experiência de um século de um sistema com pena de prisão limitada não mostrou qualquer inconveniente e salvaguardou princípios culturais de respeito pela dignidade humana". Cfr. Manuel L. Maia Gonçalves, *Código Penal Anotado e Comentado – Legislação Complementar*, 17.ª Edição, Almedina, Coimbra, 2005, p. 179.

[759] Cfr. art. 41.º do CP.

[760] Gomes Canotilho e Vital Moreira, *Constituição Portuguesa...*, p. 197. Refira-se que, curiosamente, não existe qualquer preceito na CEDH que proíba as penas perpétuas, ilimitadas e indefinidas, nem na DUDH. Digamos que o culto da humanidade humana se encontra em lenta procissão dos tempos.

[761] Quanto a este assunto *supra* β. **Do direito à vida e à integridade física.**

316 *Do Mandado de Detenção Europeu*

A jurisprudência do TC é a de se considerar inconstitucional a interpretação que admitisse extraditar uma pessoa condenada ou sobre a qual decorre um processo por crime punível no Estado requisitante com pena perpétua com a prestação de garantias que não fossem juridicamente certas e que impossibilitassem a aplicação daquela pena por violação do n.º 1 do art. 30.º da CRP, *i. e.*, só seria conforme a Constituição a interpretação da al. *e*) do n.º 1 do art. 6.º do DL n.º 43/91 que admitisse a extradição por crime punido com tal pena quando fosse juridicamente impossível – por força vinculante do ordenamento jurídico do Estado requisitante – e certo que a pena de prisão perpétua não seria aplicada[762].

---

[762] Cfr. o AcTC n.º 474/95 – *in DR,* Série II, de 17 de Dezembro – Caso VARIZO. A doutrina espelhada neste aresto do TC, não obstante não ter declarado a inconstitucionalidade com força obrigatória geral da norma, pelo que não vinculante aos demais tribunais, teve efeitos nas decisões futuras do STJ, Caso SAFET AZEMAJ, pedido de extradição da Alemanha – Ac. de 19 de Fevereiro de 1997, *in BMJ*, n.º 464, p. 401, que, interpretando restritivamente o art. 5.º do Acordo de Adesão da República Portuguesa à CAAS, considerando que deveria ser interpretado conforme ao *princípio da ordem jurídico-constitucional portuguesa.* Já no Caso NORMAN VOLKER FRANZ, pedido da Alemanha – Ac. de 18 de Março de 1999, *in Colectânia de Jurisprudência-Acórdãos do Supremo Tribunal de Justiça,* Ano VIII, Tomo I, p. 242 – o STJ entendeu que a garantia prestada pelo Estado Alemão – de promover, de acordo com o direito interno alemão e a prática de execução de penas, *todos os benefícios de execução que puderem ser concedidos a favor do extraditando* – era suficiente para as «exigências de ordem pública internacional do Estado português» e que não era necessário «uma garantia que tornasse juridicamente impossível a aplicação ou a execução da pena de prisão perpétua", resultando, como afirma MÁRIO MENDES, um "juízo implícito de conformidade constitucional dos compromissos assumidos por Portugal no *Acordo de Adesão de Portugal à Convenção de Aplicação de 1990* (e também na *Convenção de Extradição de Dublin,* igualmente mencionada no aresto, embora esta só estivesse em vigor nas relações entre Portugal e a Alemanha desde 11 de Março de 1999)". Cfr. MÁRIO MENDES SERRANO, "Extradição", *in Cooperação Internacional...,* p. 91. Outro caso idêntico, em que o STJ

Apontamos a relevante posição de JORGE MIRANDA e PEDROSA MACHADO, por garantir efectivamente o direito à liberdade e o princípio da natureza temporária, limitada e definida da pena, ao defenderem que "o que conta é a punibilidade e não a pena aplicada, a penalidade e não a pena que concretamente venha a ser aplicada, a medida legal da pena e não a medida judicial"[763]. Posição não seguida pelo TC nos casos LEUNG e VARIZO, que veio ser vertida no n.º 5 do art. 33.º da CRP (actual n.º 4) com a Revisão Constitucional de 1997. Já PEDRO CAEIRO defende que a extradição por crime punível com pena de prisão perpétua, tendo em conta a preservação da ordem (pública) jurídica internacional do Estado português, é admitida desde que o Estado requisitante preste garantias jurídicas e políticas suficientes de não aplicação ou não execução da pena em causa, cumprindo, assim, o Estado português o dever de cooperação a que está obrigado.

III. O MDE não se confunde com a extradição tradicional entre os Estados-Membros, pois é um avanço significativo jurídico no espaço comum e, não obstante a CRP não prever expressamente o MDE, podemos ver que se enquadra na expressão «entrega a qualquer título» prescrita no n.º 6 do art. 33.º da CRP, além de que é o n.º 5 deste artigo que salvaguarda «a aplicação das normas de cooperação judiciária em matéria penal estabelecidas no âmbito da União Europeia» face aos n.ºs 1, 2, 3 e 4 do art. 33.º da CRP. Diga-se que o legislador constitucional pretendeu conformar às disposições constitucionais da expulsão e da extradição de nacionais

---

considerou como *bastante* "uma garantia de carácter político e diplomático", não sendo exigível uma garantia jurisdicional – Caso SANDRA CORNELIUS FRANZ, Ac. de 18 de Março de 1999, *in BMJ*, n.º 485, p. 132.

[763] JORGE MIRANDA e MIGUEL PEDROSA MACHADO, "Processo de extradição e recurso para o Tribunal Constitucional: Admissibilidade e tema de recurso – Parecer", *in DJ*, Vol. IX, Tomo 1, p. 239.

318 *Do Mandado de Detenção Europeu*

e por crime punido com pena de prisão perpétua – sem que as normas constitucionais sejam derrogadas por normas europeias que sejam transpostas para a ordem jurídica interna – todas as normas de cooperação e de construção do espaço penal europeu que entrem na ordem jurídica interna, como o objecto de estudo – o mandado de detenção europeu[764]. Não é este o entendimento de LUIS SILVA PEREIRA que considera que o n.º 5 do art. 33.º da CRP legitima a derrogação dos princípios fundamentais relativos ao direito de extradição com assento constitucional constantes dos números 3 e 4 desse preceito por "normas de cooperação judiciária penal estabelecidas no âmbito da União Europeia", ou seja, as normas de cooperação judiciária em matéria penal podem modificar ou alterar o sentido e o alcance de determinados princípios constitucionais garantes dos direitos fundamentais[765].

Consideramos que a expressão «não prejudica» não deve ser interpretada como derrogação dos princípios fundamentais da extra-dição ínsitos na cultura jurídico-constitucional portuguesa, porque, como afirma LUIS SILVA PEREIRA, será "ilegítima a afirmação que em face do regime do mandado de detenção europeu será, à luz da Constituição Portuguesa, indiferente para efeitos de entrega, que a pessoa a deter em Portugal possa vir a ser condenada no Estado emissor em pena de prisão perpétua"[766]. DAMIÃO DA CUNHA considera que o n.º 5 faz uma ressalva que se justifica "pelo sentido

---

[764] Acompanhamos MAIA GONÇALVES quando afirma que o conteúdo do n.º 5 do art. 33.º da CRP, pelo perigo que a sua interpretação extensiva pode originar, é "contrário à nossa tradição e ao ideário de reinserção de que está imbuído o nosso sistema penal". Cfr. MANUEL L. MAIA GONÇALVES, *Código Penal...*, 17.ª Edição, p. 70.

[765] LUIS SILVA PEREIRA, "Alguns Aspectos da Implementação...", *in RMP*, n.º 96, pp. 44-45. O autor adianta, na linha de OTTO BACHOF, que parece estarmos perante uma *norma constitucional inconstitucional*.

[766] LUIS SILVA PEREIRA, "Alguns Aspectos da Implementação...", *in RMP*, n.º 96, p. 45.

Dos Direitos e Garantias dos Cidadãos à Luz do Mandado... 319

e finalidades inerentes à própria União Europeia, enquanto território ou espaço comum de justiça, que podem implicar procedimentos de cooperação em matéria judiciária (criminal) mais expeditos ou mesmo formas de cooperação diferentes da extradição"[767], como resulta do n.º 6 do art. 7.º da CRP.

Todavia, consideramos que a *ressalva* não derroga, mas implica que exista uma conformação das normas de modo a não desnudar os princípios basilares da segurança e protecção jurídico-constitucional dos direitos fundamentais dos cidadãos. Argumentamos, ainda, que a interpretação de normas – constitucionais ou ordinárias –, que limitem ou restrinjam direitos, liberdades e garantias, deve ser restritiva e não extensiva, sob pena de esvaziarmos a essência e o conteúdo do direito fundamental de consagração jurídico-constitucional e jurídico-internacional[768].

A DQ, por imposição e insistência portuguesa, deixa à decisão do legislador nacional de sujeitar a entrega da pessoa procurada por crime punido com pena ou medida de segurança privativas da liberdade com carácter perpétuo à prestação de garantias jurídicas – de previsão no seu ordenamento interno de *revisão da pena proferida*,

---

[767] JOSÉ M. DAMIÃO DA CUNHA, *Constituição Portuguesa...*, (Coord. JORGE MIRANDA e RUI MEDEIROS), Tomo I, p. 369.

[768] No sentido de interpretação restritiva das normas que restrinjam ou limitem o direito fundamental, principalmente normas penais que coarctam o direito à liberdade – cuja restrição não se esgota no quadro do preenchimento do princípio da legalidade, mas tem de preencher os princípios da excepcionalidade e da proporcionalidade –, JOSÉ MARÍA ASENCIO MELLADO, "La libertad de movimientos como derecho fundamental", *in Derechos Procesales Fundamentales* – 22, Madrid, 2005, pp. 38-42. No sentido da interpretação restrita da privação da liberdade – quer seja provisória e precária (detenção) quer seja temporária com duração determinada (prisão) –, sendo aquela uma excepção ao direito e não uma regra, IRENEU CABRAL BARRETO, *A Convenção Europeia dos Direitos do Homem – Anotada*, 3.ª Edição, Coimbra Editora, 2005, p. 86, em especial a referência aos Acórdãos do TEDH.

a pedido ou decorridos 20 anos, de aplicação de *medidas de clemência* – de modo a que a pessoa não cumpra perpetuamente uma pena ou medida de segurança privativa da liberdade.

O legislador nacional português, independentemente da técnica legislativa e da dúvida da cumulatividade das garantias a exigir, transpôs para a al. *b*) do art. 13.º da Lei n.º 65/2003[769] o texto da DQ, que terá de estar e está conforme ao miolo e alma dos valores e princípios fundamentais da entrega de qualquer pessoa à AJ de outro Estado-Membro, *maxime* com o n.º 4 do art. 33.º da CRP. Acresce que o estipulado no n.º 2 do art. 5.º da DQ e na al. *c*) do art. 13.º da Lei n.º 65/2003 aproxima-se da doutrina do TC português antes da LC n.º 1/1997: não basta que se prestem garantias *X* ou *Y*, pois têm de estar ou ser garantias juridicamente previstas no direito interno que vinculem os tribunais a promovê--las, como se retira nos preceitos aludidos. A AJ nacional de execução, no caso de ter de decidir da entrega de uma pessoa por crime punido com pena de prisão ou medida de segurança de natureza perpétua, deve sujeitar a execução do mandado à prestação de garantias jurídicas de que aquela pena não será executada por parte da AJ de emissão, devendo as garantias estarem previstas no direito (penal e processual penal) interno do Estado de emissão – verifica-se a impossibilidade jurídica de solidificação das penas e medidas de segurança com carácter perpétuo.

ε. Da cláusula de não-descriminação

I. O art. 6.º do TUE prescreve que a União «assenta nos **princípios** da liberdade, da democracia, **do respeito pelos direitos**

---

[769] Cfr. n.º 1 do art. 11.º da Lei de Implementação de Espanha e al. *b*) do n.º 1 do art. 19.º da Lei de Implementação de Itália.

do Homem e pelas liberdades fundamentais» e que a União **«respeitará os direitos fundamentais** tal como os garante a Convenção Europeia de Salvaguarda dos Direitos do Homem e das Liberdades Fundamentais»[770]. Este sentido de respeito efectivo dos direitos fundamentais, que fomenta a confiança recíproca entre os Estados-Membros, justifica a aplicação do reconhecimento mútuo ao mandado de detenção europeu, que, consequentemente, afasta a *cláusula de não-descriminação – i. e.,* causa de recusa de extradição – *como motivo de não execução da entrega*[771].

A cláusula de não-descriminação não fora afastada na Convenção Relativa à Extradição entre os Estados-Membros da União Europeia – Dublin 27.9.96 –, ao estipular que se mantinha em vigor a recusa de extradição sempre que o pedido desta visasse «perseguir ou punir uma pessoa em virtude da sua raça, religião, nacionalidade ou convicções políticas, ou que a situação da mesma pessoa *pudesse* ser agravada por qualquer dessas razões» – n.º 2 do art. 3.º da Convenção Europeia de Extradição, assim como, no mesmo sentido, o art. 5.º da Convenção Europeia de Repressão ao Terrorismo *ex vi* do n.º 3 do art. 5.º da Convenção de Extradição de 1996[772].

---

[770] Para JOAQUIN DELGADO MARTIN, a União Europeia está a construir-se "precisamente sobre a convicção de que o respeito pelos direitos humanos e liberdades fundamentais, assim como os princípios da liberdade, democracia e Estado de direito são comuns a todos os Estados-Membros" [JOAQUIN DELGADO MARTIN, "La Orden de Detención Europea y los Procedimientos de Entrega entre los Estados Miembros de la Unión Europea", *in Cuadernos de Derecho Judicial – Derecho Penal Supranacional y Cooperación Jurídica Internacional*, Consejo General del Poder Judicial, Madrid, 2003, p. 290, tradução nossa].

[771] Quanto a este assunto ANABELA MIRANDA RODRIGUES, "Mandado de Detenção...", *in RPCC*, Ano 13, n.º 1, p. 46.

[772] Refira-se que há que distinguir a expressão «convicções políticas» da «infracção política» não denota dificuldade de maior, todavia esta aumenta se

322 *Do Mandado de Detenção Europeu*

Não duvidamos de que a consagração da cláusula poderia denotar contrariedade face ao art. 6.º do TUE, cujo cumprimento e promoção dos princípios basilares da União se impõe a todos os Estados-Membros para a edificação de um espaço penal comum europeu fundado, também, na confiança recíproca. Contudo, a adesão aos princípios da Convenção Europeia de Salvaguarda dos

---

tivermos de analisar uma infracção que se inspira em convicções ou motivações políticas. A Convenção Europeia de Extradição – n.º 1 do art. 3.º –, assim como o Tratado Benelux – art. 3.º – excluía a extradição com fundamento em infracções políticas ou a elas conexas, tendo em conta que o Primeiro Protocolo Adicional à Convenção Europeia de Extradição identifica as infracções que não podem ser consideradas como infracções políticas. Sendo que com a proliferação de grupos terroristas e do terrorismo à escala global e para evitar que os Estados dessem guarida a terroristas e a pessoas geneticamente ligadas ao crime organi-zado que desenvolve actividades criminosas que põem em perigo a vida e a integridade física das pessoas – inclusive a liberdade de locomoção –, a Convenção de Dublin – art. 5.º, n.os 1 e 2 – afasta, na linha da Convenção Europeia para a Repressão do Terrorismo – art. 2.º –, a recusa de extradição com fundamento em a infracção ser política ou ser conexa com uma infracção política ou ser uma infracção inspirada em motivos políticos, quando em causa estão actos terroristas ou terrorismo, crimes de conspiração ou associação criminosa que desenvolvam condutas que atentem contra bens jurídicos fundamentais do ser humano – vida, integridade física, liberdade e propriedade – ou infracções que utilizem bombas, granadas, foguetões, armas de fogo automáticas ou cartas ou embrulhos armadilhados. A Convenção de Dublin, não obstante os Estados-Membros poderem fazer declaração de reserva, derroga o princípio geral de não extradição por infracções políticas que estava engrenado desde 1957 – altura que se justificava face aos sistemas políticos de alguns países europeus e procurava evitar a vingança do poder político sobre os não aderentes ou os desalinhados –, optando por uma derrogação parcial e não total – optou-se, assim, por uma derrogação geral conexa a uma lista de infracções em que não seria possível recusar a extradição. Parece-nos que uma coisa são convicções políticas – que se inscreve no âmbito da cláusula de não-discriminação – outra são a prática de infracções políticas ou que detêm um teor político em que se agridem bens jurídicos fundamentais ao desenvolvimento e sobrevivência do ser humano. Quanto a este assunto J. A. GARCIA MARQUES, A Extradição no Espaço...", *in A Inclusão do Outro – STVDIA IVRIDICA – 66*, pp. 142-143.

Direitos do Homem, como denota o TEDH, não é uma garantia absoluta de inviolabilidade dos direitos e liberdades fundamentais, nem tal adesão é fundamento de concessão aos Estados-Membros do "*brevet* de boa conduta"[773].

A garantia efectiva dos direitos fundamentais não se esgota no quadro formal, pois a sua concreção real depende do controlo do respeito desses direitos e não da confiança recíproca. Qualquer Estado-Membro deve recusar a execução do mandado de detenção europeu com fundamento ou motivo de grave lesão de direitos e de liberdades fundamentais da pessoa procurada, não devendo ceder ao "optimismo balofo"[774], mas assegurando sempre *a garantia real das garantias*[775]. Todavia, a decisão-quadro do mandado de detenção europeu não consagra qualquer cláusula geral de não execução de mandado por ofensa aos direitos fundamentais, nem existe rasto da cláusula de não-discriminação, excepto a referência no Considerando 12, elucidando que não podem existir interpretações dos normativos da DQ de diminuição ou obstrução à admissibilidade de uma decisão de não execução do MDE com fundamento em

---

[773] Cfr. ANABELA MIRANDA RODRIGUES, "Mandado de Detenção...", *in RPCC*, Ano 13, n.º 1, pp. 46-47.

[774] GILLES DE KERCHOVE *apud* ANABELA MIRANDA RODRIGUES, "Mandado de Detenção...", *in RPCC*, Ano 13, n.º 1, p. 47 e nota 67. GILLES DE KERCHOVE chama atenção para o facto do perigo de o reconhecimento mútuo abrir as portas a métodos ou medidas de investigação próprios de um Estado--Membro a utilizar por uma autoridade de polícia de outro Estado-Membro que seria recusada no seu direito nacional.

[775] Neste sentido FRANÇOISE TULKENS *apud* ANABELA MIRANDA RODRIGUES, "Mandado de Detenção...", *in RPCC*, Ano 13, n.º 1, p. 47 e nota 68. No sentido da protecção das garantias dos cidadãos e criticando a sobreposição da eficácia sobre aquela tutela no direito penal comunitário, com fundamento na luta contra a criminalidade organizada e como consequência de ser um direito de burocratas e não de penalistas, FRANCISCO BUENO ARÚS, *La Ciencia del Derecho Penal: un Modelo de Inseguridad Juridica*, Thomson--Civitas, Navarra, 2005, p. 190.

elementos objectivos que criem a convicção de que o mandado foi emitido «para mover procedimento contra ou punir uma pessoa em virtude do sexo, da sua raça, da sua religião, da sua ascendência étnica, da sua nacionalidade, da sua língua, da sua opinião política ou da sua orientação sexual, ou de que a posição dessa pessoa possa ser lesada por alguns desses motivos».

II. O parecer do serviço jurídico do Conselho de não consagração da cláusula de não-descriminação no articulado da Decisão-Quadro, por não se justificar, vingou na decisão final do Conselho, que se limitou a salpicar em vários considerandos espasmos de não admissibilidade de execução do mandado sempre que a entrega da pessoa ponha em causa gravemente direitos e liberdades fundamentais – Considerandos 10, 12 e 13 – e a clarificação de que a decisão-quadro do mandado de detenção europeu «não tem por efeito alterar a obrigação de respeito dos direitos fundamentais e dos princípios jurídicos fundamentais consagrados no art. 6.º do Tratado da União Europeia» – n.º 3 do art. 1.º da DQ –, criando, assim, uma cláusula aberta para os Estados-Membros consagrarem, nas leis internas de transposição, um motivo de não execução com fundamento na violação ou na ofensa clara a direitos e liberdades fundamentais da pessoa a entregar.

O mandado de detenção europeu, conforme o Considerando n.º 10, assenta em um «elevado grau de confiança entre os Estados-Membros», cuja execução só pode ser suspensa «no caso de violação grave e persistente por parte de um Estado-Membro», dos princípios jurídicos enunciados no n.º 1 do art. 6.º do TUE, de entre os quais consta o *princípio do respeito dos direitos do Homem e das liberdades fundamentais*. Violação *grave e persistente* que terá de ser verificada pelo Conselho nos termos do n.º 1 e com as consequências estipuladas pelo n.º 2 do art. 7.º do TUE.

O respeito pelos direitos fundamentais e princípios consagrados pelo art. 6.º do TUE e consignados na Carta dos Direitos

Fundamentais da União Europeia[776] é um desiderato da DQ do mandado de detenção europeu, que não pode, em caso algum, ser interpretado no sentido de proibir qualquer Estado-Membro de recusar a entrega da pessoa reclamada «quando existam elementos objectivos que confortem a convicção de que o mandado de detenção europeu é emitido para mover procedimento contra ou punir uma pessoa em virtude do sexo, da raça, da religião, da ascendência étnica, da nacionalidade, da língua, da opinião política ou da orientação sexual, ou de que a posição dessa pessoa possa ser lesada por alguns desses motivos». O Considerando 12, que não é articulado, indica como elemento teleológico de interpretação o respeito dos direitos fundamentais e a inserção da cláusula humanitária de não-descriminação.

Outro elemento teleológico interpretativo é o Considerando 13, que orienta os Estados-Membros a não proceder à expulsão ou extradição de uma pessoa para um Estado de emissão onde essa pessoa possa correr «sério risco de ser sujeita a pena de morte, tortura ou a outros tratos ou penas desumanas». Da análise do articulado não se vislumbra que a pena de morte, a tortura ou outros tratos ou penas desumanas sejam motivo de não execução obrigatória ou facultativa, talvez por a confiança recíproca e a garantia do art. 6.º e 7.º do TUE serem suficientes para a construção de um espaço penal europeu comum humanizante, no qual o mote seja o respeito dos direitos fundamentais[777].

Do articulado da decisão-quadro apenas podemos aferir o n.º 3 do art. 1.º que clarifica o não efeito de alteração dos Estados-Membros estarem obrigados a respeitar os direitos fundamentais e

---

[776] JO C 364 de 18 de Dezembro de 2000.

[777] Só encontramos no articulado a sujeição da execução do mandado à garantia de não execução plena da pena ou medida de segurança privativa da liberdade com carácter perpétuo – al. 2) do art. 5.º da DQ transposta na al. b) do art. 13.º da Lei n.º 65/03.

os princípios jurídicos fundamentais consagrados no art. 6.º do TUE. Preceito que abre as portas aos Estados-Membros para, na lei de implementação, consagrarem como motivo de não execução obrigatória ou facultativa o não respeito pelos direitos fundamentais[778].

Do exposto resulta que não podemos construir um espaço penal europeu comum, cujos direitos fundamentais não sejam respeitados e garantidos e não se erijam como motivo de não execução de um mandado de detenção que os agrida, além de que a decisão-quadro não impede que qualquer Estado de execução proceda no sentido de não executar o mandado com fundamento na violação dos direitos fundamentais[779].

A Lei n.º 65/03 não fez uso total e absoluto da cláusula aberta deixada pelo n.º 3 do art. 1.º da DQ, **excepto** no que concerne à **pena de morte ou penas que ofendam a integridade física da pessoa** – *i. e.*, que causem «lesão irreversível da integridade física» – e no que respeita ao fundamento do **mandado de detenção** europeu **por motivos políticos** – resquício da cláusula de não-desccriminação – que consignam «causas de recusa da execução» obrigatória – als. *d*) e *e*) do art. 11.º. O art. 33.º, n.º 6 da CRP assim impõe. Registe-se

---

[778] Neste sentido e no que anteriormente foi expresso, ANABELA MIRANDA RODRIGUES, "Mandado de Detenção...", *in RPCC*, Ano 13, n.º 1, pp. 48-49.

[779] Cfr. ANNE WEYEMBERGH *apud* ANABELA MIRANDA RODRIGUES, "Mandado de Detenção...", *in RPCC*, Ano 13, n.º 1, p. 48. Quando se fala do controlo do respeito pelos direitos fundamentais, não estamos a falar de um juízo político das autoridades judiciárias do estado de execução sobre o Estado de emissão, mas tão só de um juízo jurisdicionalizado. Relembre-se que o mandado de detenção europeu concretiza o princípio do reconhe-cimento mútuo que, de acordo com o Programa Conjunto do Conselho e da Comissão adoptado a 30 de Novembro de 2000 – JO C 12 de 15 de Janeiro de 2001 –, deveria ter como escopo não só *o reforço da cooperação entre os Estados-Membros*, mas também a **protecção dos direitos das pessoas** a par da promoção de uma *melhor reinserção social do delinquente*.

Dos Direitos e Garantias dos Cidadãos à Luz do Mandado... 327

contudo que a al. *c*) do n.º 1 do art. 6.º da LCJIMP prescreveu a cláusula humanitária como causa absoluta de recusa de extradição.

III. O legislador português, não obstante ser difícil conexionar o preceito à cláusula de não-descriminação, próximo da polémica *intervenção política sucessiva* e decisão de não extradição de AUGUSTO PINOCHET do Ministro do Interior da Grã-Bretanha por *motivos de saúde* daquele depois da Câmara dos Lordes ter decidido extraditá--lo para Espanha[780] e do já estipulado pelo art. 18.º, n.º 2 da LCJIMP[781], determinou, no n.º 4 do art. 29.º da Lei n.º 65/2003, que a **entrega** da pessoa procurada será **suspensa** por *motivos humanitários graves* – existência de motivos sérios de que a entrega à AJ de emissão «colocaria manifestamente em *perigo a vida ou a saúde* da pessoa procurada». Poder-se-á afirmar que se consagrou uma *cláusula humanitária de suspensão da entrega* da pessoa.

Claro está que o legislador previu, apenas e tão só, a suspensão de entrega por motivos que coloquem em perigo a vida e a saúde da pessoa procurada e não a recusa de entrega definitiva como acontecera com PINOCHET. Todavia, cumpre-nos indagar se a causa de suspensão não deve ser de recusa, se o motivo da suspensão se prender com questões de sobrevivência na comunidade prisional do Estado de emissão, maioritariamente de uma religião que abomina e reprime a religião da pessoa procurada, ou se o crime de que a pessoa é suspeita ou acusada ou por que foi condenada é considerado, não no plano jurídico-criminal, mas no plano social e cultural, como conduta merecedora de proscrição pública e de

---

[780] Quanto a este assunto MÁRIO MENDES SERRANO, "Extradição", *in Cooperação Internacional Penal*, p. 49, nota 82.

[781] Que determina a *denegação da cooperação* "quando, tendo em conta as circunstâncias do facto, o deferimento do pedido possa implicar consequências graves para a pessoa visada, em razão da *idade*, estado de *saúde* ou de outros *motivos de carácter pessoal*".

sevícias no seio prisional – no qual se desenvolvem tais tipos de práticas para aquele tipo de criminosos – ou se a sua determinação sexual é recriminada socio-culturalmente e da qual pode resultar ofensa à integridade física ou mesmo a morte.

Parece-nos que a suspensão da entrega não tem o mesmo sentido da denegação da entrega ou de cooperação amalgamada no n.º 2 do art. 18.º da LCJIMP, pois, lido o n.º 4 com o n.º 5 do art. 29.º da Lei n.º 65/2003, parece-nos que a causa da suspensão deve-se não às condições substantivas e adjectivas vigentes no Estado de emissão, mas à situação factual vigente no Estado de execução – *p. e.*, a pessoa encontra-se internada por ter sido ferida no acto de detenção pelos OPC portugueses ou por sofrer de doença crónica. Verificadas que sejam as circunstâncias sociais e culturais descritas em cima, parece-nos que estão preenchidos os pressupostos da cláusula de não-descriminação e que a AJ execução nacional deve não executar o MDE por ofensa a direitos, liberdades e garantias fundamentais ou optar por suspender a entrega para que a pessoa seja submetida a procedimento penal ou cumpra a pena a que foi condenada por sentença transitada em julgado em Portugal[782].

IV. Acresce que a jurisprudência do TEDH "consagrou a obrigação de controlar a conformidade com os direitos fundamentais dos actos dos outros Estados a que os Estados-parte da Convenção dão a sua colaboração ou na execução dos quais cooperam"[783] e tem admitido "o princípio da violação da convenção pelo Estado requerido que entrega uma pessoa a um Estado onde

---

[782] Cfr. art. 31.º, n.º 1 da Lei n.º 65/2003. Claro está que terá de existir uma conversão da pena aplicada, desde que ultrapasse o limite máximo da pena de prisão em Portugal – 25 anos, não podendo em concreto ser cumpridos mais de 20 anos, *ex vi* n.º 2 e n.º 1 do art. 41.º do CP.

[783] ANABELA MIRANDA RODRIGUES, "Mandado de Detenção...", *in RPCC*, Ano 13, n.º 1, p. 49.

existe sério risco de que os seus direitos fundamentais sejam ignorados"[784]. Interpretar a decisão-quadro, no sentido de que o Estado de execução não pode recusar a execução de um mandado de detenção que viole os direitos fundamentais da pessoa reclamada, pode ser o caminho para induzir aquele Estado-Membro de execução a ser responsabilizado internacionalmente e ser condenado por violação da Convenção.

De outro lado, acompanhamos SERGE DE BIOLLEY, quando afirma que, em um processo como o do reconhecimento mútuo que abre a estrada para a criação de um sistema penal europeu, não é aceitável que o controlo do respeito dos direitos fundamentais seja efectuado à *posteriori* pelo TEDH[785].

Os direitos fundamentais são um património da humanidade no qual se revêem o maioria dos europeus, que não deveriam estar dispostos a abdicar do controlo judicial do seu respeito e da sua garantia e que não deveriam estar dispostos a aderir a um sistema penal europeu carente de uma garantia adequada e suficiente do respeito das liberdades fundamentais[786].

---

[784] ANABELA MIRANDA RODRIGUES, "Mandado de Detenção...", *in RPCC*, Ano 13, n.º 1, p. 49.

[785] SERGE DE BIOLLEY *apud* ANABELA MIRANDA RODRIGUES, "Mandado de Detenção...", *in RPCC*, Ano 13, n.º 1, p. 49 e nota 74. Face às limitações impostas ao TJCE pelo TUE no que concerne à matéria de apreciação de questões prejudiciais, SERGE DE BIOLLEY defende a "criação de uma jurisdição de controlo do respeito dos direitos fundamentais, que deve intervir quando esteja em causa a decisão de execução, num Estado, de uma decisão emitida por outro Estado". Esta intervenção jurisdicional devia "ser possível, quer sob a forma de apreciação de uma questão prejudicial, antes da decisão de execução, quer mediante recurso da autoridade de emissão, contra a decisão de recusa de execução". *Ibidem.*

[786] Quanto a este assunto ANABELA MIRANDA RODRIGUES, "Mandado de Detenção...", *in RPCC*, Ano 13, n.º 1, p. 50.

ε. Do princípio da proporcionalidade – como princípio nivelador e limite da restrição a direitos fundamentais

I. A detenção restringe, no cenário imediato, o direito de liberdade (física), cuja interpretação e aplicação das normas que legalizam e legitimam as AJ e as AP – *maxime* APC e OPC – devem ser, consequentemente, anichadas à ideia de *excepcionalidade* – a liberdade é a regra, a sua restrição ou as situações descritas na norma que permitem a restrição são excepcionais e devem ser enquadradas no núcleo central do direito de gozo e de exercício da liberdade – e de *proporcionalidade* da restrição. As situações normativizadas legitimantes da restrição devem ser interpretadas e aplicadas como sejam adequadas, exigíveis e necessárias, proporcionais *stricto sensu* entre a intensidade da restrição e a gravidade da conduta e o fim pretendido, *i. e.*, a menos onerosa para o cidadão[787]. Na linha de CLAUS ROXIN, o princípio da proporcionalidade propulsionou, apoiado e enleado na jurisprudência do Tribunal Constitucional Alemão – *Bundesverfassungsgericht* (BVerfG) –, um aumento da eficácia dos direitos fundamentais individuais, cuja intervenção se deve reduzir ao princípio da indispensabilidade da restrição dos direitos, ponderando-se a decisão e a liberdade do acusado ou do condenado[788].

Este ditame interpretativo transpõe-se para o cenário da detenção e entrega de uma pessoa procurada por meio de MDE, alcandorando-se à AJ de execução nacional a exegese das normas

---

[787] Quanto aos princípios da excepcionalidade e da proporcionalidade *lato sensu* da restrição e da interpretação restritiva das normas coarctoras de direitos, liberdades e garantias fundamentais, JOSÉ MARÍA ASENCIO MELLADO, "La Libertad de Movimientos...", *in Derechos Procesales Fundamentales* – 22, pp. 41--42. Quanto à interpretação e aplicação restritiva das normas restritivas do direito à liberdade, IRENEU CABRAL BARRETO, *A Convenção Europeia...*, pp. 86-88.

[788] Cfr. CLAUS ROXIN, *Derecho Procesal...*, pp. 12, 127 e 268.

perante os princípios da excepcionalidade e da proporcionalidade da entrega da pessoa, não obstante o dever de cooperação europeia em matéria penal a que o Estado e os seus actores estão obrigados, sob pena de se violar indirectamente – por não respeito do princípio da proibição do excesso (de segurança ou de cooperação judiciária europeia em matéria penal em prejuízo de outros direitos fundamentais de valor superior) – um direito fundamental inscrito na CEDH.

A agressão ao princípio da proporcionalidade não figura como limite geral da cooperação judiciária em matéria penal – quer a nível internacional quer a nível europeu – nem como limite imediato da extradição, nem como motivo de não execução do MDE. Mas, como limite ou pêndulo da restrição de direitos, liberdades e garantias fundamentais no campo ligeferante e no campo da interpretação e da aplicação da norma restritiva, o princípio da proporcionalidade *lato sensu* encontra-se geneticamente amarrado ao gozo e ao exercício do direito, da liberdade e da garantia fundamental – em especial, ao exercício da liberdade como direito, como valor e como princípio espacial de realização integral do homem.

É nesta acepção que García de Enterría entende como motivo de não extradição a agressão ao princípio da proporcionalidade: a "*desproporção* entre a extradição para determinado país em determinadas circunstâncias e a existência efectiva de outro meio de atender ao fim legítimo do pedido de extradição"[789] como fundamento de recusa. Pensamos que esta posição, adoptada pelo TEDH no caso Soering[790], deve prevalecer no âmbito da execução de um mandado europeu de detenção.

---

[789] Eduardo García de Enterría *apud* Mário Mendes Serrano, "Extradição", *in Cooperação Internacional...*, p. 42, nota 73.

[790] Em Agosto de 1986, os EUA realizaram um pedido de extradição ao Reino Unido sobre o jovem Jens Soering, de nacionalidade alemã, para ser julgado na Virgínia pelo crime de homicídio dos pais da namorada, detido no

332   *Do Mandado de Detenção Europeu*

II. Da jurisprudência do TEDH no caso SOERING retiram-se três conclusões importantes em matéria de cooperação judiciária em matéria penal: o caso permite, como ensina GARCÍA DE

---

país requerido desde Abril de 1986. SOERING fora acusado de assassinato, podendo ser condenado à pena de morte. Em Outubro de 1986, as autoridades competentes britânicas solicitaram aos EUA a prestação de garantias de que a pena capital não seria aplicada ao caso concreto. No decorrer do tempo, um tribunal alemão considerou ser competente para conhecer da causa e para julgar SOERING, tendo, assim, o Estado alemão feito um pedido de extradição a 11 de Março de 1987, ao que as autoridades britânicas responderam que existia um primeiro pedido e que deveria ser esse o tramitado. O Procurador da Virgínia e o próprio Governo Federal americano assumiram o compromisso de não ser aplicada a pena capital, tendo sido tomada a decisão do Ministro do Interior britânico de entrega de SOERING às autoridades norte-americanas em 3 de Agosto de 1988, cuja entrega final se verificou em 31 de Julho de 1989, após garantia, por via diplomática, de que SOERING não seria perseguido na Virgínia por crime de homicídio punido com pena de morte. Todavia, antes da entrega se efectivar, a questão foi suscitada junto do TEDH, em que os 18 juízes presentes decidiram, unanimemente, que a decisão ministerial de extradição de SOERING violava o art. 3.º da CEDH, enquanto proíbe a prática de *tratamentos desumanos ou degradantes*, com os seguintes fundamentos: "a CEDH não consagra um direito a não ser extraditado, ainda que para país que aplique a pena de morte ao crime em causa, já que a Convenção admite a pena de morte no seu art. 2.º e não era vinculativo para o Reino Unido, por não ter ratificado, o Protocolo n.º 6, que esse sim prevê a abolição da pena de morte no seu art. 1.º (...); no entanto, um Estado parte da Convenção não pode entregar a pessoa reclamada ao Estado requerente quando a decisão de extradição comporte risco para direitos garantidos pela Convenção, por contradição com os valores a esta subjacentes, como sucederia se houvesse perigo sério de tortura ou de tratamentos desumanos e degradantes no país de destino, em face da respectiva proibição constante do art. 3.º da CEDH; no caso havia um risco efectivo de Soering ser condenado à morte (ainda que isso não pudesse constituir em si mesmo um tratamento desumano para efeitos do art. 3.º da Convenção) e também de ser sujeito ao sofrimento profundo e prolongado próprio do «síndroma do corredor da morte» (*death row phenomenon*), agravado pela sua idade e estado mental, o que configura um tratamento contrário ao art. 3.º da CEDH; complementarmente, é ainda de valorar a possibilidade de uma extradição para a Alemanha, onde não existe a

ENTERRÍA[791], que se crie uma "ordem pública europeia" em matéria de direito à vida e de dignidade humana e do caminho de concretização de uma verdadeira justiça, independentemente da entrega aos EUA, após compromisso de não perseguição por crime de assassinato punido com pena capital; nasce a ideia de «protecção por ricochete»[792] dos direitos fundamentais não inscritos na CEDH, *i. e.*, de direitos indirectos que prevalecem conexos a direitos inscritos na Convenção, protectores de estrangeiros e de detidos; e, ainda, a aplicação da Convenção por *atracção* – não sendo o Estado requerido responsável pelos actos do estado requerente, bastou o acto decisório de extradição para que o Estado requerido fosse responsabilizado por expor uma pessoa a tratamentos censurados e proibidos pelo art. 3.º da CEDH – e, por *antecipação*, o TEDH actuou antes da violação concreta do direito, ou seja, face a uma virtual violação de um direito de uma potencial vítima, o TEDH deu efeito útil à Convenção[793].

---

pena de morte, na medida em que representa um outro meio de atender ao fim legítimo de extradição, com o qual se afasta o risco de tratamento desumano e se obsta à impunidade, alcançando um justo equilíbrio entre os interesses em jogo, juízo sobre a proporcionalidade da decisão de extradição". Cfr. MÁRIO MENDES SERRANO, "Extradição", *in Cooperação Internacional...*, pp. 42-43, nota 73. O Protocolo n.º 6 que aboliu a pena de morte, a 1 de Março de 2005, tinha sido ratificado por todos os Países membros do Conselho da Europa, excepto o Mónaco que aderiu ao Conselho da Europa a 5 de Outubro de 2004 e assinou este Protocolo e da Rússia que assinou a 16 de Abril de 1997, mas ainda não o ratificaram, sendo que, quanto à Rússia, existe meras moratórias quanto à execução da pena capital. Cf. IRENEU BARRETO, *Convenção...*, 3.ª edição, p. 372.

[791] Cfr. GARCÍA DE ENTERRÍA *apud* MÁRIO MENDES SERRANO, "Extradição", *in Cooperação Internacional...*, p. 43, nota 73.

[792] Expressão de FRÉDÉRIC SUDRE *apud* MÁRIO MENDES SERRANO, "Extradição", *in Cooperação Internacional...*, p. 43, nota 73.

[793] Quanto a este assunto e a outros casos de intervenção do TEDH e da Comissão, MÁRIO MENDES SERRANO, "Extradição", *in Cooperação Internacional...*, p. 44, nota 73.

O princípio da proporcionalidade *stricto sensu* encabeça no quadro da entrega de uma pessoa procurada e detida para execução de um MDE, *i. e.*, a opção da entrega deve vigorar se dela não resultar a ofensa grave, desajustada e excessiva de um direito fundamental – como a vida, a integridade física ou a liberdade –, sob pena de responsabilização do Estado português por violação de um direito não inscrito na CEDH mas conexo a outro inscrito.

A restrição da liberdade da pessoa deve ser proporcional à gravidade da sua conduta e ao fim da sua entrega desde que não existam outros meios que garantam a pretensão da emissão do mandado – punir o infractor. Se o crime de que é acusado puder enquadrar-se na competência jurisdicional penal portuguesa, de cujo regime se denota de todo mais favorável, a AJ de execução nacional, sob pena de agravar a situação jurídica da pessoa a entregar, deve, tendo em conta a jurisprudência do TEDH do princípio da proporcionalidade e no respeito pelo regime mais favorável, optar por não entregar a pessoa e submetê-la a acção penal a desenvolver pelas AJ portuguesas. Se a pessoa já foi condenada e o mandado é para fins de cumprimento de pena – se a execução de penas do Estado-Membro de emissão se afigura desfavorável –, podendo cumprir a pena em Portugal, a AJ de execução deve, ponderado o princípio da proporcionalidade exposto, optar por não entregar a pessoa e promover a execução da pena em Portugal – solução a adoptar, desde logo, se a pessoa for nacional ou residir em Portugal *ex vi* al. *g)* do n.º 1 do art. 12.º da Lei n.º 65/2003.

ζ. Das garantias (processuais) fundamentais

I. A lei de implementação do MDE não colhe o apoio de estar dotada de garantias tão aprofundadas e tão fortes como as que para a extradição o legislador nacional inscreveu na Lei de Cooperação Judiciária Internacional em Material Penal – LCJIMP –, podendo-se gerar um *contra-senso* ou um *cavalo troiano*: o MDE surge para incrementar uma maior eficácia de cooperação judiciária em matéria penal para se construir um espaço penal europeu de liberdade, de segurança e de justiça, tendo como base ou alicerce os direitos, liberdades e garantias da CEDH, podendo aquela eficácia metamorfosear-se em «arma mortífera» do diminuto espaço de liberdade que nos resta.

Adite-se que, como elucida INÊS GODINHO[794], um cidadão nacional pode ver a sua protecção jurídico-processual penal mais diminuída no quadro europeu de cooperação judiciária penal – onde a CEDH se inscreve para concretização dos direitos fundamentais proclamados na DUDH – do que se a cooperação se desenrolasse no quadro internacional. O espaço de cooperação não é o mesmo, sem dúvida, mas as pessoas são as mesmas. E são as pessoas que devem ser o centro nevrálgico de qualquer decisão e não o espaço em que se insere a cooperação. É com o rosto dos homens, das pessoas, da humanidade, como tão bem ensina ANABELA M. RODRIGUES, que se constrói a ciência[795] – onde mergulha a ciência penal total. Ao direito penal estão adstritos não só um espaço – um território – de aplicação, mas também um inúmero aglomerado de pessoas – seres humanos –, cuja condição daquele não deve prejudicar a protecção jurídica daquelas sob pena de violação do princípio da igualdade material.

Parece-nos não aceitável que a Lei n.º 65/2003 não albergue qualquer disposição expressa como a amalgamada na al. *a*) do n.º 1 do art. 6.º da LCJIMP[796], que impõe como requisito de cooperação

---

[794] Cfr. INÊS GODINHO, *O Mandado de Detenção Europeu...*, pp. 47-48.

[795] Cfr. ANABELA MIRANDA RODRIGUES, "Criminalidade Organizada – Que Política Criminal?", *in STVDIA IVRIDICA* – 73 – COLLOQUIA – 12, Coimbra Editora, p. 208.

[796] Os fundamentos de recusa de cooperação estipulados nos artigos 6.º a 8.º da LCJIMP aplicam-se à extradição *ex vi* n.º 1 do art. 32.º do mesmo diploma.

336 *Do Mandado de Detenção Europeu*

o pedido respeitar e satisfazer as exigências da CEDH ou de outros instrumentos internacionais – *v. g.*, PIDCP – que incida sobre a mesma matéria – direitos do homem e liberdades fundamentais. Constatação que dota os não europeístas ou eurocépticos de argumentos de que o direito penal não passa de um instrumento ancilar da segurança do espaço comum face à falha de políticas de segurança preventiva e pró-activa.

Contudo, como temos vindo a descortinar, não só os direitos, liberdades e garantias se sobrepõem, dogmaticamente, às cirurgias de cosmética da segurança por instrumentalização do direito penal e são fundamento de não execução do mandado, como o legislador português, dentro do vácuo incrementado pela DQ e a par dos motivos de não execução obrigatória e facultativa do mandado, dotou a AJ de execução nacional de possibilidade de exigir à AJ de emissão determinadas garantias: interposição de recurso ou requerimento para que se realize um novo julgamento na presença da pessoa procurada, quando julgada sem a sua presença; a não concretização do cumprimento de penas com carácter perpétuo e indeterminado, cujo estudo já realizamos; e a devolução da pessoa procurada, nacional ou residente em Portugal, para cumprimento da pena ou medida de segurança privativa da liberdade em território português. A nacionalidade[797] que fora causa de não entrega para procedimento penal ou para cumprimento de pena em Estado diverso que não o português, surge, neste quadrante, como elemento subjectivo de garantia de devolução na linha fixada pelo n.º 3 do art. 32.º da LCJIMP.

II. O quesito da *nacionalidade portuguesa do agente do crime* motivador do mandado emergiu, durante séculos, como princípio

---

[797] O quesito da nacionalidade será analisado neste ponto por o legislador a inculcar como elemento subjectivo de garantia e não como motivo de não execução obrigatória.

proibitivo de extradição, cuja evolução qualitativa e quantitativa da criminalidade e dos efeitos inatos sociais, culturais e económicos a par da regionalização dos espaços económicos e políticos – União Europeia – induziram os Estados a ceder neste reduto de soberania de protecção dos «seus filhos» uma garantia tradicional[798]. Como princípio, a proibição de extradição de nacionais inscrevia-se nas constituições nacionais e nas legislações ordinárias e, devido à força vinculativa que o ornava, fora considerado como barreira constitucionalizada da prossecução da extradição e da não concreção da paz jurídica no território onde se cometera o delito ou onde o seu efeito real e cognitivo se fez sentir com maior veemência – principalmente no quadro das vítimas directas e indirectas (familiares e amigos) – e se reclama por realização de justiça.

A proibição de extradição de nacionais tinha assento na Convenção Europeia de Extradição de 1957 – art. 6.º – como faculdade de recusa, podendo esta ser delineada de forma discricionária na declaração de assinatura ou de depósito do instrumento de ratificação ou de adesão à Convenção, no qual deveria declarar o sentido de *nacional*. Portugal, no momento da ratificação da Convenção, declarou que não extraditaria nacionais e que para este efeito se deveriam considerar nacionais «todos os cidadãos portugueses, independentemente

---

[798] O Tribunal Constitucional Federal da Alemanha, tendo sido suscitado pela defesa de MAMUN DARKANDALI, sobre o qual recaía um MDE, emitido pelo Juiz BALTAZAR GARZON, por financiamento de actividades terroristas, "considerou que a lei alemã transpondo as regras relativas ao mandado de detenção europeu é inconstitucional por não ter previsto, nomeadamente, o recurso a um tribunal alemão, e por não ter esgotado o quadro de possibilidades que lhe era oferecido pela decisão-quadro". Informação obtida no site do Gabinete de Documento e Direito Comparado, não sendo possível indicar a data.

do modo de aquisição da nacionalidade»[799]. A CRP/76 consagrou no n.º 1 do art. 31.º o princípio da proibição de extradição de nacionais sem qualquer excepção, restando a possibilidade de submeter o nacional a procedimento penal nos termos do direito interno penal e processual penal – n.º 2 do art. 6.º da Convenção Europeia de Extradição e inciso III da al. *c*) do n.º 1 do art. 5.º do CP. Arreigado à ideia de direito à *cidadania* e à *residência em território nacional*, o direito do cidadão português de não ser extraditado *ex vi* vinculativa do art. 18.º, n.º 1 da CRP construiu-se como *direito absoluto do cidadão*[800].

A situalização política de Portugal na União Europeia – cujo espaço se gere em contínuo desenvolvimento de liberdade de circulação de pessoas, de mercadorias, serviços e capitais e se desenha como óptimo para a propagação da europeização, não só da economia, da política, da cultura, mas também do crime, em especial o organizado e violento (*v. g.*, o terrorismo) – encurrala-o na harmonização material da extradição[801] e impõe-lhe a cooperação judiciária penal como caminho de sobrevivência da liberdade, da segurança e da justiça.

Na Convenção material da extradição – relativa à Extradição entre os Estados-Membros da União – de Dublin, o princípio de não extradição de nacionais sofre uma descapitalização. Nos termos do art. 7.º da Convenção de Dublin,

---

[799] Cfr. RAR n.º 23/89, de 21 de Agosto de 1989.

[800] Cfr. GOMES CANOTILHO e VITAL MOREIRA, *Constituição da República...*, p. 210 e nesta linha J. A. GARCIA MARQUES, "A Extradição no Quadro do III Pilar...", *in A Inclusão do Outro – STVDIA IVRIDICA – 66*, p. 147.

[801] Quanto à alteração do panorama material da extradição, tendo em conta o panorama adjectivo, desenvolvido pela Convenção de Bruxelas sobre o processo simplificado de extradição entre os Estados-Membros, J. A. GARCIA MARQUES, "A Extradição no Quadro do III Pilar...", *in A Inclusão do Outro – STVDIA IVRIDICA – 66*, pp. 135-149.

nenhum Estado-Membro pode recusar a extradição com fundamento da pessoa ser seu nacional na acepção do art. 6.º da Convenção Europeia de Extradição. Contudo, a descapitalização é relativa porque os Estados-Membros podem efectuar declaração de reserva de não extradição dos seus nacionais ou de extradição em determinadas condições – n.º 2 do art. 7.º –, tendo Portugal, nestes termos, declarado que só autorizaria a extradição de cidadãos portugueses do território nacional nos termos previstos na Constituição: no caso de crimes de terrorismo e de criminalidade internacional organizada; e para procedimento criminal e com garantia do Estado-Membro requerente devolver o cidadão para cumprimento da pena em território nacional[802]. Portugal aderiu, após ter operada uma revisão constitucional, à *flexibilização do princípio da inadmissibilidade de extradição de nacionais*[803].

O preceito constitucional emergente da LC n.º 1/97 sujeita a extradição de cidadão nacional à reciprocidade convencionada entre o Estado requerente e o Estado requerido, aos crimes motivo do pedido serem de terrorismo ou crimina-idade internacional organizada e à garantia por parte do Estado requerente de um processo equitativo e justo[804], de modo a sentença poder ser reconhecida em Portugal. O n.º 2 do art. 32.º da LCJIMP engancha este sentido de possibilidade

---

[802] Cfr. DPR n.º 40/98 e RAR n.º 40/98, de 5 de Setembro de 1998. À data de aprovação e ratificação da Convenção de Dubli já tinha entrado em vigor a 4.ª Revisão Constitucional, operada pela LC n.º 1/97, de 20 de Setembro. Cfr. MÁRIO MENDES SERRANO, "Extradição", *in Cooperação Internacional...*, p. 99.

[803] Com a 4.ª Revisão Constitucional Verifica-se, também, uma maleabilização à proibição constitucional do princípio de não extradição por crime a que correspondesse pena ou medida de segurança de natureza perpétua – cfr. n.º 5 do art. 33.º da CRP (actual n.º 4).

[804] Cfr. JOSÉ M. DAMIÃO DA CUNHA, *Constituição da República...*, (Coord. JORGE MIRANDA e RUI MEDEIROS), p. 368.

de extradição de nacionais, mas limita a extradição a *fins de procedimento criminal* e a *garantia* a prestar pelo Estado requerente de, findo aquele, *devolução do cidadão nacional* para execução da sanção aplicada pelas AJ do Estado requerente, depois de revista e confirmada de acordo com o direito português, *excepto se o cidadão se opuser e* optar por cumprir a sanção no Estado requerente – n.º 3 do art. 32.º da LCJIMP.

Todavia, o n.º 5.º do art. 33.º da CRP[805] consagra uma ressalva de que as normas atinentes à cooperação judiciária penal na União Europeia não podem ser prejudicadas pelo disposto no n.º 3 do mesmo preceito. Para Luís Silva Pereira[806], o n.º 5 opera uma derrogação do n.º 3 do art. 33.º, como se depreende da DQ, da qual não resulta um princípio geral de não entrega de nacionais, mas de que a nacionalidade não pode ser motivo de «recusa» da execução do MDE. No que respeita à reciprocidade, ao processo justo e equitativo, pressupostos impostos pelo n.º 3 do art. 33.º da CRP parece-nos que estão patentes na obrigação ou dever de cooperação judiciária em matéria penal dos Estados-Membros. Já quanto à restrição da entrega da pessoa nacional procurada por crimes de terrorismo ou de criminalidade internacional organizada, parece-nos forçoso que a lista das 32 infracções preencha o quadro daquelas duas categorias de infracções penais.

Da DQ resulta que o elemento subjectivo da nacionalidade da pessoa procurada não fora de todo descapitalizado com o MDE e pode ser fundamento de que a AJ de execução pode «deitar mão» para evitar a entrega de um cidadão nacional: *motivo de não execução facultativa* – n.º 6 do art. 4.º

---

[805] Aditado pela LC n.º 1/2001 que opera a 5.ª Revisão Constitucional.
[806] Luís Silva Pereira, "Alguns aspectos da implementação...", *in RMP*, n.º 96, p. 45.

– e fundamento de exigência de prestação de *garantia de devolução* pelo Estado membro de emissão – n.º 3 do art. 5.º. Adite-se que a Áustria efectuou uma reserva de que, até alterar o n.º 1 do art. 12.º do *Auslieferungs und Rechtshilfegesetz*, pode autorizar as suas AJ de execução a recusar a entrega de nacionais austríacos e quando a infracção que originou a emissão do mandado não for punível nos termos do direito austríaco – conforme n.º 1 do art. 33.º da DQ.

O legislador português, quanto ao elemento subjectivo da nacionalidade no âmbito do MDE, transpôs o descrito na DQ, diferenciando as situações factuais teleológicas da emissão do mandado: se o MDE tiver sido emitido para *cumprimento de pena ou medida de segurança privativas da liberdade*, a AJ de execução nacional, encontrando-se a pessoa procurada nacional em território português, pode optar por **não entregá-la** à AJ de emissão, sob compromisso de execução da pena ou medida de segurança privativas da liberdade em Portugal e de acordo com a lei penal portuguesa – pois, se tiver sido condenado com pena de prisão superior a 25 anos, ter-se-á de operar o instituto de conversão da pena para este limite máximo, cujo cumprimento não pode ultrapassar os 20 anos de prisão[807]; se o MDE tiver sido emitido para *procedimento criminal* a AJ de execução nacional deve subordinar a entrega à prestação de garantia de **devolução da pessoa** nacional procurada, findas as diligências de audição, para cumprimento da medida de segurança ou da pena privativa da liberdade no território português. Digamos que de direito absoluto a garantia reforçada, o princípio de não extradição ou entrega de pessoas procuradas de nacionalidade portuguesa não se descapitaliza nem se niilifica totalmente, antes ganha outra força engrenada nas mãos da interpretação e aplica-

---

[807] Cfr. al. *g*) do n.º 1 do art. 12.º da Lei n.º 65/2003.

ção da garantia jurídico-constitucional de entrega de nacionais só para efeito de procedimento criminal – audição e outras diligências de prova –, com a condição de um processo justo e equitativo – comando escrito no art. 6.º, n.º 1 da CEDH[808] – e de devolução da pessoa para cumprimento da sanção aplicada em sentença transitada em julgado em Portugal[809].

A interpretação, cimentada no princípio da igualdade material dos cidadãos que não podem ver as suas garantias diminuídas com o argumento de que o espaço de aplicação é diverso e de que o MDE assenta no princípio da confiança recíproca, tornava desnecessária a prestação da garantia de devolução, ou seja, a inscrição na al. *c*) do art. 13.º da Lei n.º 65/2003 da expressão do n.º 3 do art. 32.º da LCJIMP – a entrega «*apenas terá lugar* (...) e desde que o Estado requerente garanta a devolução da pessoa»[810] entregue para fins de procedimento criminal[811].

---

[808] A consagração da garantia de um processo equitativo na CEDH representa a edificação de um *princípio fundamental da preeminência do Direito* – cfr. Ac. TEDH, Sunday Times, de 27 de Outubro de 1978 – que implica a *não adesão a uma interpretação restritiva*, por não corresponder ao fim e ao objecto do art. 6.º da CEDH – cfr. Acórdãos do TEDH, v. g., Caso DELCOURT, de 17 de Janeiro de 1970, Caso AIREY, de 9 de Outubro de 1979, Caso DEWEER, de 27 de Fevereiro de 1980 e Caso DE CUBBER, de 26 de Outubro de 1984. Quanto ao que foi dito nesta nota, IRENEU CABRAL BARRETO, *A Convenção Europeia...*, p. 113, notas 124 e 125.

[809] Acompanhamos a posição de LUIS SILVA PEREIRA quando afirma que a exigência de devolução que impera no n.º 3 do art. 32.º da LCJIMP não pode ser afastada na interpretação da al. *c*) do art. 13.º da Lei n.º 65/2003, pois deve aquela ser vector orientador de interpretação e aplicação da norma pela AJ de execução nacional. Cfr. LUIS SILVA PEREIRA, "Alguns aspectos da implementação...", *in RMP* – n.º 96, p. 47.

[810] Itálico nosso.

[811] Convém, desde já, referir que a força umbilical da nacionalidade não se teletransporta para o estado subjectivo da pessoa não nacional, mas residente em Portugal, não obstante a DQ e a Lei n.º 65/2003 dotarem a AJ de execução

Na linha da DQ, o legislador português criou, sem ferir o sentido constitucional do n.º 3 e, sequentemente, o n.º 5 do art. 33.º da CRP, uma dupla limitação à execução total do MDE, *i. e.*, à entrega da pessoa procurada umbilical e legalmente considerada como detentora de nacionalidade portuguesa – não execução facultativa e prestação de garantia de devolução da pessoa – que constituem uma garantia material e processual que, no caso da AJ de execução nacional não accionar, pode, em sede de recurso[812], ser suscitada pela defesa, tendo em conta a alteração da posição jurídica da pessoa procurada.

III. A AJ de execução nacional pode, ainda, socorrer-se de outra garantia (processual) fundamental nos ordenamentos jurídicos modernos que está geneticamente anexada ao *direito* ou *princípio de presença do arguido* nos actos processuais que lhe digam directamente respeito, em especial aqueles em que a lei determinar a sua presença – *v. g.*, audiência de julgamento[813] –, pois é, em sede

---

nacional dos mesmos instrumentos jurídicos ordinários para poder decidir não executar facultativamente o MDE – quando o mesmo tenha como fim mediato objectivo o cumprimento da pena ou medida de segurança privativa da liberdade – ou exigir por parte da AJ de emissão a garantia de devolução para cumprimento da sanção em Portugal – quando o mesmo tenha como fim mediato objectivo o procedimento penal.

[812] Quanto ao recurso cfr. art. 24.º da Lei n.º 65/2003.

[813] Quanto à presença do arguido na audiência de julgamento, nos termos da lei portuguesa, cfr. artigos 332.º, 333.º, n.ºs 1 e 2 e 334.º, n.º 1 e 2 do CPP. Acresce referir que a não presença do arguido no julgamento não lhe dá *ab initio* o direito a um novo julgamento, pois este pode advir da interposição de recurso, após a notificação ao arguido da sentença – n.º 4 do art. 333.º do CPP –, através do reenvio do processo para novo julgamento nos termos do art. 426.º do CPP. Registe-se que um Tribunal Português emitiu um MDE sobre um cidadão nacional que havia sido julgado à revelia e condenado a pena de prisão por ter

344   *Do Mandado de Detenção Europeu*

de audiência de julgamento, que se produzem as provas para a «descoberta da verdade e da boa decisão da causa»[814]. O *direito de presença do arguido* tem real valor sempre que se ponha em evidência o princípio do contraditório e da audiência e encerra a "possibilidade de tomar posição, a todo o momento, sobre o material que possa ser feito valer processualmente contra si, ao mesmo tempo que lhe garante uma relação de imediação com o juiz e com as provas"[815].

O *direito* ou *princípio de audiência* do arguido em actos processuais de extrema importância encontra-se anichado aos princípios do contraditório[816], da oralidade e da imediação[817], cuja frontalidade acusação/defesa permitem um melhor discretear da verdade material. O direito ou princípio de audiência – que consigna a "*oportunidade conferida a todo o*

---

praticado o crime de roubo e que se encontrava na Holanda. As AJ de execução holandesas solicitaram a Portugal – para entrega desse cidadão – que *Portugal prestasse a garantia de um novo julgamento*, o que as AJ de emissão não puderam garantir face aos normativos processuais penais portugueses, pelo que o MDE não se executou. Quanto a este assunto, ANTÓNIO LUÍS DOS SANTOS ALVES, "Mandado de Detenção Europeu: julgamento na ausência e garantia de um novo julgamento", *in RMP*, n.° 103, JUL/SET 2005, pp. 65-78.

[814] Cfr. art. 340.°, n.° 1 do CPP.

[815] Cfr. JORGE DE FIGUEIREDO DIAS, *Direito Processual...*, (Clássicos Jurídicos), pp. 431-432.

[816] Como ensina FIGUEIREDO DIAS, o direito ou princípio de audiência permite "dar maior fixidez e concretização ao princípio do contraditório". Cfr. JORGE DE FIGUEIREDO DIAS, *Direito Processual...*, (Clássicos Jurídicos), pp. 152-153.

[817] No que respeita aos princípios do contraditório, da oralidade, da imediação, cfr. CLAUS ROXIN, *Derecho Procesal...*, pp. 393-405, JORGE DE FIGUEIREDO DIAS, *Direito Processual...*, (Clássicos Jurídicos), pp. 188-198, 229--235, e MANUEL M. G. VALENTE, *Processo Penal* – Tomo I, pp. 71-77 e 113-126.

participante processual de influir, através da sua audição pelo tribunal, no decurso do processo"[818] – autonomizou-se como *princípio jurídico-constitucional* com o art. 103.°, n.° 1 da Constituição da Alemanha Federal e, atracado à "concepção democrática dos direitos do homem e do próprio processo", beneficiou da sua consagração como *princípio jurídico--internacional* com a consagração no art. 10.° da DUDH e no art. 6.°, n.° 1 da CEDH[819/820].

O direito ou princípio de audiência, como ensina FIGUEIREDO DIAS[821], reveste dupla face: uma de direito

---

[818] JORGE DE FIGUEIREDO DIAS, *Direito Processual...*, (Clássicos Jurídicos), p. 153.

[819] Cfr. JORGE DE FIGUEIREDO DIAS, *Direito Processual...*, (Clássicos Jurídicos), p. 153.

[820] Há a referir que a não consagração expressa do direito de audiência na lei fundamental de cada Estado, podia-se aferir, não como fundamento imediato – devido ao

carácter limitado e relativo do direito –, mas como fundamento mediato do princípio *dignitas humana*, na linha de SCHORN, DÜRIG e RÖHL, que defendem a desnecessidade de consagração expressa na lei fundamental. Já para BAUR, "o princípio da audiência seria a expressão de um direito à concessão de justiça" – *Justizgewährungsanspruch* – e detentor de natureza pública que exprime a "pretensão do particular ao funcionamento dos tribunais no seu caso concreto". Acresce que a decisão do processo não se pode esgotar em uma declaração do direito ao caso criminal concreto como tarefa solitária do juiz, mas deve ser a consequência de uma tarefa de todos quantos participam no processo e que se prevejam em situação de poderem influenciar aquela declaração de direito – *i. e.*, o direito de audiência será, assim, a "expressão necessária do direito do cidadão à concessão de justiça, das exigências comunitárias inscritas no Estado-de-direito, da essência do Direito como tarefa do homem e, finalmente, do espírito do Processo como «com-participação» de todos os interessados na criação da decisão". Cfr. JORGE DE FIGUEIREDO DIAS, *Direito Processual...*, (Clássicos Jurídicos), pp. 153-158.

[821] Cfr. FIGUEIREDO DIAS, *Direito Processual...*, (Clássicos Jurídicos), pp. 158-159.

346   *Do Mandado de Detenção Europeu*

subjectivo – que assegura ao titular "uma eficaz e efectiva possibilidade de expor as suas próprias razões e de, por este modo, influir na declaração do direito do seu caso"; outra de participação *constitutiva* da declaração do direito do caso concreto – o direito de audiência não se esgrime como «arma» exclusiva do arguido, pois estende-se a todos os participantes cuja declaração de direito do juiz vá afectar a sua esfera jurídica [*v. g.*, MP, defensor, assistente, testemunhas e peritos].

A consagração constitucional da possibilidade de julgamento sem a presença do arguido – n.º 6 do art. 32.º da CRP – não é uma regra, mas uma *pura excepção* ao princípio da presença e audiência do arguido, cujo recurso à excepção nunca se poderá prender com questões de facilitismo jurisdicional, mas com a ausência de colaboração do arguido na prossecução da descoberta da verdade e da realização da justiça, não se admitindo, desta feita, o julgamento de arguido que desconheça a existência de processo crime nem que a decisão condenatória transite em julgado sem que o arguido seja ouvido e lhe seja facultada a possibilidade de defesa[822]. Retira-se, *a contrario*, do n.º 6 do art. 32.º da CRP, o direito ou princípio de presença ou de audiência do arguido, em especial da pessoa procurada.

O legislador nacional transpôs para a ordem interna a garantia prevista no art. 5.º, n.º 1 da DQ – ser assegurada à pessoa procurada para cumprir pena ou medida privativa da liberdade, cuja decisão fora proferida na sua ausência, sem que tivesse havido notificação pessoal ou informação da data e local da audiência, a interposição de recurso ou de requerimento de novo julgamento em que devia estar presente – sem a qual a AJ de execução nacional não procederá à

---

[822] Neste sentido GERMANO MARQUES DA SILVA, *Constituição da República Anotada*, (Coord. JORGE MIRANDA e RUI MEDEIROS), pp. 360-361.

entrega, *i. e.*, só haverá decisão de entrega da pessoa procurada se a AJ de emissão *fornecer garantias consideradas suficientes* à pessoa procurada de interposição de recurso ou de requerimento de novo julgamento – conforme al. *a*) do art. 13.° da Lei n.° 65/2003. Questão relevante é saber o que se deve entender por *garantias consideradas suficientes* a prestar pela AJ de emissão, sendo que Portugal, como já referimos, em um caso concreto, não prestou às AJ de execução holandesas a garantia da possibilidade do arguido requerer um novo julgamento e de nele estar presente[823], o que não permitiu que a entrega fosse concretizada, fracassando o ideário da cooperação judiciária em matéria penal entre dois Estados-Membros.

Olhadas a doutrina e a jurisprudência do TC e do STJ, podemos aferir que se deve optar por um dos caminhos apontados anteriormente: ou se considera que a expressão *garantias consideradas suficientes* como as que se inculcam no ordenamento jurídico de cada Estado-Membro, cuja força vinculativa se impõe aos tribunais; ou se considera que a expressão *garantias consideradas suficientes* se compadece tão só com garantias prestadas pelas AJ de emissão independente-mente de estarem previstas ou não no ordenamento jurídico, bastando tão só que garantam por escrito que garantem a possibilidade da pessoa procurada requerer um novo julgamento, havendo, assim, uma aproximação às designadas garantias políticas e diplomáticas da extradição[824]. Parece-nos

---

[823] ANTÓNIO LUÍS DOS SANTOS ALVES, "Mandado de Detenção Europeu...", *in RMP*, n.° 103, p. 66.

[824] Quanto às garantias prestadas pelo Estado requerente ao Estado requerido independentemente de estarem previstas no ordenamento jurídico--penal, *i. e.*, as garantias políticas e diplomáticas da extradição, cfr. os Acórdãos do STJ de 18 de Março de 1999 – Caso NORMAN VOLKER FRANZ, *in Colectânea de Jurisprudência – Acórdãos do Supremo Tribunal de Justiça*, Ano VII, Tomo I,

que, tendo em conta a teleologia do MDE, a segunda opção não se adequa à ideia de uma cooperação judiciária europeia em matéria penal arreigada ao desiderato de protecção e tutela de direitos e liberdades fundamentais individuais e que se aparta da ideia do princípio da legalidade em que se deve fundar qualquer decisão judicial. Consideramos que não está em causa a *ordem pública internacional do Estado Português*, mas a tutela do direito de qualquer cidadão de estar presente na audiência do seu julgamento, pelo que, caso não seja dada essa garantia a AJ de execução nacional deve recusar ou decidir pela não entrega da pessoa procurada – *ex vi* al. *a*) do art. 13.º da Lei n.º 65/2003, conforme se retira da expressão *só será proferida decisão de entrega se* (...) – e, tendo em conta o alcance dos fins do direito penal e processual penal, promover a execução, desde que ainda seja possível à luz do ordenamento interno, da pena ou medida de segurança privativa da liberdade em território nacional. Acresce que se a pessoa procurada for residente em Portugal ou de nacionalidade portuguesa, a AJ de execução pode recusar a sua entrega na condição de cumprimento da pena ou medida privativa da liberdade em território e nos termos da lei portuguesa – *ex vi* da al. *g*) do n.º 2 do art. 12.º da Lei n.º 65/2003.

η. Da prevalência dos direitos fundamentais pessoais

Os direitos fundamentais pessoais são baluarte e património da humanidade, cuja restrição não pode fundar-se e esgotar-se na ideia

---

pp. 242 e ss. e no DR, Série II, e o Caso SANDRA CORNELLIUS FRANZ *in Boletim do Ministério da Justiça*, n.º 485, pp. 132-143. Quanto a estes dois arestos, MÁRIO MENDES SERRANO, "Extradição", *in Cooperação Internacional...*, pp. 90-93.

de eficácia e de celeridade da cooperação judiciária europeia em matéria penal sem que sejam colocados em palco os princípios que regem aquela restrição – constitucionalidade, legalidade, proporcionalidade *lato sensu* ou da proibição do excesso [adequação, necessidade e exigibilidade, proporcionalidade *stricto sensu* e subsidiariedade], da não aniquilação da extensão e do alcance essencial do direito e do respeito da dignidade da pessoa humana. Princípios estes que limitam, não só a intervenção da *criminalis ratio*, como a enformam na identificação e determinação do «*quantum* necessário» para a finalidade de prevenção do *ius puniendi* e para "assegurar o bem comum"[825].

Os direitos fundamentais pessoais – em especial a liberdade, a integridade física e a vida – são fundamento de que as AJ de execução nacionais não executem o MDE ou não entreguem a pessoa procurada à AJ de emissão: prevalece o direito fundamental em prejuízo da realização da justiça e da descoberta da verdade[826], porque a construção de um espaço penal europeu sob os desígnios de respeito pelos princípios da liberdade, de democraticidade de respeito dos direitos fundamentais não se compadece com uma edificação enferma e geradora de uma paz jurídica «podre»[827]. Preocupações que acompanha a Comissão das Liberdades Cívicas, da Justiça e dos Assuntos Internos, ao defender que existe a necessidade de no quadro do mandado de detenção europeu, se

---

825 Cfr. JOSÉ DE FARIA COSTA, "Ler BECCARIA Hoje", *apud* CESARE BECCARIA, *Dos Delitos...*, p. 19.

826 Neste sentido JOACHIM VOGEL, "Estado y tendências de la armonización...", *in Revista Penal*, n.º 10, p. 115.

827 O alcance da paz jurídica é uma das finalidades do processo penal nacional e do de qualquer outro Estado-membro, cuja assumpção não se compadece com a ideia de execução de MDE ou de entrega da pessoa procurada cujos direitos fundamentais sejam niilificados. Será o regresso ao mundo sanguinário e da vitória da vingança.

adoptarem medidas de *reforço da cultura comum dos direitos fundamentais na Europa*[828].

Ofender direitos fundamentais com fundamento na solidificação de uma cooperação judiciária europeia penal securitária e abstémia em humanismo não só representa a *vitória da sede de vingança*, de que nos alerta S. AGOSTINHO[829], como também é negar a "dignidade do *homo sapiens* (...): a percepção da sabedoria, a demanda do conhecimento desinteressado, a criação de beleza"[830].

---

[828] Cfr. o Documento de Trabalho – Relatório da Comissão com base no art. 34.º da DQ do Conselho de 13 de Junho de 2002, relativa ao mandado de detenção europeu, de 22 de Setembro de 2005, p. 4.

[829] S. AGOSTINHO, *A Cidade de Deus*, (Tradução de J. DIAS PEREIRA), 2.ª Edição, Fundação Calouste Gulbenkian, Lisboa, 2000, Vol. III, Livro XXII, Capítulo XXIII, p. 2332.

[830] GEORGE STEINER, *A Ideia de Europa*, p. 53.

§16.° Breves Conclusões

I. O mandado de detenção europeu engancha teleologicamente na concepção de celeridade e de eficácia da cooperação judiciária europeia em matéria penal e ancora nos princípios do *reconhecimento mútuo* das decisões judiciárias penais e da *confiança mútua* e, ainda, é gerador de «desconfiança» e de precauções normativas e interpretativas na *abolição (relativa) do princípio da dupla incriminação*. O "«salto» qualitativo" ou o "vuelco jurídico" prossegue enleado à ideia quase *verificacionista* ou *demonstrativista*[831] de petrificação ou "sacralização" da segurança que implica uma alcofa de instrumentos jurídicos e operativos em todo o espaço europeu adequada a esvaziar a protecção dos direitos, liberdades e garantias fundamentais do cidadão em prol da edificação e manutenção de um espaço comum de liberdade, de segurança e de justiça. Eis que o nosso espírito *falibilista* se depara com a equação jurídico-criminal de os anseios estratégico-políticos despirem o direito penal do seu magnânime princípio de *ultima et extrema ratio* e da sua função de equilíbrio entre a tutela dos bens jurídicos individuais e supra-individuais e a tutela dos interesses e direitos do delinquente, limitando-se a perseguição criminal arbitrária, *i. e.*, cingindo-se o *ius puniendi* ao "*quantum* necessário" substantivo e adjectivo.

---

[831] Por contraposição aos *falibilistas* ou *falsificacionistas*, que nunca oferecem razões positivas que justificam a crença de uma teoria como verdadeira, pois a sua falibilidade é sempre possível. Cfr. KARL POPPER, *Conjecturas e Refutações*, (Tradução de BENEDITA BETTENCOURT), Almedina, Coimbra, 2003, pp. 310-311.

352   *Do Mandado de Detenção Europeu*

O princípio do *reconhecimento mútuo*, deificado como pedra angular da cooperação judiciária em matéria penal no espaço da União e, por conseguinte, como «porta do sol» de um direito penal europeu – cuja carruagem se encontra no "comboio europeu" de que nos fala HASSEMER –, pintado e tecido pelo princípio do pragmatismo, abriu a brecha a uma cooperação judiciária directa entre as AJ no espaço da União, desterrando o juízo político – que se rege por ditames de conveniência política externa que não contracenam, na maioria das situações, com os princípios protectores dos direitos fundamentais da pessoa objecto do processo de cooperação[832].

O princípio do *reconhecimento mútuo* – concretizado pelo mandado de detenção europeu – ganha forma e matéria em um espaço, identificado e determinado territorialmente como União Europeia, que congrega o desiderato da edificação, desenvolvimento e manutenção de um espaço de liberdade, de segurança e de justiça. Espaço este que pode revestir formatos e roupagens diferentes conforme a adição dos elementos ou factores: se adicionarmos os factores segurança e justiça, obteremos como resultado a liberdade, concebida como consequência e não como fundamento e princípio, criamos um *espaço europeu securitário* em que o direito penal não só se apresenta como primeiro e único actor – *prima et sola ratio* –, como se transforma em instrumento das políticas de segurança[833];

---

[832] Neste sentido PEDRO CAEIRO, "O Procedimento de Entrega...", *in O Tribunal Penal Internacional e a Ordem Jurídica Portuguesa*, pp. 124-128 e MÁRIO M. SERRANO, "Extradição", *in Cooperação Internacional Penal*, pp. 37-38, nota 67.

[833] Quanto à recusa do direito penal como "instrumento diário do governo da sociedade e em promotor ou propulsor de fins de pura política estadual", devendo o direito penal reservar-se, nos tempos vindouros, à "exclusiva tutela subsidiária de bens jurídico-penais para tanto individuais e pessoais, como sociais e transpessoais; porque essa função é exigida pela persistência do ideário personalista, pelo património irrenunciável dos direitos humanos, numa palavra, pelo quadro axiológico de valores que nos acompanha desde o século XVIII e

Dos Direitos e Garantias dos Cidadãos à Luz do Mandado...   353

se adicionarmos os factores liberdade e segurança, obteremos como resultado a justiça, cuja política criminal conquista terreno às políticas securitárias promovidas pelos Estados-Membros, mas não lhes retira todo o glamour, criamos um *espaço europeu pró-securitário*; se optarmos por adicionar os factores liberdade e justiça, a soma terá como resultado a segurança, sendo esta uma consequência e não fundamento de uma política criminal centrada no «"rosto" da humanidade»[834] que remete o direito penal para a função de equilíbrio e que faz germinar um *espaço europeu democrático* cimentado na liberdade e na justiça e na solidariedade[835], promovendo-se a concreção diária dos direitos fundamentais do homem.

Parece-nos que o espaço penal europeu em construção não se identifica com uma concepção de espaço europeu democrático, apartado da instrumentalização do direito penal para *governo da*

---

deve ser aperfeiçoado no futuro – (...). O direito penal deve continuar a resguardar-se de tentativas de instrumentalização como forma de governo, de propulsão e promoção de finalidades da política estadual, ou de tutela de ordenamentos morais". JORGE DE FIGUEIREDO DIAS, "O Direito Penal entre a «Sociedade Industrial» e a «Sociedade de Risco»", *in Estudos de Homenagem ao Prof. Doutor ROGÉRIO SOARES, STVDIA IVRIDICA* – 61, Coimbra Editora, 2001, pp. 598 e 612-613.

[834] ANABELA MIRANDA RODRIGUES, "Criminalidade Organizada – Que Política Criminal?", *in STVDIA IVRIDICA* – 73, COLLOQUIA – 12, Coimbra Editora, p. 208.

[835] A liberdade e a solidariedade a par da justiça encontram-se na "*imagem do homem*" ou no "*projecto de homem* como ser dotado de uma *liberdade* que o acompanha como seu característico e ineliminável modo-de-ser, de uma liberdade que se realiza no mundo e que o obriga, como dever, à «participação» na humanidade histórica", tornando-se "seu elemento determinante uma atitude de «abertura» e de «solidariedade» – no preciso sentido de «reconhecimento do outro» –, através da qual ele não recuse o seu contributo para a humanização do mundo e da história". Cfr. JORGE DE FIGUEIREDO DIAS, "O Direito Penal entre a «Sociedade Industrial» e a «Sociedade de Risco»", *in Estudos de Homenagem ao Prof. Doutor ROGÉRIO SOARES*, p. 593.

354 *Do Mandado de Detenção Europeu*

sociedade. A construção actual compadece-se com um espaço penal europeu securitário, em que a segurança e a justiça se espelham como as traves mestras da edificação em curso, sendo o mandado de detenção europeu um exemplo de máxima segurança e justiça propulsionando-se a liberdade possível, cuja restrição se nota com maior afinco no quadro dos direitos e garantias processuais de recusa de entrega de pessoas para procedimento penal ou cumprimento de pena ou medida de segurança privativas da liberdade.

II. O mandado de detenção europeu não destrona nem pode agredir os direitos, as liberdades e as garantias fundamentais dos cidadãos europeus ou residentes na Europa[836], nem a materialização do MDE legitima qualquer agressão aos princípios – como o da igualdade e da universalidade dos direitos – e direitos consignados na CEDH, que se ergue no seio da União Europeia como "altar" a respeitar não só pelos Estados Parte, como pelos Estados-Membros e pela União no seu todo formal e material, por esta assentar nos «princípios da liberdade, da democracia, do respeito pelos direitos do Homem e pelas liberdades fundamentais, bem como do Estado de direito» e estar adstrita ao respeito dos «direitos fundamentais tal como os garante a Convenção Europeia de Salvaguarda dos Direitos do Homem e das Liberdades Fundamentais, (...), e tal como resultam das *tradições constitucionais* comuns aos Estados--Membros"[837], *ex vi* do art. 6.º, n.º 1 e 2 do TUE. Princípios e direitos que são seu desiderato e seu fundamento.

Qualquer instrumento normativo da União está onerado a respeitar a CEDH, obrigação que recai sobre os Estados-Membros.

---

[836] Contra o MDE por representar um ataque sério não só à soberania penal dos Estados, mas por agredir os direitos fundamentais de todos os cidadãos da Europa, AAVV, "Manifesto Contro il Mandato D'Arresto Europeo e per la Difesa dei Diritti Civili", *in www.altalex.com*, consultado em 7 de Outubro de 2005.

[837] Itálico nosso.

Contudo, a DQ que institui o MDE não inscreve qualquer disposição de respeito aos princípios e direitos fundamentais tal conforme se inscrevem na CEDH, tendo-lhes apenas dedicado os considerandos 10 e 12 e criado uma cláusula geral de adopção, por parte dos Estados-Membros, de não execução do MDE com fundamento em violação grave dos direitos, liberdades e garantias fundamentais – n.º 3 do art. 1.º da DQ[838].

O ónus de protecção efectiva e concreta dos direitos, liberdades e garantias fundamentais das pessoas procuradas com base em um MDE – que se presumem inocentes até sentença transitada em julgado no cenário do escopo do procedimento penal – recai sobre a AJ de execução nacional, que deve proceder ao controlo do respeito dos direitos fundamentais *a priori* da decisão de execução do mandado[839] – pois, o controlo impõe-se *in concreto* e não *in abstracto*. Cabe àquela, na sua decisão, respeitar e materializar os direitos e liberdades fundamentais consagrados na CEDH e na Constituição, sob pena do Estado português ser responsabilizado pelo TEDH por uma decisão da AJ de execução nacional não ter realizado o controlo do respeito pelos direitos fundamentais e, como tal, ter pactuado com uma agressão inadmissível e inaceitável daqueles, podendo, assim, ser responsabilizado "por ricochete"[840].

---

[838] A lei de implementação italiana consagrou como causa ou motivo de não execução do MDE a ofensa a princípios e aos direitos, liberdades e garantias fundamentais do ser humano – cfr. al. *a*) do art. 18.º.

[839] Neste sentido, ANABELA MIRANDA RODRIGUES e ANNE WEYEMBERGH. Cfr. ANABELA MIRANDA RODRIGUES, "O Mandado de Detenção Europeu…", *in RPCC*, Ano 13, n.º 1, pp. 49-50 e nota 75.

[840] Expressão de SERGE DE BIOLLEY *apud* ANABELA MIRANDA RODRIGUES, "O Mandado de Detenção Europeu…", *in RPCC*, Ano 13, n.º 1, p. 49 e nota 74. No sentido de que existem instrumentos para que a AJ de execução possa promover esse controlo, desde logo através dos motivos de não execução, PAOLA BALBO, "Il Mandato D'Arresto Europeo Baricentro tra Mutuo Riconocimento Penale Virtuale e Reale", *in www.altalex.com*, consultado em 7 de Outubro de 2005.

Dos motivos de não execução do mandado – detenção e entrega da pessoa procurada – relevam o princípio da dupla incriminação, o princípio *ne bis in idem*, o princípio da especialidade e o princípio da protecção dos direitos fundamentais, sendo que este não ganhou espaço de inscrição na lei de implementação portuguesa, mas que não pode ser afastado sob pena de a interpretação nas normas não serem conformes a Constituição, nem se pode olvidar que os direitos, liberdades e garantias processuais penais têm de se observar, com as devidas adaptações, na execução do MDE.

III. O mandado de detenção europeu, em especial a sua execução, não pode sacrificar os direitos fundamentais do ser humano, sob pena da *descoberta da verdade* e da *realização da justiça* se deificarem e promoverem a niilificação da *protecção dos direitos fundamentais* – da pessoa procurada e de todos os outros –, infligindo um ataque sério ao núcleo essencial daqueles – não se tendo, por um lado, procedido ao equilíbrio imposto pela «concordância prática» e, por outro, fomentado uma descoloração total da *paz jurídica* no espaço da União e desvirtuado o espaço de liberdade, de justiça e de segurança.

A sede de justiça e a intolerância de que PORFÍRIO, discípulo de SANTO AGOSTINHO, e de que ROBALO de Fronteira são exemplo, não são a melhor via da construção europeia, sob pena de um novo STEINER ter de escrever sobre a história sangrenta da Europa, onde se encontram "os filhos frequentemente cansados, divididos e confundidos de Atenas e de Jerusalém", que poderiam e que deveriam "regressar à convicção de que «a vida não reflectida» não é efectivamente digna de ser vivida"[841].

Que *não nos vença o desejo de vingança!*[842]

---

[841] GEORGE STEINER, *A Ideia de Europa*, p. 55.
[842] SANTO AGOSTINHO, *A Cidade de Deus*, 2.ª Edição, Vol. III, p. 2332.

BIBLIOGRAFIA

AAVV, "Manifesto Contro il Mandato D'Arresto Europeo e per la Difesa dei Diritti Civili", *in www.altalex.com*, consultado em 7 de Outubro de 2005.

AGOSTINHO, SANTO, *A Cidade de Deus*, (Tradução de J. DIAS PEREIRA), 2.ª Edição, Fundação Calouste Gulbenkian, Lisboa, 2000, Vol. III, Livro XXII, Capítulo XXIII.

ALFONSO, ROBERTO, "Il mandato d'arresto europeo e la rete giudiziaria europea", *in Cooperación policial y Judicial en Materia de Delitos Financieros, Fraude Y Corrupción*, Ediciones Universidad Salamanca, n.º 40.

ALMEIDA, CARLOTA PIZARRO DE, "A Cooperação Judiciária em Matéria Penal", *in Jornadas de Direito Processual penal e Direitos Fundamentais*, (Coord. de FERNANDA PALMA), Almedina, 2004.

ALMEIDA, LUÍS NUNES DE, "Tolerância, Constituição e Direito Penal", *in RPCC*, Ano 13, n.º 2, Abril-Junho, 2003.

ALVES, ANTÓNIO LUÍS DOS SANTOS, "Mandado de Detenção Europeu: julgamento na ausência e garantia de um novo julgamento", *in RMP*, n.º 103, JUL/SET 2005.

AMARAL, DIOGO FREITAS DO, *Manual de Introdução ao Direito*, Almedina, Coimbra, 2004, Vol. I.

ANDRADE, JOSÉ CARLOS VIEIRA DE, *Os Direitos Fundamentais na Constituição Portuguesa de 1976*, 3.ª Edição, Almedina, Coimbra, 2004.

ANDRADE, MANUEL DA COSTA, "Escutas Telefónicas", *in I Congresso de Processo Penal – Memórias*, Almedina, Coimbra, 2005.

—, "Sobre o Regime Processual Penal das Escutas Telefónicas", *in RPCC*, Ano I, Fasc. n.º 3, Julho-Setembro, 1991.

ARÚS, FRANCISCO BUENO, *La Ciencia del Derecho Penal: un Modelo de Inseguridad Juridica*, Thomson-Civitas, Navarra, 2005.

BALBO, PAOLA, "Il Mandato D'Arresto Europeo Baricentro tra Mutuo Riconocimento Penale Virtuale e Reale", *in www.altalex.com*, consultado em 7 de Outubro de 2005.

BARRETO, IRENEU CABRAL, *A Convenção Europeia dos Direitos do Homem*, 3.ª Edição, Coimbra Editora, 2005.

BECCARIA, CESARE, «Brevi Riflesssioni intorno al Codice generale sopra i delitti e le pene per Cio che riguarda i delitti politici", *in* CESARE BECCARIA, *Opere*, a cura di S. ROMAGNOLI, Firenzi, 1971.

—, *Dos Delitos e das Penas*, (trad. JOSÉ DE FARIA COSTA), Fundação Calouste Gulbenkian, Lisboa, 1998.

BELEZA, TERESA PIZARRO, *Direito Penal*, 2.ª Edição, AAFDL, Lisboa, 1998, 1.º e 2.º Volumes.

BERTONE, NICOLA, *Mandado di Arresto Europeo e Tipicità Nazionale del Reato*, Giuffré Editore, AS, Milão, 2003.

BIOLLEY, SERGE DE, "Liberte et Securité dans la Constructions de l'Espace Européen de Justice Pénale: Cristallisation de la Tension sous Présidence Belge", *in L'Espace Penal Européen: Enjeux et Perspectives*, (Coord. GILLES DE KERCHOVE e ANNE WEYEMBERGH), Editions de l'Université de Bruxelles, Bruxelas, 2002.

BRANDÃO, NUNO, *Branqueamento de Capitais: O Sistema Comunitário de Prevenção*, Colecção Argumentum 11, Coimbra Editora, 2002.

CAEIRO, PEDRO, "O Procedimento de Entrega Previsto no Estatuto de Roma e a sua Incorporação no Direito Português", *in*

O Tribunal Penal Internacional e a Ordem Jurídica Portuguesa, Coimbra Editora, 2004.

—, "Proibições Constitucionais de Extraditar em Função da Pena Aplicável", *in STVDIA IVRIDICA – 66 – COLLOQUIA – 9*, Coimbra Editora, 2002.

CANOTILHO, J. J. GOMES e MOREIRA, VITAL, *Constituição da República Portuguesa Anotada*, 3.ª Edição, Coimbra Editora, 1993.

CANOTILHO, J. J. GOMES, *Direito Constitucional e Teoria da Constituição*, 3.ª Edição, Almedina, 1999.

—, "Caso Varizo – Extradição no caso de prisão perpétua", (anotação ao Ac. TC n.º 474/95), *in Revista de Legislação e Jurisprudência – RLJ –*, Ano 128.º.

CARTUYVELS, YVES, "Le droit pénal et l'État: des frontières «naturelles» en question", *in L'Émergence du Droit Pénal International* (Editora e data desconhecida).

CORREIA, EDUARDO, *A Teoria do Concurso em Direito Criminal*, Colecção Teses, Almedina, 1996.

—, *Direito Criminal – I*, Reimpressão, Livraria Almedina, Coimbra, 1997.

COSTA, JOSÉ DE FARIA, "Ler BECCARIA Hoje", *in CESARE BECCARIA, Dos Delitos e das Penas*, Fundação Calouste Gulbenkian, Lisboa, 1998.

—, "As relações entre o Ministério Público e a Polícia: A experiência portuguesa", *in BFD –* Universidade de Coimbra, Coimbra, Vol. LXX, 1994.

—, "A Globalização e o Direito Penal (Ou o Tributo da Consonância ao Elogio da Incompletude) ", *in Globalização e o Direito – STVDIA IVRIDICA – 73 – COLLOQUIA –* 12, Coimbra Editora.

CUNHA, JOSÉ MANUEL DAMIÃO DA, *Constituição da República Anotada*, (Coord. de JORGE MIRANDA e RUI MEDEIROS), Coimbra Editora, 2005.

—, *O Caso Julgado Parcial*, PUC, Porto, 2002.

CUNHA, PAULO FERREIRA DA, "A Revolução Constitucional Europeia – A Reflexão Sobre a Génese, Sentido Histórico e Contexto Jurídico de um Novo Paradigma Juspolítico", *in Colóquio Ibérico: Constituição Europeia – Homenagem ao Doutor* FRANCISCO LUCAS PIRES, *Boletim da Faculdade de Direito – STVDIA IVRIDICA – 84 – Ad Honorem – 2/Colloquia – 14*, Coimbra Editora, 2005.

DELMAS-MARTY, MIREILLE, "O Direito Penal como Ética da Mundialização", *in Revista Portuguesa de Ciência Criminal*, Coimbra Editora, Ano 14, n.º 3, Julho-Setembro 2004.

—, *Corpus Juris*, Economica, Paris.

—, "Esboço de um Direito Penal Económico Europeu: Da Convenção Interestatal ao *Corpus Juris* Supra-Estatal", *in Filosofia do Direito e Direito Económico – Que Diálogo?*, (tradução de JORGE PINHEIRO), Ed. Instituto Piaget, Lisboa, 2001.

DIAS, AUGUSTO SILVA, "De que Direito Penal precisamos nós Europeus? Um olhar sobra algumas propostas recentes de constituição de um direito penal comunitário", *in Revista Portuguesa de Ciência Criminal*, Coimbra Editora, Ano 14, n.º 3, Julho-Setembro 2004.

DIAS, FIGUEIREDO e ANDRADE, COSTA, *Direito Penal. Questões Fundamentais. A Doutrina Geral do Crime*, Ed. Policopiada, Faculdade de Direito da Universidade de Coimbra, 1996.

DIAS, JORGE DE FIGUEIREDO, "O direito penal entre a «sociedade industrial» e a «sociedade de risco»", *in Estudos de Homenagem ao Prof. Doutor Rogério Soares, Boletim da Faculdade de Direito* – Universidade de Coimbra, *STVDIA IVRIDICA*, n.º 61, *Ad Honorem* – 1, Coimbra Editora, Coimbra, 2001.

—, "Oportunidade e Sentido da Revisão", *in Jornadas de Direito Criminal – Revisão do Código Penal* – I Volume, Edição do CEJ, 1996.

—, *Comentário Conimbricense do Código Penal – Parte Especial*

– Tomo II, (Comentário ao crime «Associação Criminosa»), Coimbra Editora, 1999.

—, *Direito Penal – Parte Geral – Questões Fundamentais – A Doutrina Geral do Crime* – Tomo I, Coimbra Editora, 2004.

—, *Direito Penal Português – As Consequências Jurídicas do Crime*, Editorial Notícias, Lisboa, 1993.

—, *Direito Processual Penal*, (Colecção Clássicos Jurídicos, 1.ª Edição – 1974), Coimbra Editora, 2004.

—, *Direito Processual Penal*, (Lições Coligidas por MARIA JOÃO ANTUNES), Coimbra, 1988-9.

DONINI, MASSIMO, "Escenarios del Derecho penal en Europa a Principios del Siglo XXI", *in La Política Criminal en Europa*, (Directores SANTIAGO MIR PUIG e MIRENTXU CORCOY BIDASOLO), Atelier, Barcelona, 2004.

DUHAMEL, OLIVIER e MÉNY, YVES, *Dictionnaire Constitutionnel*, PUF, Paris, 1992.

DUPUY, RENÉ-JEAN, *O Direito Internacional*, (tradução de CLOTILDE CRUZ), Livraria Almedina, Coimbra, 1993.

ELSEN, CHARLES, "L'esprit te les ambitions de Tampere. Une ère nouvelle pour la coopération dans le domaine de la justice et des affaires intérieures», *in Revue du Marché Commun et de l'Union Européenne*, n.º 433, 1999.

ESER, ALBIN e ARNOLD, JÖRG, «O Projecto: "O Direito Penal como reacção às injustiças do sistema – Visão comparativa da política de tratamento do passado do ponto de vista penal depois da mudança do sistema"», *in Direito Penal Internacional*, Goethe--Institut de Lisboa, Fim de Século, 2003.

FARIA, MIGUEL, *Direitos Fundamentais e Direitos do Homem*, 3.ª Edição, Edição do ISCPSI, Lisboa, 2001.

FERNANDES, LUÍS FIÁES, «As "Novas" Ameaças como Instrumento do Conceito de «Segurança" ", *in I Colóquio de Segurança Interna*, (Coord. MANUEL M. G. VALENTE), Almedina, Coimbra, 2005.

FERREIRA, CAVALEIRO DE, *Curso de Processo Penal*, Editora Danúbio, Lisboa, 1986, Vol. 2.º.

—, *Curso de Processo Penal*, Editora Danúbio, Lda., Lisboa, 1986, Volume 1.º.

—, *Curso de Processo Penal* I, Reimpressão da UCP, 1981.

—, *Direito Penal Português – Parte Geral I*, Editorial Verbo, Lisboa/S. Paulo, 1982.

FLORE, DANIEL, "Droit Pénal et Union Européen", *in Quelles Reformes pour l'Espace Pénal Européen?*, (Coord. GILLES DE KERCHOVE e ANNE WEYEMBERGH), Editions de L'Université de Bruxelles – Institut d'Etudes Européens.

—, "Reconnaissance Mutuelle, Double Incrimination et Territorialité", *in La Reconnaissance Mutuelle des Décisions Judiciaires Pénales dans l'Union Européenne*, Éditions de l'Université de Bruxelles, 2001.

—, "Une Justice Pénale Européenne après Amsterdam", *in Journal des Tribunaux: Droit Européen*, 7.eme année, n.º 60, Junho de 1999.

GODINHO, INÊS FERNANDES, *O Mandado de Detenção Europeu e a «Nova Criminalidade»: A definição da Definição ou o Pleonasmo do Sentido*, Trabalho de Mestrado em Direito – Ciências Jurídico-Criminais –, da Faculdade de Direito da Universidade de Coimbra, apresentado na cadeira de Processo Penal, no ano lectivo de 2003/04, sob a regência da Professora Doutora ANABELA MIRANDA RODRIGUES.

GOMES, F. SOARES, "Pragmatismo", *in Logos – Enciclopédia Luso--Brasileira de Filosofia*, Verbo, Lisboa/Rio de Janeiro, Vol. 4.

GONÇALVES, MAIA, *Código de Processo Penal Anotado e Comentado*, 12.ª Edição, Almedina, Coimbra.

GORJÃO-HENRIQUES, MIGUEL, "A evolução da protecção dos direitos fundamentais no espaço comunitário", *in Carta de Direitos Fundamentais da União Europeia – Corpus Iuris Gentium Conimbrigae*, (Coord. VITAL MOREIRA), Coimbra Editora, 2001.

GOUVEIA, JORGE BACELAR, *Manual de Direito Constitucional*, Almedina, Coimbra, 2005, Vols. I e II.

GRAÇA, ANTÓNIO PIRES HENRIQUES DA, "O Regime Jurídico do Mandado de Detenção Europeu", *in Boletim da Associação Sindical dos Juízes Portugueses*, consultado em *www.asjp.pt/boletim*.

GUEDES, ARMANDO MARQUES, *Direito Internacional Público*, Lisboa, Lições Coligidas 1991-92.

HASSEMER, WINFRIED, "O Processo Penal e os Direitos Fundamentais", *in Jornadas de Direito Processual Penal e Direitos Fundamentais*, (Coord. de FERNANDA PALMA e trad. de AUGUSTO SILVA DIAS), Almedina, 2004.

—, *A Segurança Pública no Estado de Direito*, (trad. de PAULO SOUSA MENDES e de TERESA SERRA), AAFDL, Lisboa, 1995.

—, *História das Ideias Penais na Alemanha do Pós-Guerra*, AAFDL, Lisboa, 1995.

HONRUBIA, JOSE M.ª VÁZQUES, "Sistemas de sustitución: el mandamiento europeo de detención y entrega", *in Cooperación Policial y Judicial en Materia de Delitos Financieros, Fraude Y Corrupción*, Ediciones Universidad Salamanca, n.º 40.

HUBER, BÁRBARA, "La lucha contra la corrupción desde una perspectiva supranacional", *in Cuestiones del Derecho Penal Europeo*, (Tradução do alemão por MIGUEL ONTIVEROS ALONSO), DyKinson, 2005, e *in Revista Penal*, n.º 11.

ISASCA, FREDERICO, *A Alteração Substancial dos Factos e a sua Relevância no Processo Penal Português*, 2.ª Edição, Almedina, 1999.

Juízes 15, 9-14.

Juízes 20, 11-14.

KELSEN, HANS, *A Justiça e o Direito Natural*, (tradução de JOÃO BAPTISTA MACHADO), Almedina, Coimbra, 2001.

KERCHOVE, GILLES DE, "Améliorations institutionnelles à apporter au titre VI du Traité sur l'Union européenne afin d'accroître l'efficacité et la légitimité de l'action de l'Union européenne dans le domaine de la sécurité intérieure », *in Quelles réformes pour l'espace pénal européen?*, (Org. GILLES KERCHOVE e ANNE WEYEMBERGH), Bruxelas, 2003.

—, "L'espace judiciaire pénal européen après Amsterdam et le sommet de Tampere", *in Vers un Espace Judiciaire Européen,* (Org. GILLES KERCHOVE e ANNE WEYEMBERGH), Bruxelas, Instituto de Estudos Europeus, 2000.

LOURENÇO, EDUARDO, "Uma Europa de Nações ou Os Dentes de Cadmo", *in Portugal e a Construção Europeia*, (Org. MARIA M. TAVARES RIBEIRO, A. M. BARBOSA DE MELO e M. C. LOPES PORTO), Almedina, Coimbra, 2003.

—, *A Europa Desencantada – Para uma Mitologia Europeia*, 2.ª Edição, Gradiva, Lisboa, 2005.

LOZANO, IGNACIO BLASCO, "Armonización del Derecho Penal Material y Procesal: La Aproximación de las Legislaciones Nacionales en el Ámbito de la Unión Europea", *in Cuadernos de Derecho Judicial* – XIII – 2003.

MACHADO, JONATAS, *Direito Internacional – Do Paradigma Clássico ao Pós-11 de Setembro*, 2.ª Edição, Coimbra Editora, 2004.

MARQUES, J. A. GARCIA, "A Extradição no Quadro do III Pilar da União Europeia", *in STVDIA IVRIDICA* – 66 – COLLOQUIA – 9, Coimbra Editora, 2002.

MARTÍN, JOAQUÍN DELGADO, "La Orden de Detención Europea y los Procedimientos de Entrega entre los Estados Miembros de la Unión Europea", *in Cuadernos de Derecho Judicial* – Derecho Supranacional y Cooperación Jurídica Internacional, XIII--2003, Madrid.

MARTINS, ANA MARIA GUERRA, *Curso de Direito Constitucional da União Europeia*, Almedina, Coimbra, 2004.

MARTINS, TERESA ALVES e ROMA, MÓNICA QUINTAS, "Cooperação Internacional no Processo Penal – Relatório Português ao

Congresso Internacional de Direito Processual", *in RPCC*, Ano 5, Fasc. 4.º.

MATA, PAULO SARAGOÇA DA, "O Sistema Português de Extradição após a Publicação da Lei n.º 144/99, de 31 de Agosto", *in Casos e Materiais de Direito Penal*, (Coord. FERNANDA PALMA, CARLOTA DE ALMEIDA e JOSÉ VILALONGA), 3.ª Edição, Almedina, Coimbra, 2004.

MATOS, RICARDO JORGE BRAGANÇA DE, "O Princípio do Reconhecimento Mútuo e o Mandado de Detenção Europeu", *in RPCC*, Ano 14, n.º 3, Julho-Setembro 2004.

MELLADO, JOSÉ MARÍA ASENCIO, "La Libertad de Movimientos como Derecho Fundamental", *in Derechos Procesales Fundamentales*, Manuales de Formación Continuada – n.º 22, 2004, Madrid.

MIRANDA, JORGE e MACHADO, MIGUEL PEDROSA, "Processo de extradição e recurso para o Tribunal Constitucional: Admissibilidade e tema de recurso – Parecer", *in Direito e Justiça*, Vol. IX, Tomo 1.

MIRANDA, JORGE e MEDEIROS, RUI (Coord.), *Constituição Portuguesa Anotada* – Tomo I, Coimbra Editora, 2005.

MIRANDA, JORGE, *Manual de Direito Constitucional – Tomo IV – Direitos Fundamentai*s, 3.ª edição, Coimbra Editora, 2000.

MONTE, MÁRIO FERREIRA, "Da Autonomia Constitucional do Direito Penal Nacional à Necessidade de Um Direito Penal Europeu", *in Estudos em Comemoração do Décimo Aniversário da Licenciatura em Direito da Universidade do Minho*, (Coord. CÂNDIDO DE OLIVEIRA), Almedina, Coimbra, 2004.

MONTESINOS, MARÍA ÁNGELES SEBASTIÁN, *La Extradición Pasiva*, Editorial Comares, Granada, 1997.

MOREIRA, ADRIANO (Coord.), *Terrorismo*, 2.ª Edição, Almedina, Coimbra, 2004.

MORILLO, FRANCISCO J. FONSECA, "La orden de detención y entrega europea", *in Revista de Derecho Comunitario Europeo*, Ano 7, n.º 14, Janeiro-Abril, 2003.

MOTA, JOSÉ LOPES DA, "A Eurojust e a emergência de um sistema penal europeu", *in RPCC*, Ano 13, n.º 2, Abril-Junho 2003.

MOUTINHO, JOSÉ LOBO, *Constituição Portuguesa Anotada* – Tomo I, (Coord. JORGE MIRANDA e RUI MEDEIROS), Coimbra Editora, 2005.

NEVES, A. CASTANHEIRA, *Sumários de Processo Criminal*, (lições policopiadas), Coimbra, 1968.

NOVAIS, JORGE REIS, *As Restrições aos Direitos Fundamentais não Expressamente Autorizadas pela Constituição*, Coimbra Editora, 2003.

PALMA, FERNANDA (Coord.), *Jornadas de Direito Processual Penal e Direitos Fundamentais,* Almedina, Coimbra, 2004.

PAULO II, JOÃO, *Memória e Identidade*, (tradução de ANTÓNIO FERREIRA DA COSTA), Bertrand Editora, 2005.

PEREIRA, LUÍS SILVA, "Alguns aspectos da implementação do regime relativo ao Mandado de Detenção Europeu", *in Revista do Ministério Público*, Julho-Outubro, 2003.

PINHEIRO, ALEXANDRE S. e FERNANDES, MÁRIO J. B., *Comentário à IV Revisão Constitucional*, AAFDL, Lisboa, 1999.

POPPER, KARL, *Conjecturas e Refutações*, (tradução de BENEDITA BETTENCOURT), Almedina, Coimbra, 2003.

PRADEL, JEAN e CORSTENS, GEERT, *Droit Pénal Européen*, 2.ª Edição, Dalloz, Paris, 2002.

PRADEL, JEAN, "Vias para la creación de un espacio judicial europeo único", *in Revista Penal*, n.º 3.

RAWLS, JOHN, *Uma Teoria para a Justiça*, (tradução de CARLOS PINTO CORREIA), Editorial Presença, Lisboa, 1993.

REMÉDIOS, MENDES DOS, "Filosofia", *in AA, Grande Enciclopédia Portuguesa e Brasileira*, Edições Enciclopédia, L.da, Lisboa/Rio de Janeiro, Vol. XXIII.

RIPOLLÉS, QUINTANO, *Tratado de Derecho Penal Internacional e*

Internacional Penal, Tomo II, Madrid, Instituto Francisco de Vitoria, 1957.

ROBERT, PH., *La Question Pénale*, Genève, Droz, 1984.

ROCHA, MANUEL ANTÓNIO LOPES DA e MARTINS, TERESA ALVES, *Cooperação Judiciária Internacional em Matéria Penal (Comentários)*, Aequitas-Editorial Noticias, Lisboa, 1992.

RODRIGUES, ANABELA MIRANDA e MOTA, JOSÉ LOPES DA, *Para uma Política Criminal Europeia*, Coimbra Editora, 2002.

RODRIGUES, ANABELA MIRANDA, "A celeridade do processo penal – Uma visão de Direito Comparado", *in Actas de Revisão do Código de Processo Penal*, Edição da Assembleia da República – Divisão de Edições, 1999, Vol. II – Tomo II.

—, "A Emergência de Um «Direito Penal Europeu»: Questões Urgentes de Política Criminal", *in Revista Estratégia – Instituto de Estudos Estratégicos e Internacionais*, n.os 18-19, 1 e 2.° Semestres, 2003.

—, "A fase preparatória do processo penal – tendências na Europa. O caso português", *in STVDIA IVRIDICA* – 61, Coimbra Editora.

—, "Criminalidade Organizada – Que Política Criminal?", *in Themis* – Revista da Faculdade de Direito da UNL, Ano IV, n.° 6, 2003.

—, "O Mandado de Detenção Europeu", *in Revista Portuguesa de Ciência Criminal* (RPCC), Ano 13, n.° 1, 2003.

—, "O papel dos sistemas legais e a sua harmonização para a erradicação das redes de tráfico de pessoas", *in RMP*, n.° 84, Ano 21.°, Outubro-Dezembro, 2000.

—, "O Tribunal Penal Internacional e a Prisão Perpétua – que Futuro?", *in Direito e Justiça* (DJ), Vol. XV, 2001, Tomo 1.

—, "Princípio da Jurisdição Penal Universal e Tribunal Penal Internacional", *in Direito Penal Internacional, Fim de Século*, Lisboa, 2003.

—, *A Determinação da Medida da Pena Privativa da Liberdade*, Coimbra Editora, 1995.

—, A *Nova Europa e o Velho Défice Democrático*, Texto Policopiado, Coimbra, 2004.

—, *Um Sistema Sancionatório Penal para a União Europeia – Entre a Unidade e a Diversidade ou os Caminhos da Harmonização*, Texto Policopiado e cedido no Curso de Mestrado em Direito da Faculdade de Direito da Universidade de Coimbra, Coimbra, 2004.

ROUSSEAUX, X. e LEVY, R., *Le Pénal dans Tous ses États, Justice et Société en Europe, (XIII-XX Siècle)*, Bruxelles, FUSL.

ROXIN, CLAUS, "La Ciencia del Derecho Penal ante las Tareas del Futuro*", in La Ciencia del Derecho Penal ante el Nuevo Milénio*, (Coord. de Espanha FRANCISCO MUÑOZ CONDE e tradução CARMÉN GÓMEZ RIVERO), Tirant lo Blanch, Valência, 2004.

—, *Derecho Procesal Penal*, (tradução de GABRIELA E. CÓRDOBA e de DANIEL R. PASTOR), Editores del Puerto, Beunos Aires, 2000.

SANCHEZ, SILVA, "Los principios inspiradores de las propuestas de un Derecho Penal europeo: una aproximación critica", *in Revista Penal*, n.º 13, 2004.

SANTOS, ANTÓNIO FURTADO DOS, "Direito Internacional Penal e Direito Penal Internacional", *in Boletim do Ministério da Justiça* (BMJ), n.º 92, Janeiro de 1960.

SERRANO, MÁRIO MENDES, "Extradição", *in Cooperação Internacional Penal*, Edição do CEJ, 2000, Vol. I.

SERRÃO, JOAQUIM VERÍSSIMO, *História de Portugal*, 3.ª Edição, Editorial Verbo, Lisboa/S. Paulo, 1979, Vol. I.

SHULTZ, HANS, "Les príncipes du Droit d'Extradition Traditionnel", *in Aspects Juridiques de l'Extradition entre États Européens*, Estrasburgo, Conselho da Europa, 1970.

SILVA, GERMANO MARQUES DA, "O Direito Penal em Crise de

Mudança", *in O Direito Contemporâneo em Portugal e no Brasil*, Almedina, Coimbra, 2003.

—, *Constituição da República Anotada*, (Coord. JORGE MIRANDA e RUI MEDEIROS), Coimbra Editora, 2005.

—, *Curso de Processo Penal*, 2.ª Edição, Verbo, Lisboa/S. Paulo, 2000, Vol. III.

—, *Curso de Processo Penal*, 2.ª Edição, Verbo, Lisboa/S. Paulo, Vol. II.

—, *Direito Penal Português – Parte Geral –* I, Verbo, Lisboa/ /S. Paulo, 1997.

—, *Direito Penal Português – Parte Geral –* III, Verbo, Lisboa/ /S. Paulo, 1999.

—, *Ética Policial e Sociedade Democrática*, Edição do ISCPSI, Lisboa, 2001.

SILVA, NUNO ESPINOSA DA, *Lições de História do Pensamento Jurídico*, Texto Policopiado, Centro de Publicações da UCP, Lisboa, 2002.

SOUSA, CONSTANÇA URBANO DE, "A cooperação policial e judiciária em matéria penal na União Europeia", *in Polícia e Justiça*, III Série, n.º 2, Julho-Dezembro 2003

STEFANI, GASTON, LEVASSEUR, GEORGE e BOULOC, BERNARD, *Procédure Pénale*, 17.ª Ed., Dalloz, 2000.

STEINER, GEORGE, *A Ideia de Europa*, (tradução de MARIA DE FÁTIMA ST. AUBYN), Gradiva, Lisboa, 2005.

TEIXEIRA, ANTÓNIO BRAZ, *Sentido e Valor do Direito*, INCM, 2ª Ed., 2000.

TIEDEMANN, KLAUS, "L'Europeizzazione del diritto penale", (tradução de ANNA VALENTINA BERNARDI), *in Rivista Italiana di Diritto e Procedura Penale*, Ano XLI, Fasc. 1, Gennaio- -Marzo, Milão, 1998.

TOCQUEVILLE, ALEXIS, *Da Democracia na América*, (tradução de CARLOS CORREIA MONTEIRO DE OLIVEIRA), Principia, S. João do Estoril, 2002.

370   *Do Mandado de Detenção Europeu*

TORGA, MIGUEL, *Novos Contos da Montanha*, 11.ª Edição, Coimbra, 1982.

TZITZIS, STAMATIOS, *Filosofia Penal*, (tradução de MÁRIO F. MONTE), Legis Editora, Aveiro, 1999.

ULLED, EMILIO JESÚS SÁNCHES, "Cooperación Judicial Internacional – Especial referencia a los delitos relacionados con la corrupción", *in Cooperación Policial y Judicial en Materia de Delitos Financieros, Fraude y Corrupción*, Aquilafuente – Ediciones Universidad Salamanca, n.º 40.

VALENTE, MANUEL M. GUEDES, "Contributos para uma Tipologia de Segurança Interna", *in I Colóquio de Segurança Interna*, Almedina, 2005.

—, *Consumo de Drogas – Reflexões sobre o Novo Quadro Legal*, 2.ª Edição, Almedina, 2003.

—, *Regime Jurídico da Investigação Criminal Comentado e Anotado*, 2.ª Edição, Almedina, 2004.

—, "Terrorismo – Fundamento de Restrição de Direitos?", *in Terrorismo*, (Coord. ADRIANO MOREIRA), 2.ª Edição, Almedina, Coimbra, 2004.

—, *Processo Penal* – Tomo I, Almedina, Coimbra, 2004.

VERVAELE, JOHN, "L'application du droit communautaire: la séparation des biens entre le premier et le troisième pilier?", *in Revue de Droit Pénal et de Criminologie*, 76.º Ano, Janeiro, 1996.

VILALONGA, JOSÉ MANUEL, "Anotação ao Acórdão 263/94 do Tribunal Constitucional", *in Casos e Materiais de Direito Penal*, (Coord. FERNANDA PALMA, CARLOTA P. DE ALMEIDA e J. M. VILALONGA), 3.ª Edição, Almedina, 2004.

VILAR, SILVIA BARONA, "Garantías Y Derechos de los Detenidos", *in Derechos Procesales Fundamentales*, (Manuales de Formación Continuada – n.º 22).

VOGEL, JOACHIM, "Estado y Tendencias de la Armonización del Derecho Penal Material en la Unión Europea", *in Revista Penal*, n.º 10, p. 114.

—, "Política Criminal y Dogmática Penal Europeas", (tradução de ADÁN NIETO MARTÍN), *in Revista Penal*, n.º 11, 2002.

WEYEMBERGH, ANNE, "L'avenir des mécanismes de coopération judiciaire pénale entre les Etats membres de l'Union européenne ", *in Vers un Espace Judiciaire Européen,* (Org. GILLES KERCHOVE e ANNE WEYEMBERGH), Bruxelas, Instituto de Estudos Europeus, 2000.

XIBERRAS, MARTINE, *As Teorias da Exclusão – Para Uma Construção do Imaginário do Desvio,* (trad. JOSÉ GABRIEL REGO), Instituto Piaget, Lisboa, 1996.

ZARAGOZA, JUAN DE MIGUEL, "Algunas consideraciones sobre la Decisión Marco relativa a la orden de detención europea y a los procedimientos de entrega en la perspectiva de la extradición", *in Actualidad Penal,* n.º 4.

ZIPPELIUS, REINHOLD, *Teoria Geral do Estado,* (tradução de KARIN PRAEFKE-AIRES COUTINHO), 3.ª Edição, Fundação Calouste Gulbenkian, Lisboa, 1997.

DIPLOMAS E OUTROS DOCUMENTOS

Constituição da República Portuguesa
Declaração Universal dos Direitos do Homem
Convenção Europeia dos Direitos do Homem
Pacto Internacional de Direitos Civis e Políticos
Carta dos Direitos Fundamentais da União Europeia
Tratado que Institui uma Constituição Europeia
Tratado da União Europeia
Tratado da Comunidade Europeia
Convenção Europeia de Extradição de 1957
Convenção entre os Estados-Membros da União Europeia relativa
  à aplicação do princípio *ne bis in idem*
Convenção de Aplicação do Acordo de Schengen
Convenção relativa ao Processo Simplificado de Extradição entre
  os Estados-Membros da União Europeia – Convenção de
  Bruxelas de 1995
Convenção relativa à Extradição entre os Estados-Membros da
  União Europeia – Convenção de Dublin de 1996
Convenção relativa ao Auxílio Judiciário Mútuo em Matéria Penal
  entre os Estados-Membros da União Europeia
Convenção Europeia para a Repressão do Terrorismo
Código Penal
Código de Processo Penal
Lei do Cooperação Judiciária Internacional em Matéria Penal

374 *Do Mandado de Detenção Europeu*

Lei de implementação do Mandado de Detenção Europeu – Lei
n.º 65/2003, de 23 de Agosto
Lei de Combate do Terrorismo – Lei n.º 52/2003, de 22 de Agosto.

Decisões-Quadro:
– DQ n.º 2000/383/JAI, de 29 de Maio
– DQ n.º 2001/413/JAI, de 28 de Maio
– DQ n.º 2002/500/JAI, de 26 de Junho de 2001 – branqueamento
de Capitais
– DQ n.º 2002/584/JAI, de 13 de Junho – Relativa ao Mandado de
Detenção Europeu e aos Processos de Entrega entre os Estados-
-Membros
– DQ n.º 2002/475/JAI, de 13 de Junho – Terrorismo;
– DQ n.º 2002/629/JAI do Conselho, de 19 de Julho – publicada
no JO L 203, de 1 de Agosto de 2002 – relativa à luta contra o
tráfico de seres humanos;
– DQ n.º 2002/946/JAI do Conselho, de 28 de Novembro –
publicada no JO L 328 de 5 de Dezembro de 2002 – relativa ao
reforço do quadro penal para a prevenção do auxílio à entrada, ao
trânsito e à residência irregulares
– DQ n.º 2003/80/JAI do Conselho, de 27 de Janeiro – publicada
no JO L 29 de 5 de Fevereiro de 2003 – sobre a protecção penal
do ambiente
– DQ n.º 2003/568/JAI do Conselho, de 22 de Julho – publicada
no JO L 192 de 31 de Julho – referente à corrupção no sector
privado;
– Decisão Quadro n.º 2003/577/JAI do Conselho, de 22 de Julho
de 2003 – JO L 196, de 2 de Agosto de 2003 – concretiza o princípio do reconhecimento mútuo das decisões de congelamento de
bens ou de provas
– DQ n.º 2004/68/JAI do Conselho, de 22 de Dezembro de 2003
– publicada no JO L 13 de 20 de Janeiro de 2004

Jornal Oficial das Comunidades Europeias:

– JO L 166, de 28 de Junho de 1991
– JO C 19, de 23 de Janeiro de 1999
– JO C 364, de 18 de Dezembro de 2000
– JO C 12, de 15 de Janeiro de 2001
– JO C 12, de 23 de Janeiro de 2001
– JO L 182, de 5 de Julho de 2001
– JO C 326, de 21 de Novembro de 2001
– JO L 63, de 6 de Março de 2002
– JO L 190, de 18 de Julho de 2002.
– JO L 16, de 22 de Janeiro de 2003
– JO L 196, de 2 de Agosto de 2003

Decisão n.º 2003/48/JAI, de 19 de Dezembro de 2002.

Acção Comum do Conselho de 29 de Abril de 1996 – JO L 105, de 27 de Abril de 1996
Acção Comum de 29 de Junho de 1998 – JO L 191, de 7 de Julho Conselho de Tampere, consultado em *http:/europa.eu.int/council/off/conclu/*.
Comunicação da Comissão ao Conselho e ao Parlamento Europeu, *Espaço de Liberdade, de Segurança e de Justiça: Balanço do programa de Tampere e futuras orientações*, Com (2004) 401, *in fine,* de 2 de Junho de 2004, consultado em *http:/europa.eu.int*.
Relatório final do Grupo de Trabalho sobre o Espaço de Liberdade, Segurança e Justiça (Grupo X), CONV 426/02, Bruxelas, de 2 de Dezembro de 2002, consultado em *http://europa.eu.int*.
Comunicação da Comissão ao Conselho e ao Parlamento Europeu, *Reconhecimento mútuo de decisões finais em matéria penal*, COM (2000) 495, consultado em *http:/europa.eu.int*.

Plano de Acção do Conselho e da Comissão sobre a Melhor Forma de Aplicar as disposições do Tratado de Amsterdão Relativas à Criação de Um espaço de Liberdade, de Segurança e de Justiça, aprovado no Conselho JAI de 3 de Dezembro de 1998.

Ley Orgânica 2/2003, de 14 de Marzo, *in BOE*, n.º 65, 17 Marzo 2003.

Ley 3/2003, de 14 de Marzo, *in BOE*, n.º 65, 17 Marzo 2003.

Lei Italiana de Implementação do Mandado de Detenção Europeu.

ÍNDICE ANALÍTICO

A

abolição
- da dupla incriminação 53, 59, 113, 235
- relativa ou parcial 195, 236

abuso de direito 259

acção comum 107, 151, 163

acção penal 73, 115, 135, 138, 139, 188, 189, 259, 263, 269, 270, 272, 273, 302, 334

acordo 13, 23, 76, 77, 98, 118, 144, 147, 154, 169, 171, 180, 223, 243, 278, 280, 340, 342

actividade policial 20

Ahmed Rézala 161

amnistia 113, 155, 182, 183, 225, 226

annexKompetenz 42

antimoderno 26

aplicabilidade directa 300

apreciação *in abstracto / in concreto* 224, 225

apreensão de bens 73

aproximação 14, 29, 33, 37, 48, 52, 57, 71, 80, 81, 82, 87, 95, 126, 163, 195, 294, 295, 296, 347

arquivamento 172

assimilação 13, 37, 41, 50

audição 96, 117, 124, 172, 174, 176, 210, 220, 221, 341, 342, 345

audição pessoal 172

ausência de dupla incriminação 242

ausência de identificação 129

autonomia 55, 236, 278, 279

autonomia da harmonização 55, 236

autor
- material 131
- moral 131

autoridade
- central 132
- competente 63, 84, 94, 130, 156
- judiciária 15, 79, 84, 92, 95, 97, 102, 103, 113, 114, 115, 130, 139, 159, 161, 165, 167, 170, 172, 176, 190, 237, 238, 244, 263, 279
- judiciária de emissão 165, 167, 176
- judiciária de execução 15, 114, 115, 167, 238, 244

– judiciária requerente 79, 161
– judiciária requerida 161
autoridades judiciárias 15, 48, 69, 94, 97, 103, 126, 127, 136, 141, 160, 162, 166, 168, 170, 205, 235, 242

B
barreiras
– físicas 228
– materiais 80
batalha jurídica 161
Bélgica 146, 147
Benjamim 142
Bíblia 141
busca domiciliária 206, 222

C
carácter perpétuo 116, 117, 314, 319, 320, 336
caso julgado 250, 252, 254, 256, 258, 259, 260, 265, 270, 271
Castela 148
causas
– de justificação 194
– de exculpação 194
celeridade 15, 121, 132, 134, 156, 166, 167, 171, 178, 179, 194, 211, 213, 218, 276, 283, 287, 349, 351
celeridade processual 156, 167, 171, 287
censurabilidade jurídico-criminal 195
censurabilidade social 14

cessação da detenção 179, 211
cidadão europeu 66, 70, 134, 135, 291
cidadão vítima 137
cláusula de não descriminação 196, 320-329
cláusula humanitária 97, 115, 149, 296, 325, 327
cláusula humanitária de suspensão da entrega 327
co-autor 131
código de Bustamante 147
combate à criminalidade 47
comboio europeu 13, 35, 295, 352
comparticipação 251, 254, 259
competência
– extraterritorial 244, 249
– universal 31, 145, 232, 311
complementaridade 53, 71, 82, 235
compromisso político 70, 96
comunicação directa 278
comutação 308
comutação da pena de morte 149
concurso
– aparente de normas 256, 271
– de crimes 251, 254, 255
– real de normas ou concurso ideal 255
condição de entrega relativa 263
condições materiais 174
confiança recíproca 53, 75, 80, 89, 102, 107, 176, 181, 295, 321, 322, 323, 325, 342
configuração antagónica 132, 134, 135

congelamento de provas 78, 90

conselho europeu de Tampere 60, 69, 73

consenso 54, 194, 232

consentimento 154, 156, 157, 159, 167, 169, 179, 191, 192, 218, 219, 222, 273, 277, 278, 279, 280, 281, 282, 283, 284, 285, 288, 289

consequência jurídica da infracção 284

construção e integração europeia 128

consumpção 256, 271

contacto directo 128, 134

controlo
– adequado 172
– genérico 172, 183, 236, 237, 238, 271
– *in abstracto* 355
– *in concreto* 355
– judicial 133, 238, 329
– jurídico 172, 183, 187, 237, 238, 271
– jurisdicional 215, 216, 222
– político 133
– simplificado 92

cooperação
– horizontal 97, 127, 132, 136, 168, 170
– interestadual 55
– intergovernamental 100
– judiciária 14, 43, 64, 71, 72, 82, 105, 112, 121, 122 127, 141, 150, 151, 155, 161, 163, 186, 201, 211, 226, 264, 265,

276, 283, 286, 289, 295, 303, 309, 317, 318, 331, 332, 334, 335, 338, 340, 347, 348, 349, 350, 351, 352
– judiciária mútua 155
– policial 47, 48, 55, 64, 107
– primária 85
– secundária 85
– transfronteiriça 69

Cour de Cassation 162

crime
– continuado 251, 254, 258
– de associação criminosa 228
– de branqueamento de capitais 57
– de conspiração 228
– de contrafacção de moeda 56
– de corrupção 47
– de exploração sexual de crianças 72
– de homicídio 134, 148
– de lenocínio 37, 45
– de rapto 37, 45
– de tráfico de armas 47
– de droga 47, 229
– e tráfico de seres humanos 45
– de terrrorismo 57, 229
– *lesa majestas* 143
– transnacional 31
– violação 142
– contra o ambiente 72
– de alta tecnologia 72

criminalidade
– económica 293
– grave 240, 293

– organizada 21, 24, 42, 55, 67, 82, 101, 105, 107, 118, 133, 154, 242

– transnacional 21, 154

criminosos amadores 21

critérios de competência 244

culpa 194, 226, 258

cultura

– económica 13

– jurídica 13

– social 13

cúmplice 131

cumprimento de pena 91, 97, 112, 118, 139, 156, 181, 201, 207, 213, 277, 283, 309, 313, 334, 336, 341, 354

D

De Juri Belli ac Pacis 145 (nota 368), 149

debate público 54

decisão

– de entrega 179, 347, 348

– judiciária 91, 94, 96, 122, 170

decisão-quadro 163, 323, 324, 325, 326, 329

decisões finais de julgamento 67

decisões judiciais 14, 29, 31, 71, 73, 82, 94, 127, 230, 295

decisões-quadro 42, 87

deditio 146

defensor 219, 220, 222, 238, 281, 284

definições mínimas 52

delito comum 146, 148

delitos políticos 145, 146, 147

democracia 75, 152, 198, 201, 297, 320, 354

denominador comum 106, 234

derrogação do princípio 267

descoberta da verdade 135, 180, 207, 213, 215, 287, 344, 346, 349, 356

desconfiança 71, 82, 85, 86, 133, 231, 351

desconto 177, 178, 260

detenção

– de fugitivos 141

– ilegal 129, 132, 209, 221

devolução de desertores 146

devolução do cidadão/da pessoa 117, 340

dignidade da pessoa humana 180, 192, 210, 218, 296, 298, 349

direito

– à integridade física 310

– à liberdade 193, 200, 262, 266, 311, 317

– à reserva da intimidade da vida privada e familiar 200

– à vida 187, 302, 303, 304, 306, 307

– absoluto do cidadão 338

– de oposição 220

– de resistência 129, 132

– de validade imediata 300

– extradicional humanista 247

– garantia 111

– internacional 149, 152, 263, 271

Índice Analítico

- longobardo 143
- penal 13, 14, 15, 19, 20, 22, 23, 24, 27, 28, 29, 30, 31, 32, 35, 37, 38, 39, 42, 43, 47, 48, 49, 51, 54, 58, 59, 60, 63, 71, 72, 80, 85, 86, 87, 97, 103, 104, 108, 126, 137, 145, 155, 162, 178, 181, 183, 192, 193, 194, 232, 233, 234, 247, 248, 249, 251, 254, 261, 262, 263, 289, 292, 293, 295, 298, 307, 309, 313, 314, 335, 336, 348, 351, 352, 353
- penal comunitário 35
- penal europeu 19, 22, 30, 43, 47, 49, 60, 63, 85, 234, 352
- penal internacional 263
- penal mundializado 24
- penal substantivo 13, 22, 28, 31, 47, 58, 72, 162, 193, 289, 293, 309
- subjectivo fundamental 250

direitos fundamentais 15, 33, 48, 58, 85, 86, 90, 100, 111, 113, 115, 119, 123, 127, 131, 132, 135, 137, 152, 153, 155, 159, 159, 161, 162, 15, 177, 180, 182, 186, 192, 194, 196, 197, 198, 199, 200, 201, 209, 210, 215, 216, 234, 235, 238, 242, 268, 271, 289, 292, 293, 294, 297, 298, 303, 318, 319, 321, 323, 324, 325, 326, 329, 330, 331, 333, 335, 348, 349, 350, 352, 353, 354, 355, 356

dissuasão 41
divórcio 59
domicílio 124, 172
dominus 167, 172
dupla cláusula da territorialidade 95, 231, 239, 242
dupla penalização 15, 126
duplo julgamento 250
duplo procedimento 115, 188, 266

E

edificação de um espaço penal 52, 66, 162, 308, 322
efeito directo 80
eficácia
- da justiça 207
- imediata 300
- operacional 112

elemento
- espacial 122, 126
- formal 122, 169
- material 122
- orgânico 122
- subjectivo da nacionalidade 341
- teleológico 126

elevado nível de protecção 14, 47, 58, 105, 136, 197
elevado nível de segurança 29, 81
empresários do crime 21
entrega
- de nacionais 143, 149, 340, 341, 342
- posterior 285, 288
- recíproca 144, 148, 149

equilíbrio 14, 59, 60, 70, 99, 103, 109, 112, 113, 116, 182, 231, 242, 263, 283, 314, 351, 353, 356

espaço
- comum 28, 29, 31, 42, 56, 66, 88, 94, 100, 107, 111, 119, 121, 127, 134, 136, 138, 180, 317, 319, 336, 351
- comum de justiça 88, 107, 180, 319
- comum de liberdade 28, 56, 127, 351
- comum de segurança 66, 107
- de justiça 113, 245
- de liberdade 14, 29, 30, 47, 58, 68, 69, 70, 73, 80, 100, 104, 105, 112, 138, 197, 199, 205, 296, 339, 352, 356
- de segurança 112, 132, 222, 228
- democrático 108, 353
- económico 151
- europeu 13, 23, 31, 48, 51, 59, 60, 71, 80, 81, 99, 100, 102, 104, 106, 114, 115, 119, 159, 162, 181, 195, 228, 308, 309, 351, 352, 353
- jurídico 13, 32, 79, 106, 193
- penal 13, 18, 32, 48, 50, 52, 58, 59, 60, 64, 66, 69, 81, 86, 100, 103, 108, 112, 119, 126, 128, 136, 162, 185, 186, 194, 197, 230, 234, 235, 236, 263, 269, 283, 287, 291, 294, 308,

318, 322, 325, 326, 335, 349, 353, 354
- penal europeu 13, 19, 32, 50, 52, 58, 59, 64, 66, 69, 81, 86, 100, 103, 108, 112, 119, 126, 136, 162, 185, 186, 197
- penal homogéneo 48, 100
- político-geográfico 133
- pró-securitário 108, 353
- securitário 108, 352

Espanha 134, 146, 148, 149, 160, 177, 227, 327

especial perigosidade 14

especialidade 15, 153, 155, 157, 158, 159, 176, 218, 219, 220, 221, 222, 256, 271, 273, 274, 275, 276, 277, 278, 279, 280, 281, 282, 283, 284, 285, 286, 287, 288, 289, 356

especialíssima perigosidade 212

Estado 13, 19, 20, 23, 24, 27, 28, 31, 51, 59, 63, 73, 75, 76, 83, 84, 85, 86, 91, 93, 95, 96, 102, 103, 104, 110, 111, 112, 114, 115, 116, 117, 118, 121, 134, 135, 138, 143, 144, 145, 147, 152, 153, 155, 159, 161, 166, 167, 169, 172, 175, 179, 181, 183, 185, 187, 188, 189, 190, 193, 194, 196, 199, 201, 206, 207, 210, 218, 223, 224, 225, 226 229, 231, 235, 237, 238, 240, 241, 243, 244, 245, 248, 262, 263, 264, 265, 266, 267, 269, 270, 271, 272, 273, 276,

277, 278, 279, 280, 282, 283, 285, 289, 293, 300, 303, 304, 305, 306, 307, 308, 310, 312, 313, 315, 316, 317, 318, 320, 325, 326, 327, 328, 329, 331, 333, 334, 336, 339, 342, 348, 354, 355

Estado de direito 75, 104, 110, 152, 179, 207, 210, 218, 226, 240, 248, 270, 271, 312, 313

Estado Fronteira 13, 20, 27, 28, 31, 48, 101

Estado Fronteiras 13, 20, 27, 28, 31, 48, 101, 134, 135

Estado-Membro 51, 63, 66, 73, 74, 77, 78, 80, 84, 90, 93, 94, 95, 96, 97, 101, 102, 107, 112, 113, 114, 122, 123, 125, 126, 131, 139, 154, 157, 158, 165, 166, 170, 171, 172, 174, 176, 178, 182, 183, 184, 186, 188, 189, 190, 191, 192, 193, 194, 199, 201, 215, 232, 236, 238, 239, 240, 268, 269, 278, 279, 280, 281, 282, 284, 285, 286, 287, 288, 320, 323, 324, 325, 329, 334, 339, 347

Estados-Membros 13, 14, 35, 37, 38, 39, 41, 42, 44, 46, 47, 48, 51, 56, 57, 66, 68, 69, 72, 73, 74, 75, 77, 78, 79, 82, 89, 91, 93, 95, 96, 102, 103, 105, 107, 109, 114, 117, 125, 126, 127, 130, 132, 133, 134, 137, 153

Estatuto de Roma 151, 159, 160, 166

estrangeiro 133, 146, 254

estudo de viabilidade 78

Europa de nações 28

Europa fortaleza 70, 82

exclusão automática da extradição 264

execução 15, 32, 68, 76, 77, 78, 79, 84, 85, 91, 93, 94, 95, 96, 97, 103, 113, 114, 115, 116, 117, 118, 121, 123, 124, 126, 128, 129, 130, 132, 134, 138, 139, 165, 167, 170, 171, 172, 174, 175, 176, 178, 179, 180, 182, 183, 184, 185, 186, 187, 188, 189, 190, 191, 192, 193, 206, 208, 210, 211, 212, 213, 215, 216, 217, 219, 220, 221, 222, 223, 226, 231, 232, 235, 237, 238, 240, 243, 244, 252, 255, 258, 260, 262, 263, 266, 267, 268, 269, 270, 271, 273, 283, 284, 285, 286, 287, 288, 289, 292, 296, 298, 300, 302, 303, 306, 307, 308, 309, 310, 311, 314, 317, 320, 321, 323, 324, 325, 326, 328, 329, 330, 331, 334, 336, 340

execução de sentenças 68

execução do mandado 15, 97, 113, 114, 116, 117, 129, 174, 176, 178, 179, 184, 185, 189, 192, 216, 220, 221, 244, 285, 320, 323, 324, 336, 356

384 *Do Mandado de Detenção Europeu*

exequator 84, 103

expulsão 313, 317, 325

extradição 15, 31, 46, 56, 68, 79, 84, 88, 89, 91, 92, 103, 113, 115, 117, 118, 121, 125, 126, 127, 128, 132, 133, 134, 135, 141, 142, 143, 145, 146, 147, 148, 149, 150, 151, 152, 153, 154, 155, 156, 157, 158, 159, 160, 161, 162, 163, 166, 168, 169, 170, 174, 179, 187, 195, 196, 213, 223, 224, 225, 226, 227, 228, 229, 235, 237, 238, 249, 252, 264, 265, 266, 273, 274, 275, 276, 277, 278, 280, 281, 282, 284, 285, 286, 289, 295, 304, 305, 306, 308, 309, 313, 315, 316, 317, 318, 319, 321, 325, 327, 331, 333, 334, 337, 338, 339, 340, 348

F

factum criminis 131, 286, 305

falibilistas 292

ficheiro central 78

ficheiros nacionais 78

Filisteus 141

flagrante delito 122, 210, 212, 313

França 144, 146, 147, 161, 226

fraternidade europeia 29

fronteiras comuns 99

fronteiras externas 99

garantias individuais 121, 166

garantias processuais 52, 80, 170, 176, 179, 207, 213, 216, 218, 222, 295, 354, 356

globalização 105

globalização da criminalidade 105

H

habeas corpus 129, 132, 221

harmonização 14, 27, 31 (nota 42), 35-61, 64-67, 71-73, 80-82, 85, 88, 97, 101, 104-106, 108, 119, 137, 162, 163, 178, 193, 200 (nota 504), 230, 232, 234, 235, 236, 239 (nota 589), 294 (nota 712), 295, 338

harmonização
– mínima 76 (nota 178)
– prioritária 55

hermenêutica 157, 191

hipermoderno 26-27

homologação judicial 125

Hugo Grotius 144

humanidade da vida 310

I

idade 114, 184, 185

ideia planetária da justiça 227

identidade
– de valores comuns 104
– europeia 28, 152, 233
– 38 (nota 61)

iluministas 23, 145

impunidade 145, 181

imunidade 286

inadmissibilidade legal 175

indispensabilidade da restrição 330

Índice Analítico

infracções penais 14, 52, 72, 153, 191, 289, 340

Inglaterra 134, 144, 146

instituições comunitárias 35, 37, 41

instrumentalização
- da pessoa humana 261
- do direito penal 295, 336, 353

instrumento
- de governo 261
- de limitação da liberdade 313

insuficiências da harmonização 53, 236

intercum 144, 146

interesses
- ético-jurídicos 146
- juridicamente protegidos 191

interpretação
- da decisão-quadro 195
- extensiva 200, 254
- restritiva 199, (nota 500)

intervenção política sucessiva 327

intestate rendition 160

investigação *ex officio* 263, 270

Irlanda do Norte 161

irrevogabilidade 222

Israel 142

Itália 160, 177

ius puniendi 28, 29, 35, 37, 38, 137, 191, 206, 261, 286, 293, 295, 349, 351

J

judiciariedade 128

judiciarização 15, 171 176, 178, 180, 183, 236

juiz
- das liberdades 222
- de instrução criminal 130
- relator 124, 172, 174, 183, 184, 185, 210, 217, 218, 220, 221, 222, 241, 270, 271

juízo
- jurídico 183, 184, 185, 191
- político 237, 238, 352
- repressivo 61

jurisprudência 41, 42, 201, 276, 308, 316, 328, 330, 332, 334, 347

justiça material 31, 137, 178, 298

justicialismo 293

L

legitimidade 37, 38, 170, 235

leis de implementação 199

leis fundamentais 199

lesão irreversível 114, 185, 186, 187, 310, 326

Levitas 142

liberdade
- física 111, 123, 173, 193, 312
- individual 109, 110, 182, 197, 199, 209, 213, 273, 287, 295, 313
- pessoal 90
- provisória 174

liberdades fundamentais 33, 66, 75, 86, 97, 103, 111, 113, 186, 187, 195, 198, 207, 268, 292, 297, 321, 323, 324, 329, 336, 348, 354, 355

lista de infracções 93, 183, 195, 232, 240
livre
- circulação de decisões judiciais 14, 94, 230
- circulação de pessoas 47, 105, 107, 228, 230
- na sua pessoa 219
localização da pessoa 284, 285, 287, 288, 289
lugares de ninguém 14, 23, 226

M
mandado
- de detenção 79,89, 90, 92, 97, 103, 116, 159, 162, 170, 172, 173, 179, 227, 237, 239, 240, 326, 329
- de detenção europeu 14, 15, 23, 30, 31, 32, 48, 55, 58, 60, 63, 79, 87, 88, 91, 92, 93, 94, 95, 96, 97, 99, 101, 112, 113, 114, 116, 117, 119, 121, 125, 141, 151, 153, 165, 166, 174, 176, 178, 182, 185, 190, 192, 193, 205, 213, 215, 223, 230, 235, 236, 237, 239, 244, 262, 265, 268, 295, 318, 321, 323, 324, 325, 326, 349, 351, 352, 354, 356
- em branco 131
Maurice Papon 162
medida de coacção 174, 210, 211, 212
medidas
- avulsas 22

- comunitárias 22
- de clemência 116, 192
- penais 35, 56
meios de prova 67, 73, 82, 220
menor de idade 182, 183
mercado económico 13
mínimo de aproximação 32, 33
ministérios competentes 69
motivos
- de não execução facultativa 96, 115, 187, 191, 193, 241
- de não execução obrigatória 113, 114, 182, 185, 187, 298, 309, 336
- de recusa 69, 76, 134, 186, 285
- de saúde 327
- humanitários 327
- políticos 146, 147, 149, 153, 186, 326
mundialização do direito 26
mundo criminal 22

N
nacionalidade 96, 97, 115, 116, 118, 160, 189, 248, 321, 324, 325, 336, 338, 340, 341, 343, 348
natureza judiciária 126, 127, 128, 139, 160
neutralização 39
niilificação 134, 356
nulidade 129, 132, 221
nulidade insanável 222

O

objectivos da União Europeia 197

obrigação de permanência em habitação 200

odiosa sunt restringenda 200

ofensa a direitos fundamentais 259,
292

ónus universal 145

ordem jurídica unificada 27

ordem pública internacional 304,
310, 348

organização judiciária 88

organizações criminosas 45, 105

orientação repressiva 58, 85, 86

P

parricida 292

património comum europeu 15, 86,
206

património da humanidade 119,
298, 329, 348

pedido formal 161, 162, 169

pedra angular 14, 71, 72, 352

pena
- capital/de morte 186
- perpétua 314, 315, 316

penas
- cruéis 186, 315
- degradantes 92 (nota 230),
186
- desumanas 325

pendor securitário e repressivo 59

perseguição *ad aeternum* 289

pessoa objecto do mandado 125,
128, 129, 171, 192, 193

pessoa procurada 15, 91, 92, 93, 94,
95, 96, 114, 116, 117, 122, 123,
124, 129, 130, 131, 132, 133,
138, 149, 154, 159, 162, 165,
167, 168, 169, 170, 172, 173,
174, 175, 176, 177, 179, 180,
182, 183, 184, 185, 188, 189,
192, 195, 196, 197, 200, 208,
209, 210, 211, 212, 213, 215,
216, 217, 218, 219, 220, 221,
232, 242, 243, 254, 260, 269,
173, 275, 284, 289, 302, 306,
310, 319, 323, 327, 330, 334,
336, 340, 341, 343, 346, 347,
348, 349, 356

Plano de Acção do Conselho 68, 106

pluralidade de factos 258

poder político 59, 168, 169, 174

poder punitivo 60, 137

poderes discricionários 170

política
- criminal 15, 22, 28, 32, 43,
49, 52, 54, 56, 58, 59, 64, 85,
86, 103, 108, 117, 232, 234,
236, 292, 295, 353
- criminal europeia 22, 49, 50,
52, 54, 56, 58, 59, 86, 103,
236, 292
- externa interestadual 127
- securitária 295

Porfírio 356

porto de chegada 60

porto de partida 70

Portugal 44, 117, 118, 123, 124,
148, 149, 161, 170, 171, 172,

174, 177, 180, 192, 215, 223, 225, 226, 231, 241, 244, 249, 254, 268, 269, 270, 278, 282, 292, 318, 328, 334, 336, 337, 338, 339, 341, 342, 347, 348

posição jurídica da pessoa 128, 170, 176, 177, 284, 295, 343

posicionamento cognitivo 185

potestas decidendi 172, 187, 191

pragmatismo 64, 65, 352

prazos 70, 134, 139, 173, 180, 211

prescrição 15, 155, 158, 186, 189, 225, 226

prescrição da acção penal ou da pena 189

preservação da ordem pública internacional do Estado português 304, 310, 348

prestação de garantias 116, 138, 139, 192, 220, 285, 286, 304, 306, 316, 319, 320

presunção de consentimento 159, 282, 283, 285

prevalência dos direitos fundamentais 348

prevenção 13, 20, 29, 31, 46, 47, 57, 105, 156, 206, 242, 255, 292, 293, 310, 349

princípio

   – *aut dedere aut punire* 145

   – da adequação 112

   – da audiência 176, 344

   – da competência penal universal 26

   – da concordância prática 10, 216

   – da defesa de interesses nacionais 247, 267

   – da dupla incriminação 53, 86, 89, 94, 95, 137, 153, 158, 176, 191, 193, 194, 199, 223, 226, 229, 230, 232, 234, 238, 240, 286, 309

   – da especialidade 287, 289, 356

   – da exigibilidade 112

   – da extraterritorialidade 92 (nota 230)

   – da igualdade de armas 194

   – da imputação objectiva recíproca 259

   – da indispensabilidade 330

   – da inteligibilidade 219

   – da lealdade 41

   – da lealdade comunitária 41

   – da legalidade 348

   – da liberdade 111, 127, 198

   – da nacionalidade 115, 248

   – de não-descriminação 320

   – da não entrega de nacionais 339

   – da natureza temporária da pena 315

   – da necessidade 112

   – da oficialidade 194

   – da oportunidade 194

   – da presença do arguido 131 (nota 339), 219, 334 (e nota 813), 344, 346

   – da presunção de inocência 231

Índice Analítico

- da proporcionalidade *lato sensu* 16, 39, 271, 330, 331, 334
- da proporcionalidade *stricto sensu* 334
- da reciprocidade 237, 238
- da segurança 193
- da segurança jurídica 243 (nota 595), 273
- da soberania nacional 24
- da territorialidade 23, 227, 243, 247, 248, 249, 267
- da tolerância 293
- da unidade da ordem jurídica 39
- da universalidade do direito penal 248
- do acusatório 190
- do consentimento 156, 289
- do contraditório 344
- do juiz natural 194
- do pragmatismo 352
- do primado do direito comunitário 40
- do primado dos direitos, liberdades e garantias fundamentais 205
- do reconhecimento mútuo 14, 30, 52, 63, 65, 67, 74, 76, 77, 80, 82, 83, 84, 85, 87, 88, 91, 94, 99, 108, 112, 113, 122, 135, 137, 163, 168, 176, 193, 262, 295, 309, 352
- do respeito pelos direitos fundamentais 324, 326 (e nota 779), 355

- *in dubio pro libertate* 200
- jurídico-constitucional 15, 249, 345
- jurídico-internacional 15, 177, 251
- *ne bis in idem* 75, 77, 114, 155, 183, 184, 189
- ou direito ao contraditório 211, 220

prisão 231, 239, 243
- perpétua 161, 314, 315, 316, 317, 318
- preventiva 175, 210, 212, 313

privação da liberdade 122, 123, 169, 175, 178, 179, 209, 210, 215, 219, 271, 281, 286, 287, 292, 293

procedimento abreviado 134

procedimento penal 91, 92, 94, 96, 97, 112, 118, 122, 125, 136, 138, 158, 165, 167, 181, 182, 183, 188, 191, 206, 207, 213, 283, 284, 286, 287, 328, 336, 338, 354, 355

processo
- de entrega 168, 169
- de extradição 91, 128, 133, 135, 155, 156, 223, 226, 295
- equitativo e justo 200, 201, 339
- formal 92, 155, 159, 168, 284
- simplificado 154, 161, 169

proibição absoluta 186, 303

proporcionalidade da restrição 271, 330

protecção
- de bens jurídicos 59, 191, 293
- de interesses da comunidade 50
- do delinquente 293
- dos direitos fundamentais 48, 86, 180, 210, 234, 256
- por ricochete 333

proveniência ilícita 46

Q

qualificação jurídica 131, 171, 275

R

razão geométrica 27

realização da justiça 135, 180, 187, 194, 207, 215, 287, 298, 346, 349, 356

reciprocidade da notificação 283

recuperatores 143

rede judiciária europeia 68

rede normativa 43, 44, 46

redes 21, 44, 105

redução 37, 134, 166, 179

reformatio in pejus 305

regras mínimas 52, 72, 82, 242

regulamentação comunitária 51

Reino Unido 67, 76, 160, 161

reinserção social dos delinquentes 74

remissio 146

renúncia à regra da especialidade 155, 157, 176, 219, 220, 280

renúncia ao processo de execução 222

repressão 13, 20, 31, 46, 60, 96, 153, 194, 196, 207, 223, 242, 293, 321

República da Irlanda 161

residência 96, 115, 116, 118, 189, 338

responsabilização por ricochete

restabelecimento da paz jurídica 135, 180, 181, 187, 215

restituição à liberdade 212

restrição espacial 123

restrições 15, 110, 111, 200, 312

revisão da pena 116, 192, 319

Robalo 20, 356

S

salto qualitativo 53, 197, 351

sanção 37, 39, 125, 136, 138, 190, 239, 267, 273, 284, 340, 343

Sansão 141

santuários 14, 56, 135, 138, 226, 236

saúde financeira 101

securitarismo 154, 194, 293

securitarismo pragmático 154

securizante 32

segurança 14, 15, 28, 29, 30, 43, 47, 58, 59, 60, 66, 68, 69, 70, 73, 74, 80, 81, 86, 90, 91, 93, 94, 95, 97, 99, 100, 102, 103, 104, 105, 106, 107, 108, 109, 110, 111, 112, 113, 114, 116, 117,

118, 119, 122, 123, 126, 127, 131, 132

segurança do colectivo 112

segurança jurídica 59, 74

sentimento de perda de soberania 59

sentimento europeu 28

sentimento nacional 233

sicário 292

silêncio 220

simplificação 121, 132, 134, 156, 168, 170, 171, 178, 278

sismógrafo 210

sistema
- judicial de base formal 226
- judicial de base material 226, 231
- misto 133, 168, 169

soberania 13, 14, 24, 26, 27, 59, 73, 76, 96, 100, 102, 105, 106, 111, 117, 152, 170, 224, 226, 231, 245, 263, 283, 337

soberania
- nacional 13, 24, 73, 111
- penal nacional 13, 14, 96
- territorial partilhada 102

sociedade
- civil 59
- de risco 261

sofisticação tecnológica 105

solução de compromisso 195, 230

supranacional 208, 271, 292, 312

supressão 35, 55, 248

supressão gradual 60, 76, 99, 135, 193

T

Tratado *Intercum Magnus* 144

teleologia
- imediata 138
- mediata 138

tempo judiciário 170

terras de ninguém 138

território 21, 23, 26, 51, 53, 58, 78, 84, 93, 101, 102, 103, 143, 152, 160, 186, 191, 210, 227, 237, 243, 244, 248, 265, 267, 277, 285, 287, 319, 335, 336, 337, 338, 339, 341, 348

território
- nacional 23, 51, 102, 186, 210, 244, 338, 339, 348
- único 53, 101

terrorismo 24, 37, 43, 44, 46, 47, 48, 55, 57, 60, 82, 101, 118, 133, 158, 196, 212, 227, 228, 242, 293, 321, 338, 339, 340

transferência 36, 39, 73, 165, 167

translação jurídica e física 166

Tratado
- de Amsterdão 60, 68, 73, 100, 234
- de Maastricht 39, 40 (nota 69), 74 (nota 170), 100, 156
- de Montevideu 147

tribunal da relação 124, 172, 211, 217, 221

Tribunal Penal Internacional 151

tutela
- dos interesses dos Estados contratantes 273

- dos interesses e direitos da pessoa a extraditar 274
- jurídico-constitucional 195, 119, 202
- jurisdicional 131, 177, 196, 307

U

ultima et extrema ratio 292, 351

união europeia 14, 20, 38, 77, 78, 91, 93, 97, 100, 111, 112, 114, 115, 117, 122, 125, 126, 127, 151, 156, 177, 179, 197, 201

unidade
- do bem jurídico 258
- na diversidade 83, 295

unificação 27, 35, 50, 54, 147, 151

unificação
- atenuada 50

- científica 147
- jurídica 147

uniformização das regras 147

universalização 147

valor supremo da pessoa humana 312

verdade judicial 200

verificacionistas 292

vértice arquitectónico
- da formalidade 128, 132
- da funcionalidade 130
- da natureza 126
- teleológico 136

vértices arquitectónicos 122, 139

véu repressivo 234

vida humana 186, 307, 310

vinculação das entidades públicas 300, 301

vingança 293, 314, 350, 356

vuelco jurídico 79, 127, 197, 351

ÍNDICE

Apresentação 5

Abreviaturas 9

Introdução 13

PARTE I
QUESTÕES DE FUNDO

CAPITULO I
DO PRINCÍPIO DO RECONHECIMENTO MÚTUO

§1.º Considerações gerais 19

§2.º Da Harmonização e do reconhecimento mútuo 35

§3.º Do princípio do reconhecimento mútuo (em geral) 63

§4.º Do Mandado de Detenção Europeu – concretização do princípio do reconhecimento mútuo 87

§5.º Do equilíbrio dos princípios liberdade-segurança 99

α. Do «espaço» (europeu) comum de liberdade, segurança e justiça 99

β. Do equilíbrio entre liberdade e segurança 109

CAPÍTULO II
DO MANDADO DE DETENÇÃO EUROPEU

§6.º Concepção 121
§7.º Evolução – um pouco de história 141
§8.º Das implicações práticas do mandado de detenção europeu 165
  α. Da entrega – procedimento autónomo 165
  β. Da simplificação do processo de entrega – da *judiciarização* 168
  γ. Das condições de entrega 181
§9.º Da interpretação da Decisão-Quadro 197

PARTE II
DOS DIREITOS E DAS GARANTIAS DOS CIDADÃOS À LUZ DO MANDADO DE DETENÇÃO EUROPEU EM PORTUGAL

CAPÍTULO I
DOS DIREITOS E GARANTIAS EM GERAL

§10.º Do primado dos direitos, liberdades e garantias fundamentais e o mandado de detenção europeu 205
§11.º Dos direitos e garantias processuais penais em Portugal e o mandado de detenção europeu – do controlo jurisdicional 215

CAPÍTULO II
DOS DIREITOS E DAS GARANTIAS EM ESPECIAL – MOTIVOS DE NÃO EXECUÇÃO DO MANDADO DE DETENÇÃO EUROPEU EM PORTUGAL

§12.º Do princípio da dupla incriminação 223
§13.º Do princípio *ne bis in idem* 247
§14.º Do princípio da especialidade 273

§15.º **Da ofensa a direitos fundamentais**	291
α. Considerações gerais	291
β. Do direito à vida e à integridade física	302
γ. Do direito à liberdade	311
δ. Da cláusula de não-discriminação	320
ε. Do princípio da proporcionalidade – como princípio nivelador dos direitos fundamentais	330
ζ. Das garantias (processuais) fundamentais	334
η. Da prevalência dos direitos fundamentais pessoais	348
§16.º **Breves Conclusões**	351
BIBLIOGRAFIA	357
DIPLOMAS E OU DOCUMENTOS	373
ÍNDICE ANALÍTICO	377
ÍNDICE GERAL	393